U0519438

高等职业院校新入职教师教育教学职业技能（岗前）培训系列教材

# 高等职业教育
# 法 规 概 论

李 敏 李兴荣 主 编

GAODENG ZHIYE JIAOYU
FAGUI GAILUN

西南财经大学出版社

四川·成都

图书在版编目(CIP)数据

高等职业教育法规概论/李敏,李兴荣主编.—成都:西南财经大学出版社,
2021.7
ISBN 978-7-5504-4875-9

Ⅰ.①高…　Ⅱ.①李…②李…　Ⅲ.①高等教育—教育政策—中国—教师
培训—教材②高等教育法—中国—教师培训—教材　Ⅳ.①G649.20②
D922.16

中国版本图书馆 CIP 数据核字(2021)第 102711 号

高等职业教育法规概论

李敏　李兴荣　主编

策划编辑:李邓超
责任编辑:雷静
封面设计:摘星辰·Diou　墨创文化
责任印制:朱曼丽

| | |
|---|---|
| 出版发行 | 西南财经大学出版社(四川省成都市光华村街 55 号) |
| 网　　址 | http://cbs.swufe.edu.cn |
| 电子邮件 | bookcj@swufe.edu.cn |
| 邮政编码 | 610074 |
| 电　　话 | 028-87353785 |
| 照　　排 | 四川胜翔数码印务设计有限公司 |
| 印　　刷 | 郫县犀浦印刷厂 |
| 成品尺寸 | 185mm×260mm |
| 印　　张 | 22.5 |
| 字　　数 | 517 千字 |
| 版　　次 | 2021 年 7 月第 1 版 |
| 印　　次 | 2021 年 7 月第 1 次印刷 |
| 印　　数 | 1— 3000 册 |
| 书　　号 | ISBN 978-7-5504-4875-9 |
| 定　　价 | 62.00 元 |

# 高等职业院校新入职教师教育教学职业技能（岗前）培训系列教材编写委员会

**编委会主任：**

张澜涛　四川省教育厅党组成员、副厅长

**编委会副主任：**

王安平　西华师范大学党委书记、教授

王元君　西华师范大学党委副书记、校长、教授

李　敏　西华师范大学党委常委、副校长、教授

　　　　四川省职业院校师资培训中心主任

宋亚兰　四川省教育厅职业教育处处长

黄景容　人力资源和社会保障部技工教育及一体化课改专家

　　　　深圳技师学院原副院长、研究员

　　　　西华师范大学高等职业技术师范学院客座教授

黄元全　西华师范大学教务处处长、教授

李兴荣　四川省职业院校师资培训中心常务副主任、高级经济师

　　　　四川省心理学会教师发展专委会副理事长

**编委会委员：**

徐远火　南充市人大常委会党组副书记、研究员

李兴贵　成都师范学院党委常委、副院长、教授

成　云　西华师范大学教师教育学院院长、教授

刘永红　西华师范大学法学院教授

曹均学　西华师范大学马克思主义学院教授

王小蓉　西华师范大学马克思主义学院副院长、教授

李　智　西华师范大学高等职业技术师范学院院长、副教授

陈　玲　西华师范大学高等职业技术师范学院直属党支部书记、副教授

彭彬秀　四川机电职业技术学院（攀钢党校）副教授

韦油亮　西华师范大学高等职业技术师范学院副院长、副教授

谭　锐　西华师范大学马克思主义学院副教授

郑银凤　西华师范大学马克思主义学院副教授

吕雪梅　西华师范大学马克思主义学院副教授

沈小强　西华师范大学教师教育学院副教授

刘巧丽　西华师范大学高等职业技术师范学院副教授

明芳宇　南充技师学院服务与管理系主任、高级讲师、高级技师

范小梅　西华师范大学法学院讲师

陈　沫　西华师范大学马克思主义学院讲师

林　蓉　西华师范大学教师教育学院讲师

罗　怡　南充职业技术学院教师

苏艳玲　南充科技职业学院教师

李帅旭　川北医学院教师

张　莉　西华师范大学马克思主义学院教师

张莹红　西华师范大学马克思主义学院教师

王蔚苒　西华师范大学法学院研究生

秦　瑶　西华师范大学法学院研究生


**岗培系列教材及主编人员**

《高等职业教育政策法规》主编　李敏、李兴荣

《高等职业教育法规概论》主编　李敏、李兴荣

《高等学校教师职业道德》主编　王安平、黄元全

《高等职业教育概论》主编　黄景容

《高等职业教育心理学》主编　成云、韦油亮

# 建设优质岗培教材
# 助推高职院校新入职教师专业成长

## ——高等职业院校新入职教师教育教学职业技能（岗前）培训系列教材总序

四川省教育厅党组成员、副厅长　张澜涛

党的十八大召开以来，以习近平同志为核心的党中央高度重视职业教育和技术技能人才培养。习总书记对职业教育发表了一系列重要讲话和重要指示，指出：职业教育是国民教育体系和人力资源开发的重要组成部分，是广大青年打开通往成功成才大门的重要途径，肩负着培养多样化人才、传承技术技能、促进就业创业的重要职责，必须高度重视、加快发展。2019 年 8 月，习总书记在甘肃考察时再次强调：实体经济是我国经济的重要支撑，做强实体经济需要大量技能型人才，需要大力弘扬工匠精神，发展职业教育前景广阔、大有可为。近年来，国家和四川省先后出台《职业教育改革实施方案》《职业教育提质培优行动计划（2020—2023 年）》等系列政策文件，对职业教育改革发展工作进行了全面部署，为构建新时代现代职业教育体系，加快职业教育改革发展奠定了坚实的基础。

教育是国之大计、党之大计。百年大计，教育为本；教育大计，教师为本。没有高素质的教师队伍，就没有高水平的教育。高素质教师不会从天而降，需要精心培养培训。加强教师培训是提高教师素质的不二选择，对于提升新入职教师的教育教学能力更是要高度重视、强化培养培训。高等职业教育也一样，抓好新入职教师的职业技能（岗前）培训，帮助他们扣好职业生涯"第一粒扣子"，尽快入门并完成角色转换，早日成为"四有好老师"和"业精之师"就更为重要。

为适应新时代类型教育变革需要，提高职业院校教师岗前培训的针对性、专业性和有效性，从 2020 年开始，我省启动实施高等职业院校新入职教师职业技能（岗前）培训，委托四川省职业院校教师培训中心牵头，联合省内外职业教育理论研究机构、"双高"学校名师以及专家学者组成高等职业院校新入职教师职业技能（岗前）培训教材编写委员会，规划编写了这套高等职业院校新入职教师职业技能（岗前）培训系列教材。教材以习总书记关于职业教育重要论述为指引，按照教育部《高等学校教师岗前培训暂行细则》和《高等学校教师岗前培训教学指导纲要》的要求，紧密结合现代职业教育改革发展需要，立足立德树人根本任务，强化教书育人素质能力，突出职业教育类型特征，围绕打造"双师双能"型"工匠之师"的培训目标，构建岗培教材体系。本套教材包括《高等职业教育政策法规》《高等职业教育法规概论》《高等学校教师职业道德》《高等职业教育概论》《高等职业教育心理学》，共五册。教材注重法规导向、理论引领、案例实证，具有体系完备、结构合理、观点鲜明、语言流畅、理实一体、教学互动的特征。我相信该套教材一定会为广大新入职教师素质和能力的提

升提供有益的帮助。

教无止境，学海无涯。我们期待国内外同行提出宝贵意见，以便再版时修订完善，为高等职业院校新入职教师职业技能（岗前）培训贡献四川力量。

是为序。

2020 年 12 月 15 日

# 《高等职业教育法规概论》编委会

**主　编：**

李　敏　　西华师范大学党委常委、副校长、教授
　　　　　四川省职业院校师资培训中心主任
李兴荣　　四川省职业院校培训中心常务副主任、高级经济师
　　　　　四川省心理学会教师发展专委会副理事长

**编　委：**

黄景容　　人力资源和社会保障部技工教育及一体化课改专家
　　　　　深圳技师学院原副院长、研究员
　　　　　西华师范大学高等职业技术师范学院客座教授
徐远火　　南充市人大常委会党组副书记、研究员
李兴贵　　成都师范学院党委常委、副院长、教授
刘永红　　西华师范大学法学院教授
李　智　　西华师范大学高等职业技术师范学院院长、副教授
陈　玲　　西华师范大学高等职业技术师范学院直属党支部书记、副教授
彭彬秀　　四川机电职业技术学院（攀钢党校）、副教授
刘巧丽　　西华师范大学高等职业技术师范学院副教授
明芳宇　　南充技师学院服务与管理系系主任、高级讲师、高级技师
范小梅　　西华师范大学法学院讲师
罗　怡　　南充职业技术学院教师
苏艳玲　　南充科技职业学院教师
李帅旭　　川北医学院教师
王蔚苒　　西华师范大学法学院研究生
秦　瑶　　西华师范大学法学院研究生

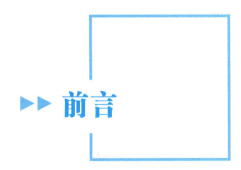

# ►► 前言

依法治教是依法治国的重要组成部分，是依法治国在教育领域的具体体现。运用法治思维和法治方式推动教育改革发展，大力推行依法行政、依法办学、依法治教，是实现教育现代化的法制保障。

在现代社会，法律素质是国民素质中重要的基本素质之一。建设"法治中国"，提高公民的法律素质是关键。教师是立教之本、兴教之源，高等职业学校教师更是肩负人才培养、科学研究、社会服务和文化传承与创新的重任，是依法治教、为党育人、为国育才的主力军；是依法治教的直接推动者和具体实践者，其自身的法律素质直接影响高等职业学校学生的法律素质，进而影响国民整体的法律素质。因此，高等职业学校教师应率先成为学法、知法、懂法、守法、用法的示范者。

高等教育法规是原国家教育委员会颁布的《高等学校教师岗前培训暂行细则》所规定的必修课程。鉴于参加高等职业院校新入职教师岗前培训的老师大多不具有法学背景，为满足高等职业学校教师岗前培训的需要，在四川省教育厅的关心和支持下，由四川省职业院校师资培训中心牵头组织高等院校、立法机构及行业的相关专家学者组成编委会，以《高等学校教师岗前培训教学指导纲要》对必修课——高等教育法规基础知识教学目标的要求为指导，在 2020 年出版《高等职业教育政策法规》的基础上，编写了这本配套教材——《高等职业教育法规概论》。本书对国家最新的高等职业教育法律体系进行了梳理，对涉及高等职业教育领域的重要法规、政策做了介绍和解读。

本教材分上、中、下三卷，由 17 章构成，李敏、李兴荣任主编，负责整体设计与构思、大纲的拟定和全书文稿的审定工作。其中，上卷由李敏、徐远火、李兴贵、李兴荣、范小梅、李帅旭、罗怡同志撰稿；中卷由刘永红、黄景容、李智、秦瑶、王蔚苒同志撰稿；下卷由彭彬秀、明芳宇、刘巧丽、陈玲、苏艳玲同志撰稿。每章的具体作者在章末均有标注。

本书的编写力求做到"系统全面、体例完备、新颖及时、注重实效"。

1. 系统全面

本书分为上、中、下三卷。每卷聚焦一个主题，其中上卷为"总论篇"，以高等职业教育立法、高等职业教育法律的渊源与体系开篇，依次对高等职业教育立法与依法治教、依法治校、教师相关法律制度、学生相关法律制度、高等职业教育活动中的法律责任与法律救济等进行了分析；中卷"法律篇"则是对《中华人民共和国教育法》《中华人民共和国高等教育法》《中华人民共和国职业教育法修订草案（征求意见稿）》《中华人民共和国民办教育促进法》及《中华人民共和国中外合作办学条例》五部重要法律法规的集中解读；下卷"政策篇"主要解读了国家、四川省及相关部委发布的重要规章、政策，包括《国家职业教育改革实施方案》《职业教育提质培优行动计划（2020—2023 年）》《四川省职业教育改革实施方案》、产教融合、校企合作、国家职业资格制度改革、"1+X"证书制度与学分银行制度、高等职业院校师生技能竞赛制度，对其做了全面的介绍和分析。

**2. 体例完备**

本书体例按卷、章、节形式进行结构布局；每章以内容摘要开篇、正文分节展开、习题附后、引文加脚注、参考文献附后，结构完整，层次清晰，阅读方便。

**3. 新颖及时**

本书聚焦职业教育改革发展的热点焦点问题，依据国家及相关部委最新出台的法规政策，对《职业教育法修订草案》、"职教 20 条"、"提质培优行动计划"、产教融合、国家职业资格制度改革、"1+X"证书制度、学分银行制度、师生技能竞赛制度等规章政策进行了分类梳理和阐释。

**4. 注重实效**

本教材注重对高等职业教育相关法律法规及相关司法解释的基础知识的介绍和讲解，在基础理论引领的基础上，为帮助读者对重点难点的理解，引入了相关案例实证。同时，也注重结合对四川省的地方配套法规的介绍，增加本书的地方特色，提升本地高等职业学校和教师运用法律法规的实效性。

高等职业教育政策法规在我国高等职业教育体系中占据着重要位置，是指导和保证我国高等职业教育健康发展的法制基础。本书的出版将有利于高等职业院校师生及职业教育工作者更好地领会与贯彻落实党中央和国家关于高等职业教育人才培养的重要部署；有利于职业院校师生更好地适应职业教育发展新形势，自觉增强法制（治）意识，更好地维护学校、教师、学生各方面合法权益，全面提高人才培养质量，实现学校治理能力现代化。

我们相信本书的面世，定能助力新入职教师学法、懂法、守法、用法，希望通过教师自身的言传身教，为促进依法治教、依法治校做出新贡献。

本书书稿能够顺利完成，承蒙多家单位大力支持、编委团队精心撰稿，同时吸收了业内专家学者关于职业教育的最新研究成果，引用了邢晖、黄景容等多位学者的高见，在此表示衷心感谢！本书的编写与出版得到了四川省教育厅、西华师范大学及西南财大出版社的鼎力相助，在此一并致谢。限于编者的经验和水平，书中难免有疏漏与不足之处，敬请同行专家和读者批评指正。

编者

2021 年 6 月

# ►► 目录

## 上卷　总论篇

## 中卷　法律篇

# 下卷　政策篇

上卷　总论篇

# 第一章

# 高等职业教育
# 立法与依法治教

【内容摘要】高等职业教育是国民教育体系的重要组成部分，也是人力资源开发的重要途径。加强高等职业教育立法，推进依法治教进程，是高等职业教育持续、健康、快速发展的必然选择和重要保障。本章主要介绍了立法与高等职业教育立法；高等职业教育法律的渊源与体系；依法治国、依法治教与高等职业院校内部管理体制；高等职业教育法的制定、实施与监督。广大学员通过本章的学习，初步掌握有关高等职业教育法规的基本知识，从而增强法治意识，提高依法治教水平。

## 第一节　高等职业教育立法

### 一、立法与高等职业教育立法

随着依法治国基本方略深入落实，全社会法制观念进一步增强。法治观念反映在高等职业教育上，就是要把高等职业教育纳入法律调节的领域，使高等职业教育严格按照法律规范运转。高等职业教育作为我国高等教育体系的重要组成部分，经过几十年的发展，已成为培养高素质技术技能型人才的主要途径和人力资源开发的重要手段。立法是教育发展的前提和保障。加强高等职业教育立法，一方面可以推进高等职业教育法制化进程，另一方面能够有效地为高等职业教育健康、持续、快速发展保驾护航。

#### （一）立法

1. 立法的概念

立法产生至今，已经历悠久的岁月。《中华民国立法史》开篇对人类立法史有段精彩的描述："洪荒之世……人类浑浑噩噩，无所谓法更无所谓立法，乃世运渐进，纯任自然……人类习于自然之律，而相喻于无形，于是乎有所谓法，但无所谓立法。迨后人文渐启，更由自然现象而演为人类共同生活之轨则，于是乎有所谓立法，但多直接或间接托之于神意……及文明大启，则由神立法而代以君主立法……此虽有立法之事实，但无立法之名称。<sup>①</sup>"只有在立法权由立法机关独立行使后，"立法机关依立法程序所通过决议即为法律，而'立法'二字遂成专有名词"。

不同时期、不同国家由于受其法律、政治、文化、习俗等影响，对"立法"释义及其活动存在众多差异。因而，学界至今尚未对"立法"形成统一的概念界定，学者对其论述可谓仁者见仁、智者见智，相关文献浩如烟海。

《美国大百科全书》认为："立法是指国家机关为了规范社会行为而制定法律规则的活动。通常专用于表明代议机关制定的法律和立法程序的活动。"《牛津法律指南》对立法的解释为："立法通常是指有权的个人或法律确认的机关，有意识地制定或者改变法律的过程，是一种意志的表达。"

我国古代文献中，很早就出现了"立法"一词。战国《商君书》记载："伏羲神农教而不诛，黄帝尧舜诛而不怒，及至文武，各当时而立法。"西汉《史记·律书》记载："王者制事立法。"东汉《汉书·刑法志》说："圣人制礼作教，立法设刑。"

目前，我国法学界综合古今中外立法论述，认为其最普遍的概念解释有三种。第一种观点认为，立法是指从一国国家机关，即从中央到地方的各级国家权力机关和行政机关，依据法定权限和程序，制定、修改和废止各种不同的规范性文件的活动，这是广义的解释；第二种观点认为，立法是指最高国家权力机关及其常设机关，依据法定权限和程序，制定、修改和废止法律这种特定的规范性文件的活动，这是狭义的解释。第三种观点认为，立法也称为法的创制，是指法定的国家机关，依照法定职权与程序，认可、创制、修改和废止法律和规范性法律文件的一项专门性活动；是掌握国家政权的阶级把本阶级的意志上升为国家意志的活动。<sup>②</sup>

我们通过研究不同学者的观点，发现立法存在几个相同之处：第一，立法同国家权力紧密相连，由特定的立法主体以政权的名义进行的活动；第二，立法是立法主体在职权范围内，依据一定法定程序，进行的一项专业性高、技术性强的活动；第三，立法的直接行为方式或表现形式是对法律法规的制定、修改和废止。鉴于此，立法可定义为：特定的立法主体（法定的国家机关）依据法定的权限和程序，制定、修改和废止规范性法律文件的活动。规范性法律文件包括：国家最高权力机关及其常设机关制定的宪法和法律；地方国家权力机关及其常设机关制定的地方性法规，国务院和地方政府制定的行政法规和规章，以及其他规范性文件。

2. 立法的内涵

立法的内涵，指立法这一事物的本质属性，也是对各种立法活动共同特征的反映。

（1）立法是以国家的名义进行的活动。

立法是同国家权力紧密相连，关乎将谁的意志上升为国家的意志的问题，具有明确目的性和倾向性的阶级活动。在立法过程中，统治阶级通过国家机关将自己的共同意志转化为国家意志，并以国家的名义来贯彻其意志，以维护自身利益与社会的和谐稳定。国家机关是由众多不同职能、不同级别、不同层次的专责机关构成的一个完整体系，但仅有特定立法权的法定国家机关，才能以国家的名义开展立法活动。

---

① 谢振民. 中华民国立法史 [M]. 北京：中国政法大学出版社，2000：1-2.
② 李龙，汪习根. 法理学 [M]. 武汉：武汉大学出版社，2010：199.

（2）立法是具有公共性的活动。

一项立法能否产生实效，是否具有相应价值，关键在于其是否能科学地反映现实的社会关系，能否反映人民群众的利益和诉求。换言之，任何立法活动通过看得见的立法程序使社会各方面相互冲突的利益得到表达或和解，避免利益格局失衡引起矛盾冲突，最后让社会上的所有人共同分享其成果，因而是极具公共性的活动，但立法活动有时不会像私人事务那样备受关注与重视，因为"凡是属于最大多数人的公共事务常常是最少受人照顾的事物，人们关怀着自己的所有，而忽视公共的事物"①。

（3）立法是依据一定程序、运用一定技术进行的活动。

立法的主体是法定的国家机关，它代表国家行使权力。但有立法权的立法主体，必须在法律规定的立法职权范围内，依照法定程序行使立法职权，否则就是超越、滥用职权，生出诸多弊端。为了规范立法程序，健全国家立法制度，提高立法质量，我国于 2000 年通过了专门调整立法活动的《中华人民共和国立法法》，并于 2015 年对其部分条款进行了修改订正。同时，随着文明的演进，人类立法经验日渐丰富，立法逐渐成了一项专业性高、技术性强的活动。不重视立法的技术性，立法就缺乏科学性，就会带来许多弊端，立法的目的将难以实现。

（4）立法是制定、修改和废止的活动。

法的制定，是指具有立法权的国家机关依据宪法和法律所规定的权限和程序，创制规范性法律文件的活动，一般以成文法的形式出现。法的修改，是指立法机关对现行法进行部分变更，包括删除、修改原有内容和补充新的内容。法的废止，是指国家立法机关终止某些现行法的效力的活动。废止分为明示废止和默示废止两种形式。

### （二）高等职业教育立法

1. 高等职业教育的内涵

高等职业教育是我国教育体系中一个比较特殊的教育类型，反映了我国的特色国情，其提法也很可能是我国首创。国外虽然有类似高等职业教育的机构，如澳大利亚的学院、美国的社区学院等，但在国外的文献或国际交流中从未有过对"高等职业教育"概念的具体表述。

1996 年颁布的《中华人民共和国职业教育法》（简称《职业教育法》）第十三条规定："职业学校教育分为初等、中等、高等职业学校教育。""高等职业学校教育根据需要和条件由高等职业学校实施，或者由普通高等学校实施。"在 2019 年的《中华人民共和国职业教育法修订草案（征求意见稿）》第十三条中也规定："职业学校教育是学校教育制度的重要类型，分为中等、高等职业学校教育。"以法律形式明确了高等职业学校属于职业学校，高等职业教育属于职业类教育且位于职业教育的顶层。因而，要界定高等职业教育的概念，首先要厘清职业教育的内涵。

在教育史上，众多学者从不同角度界定了职业教育的内涵，均有一定的道理。杜威认为，职业教育就是为从事职业工作做准备的教育；斯内登认为，凡为生活做准备的教育都可称为职业教育；梅斯在《职业教育的原理和实践》中指出，职业教育是为学生将来从事某种特定职业做准备的教育。

---

① 亚里士多德. 政治学 ［M］. 吴寿彭，译，北京：商务印书馆，1997：48.

《辞海》将职业教育阐释为：向学生提供进行生产劳动所需的知识和专业技能的教育。《国际教育辞典》将职业教育界定为：在学校内外所开展的，以提高职业熟练程度为目的的全部活动①。1997年联合国教科文组织正式批准的《国际教育标准分类法》规范了"职业或技术教育"这一概念，指出其主要是为"引导学生掌握在某一特定的职业或行业或某类职业中从业所需的实用技能、专门知识和认识而设计的"。

学者董仁忠认为："职业教育是指注重提升个体职业素质的教育，具有鲜明的职业针对性，主要以职业知识、职业技能和职业态度为教育内容。②"孟广平认为："职业教育是大工业生产发展的必然产物，它是一个历史发展过程。③"

1996年《中华人民共和国职业教育法》通过立法的形式统一了"职业教育"的称谓，科学地界定了其内涵。2019年《中华人民共和国职业教育法修订草案（征求意见稿）》第二条，对职业教育的内涵进行了修订完善并表述为："为了使受教育者具备某种职业或者职业发展所需要的职业道德、专业知识、技术能力和能力素质而实施的教育活动，包括各级各类职业学校教育和各种形式的职业培训。"这一概念既肯定借鉴融合了以往思想家和理论家对职业教育的研究成果，也立足于中国国情，彰显了中国特色，是最具有概括性和说服力的论述。

职业教育一般分为初等、中等和高等职业教育，我们通常所说的高等职业教育一般是从职业教育层次来说的。但高等职业教育与其他教育的不同更多地体现在以下几个方面：

第一，高等职业教育实施的是中等教育基础上的职业教育。高等职业教育的培养对象往往要先完成高中（含中职）阶段教育或具有相当于高中学历的教育，并在完成高等职业教育学业后授以专科及专科以上学历的职业教育。

第二，高等职业教育培养的是高级技术技能型人才。高等职业教育不以知识传授为中心，不以培养学术型人才为目标，而是根据社会的发展需要，以应用为基点，以能力为本位，重在培养从事职业技术和职业能力中科技含量和水平较高的一线技能型、技术型人才，他们未来所从事的往往是未接受过高等职业教育者难以胜任的工作。

第三，高等职业教育是职业素养教育。高等职业教育除培养教育者拥有专业技术知识、职业综合能力外，还注重培养教育者拥有良好人格素养和职业素养，使接受高等职业教育者的潜在能力更强，发展后劲更足，更易适应社会、经济、科技发展的需要。

鉴于上述高等职业教育的特征和职业教育的关系，高等职业教育可被定义为：根据社会发展的需要，在中等教育基础之上实施的，以传授职业道德、专业知识、技术能力和能力素质为主要内容，使受教育者成为从事某个或多个领域工作的高素质技术技能型人才的教育活动。其包括各类高等职业学校教育和各种形式的高等职业培训。

高等职业教育是一个多元的概念，也是一个随着时代发展而不断变化的概念。因此，在面对形式各异的高等职业教育的概念时，应尽量避免用批评的眼光去审视或用

---

① 怀志. 教育名词解释 [J]. 职业教育研究，1987（1）：56.

② 董仁忠. 演变、内涵界定及类型：职业教育概念再探讨 [J]. 职业技术教育，2008，29（01）：5-8.

③ 孟广平. 中国职业技术教育概论 [M]. 北京：北京师范大学出版社，1994：3.

挑剔的语言去苛求这些概念的完美程度，应从多维的视角解读高等职业教育内涵，以帮助我们解释复杂的高等职业教育现象，厘清高等职业教育发展思路，减少因概念的差异而带来的误解。

2. 高等职业教育立法的概念及其功能

所谓高等职业教育立法，是指通过立法程序，把国家的高等教育方针、政策和高等教育目标，用法律的形式确定下来，并调整高等职业教育内部和外部各行为主体的关系，使高等职业教育的改革和发展有法可依。简言之，高等职业教育立法是国家立法机关依据法定的权限和程序，制定、修改和废止与高等职业教育相关的规范性法律文件的活动。高等职业教育立法调节的外部关系主要涉及高等职业学校与政府、社会、市场、企业之间的关系；调节的内部关系主要涉及高等职业学校的内部管理体制、运行机制及组织行为的规范体系等。

高等职业教育立法功能有很多，但其调节高等职业教育内部和外部各行为主体关系的功能主要体现如下：

（1）规范功能。

高等职业教育立法是以法律的形式规定了高等职业教育与国家、政府、社会、学校、教育者、受教育者等的权利和义务的关系。高等职业教育立法使国家依法管理高等职业教育，学校依法从国家和社会取得经费，学校内部按各种严格的规章制度运行等，使各项工作都有明确的法律规范和依据。

（2）标准功能。

通过立法程序确立的高等职业教育法律法规，是在一定的历史和文化背景之下形成的，是特定时期衡量、规范或指导一切高等职业教育活动的标准。判断高等职业教育活动是否合法、受教育者权益是否受到保护，都以此为准绳。例如，教育行政部门对高等职业教育活动的管理，高等职业学校开展的活动，司法部门办理相关高等职业教育方面案件等。但从发展的观点来看，高等职业教育立法作为一种制度化的存在，其形式和内容会随着经济基础、内在属性等的变化而变化，因而各个时期高等职业教育立法所创建的法规、呈现的标准是存在差异的。

（3）预示功能。

高等职业教育在实施过程中，人们可以根据高等职业教育相关的方针、政策、目标等，预先知晓如何开展高等职业教育活动，未来高等职业教育发展的方向和计划，高等职业教育活动的形式和范围等。高等职业教育立法的预示功能是高等职业教育法律法规指引作用的潜在效应。

（4）强制功能。

立法的本质是统治阶级通过国家机关将自己的共同意志转化为国家意志。高等职业教育立法是统治阶级意志在高等职业教育方面的体现，具有浓厚的强制色彩。高等职业教育立法通过法律法规的形式规定了什么是可以做的，什么是不可以做的。凡是在高等职业教育组织机构内，其教育行为都会受到制度规范的约束，不管你是否愿意，都必须遵守和执行，否则就会受到组织纪律或国家法律的制裁，为自己的违法行为付出代价。同时，高等职业教育立法可以有效地保证高等职业教育主体的教育权利得到保障，教育义务得到履行，各类教育活动有序、有效进行。

## 二、我国高等职业教育立法现状

### （一）我国高等职业教育立法的演进历程

高等职业教育立法是现代教育立法的重要组成部分，随着我国教育立法，特别是职业教育立法的演进而得以确立、发展和完善。现根据相关政策，结合我国高等职业教育的发展历程，回顾我国高等职业教育立法的历史沿革，其大致经历了初始探索、初步发展、趋于成熟和日臻完善四个阶段。

1. 初始探索阶段（1980—1998年）

1980年，国家教委首次批准建立了包括金陵职业大学在内的13所职业高校，是新中国举办高等职业教育的起点，在我国高等职业教育史上具有里程碑意义。与此同时，中国高职教育政策法规开始进入初步探索阶段。

1985年5月，《中共中央关于教育体制改革的决定》提出"要积极发展高等职业技术院校"，"逐步建立起一个从初级到高级、行业配套、结构合理又能与普通教育互相沟通的职业技术教育体系"。这是我国第一次明确了高等职业技术教育是国民教育体系中一个有机的重要组成部分。

1986年，全国第一次职业教育工作会议强调，高等职业教育在我国教育领域具有重要地位。高等职业学校、一部分广播电视大学、高等专科学校，应划入高等职业教育。自此，高等职业教育开始成为政府政策文件中的官方表述，在高等职业教育活动中广泛使用。

1991年，国家教委颁布了《关于加强普通高等专科教育工作的意见》，规定了专科教育的培养目标、培养规格和加强应用能力和学习基础理论的原则方面，都和高等职业教育的要求相吻合。同年，国务院颁布的《国务院关于大力发展职业技术教育的决定》对职业技术教育体系基本框架进行描述时，着重强调了高等职业教育是职业教育体系的重要组成部分。

1994年7月，国务院为贯彻落实《中国教育改革和发展纲要》（中发〔1993〕3号）的相关精神，制定并下发了具体的实施意见，明确提出要构建起一个包括初、中、高各等层次在内的、职业教育同其他教育类型之间能够"共同发展、相互衔接、比例合理"的教育体系，为将高等职业教育纳入国家教育体系夯实了基础。同年，召开的第二次全国教育工作会议，提出了将"三教统筹"和"三改一补"政策作为此后我国高等职业教育发展的基本方针。

1995年10月，国家教委关于印发《关于推动职业大学改革与建设的几点意见》和《关于开展建设示范性职业大学工作的通知》，进一步推动和促进了我国高等职业教育的发展。

1996年9月1日实施的《中华人民共和国职业教育法》，标志着职业教育开始有了专项基本法律，明确了高等职业教育和高等职业学校在我国教育结构中的法律地位。

1998年8月，全国人大常委会正式审议通过的《中华人民共和国高等教育法》明确指出："高等学校是指大学、独立设置的学院和高等专科学校，其中包括高等职业学校和成人高等学校。"这进一步明确了高等职业教育在高等教育类型中的法律地位，标志着我国高等教育法律体系初步形成。

《中华人民共和国职业教育法》和《中华人民共和国高等教育法》等一系列法规分别从"职业性"和"高等性"两个方面，对高等职业教育的法律地位进行了正式确立，成为此后一段时期内，制定高等职业教育其他专项法律和配套法规、规章的依据及指导性法律，有效加速了高等职业教育法制化进程。

2. 初步发展阶段（1999—2004年）

1999年，国务院、国家计委、教育部等部门印发的《试行按新的管理模式和运行机制举办高等职业技术教育的实施意见》（教发〔1999〕2号）、《关于1999年新增10万高职生使用高职高专教材的通知》（高教司〔1999〕39号）、《关于印发高职高专推荐教材书目的通知》（高教司〔1999〕47号）等文件，对高等职业教育的招生计划、培养目标、管理体制、教材使用等方面做了众多安排。1999年6月，国务院召开改革开放以来第三次全国教育工作会议，颁布了《中共中央 国务院关于深化教育改革 全面推进素质教育的决定》，不仅拉开了我国高等教育扩招的序幕，把高等教育全面推向21世纪，也使高等职业教育进入了规模快速扩张发展的新阶段。

2000年，国务院下发的《国务院办公厅关于国务院授权省、自治区、直辖市人民政府审批设立高等职业学校有关问题的通知》（国办发〔2000〕3号），教育部颁布的《高等职业学校设置标准（暂行）》的通知，教育部下发的《关于申请国务院授权省、自治区、直辖市人民政府审批设立高等职业技术学校有关问题的通知》（高发〔2000〕19号）等，把设立高等职业技术教育院校的权力下放到省级人民政府，规范了高等职业学校设置标准，调动了地方政府办学的积极性，打开了我国高等职业教育多渠道、多机制、多类型的办学局面。

2002年，《国务院关于大力推进职业教育改革与发展的决定》指出要进一步促进高等职业教育的规模化发展，并制定了明确的发展目标，要求2001年至2005年，高等职业院校应为社会培养八百万名以上的高级技能人才。《劳动和社会保障部、教育部、人事部关于进一步推动职业学校实施职业资格证书制度的意见》（劳社部发〔2002〕21号），从政策上落实加强了职业教育和劳动就业的密切联系，为职业学校毕业生就业创造良好的环境和机遇，也从根本上推动了职业学校和高等职业教育的发展。

2003年12月，《中共中央 国务院关于进一步加强人才工作的决议》提出：充分发挥高等职业院校和高级技工学校、技师学院的培训基地作用、扩大培训规模、提高培训质量。

2004年，《教育部关于以就业为导向，深化高等职业教育改革的若干意见》指出了高等职业教育的发展方向，提出了要以服务社会主义市场经济需要为宗旨，以学生满意就业作为导向，坚持走产学研互相结合的新型职业教育道路。同年9月，《教育部等七部门关于进一步加强职业教育工作的若干意见》要求："2007年前专科层次的职业院校不再升格为本科院校。""要巩固和加强现有职业教育资源，促进职业院校办出特色，提升质量。"由此高等职业教育发展从规模扩张开始向内涵发展方向转变。

3. 趋于成熟阶段（2005—2011年）

2005年3月，《教育部关于进一步推进高职高专院校人才培养工作水平评估的若干意见》出台。该意见主要是关于高职院校的评估工作，使高职院校人才培养有了现实的标准和参考的依据，为高职院校人才培养质量的提升提供了政策保障。同年10月，国务院发布《国务院关于大力发展职业教育的决定》（国发〔2005〕35 号），从九个方面明确了高等职业教育的发展方向，并第一次提出了建立 100 所示范性高等职业院校的计划，成为促进高等职业教育高质量发展的重要举措。

2006 年，《教育部、财政部关于实施国家示范性高等职业院校建设计划加快高等职业教育改革与发展的意见》（教高〔2006〕14 号）提出，要重点建设 100 所国家示范性高等职业院校。发挥国家示范校的带动作用，推动高职教育的整体发展，最终形成功能和结构完善的高职教育体系。同年，《教育部关于全面提高高等职业教育教学质量的若干意见》（教高〔2006〕16 号）出台，教育部、财政部印发了《国家示范性高等职业院校建设计划管理暂行办法》，切实加快了职业教育的改革步伐，促进高职教育质量全面提升。

2007 年，国务院发布《国务院关于建立健全普通本科高校高等职业学校和中等职业学校家庭经济困难学生资助政策体系的意见》，教育部、财政部发布《关于国家示范性高等职业院校建设计划管理暂行办法的通知》（教高〔2007〕12 号）；2008 年，教育部印发《高等职业院校人才培养工作评估方案》（教高〔2008〕5 号）；2009 年，教育部印发《教育部关于加快高等职业教育改革 促进高等职业院校毕业生就业的通知》（教高〔2009〕3 号）等一系列的政策和意见，有效提高了教育教学的质量，实现了我国高等职业教育的健康、稳定、快速发展。

2010 年，《国家中长期教育改革和发展规划纲要（2010—2020 年）》颁布，确定了我国新一轮高职教育改革与发展的战略目标和发展路径，提出在此后的 10 年时间内，要逐步建立起"适应经济发展方式转变和产业结构调整要求、体现终身教育理念、中等和高等职业教育协调发展的现代职业教育体系"。这一要求的提出，标志着我国高职教育进入全面提升质量的阶段。

2011 年颁布的《教育部关于推进中等和高等职业教育协调发展的指导意见》，是我国首个专门指导中高职业教育协调发展的教育政策文件。该文件全面系统提出了一系列中高等职业教育协调发展的具有可操作性的比较完整的指导意见。同年 6 月，《教育部办公厅、财政部办公厅关于启动 2011 年度"国家示范性高等职业院校建设计划"骨干高职学校项目建设工作的通知》（教职成厅函〔2011〕44 号），要求建设项目的主管部门和承接单位要切实承担起自身的责任，制定明确、可行的项目建设阶段目标，强化过程管理，贯彻落实各项规定要求，增加专项资金的投入，确保资金规范使用，推进学校办学体制改革，"以专业建设为核心，加强内涵建设，提高人才培养质量"，实现本地区高职教育质量的全面提高。同年 9 月，《教育部关于推进高等职业教育改革创新引领职业教育科学发展的若干意见》（教职成〔2011〕12 号）颁布，要求高等职业教育应当明确发展方向，改革人才培养模式，不断完善人才培养质量监测体系，加强职业教育信息化建设等，提高为经济社会服务的能力。

4. 日臻完善阶段（2012 年至今）

2012 年《教育部关于加快推进职业教育信息化发展的意见》指出，21 世纪是信息化时代，把信息技术创新应用作为改革和发展职业教育的关键基础和战略支撑，推进改革创新，突破职业教育信息化发展的关键环节，充分发挥信息化对于高职教育的促进作用。

2013 年，《教育部关于积极推进高等职业教育考试招生制度改革的指导意见》提出，高等职业教育要建立多样化的招生方式，以省级政府为主、统筹管理和组织实施，加快配套政策和实施方案的制定。

2014 年，《教育部关于开展现代学徒制试点工作的意见》（教职成〔2014〕9 号）颁布，意见的主要目的在于深化产教融合，促进校企合作，加强和完善校企合作实践育人机制，改革教育教学方式，创新技术技能人才培养模式。同年，《财政部 教育部关于建立完善以改革和绩效为导向的生均拨款制度加快发展现代高等职业教育的意见》颁布，强调通过改革和绩效的导向，全面提高高等职业院校经费水平，进而提升人才培养质量，促进高职院校结合自身实际办出特色和水平。

2015 年，教育部印发《职业院校管理水平提升行动计划（2015—2018 年）》的通知，明确提出了要强化教育教学管理，全面贯彻落实国家有关政策、制度、标准和要求，不断提高管理工作规范化、科学化、精细化水平，加快实现学校治理能力现代化，促进高职院校健康快速发展。

2016 年，《教育部关于做好普通高职（专科）招生计划管理工作的通知》印发。该文件强调各主管部门要根据国家年度高等教育招生计划安排的指导性要求，结合本地本部门实际，科学确定普通高职（专科）教育年度招生计划总量，依法依规加强招生资格审核和管理，做好分校分专业招生计划和生源计划编制管理工作，有序扩大高校年度招生计划自主权，着力推进高等职业教育分类考试招生，加快建立完善高等职业学校投入机制，加强事中事后监管。

2017 年，《国务院办公厅关于深化产教融合的若干意见》（国办发〔2017〕95 号）提出"将产教融合作为促进经济社会协调发展的重要举措"。为此，该文件在"构建教育和产业统筹融合发展格局"部分提出了促进高等教育融入国家创新体系、推动学科专业建设与产业转型升级相适应、健全需求导向的人才培养结构调整机制等具体措施。

2018 年，《教育部关于印发〈教育部 2018 年工作要点〉的通知》将推动职业教育法起草修订、加强职业院校教材建设、开展第二次全国高职院校适应社会需求能力评估及制定国家高职教育专业评估试行方案等工作列入其中，并且再次强调"完善职业教育和培训体系。深化产教融合、校企合作。启动中国特色高水平高职学校和专业建设计划"。

2019 年，国务院印发《国家职业教育改革实施方案》（国发〔2019〕4 号），进一步明确了我国职业教育的发展方向；提出了从 2019 年开始，将启动实施特色高水平高职院校、专业建设计划和"'1+X'证书制度试点工作"（学历证书+若干职业技能等级证书），深化产教融合、校企合作，推动办学模式转变，走符合职业教育发展规律的道路。

（二）新时代我国高等职业教育法规

党的十八大召开以来，国家为加快推进职业教育改革和发展，出台了一系列职业教育政策规划、行政法规、部门规章及规范性文件，其数量之多、频率之高、内容之全前所未有。现将出台的与高等职业教育提质增速、转型发展相关的政策法规文件进行总结，见表 1-1。

**表 1-1　与高等职业教育相关的政策法规**

| 时间 | 相关政策法规文本 | 颁发部门 |
|---|---|---|
| 2012 年 11 月 | 高等职业学校专业教学标准（试行） | 教育部职成司 |
| 2013 年 4 月 | 教育部关于积极推进高等职业教育考试招生制度改革的指导意见 | 教育部 |
| 2014 年 5 月 | 国务院关于加快发展现代职业教育的决定 | 国务院 |
| 2014 年 6 月 | 现代职业教育体系建设规划（2014—2020 年） | 教育部等六部门 |
| 2014 年 8 月 | 教育部关于开展现代学徒制试点工作的意见 | 教育部 |
| 2014 年 10 月 | 财政部 教育部关于建立完善以改革和绩效为导向的生均拨款制度加快发展现代高等职业教育的意见 | 财政部、教育部 |
| 2015 年 1 月 | 职业院校数字校园建设规范 | 教育部 |
| 2015 年 6 月 | 教育部办公厅关于建立职业院校教学工作诊断与改进制度的通知 | 教育部办公厅 |
| 2015 年 7 月 | 关于推进职业院校服务经济转型升级面向行业企业开展职工继续教育的意见 | 教育部、人力资源和社会保障部 |
| 2015 年 7 月 | 教育部关于深化职业教育教学改革全面提高人才培养质量的若干意见 | 教育部 |
| 2015 年 10 月 | 普通高等学校高等职业教育（专科）专业目（2015 年）及普通高等学校高等职业教育（专科）专业设置管理办法 | 教育部 |
| 2016 年 7 月 | 关于公布首批《职业学校专业（类）顶岗实习标准》目录的通知 | 教育部办公厅 |
| 2017 年 1 月 | 国家教育事业发展"十三五"规划 | 国务院 |
| 2017 年 9 月 | 教育部关于进一步推进职业教育信息化发展的指导意见 | 教育部 |
| 2017 年 12 月 | 关于深化产教融合的若干意见 | 国务院办公厅 |
| 2018 年 2 月 | 职业学校校企合作促进办法 | 教育部、国家发展改革委、工业和信息化部、财政部、人力资源社会保障部、国家税务总局 |
| 2018 年 5 月 | 国务院关于推行终身职业技能培训制度的意见 | 国务院 |
| 2018 年 10 月 | 关于全面推行企业新型学徒制的意见 | 人力资源社会保障部、财政部 |
| 2018 年 11 月 | 国务院关于同意建立国务院职业教育工作部际联席会议制度的批复 | 国务院 |
| 2019 年 2 月 | 国家职业教育改革实施方案（"职教 20 条"） | 国务院 |
| 2019 年 4 月 | 教育部 财政部关于实施中国特色高水平高职学校和专业建设计划的意见 | 财政部、教育部 |
| 2019 年 4 月 | 关于在院校实施"学历证书+若干职业技能等级证书"制度试点方案 | 教育部、国家发展改革委、财政部、市场监管总局 |

表1-1(续)

| 时间 | 相关政策法规文本 | 颁发部门 |
|---|---|---|
| 2019年5月 | 高职扩招专项工作实施方案 | 教育部、国家发展改革委、财政部、人力资源社会保障部、农业农村部、退役军人部 |
| 2019年5月 | 教育部办公厅关于全面推进现代学徒制工作的通知 | 教育部办公厅 |
| 2019年5月 | 国务院办公厅关于印发职业技能提升行动方案(2019—2021年)的通知 | 国务院办公厅 |
| 2019年6月 | 全国职业院校教师教学创新团队建设方案 | 教育部办公厅 |
| 2019年6月 | 教育部关于职业院校专业人才培养方案制订与实施工作的指导意见 | 教育部 |
| 2019年12月 | 中华人民共和国职业教育法修订草案(征求意见稿) | 教育部 |

在此期间,相关部门出台与高等职业教育相关的政策法规文件还有:《关于坚持和完善普通高等学校党委领导下的校长负责制的实施意见》(国办发〔2014〕55号)、《国务院办公厅关于深化高等学校创新创业教育改革的实施意见》(国办发〔2015〕36号)、《教育部关于推进高等教育学分认定和转换工作的意见》(教改〔2016〕3号)、《国务院关于鼓励社会力量兴办教育促进民办教育健康发展的若干意见》(国发〔2016〕81号)、《中长期青年发展规划(2016—2025年)》(中发〔2017〕12号)、《关于全面深化新时代教师队伍建设改革的意见》(中发〔2018〕4号)、《关于提高技术工人待遇的意见》(中办发〔2018〕16号)、《新时代高校教师职业行为十项准则》(教师〔2018〕16号)、《中国教育现代化2035》及《加快推进教育现代化实施方案2018—2022》等。

## 第二节 高等职业教育法律的渊源与体系

### 一、高等职业教育法律的渊源

法律的渊源是指法的效力的渊源,即法律规范的创制方式和外部表现形式。高等职业教育法的渊源,或称高等职业教育法的形式渊源,是指有权创制法律规范的国家机关,根据法定的职权和程序制定的关于高等职业教育方面的规范性文件。

#### (一)宪法

宪法是国家的根本大法,是其他法律、法规制定的依据。在一个国家的法律体系中,宪法具有最高的法律地位和法律效力,其他法律、法规都必须依据宪法制定,其内容必须符合宪法,不得与宪法相抵触。换言之,立法者或者立法理论研究者,应将宪法作为任何法律部门的首要法律渊源,高等职业教育立法也不例外。虽然我国宪法规范并没有直接关于高等职业教育的规定,但高等职业教育法属于教育的一部分,宪法中规定了我国教育的社会性质、目的任务、结构系统、办学体制、管理体制、公民享有受教育的权利和义务等，是高等职业教育立法在宪法中的具体来源，必须符合其基本精神，不得与之相抵触，否则便是违宪。如《中华人民共和国宪法》（简称《宪法》）第十九条规定："国家发展社会主义的教育事业，提高全国人民的科学文化水平。国家举办各种学校，普及初等义务教育，发展中等教育、职业教育和高等教育，并发展学前教育……国家鼓励集体经济组织、国家企事业组织和其他社会力量依照法律规定举办各种教育事业。"

### （二）法律

法律是指国家立法机关依照立法程序制定和颁布的、体现统治阶级意志、以国家强制力保证其实施的规范性文件。根据宪法规定，全国人民代表大会及其常务委员会都能制定和修改法律。其中，全国人民代表大会及其常务委员会制定和颁布的教育法规，是规范高等职业教育的重要法律渊源。目前适用于高等职业教育的法律主要有《中华人民共和国教育法》（简称《教育法》）、《中华人民共和国高等教育法》（简称《高等教育法》）、《中华人民共和国民办教育促进法》（简称《民办教育促进法》）、《中华人民共和国职业教育法》（简称《职业教育法》）、《中华人民共和国教师法》（简称《教师法》）等。其中《职业教育法》和《高等教育法》对高等职业教育的发展起着重要的指导作用，是高等职业教育法律在所有教育法律中，最直接的、最重要的依据。

### （三）行政法规

行政法规是国务院根据宪法和法律，按照法定程序制定的有关行政管理的规范性文件。制定行政法规的行政立法行为，属于抽象性行政行为，其主要目的在于贯彻落实宪法及法律的执行，具有很强的可操作性。教育行政法规是行政法规的形式之一，它是国务院根据宪法和教育法律制定的关于教育行政管理的规范性文件，效力低于宪法和教育法律。教育行政法规曾对高等职业教育的发展起了重要的作用，是高等职业教育法的重要组成。根据1986年国务院发布的《普通高等学校设置暂行条例》第十五条，称为高等职业学校的，须符合下列规定：①主要培养高等专科层次的专门人才；②以职业技术教育为主；③全日制在校生计划规模在一千人以上。但边远地区或有特殊需要的学校，经国家教育委员会批准，可以不受此限。

### （四）部门规章

部门规章是指国务院及各部委等职能部门，依据法律和行政法规、决定、命令，在其职权范围内，按照法定程序制定的规范性法律文件。部门教育规章则是由国务院行政部门制定的，其效力低于宪法、教育法律和教育行政法规，其常被称为规定、办法、规程等，是高等职业教育法的重要组成。当前我国的部门教育规章主要有1999年1月教育部、国家计委印发的《试行按新的管理模式和运行机制举办的高等职业技术教育的实施意见》、2002年教育部颁布的《关于进一步办好五年制高等职业技术教育的几点意见》、2009年教育部印发的《教育部关于加快高等职业教育改革促进高等职业院校毕业生就业的通知》、2017年教育部印发的《教育部关于进一步推进职业教育信息化发展的指导意见》、2019年教育部印发的《教育部关于职业院校专业人才培养方案制订与实施工作的指导意见》等。

### （五）地方性法规及地方政府规章

在我国，根据《宪法》和《中华人民共和国地方各级人民代表大会和地方各级人民政府组织法》的规定，省、自治区、直辖市及省级人民政府所在地的市和经国务院批准的较大的市的人民代表大会及其常务委员会有权制定地方性法规。地方性法规只在该行政区内有效，其内容不得同宪法、法律、行政法规相抵触。地方性教育法规就是上述国家机关依据宪法、教育法、教育行政法规制定的，关于本地区教育行政管理的规范性文件。地方教育行政法规有的是为贯彻高等职业教育法而制定的，如《北京市人民政府关于大力发展职业教育的决定》《山西省人民政府关于大力发展职业教育的决定》等，因而也是我国高等职业教育法的重要组成内容。地方政府规章也是上述地方政府为了贯彻落实法律效力位阶较高的法律规范，根据具体行政管理的需要而制定的不与其他上位法规相抵触的规范性文件。由于我国高等职业教育基本上是在中央政府的主导下发展起来的，所以关于规范我国高等职业教育的地方性法规和地方政府规章还较少。

### （六）其他

除以上法的渊源外，高等职业教育法律的渊源还有行政法、民法、刑法等，这些法和许多规范都适用于高等职业教育领域。如高等职业教育活动和关系中有不少内容属于民事性质，高等职业教育法人承担民事责任，需要运用民法来调整；高等职业教育领域的案件情节严重的要用刑法来解决等。此外，我国与教育文化等相关的国家性条例、自治地区的自治条例、单行条例等，也是高等职业教育法的渊源，但对高等职业教育的发展所起作用较小，不具有普遍性意义。

## 二、高等职业教育法律体系

### （一）高等职业教育法律体系的含义

法律体系是以一国现行的法律规范为基础，以部门法为主体，以不同的适用范围和效力等级的法律规范构成的不同层次结构，以及以和谐一致的内容和完整统一的形式所构成的法律规范的有机整体。高等职业教育法律体系是法律体系的一个子系统，就其性质和内容而言，它是国家制定的，以高等职业教育内外关系为主要调整对象的法律规范的总和。同法律体系一样，高等职业教育法律体系并不是一国现行法律规范的简单叠加，高等职业教育法必须反映国家的意志，反映高等职业教育发展规律的要求，反映高等职业教育与经济、政治、文化等其他因素的关系。高等职业教育法要正确地反映这些关系和要求，就必须要以宪法确定的基本原则为指导思想，以不同内容的相关法律规范组成的若干部门法规为横向结构，以不同适用范围和效力等级的法律规范构成的不同层次为纵向结构的严密、完整、协调发展的一套法律规范。[①]

高等职业教育法是教育法的一部分，教育法体系中的《教育法》《民办教育促进法》《教师法》《高等教育法》《职业教育法》等是高等职业教育法的"共享资源"。例如，高等职业教育作为高等教育的一部分，与普通高等教育共享着《高等教育法》的"高等"；又由于高等职业教育具有职业教育的性质，《职业教育法》则是与中等职业

---

① 梁明伟，刘志刚. 法律规范行为：教育法制基础［M］. 保定：河北大学出版社，2012：6-7.

教育一起"过日子"的"共同屋檐"①。至今，我国尚未形成关于高等职业教育的专有法律体系，而是用相关教育法的"共享资源"来规范和指导高等职业教育的发展。因而，我国高等职业教育法是教育法体系的有机组成部分，教育法律与高等职业教育的"共享资源"构成了高等职业法律体系。

### （二）高等职业教育法律结构体系

从系统化的角度而言，高等职业教育法律体系是由一定的纵向和横向的结构联系起来而形成的有机整体，它覆盖了高等职业教育的方方面面，但由于高等职业教育在我国的特殊性和高等职业教育法律的不健全，我们仅对其纵向结构进行分析。高等职业教育法律体系的纵向结构表明了我国的高等职业教育法是由哪些层次的法律形式所组成的，以及它们之间的相互关系。高等职业教育法律来源于教育法规，因而高等职业教育法规的纵向结构体系与教育法的纵向结构体系相似。

依据我国教育法律体系的纵向结构，高等职业教育法律体系的纵向结构可分为以下五个层次：

教育法中相关条例是高等职业教育法律体系的第一个层次。教育法是全国人民代表大会以《宪法》为依据制定的基本法律，主要规定了我国教育的基本性质、地位、任务、基本法律原则和基本教育制度等，在整个教育全局中起宏观调控作用。因而，教育法被称为"教育的《宪法》"或全部教育法规的"母法"，是制定教育部门其他法律法规的首要依据，任何其他教育部门法律法规都不得与之相抵触，高等职业教育法也不例外。

部门教育法中相关条例是高等职业教育法律体系的第二个层次。部门教育法是与教育法相配套的教育单行法律，以及其他法律中与教育相关的条款，是由全国人民代表大会常务委员会根据《宪法》和教育法的原则确立制定的，主要用于调整各个教育部门的内外部关系，即调整某类教育或某一方面教育工作的教育法规。其中，《职业教育法》《高等教育法》及相关条例是构成高等职业教育法律体系的骨干。

教育行政法规中相关内容是高等职业教育法律体系的第三个层次。教育行政法规是国务院为实施教育法和单行法而制定的比较具体、易于操作的规范性法律文件，也是对教育法和单行法的有效补充。教育行政法规涉及内容广泛，其内容随着教育事业的发展需要予以增减。教育行政法规在高等职业教育法缺失的情况下，对高等职业教育的发展起着重要的作用。因而，教育行政法规中的相关内容是构建和完善高等职业教育法律体系的重要元素。

地方性教育法律、规章中相关内容是高等职业教育法律体系的第四个层次。地方性教育法规是各省、直辖市人大及其常委会和人民政府，以及民族自治地区的人民政府，为了执行国家有关教育法律法规而制定的适合本地区实际需要的规范性文件。它们具有因地制宜，针对性强的特征，及时、具体、可行性强，是教育法律和行政法规的必要补充。据统计，地方教育法律、规章中许多内容对解决高等职业教育发展的具体问题起到了不可替代的作用，因而这也决定了其相关内容也是构建和完善高等职业教育体系的必要补充。

---

① 周宁宁. 高等职业教育立法研究［M］. 湘潭：湘潭大学出版社，2008：212.

政府规章中相关内容是高等职业教育法律体系的第五个层次。政府规章一般是由国务院教育主管部、委制定和发布的，是贯彻国家教育法律法规的规范性文件，其效力低于行政法规。政府规章的制定主要依据法律和行政法规，并且可以因实际工作的需要而决定其内容。因而，政府规章对高等职业教育关系的调整最直接、具体，其相关内容在我国高等职业教育法律体系中所占比重较大。

# 第三节　依法治国、依法治教与高等职业院校内部治理体制

## 一、依法治教是依法治国的重要组成部分

### （一）依法治国

何为"依法治国"？1997年召开的党的十五大正式将依法治国界定为："广大人民群众在党的领导下，依照宪法和法律的规定，通过各种途径和形式管理国家事务，管理经济文化事业，管理社会事务，保证国家各项工作都依法进行，逐步实现社会主义民主的制度化、法律化，使这种制度和法律不因领导人的改变而改变，不因领导人看法和注意力的改变而改变。"并将依法治国确立为中国共产党治国理政的基本方略。1999年，第九届全国人大第二次会议将依法治国写入宪法修正案，最终使依法治国基本方略以国家根本大法的形式确认下来，上升为国家意志。

党的十七大报告提出："全面落实依法治国基本方略，加快建设社会主义法治国家。"党的十八大召开以后，依法治国上升到全面实施阶段，并召开了党的十八届四中全会，这次会议是中国共产党第一次以全会的形式对依法治国基本方略进行专题研究部署，也第一次提出了"全面推进依法治国"概念，并阐述为："在中国共产党领导下，坚持中国特色社会主义制度，贯彻中国特色社会主义法治理论，形成完备的法律规范体系、高效的法治实施体系、严密的法治监督体系、有力的法治保障体系，形成完善的党内法规体系，坚持依法治国、依法执政、依法行政共同推进，坚持法治国家、法治政府、法治社会一体建设，实现科学立法、严格执法、公正司法、全民守法，促进国家治理体系和治理能力现代化。"这次会议通过的《中共中央关于全面推进依法治国若干重大问题的决定》，是全面推进依法治国的纲领性文件，为全面推进依法治国指明了道路和方向。2014年12月，习近平总书记首次提出"四个全面"总体布局，首次使用"全面依法治国"这一概念，并将其放在"四个全面"战略布局中去阐释，使得"全面依法治国"这一科学概念得到更为系统全面的阐释。

依法治国是中国共产党领导人民治理国家的基本方略，是坚持和发展中国特色社会主义的本质要求和重要保障，也是实现国家治理体系和治理能力现代化的必然要求。全面推进依法治国，总目标是建设中国特色社会主义法治体系，建设社会主义法治国家。全面推进依法治国，必须坚持党的领导、人民当家作主、依法治国有机统一。

### （二）依法治教

1. 依法治教的概念

依法治教是依法治国的重要组成部分，是依法治国方略在教育工作中的具体体现，

也是我国教育改革与发展的必然要求。所谓依法治教，是所有教育活动都应当符合教育法律法规的有关规定，所有的教育法律关系主体在从事各类教育活动时都应当遵守教育法律的规定和精神。具体而言，用法律来规范教育管理活动，协调教育关系，指导教育活动，解决教育矛盾，保护学校和师生的合法权益，促进教育事业的健康快速发展。

2. 依法治教的基本内容

依法治教的内容非常丰富，主要包括教育立法、教育普法、教育执法、教育司法、教育守法、教育法律监督、教育法律救济等方面。依法行政、依法治校是依法治教的核心体现。教育立法就是教育法的制定，即一定的国家机关依照其法定职权制定（修改和废止）教育规范性文件的活动。教育普法主要指教育法制的宣传与普及。教育执法是国家有关机关按照法定的职权和程序适用教育法律规范，依法行政。教育司法是国家机关依照法定权限和程序运用法律处理教育违法案件和裁决教育纠纷的专门活动。教育守法指一切国家机关及其公职人员、社会团体、企事业组织和全体公民应自觉按照教育法律规范行为，正确行使自己的权利，严格履行自己的法定义务。教育法律监督是国家机关、社会组织和公民对教育法律、行政法规、规章、地方性法规的实施情况予以监督，主要形式包括权力机关监督、行政机关监督、司法机关监督、政党监督、社会组织监督、社会舆论监督、人民群众监督等。教育法律救济是指当教育法律关系主体的合法权益受到侵犯并致损害时，可依法通过法律救济途径使得自己的合法权益获得恢复和补救。我国教育法律救济制度主要包括教育申诉制度、教育行政复议、教育行政诉讼、教育民事诉讼、教育刑事诉讼、教育行政赔偿制度等。

### （三）依法治教是实施依法治国方略的重要组成部分

依法治国与依法治教密切联系，依法治国涵盖依法治教，依法治教是依法治国的重要组成部分，是依法治国的方略在教育领域的深化、具体化。依法治教是培养现代化法治意识、建设法治社会的基础性工程，也是推动教育改革创新和教育持续健康发展的重要保障。教育活动必须在法律规范的作用下才能有序进行。

1995 年颁布的《中华人民共和国教育法》第四条指出："教育是社会主义现代化的基础，国家保障教育事业的优先发展。"还明确了通过国家教育立法确保教育事业优先发展的战略思想。

1999 年颁布的《中共中央 国务院关于深化教育改革 全面推进素质教育的决定》指出，"全面推进素质教育，根本上要靠法治、靠制度保障"，"继续完善国家教育立法，加大教育执法力度，加强教育法制机构和队伍建设，完善教育行政执法监督机制。制定有关素质教育的制度和法规，逐步实现素质教育制度化、法制化"。同年颁布的《教育部关于加强教育法制建设的意见》进一步指出："依法治教是 21 世纪我国教育事业深化改革，加快发展的必然要求。""教育领域必须按照依法治国基本方略的要求，进行深刻的观念更新与制度变革，加强法制建设，全面实行依法治教。"

2003 年《教育部关于加强依法治校工作的若干意见》指出："认真贯彻党的十六大精神，实行依法治教，把教育管理和办学活动纳入法治轨道，是深化教育改革，推动教育发展的重要内容，也是完成新时期教育工作历史使命的重要保障。""依法治校是贯彻党的十六大精神，推进依法治国基本方略的必然要求，是教育事业深化改革、加快发展，推进教育法制建设的重要内容。"

2010 年发布的《国家中长期教育改革和发展规划纲要（2010—2020 年）》第 20 章，专门从完善教育法律法规、全面推进依法行政、大力推进依法治校、完善督导制度和监督问责机制方面阐述了依法治教。在完善教育法律法规中，提出要按照全面实施依法治国基本方略的要求，加快教育法制建设进程，完善中国特色社会主义教育法律法规。

2019 年，中共中央、国务院印发的《中国教育现代化 2035》，进一步强调推进教育治理体系和治理能力现代化的总要求。具体要求有：提高教育法治化水平，构建完备的教育法律法规体系，健全学校办学法律支持体系；健全教育法律实施和监管机制；提升政府管理服务水平，提升政府综合运用法律、标准、信息服务等现代治理手段的能力和水平；健全教育督导体制机制，提高教育督导的权威性和实效性；提高学校自主管理能力，完善学校治理结构，继续加强高等学校章程建设；鼓励民办学校按照非营利性和营利性两种组织属性开展现代学校制度改革创新；推动社会参与教育治理常态化，建立健全社会参与学校管理和教育评价监管机制。

## 二、高等职业教育中依法治教的内涵和条件

### （一）高等职业教育中依法治教的内涵

高等职业教育中的依法治教，是指依据法律法规来管理高等职业教育，即在社会主义民主的基础上，使高等职业教育工作走上法治化、规范化。具体而言，是指用法律来规范高等职业教育管理活动，协调高等职业教育关系，指导高等职业教育活动，解决高等职业教育矛盾，保护高等职业学校和师生的合法权益，促进高等职业教育事业的健康快速发展。

1. 高等职业教育中依法治教的主体

高等职业教育中依法治教的主体范围十分广泛，主要包括各级权力机关，即各级人民代表大会及其常务委员会；各级行政机关，即各级人民政府及其职能部门，各级教育行政部门及其他有关行政部门；各级审判机关、检察机关，即各级人民法院和人民检察院；各级各类高等职业学校及其他有关机构；企事业单位、社会团体、公民个人等。各级机关及相关机构依照我国相关高等职业教育的法律规定，在自身的职权范围之内从事高等职业教育治理活动；各级团体、各类高等职业学校、其他教育机构、社会组织等，依照我国有关的高等职业教育法律的相关规定进行办学活动、高等职业教育教学活动、其他相关的高等职业教育活动。例如，各级权力机关有权制定高等职业教育方面的法律法规，听取政府有关高等职业教育相关的工作报告，审议有关高等职业教育经费的预算和决算；对政府的高等职业教育工作提出质询；检查、监督高等职业教育相关法规的实施情况等。同时，依法治教有赖于权力机关、行政机关、司法机关的推动，也需要社会团体和广大人民群众的共同努力，在高等职业教育中进行依法治教也是如此。因而，从一定意义上讲，凡是从事高等职业教育活动或有关高等职业教育活动的主体，都应是高等职业教育中依法治教的主体。①

① 黄才华，刘冬梅. 依法治教概论［M］. 北京：教育科学出版社，2002：2.

2. 高等职业教育中依法治教的范围

高等职业教育中依法治教的范围，主要包括国家机关有关高等职业教育的管理活动，各种社会组织和个人举办高等职业院校及其他高等职业教育机构的活动，高等职业院校及其他高等职业教育机构的办学活动，高等职业教师及其他教育工作者实施教育、教学的活动，高等职业学生及其他受教育者接受和参与教育、教学的活动，以及各种社会组织和个人从事和参与高等职业教育的活动；还包括高等职业教育拨款、举办高职校企合作、捐资助学等有关的活动。总之，凡是国家机关规范管理高等职业教育教学的活动、规范其他一些与高等职业教育教学活动相关的活动都属于高等职业教育中依法治教的范围。

3. 高等职业教育中依法治教的依据

高等职业教育中依法治教的依据主要包括宪法中有关教育的条款，教育法律法规和专门的职业教育法律、行政法规、地方性法规等，如《中华人民共和国义务教育法》（简称《义务教育法》）、《教师法》、《教育法》、《普通高等学校设置暂行条例》、《教师资格条例》、《职业教育法》、《中国特色高水平高职学校和专门建设计划法规文件》、《职业技术提升行动方案（2019—2021年）》等；除此之外，还包括其他有关教育的法律法规，如《中华人民共和国未成年人保护法》（简称《未成年人保护法》）、《中华人民共和国残疾人权益保护法》（简称《残疾人权益保护法》）、《中华人民共和国行政处罚法》（简称《行政处罚法》）、《行政复议条例》、《中华人民共和国行政诉讼法》（简称《行政诉讼法》）、《中华人民共和国国家赔偿法》（简称《国家赔偿法》）等。

4. 高等职业教育中依法治教的基本内容

高等职业教育中依法治教的内容非常丰富，主要包括高等职业教育立法、高等职业教育法律的宣传普及、高等职业教育行政执法、高等职业教育司法、高等职业教育法律遵守、高等职业教育法制监督、高等职业教育法律救济，高等职业教育法学教育和研究等方面。

**（二）高等职业教育中依法治教的基本要求**

1. 完备的教育法体系

教育立法是依法治教的前提和基础，也是高等职业教育中实施依法治教的前提和基础。只有建立起符合中国国情、人民利益，反映教育规律尤其是高等职业教育规律，内容和谐一致、形式完整统一的教育法律、法规体系，才能为其依法治教工作提供全面的法律依据，使高等职业教育工作有法可依、有章可循。

2. 严格、公正的教育执法制度

严格、公正的教育执法制度是实现高等职业教育中依法治教的基本保证。各级人民政府及其有关部门必须严格依法行政，在各自的职责范围内履行相应的职责，确保高等职业教育事业的经费投入和其他基本条件的满足，正确地规范和引导高等职业教育事业的改革与发展；建立完备的教育行政处罚制度、行政复议制度、行政申诉制度及教育仲裁制度等一系列教育法律救济制度，对公民在高等职业教育中的合法权益予以法律保护，对违法侵害公民教育合法权益的责任人进行追责。

3. 高素质的教育执法队伍

法治需要懂法的人来实施，建立一支高素质的教育执法队伍，是高等职业教育中实现依法治教的关键。高素质的执法队伍包括教育行政机关人员队伍、教育行政执法队伍、教育督导队伍、教育司法队伍及教育法律服务队伍。教育执法队伍人员要具备较强的政治素养、较高的业务素养和良好的职业道德素养，始终拥护宪法的基本原则，拥护党的基本路线、方针和政策，做到遵纪守法、廉洁自律、秉公执法，熟练运用教育法律、法规和政策，正确处理各类教育案件。

4. 健全的教育法律民主与监督制度

依法治教的根本任务是保障社会主义民主。高等职业教育中依法治教要体现和贯彻民主原则，保证公民通过法定的民主程序参与高等职业院校的管理。同时，也要明确监督标准和程序，建立起对高等职业教育工作进行监督的各项制度和有效的监督机制。发挥国家权力机关监督、行政监督、司法监督、社会监督、人民群众监督的作用，综合运用各种监督手段，做到监督工作经常化、制度化。

5. 社会成员具有较强的教育法律意识

教育法律的实施需要一直高素质的教育执法队伍，也需要靠社会成员的共同努力和自觉遵守。教育法律意识是人们对教育法律现象的思想、观点、知识的总称，主要包括人们对教育法律精神实质和实施作用的理解和评价，对教育执法和司法的信任程度和守法、用法的自觉性等。公民良好的教育法律意识使其对教育法律能有正确的认知和评价，这样才能从根本上实现高等职业教育中的依法治教。

## 三、现代高等职业院校内部治理体制

高等职业院校内部治理体制主要是指学校内部的决策机构、咨询机构、执行机构、监督反馈机构等主要内部机构及其职能的总称。其包括学校领导体制、岗位责任体制、教师及其他人员的聘任制、分配制度等。高等职业院校内部治理体制要立足当下社会发展环境，依据国家相关政策法规，遵循高等职业教育办学规律，着眼自身办学特点来构建和完善，以更好地顺应社会发展，满足社会、教师、学生、行业、企业等利益相关者的各种需求，实现院校内部治理的科学化、民主化、法治化。

### （一）章程是高等职业教育内部治理的总纲领

高等职业院校内部治理必须依法公开进行，但前提是有法可依、有章可循。高等职业院校内部治理，从源头上表现为依据章程进行的治理。高等职业院校章程是高等职业院校内部的"宪法"，具有稳定性、规范性、权威性和严肃性。它是高等职业院校内部治理的总纲领，是高等职业院校设立治理制度的根基，也是高职院校内部治理完善的逻辑起点，更是高职院校有效实施内部治理的依据和保障。高等职业院校要从自身历史沿革、办学特点与发展现状出发，按照上级教育部门的政策要求，通过民主、规范、公开的工作程序，在充分听取各方意见、凝聚师生集体智慧的基础上，制定出适合高等职业院校特色和未来发展需求的现代大学章程。1995 年 9 月施行的《中华人民共和国教育法》第二十七条将具有组织机构和章程作为设立学校及其他教育机构所必须具备的基本条件之一。该法第二十九条同时明确规定，学校及其他教育机构行使"按照章程自主管理"的权利。《国家中长期教育改革和发展规划纲要（2010—2020

年）》强调，章程建设是建设现代大学制度的重要载体和根本保证，"各类高校应依法制定章程，按照章程规定管理学校"。2011 年，教育部制定《高等学校章程制定暂行办法》，明确"章程是高等学校依法自主办学，实施管理和履行公共职能的基本准则。高等学校应当以章程为依据，制定内部管理制度及规范性文件，实施办学和管理活动，开展社会合作"。

### （二）明确学校领导体制

学校内部领导体制主要指学校内部管理权责的划分。1985 年 5 月颁发的《中共中央关于教育体制改革的决定》明确规定："学校逐步实行校长负责制，有条件的学校要设立由校长主持的、人数不多的、有威信的校务委员会，作为审议机构。"2014 年 10 月，中共中央办公厅印发《关于坚持和完善普通高等学校党委领导下的校长负责制的实施意见》，明确了"党委领导""校长治校"的权责，要求建立健全党委统一领导、党政分工合作、协调运行的工作机制。党委领导对学校全面工作负总责，注重发挥发挥党委总揽全局、协调各方的领导核心作用，聚焦抓方向、做决策、用干部、聚人才、保落实，承担起管党治党、办学治校的主体责任，支持校长开展工作。校长是学校法定代表人，重在执行党委决议，行使法律法规和学校章程赋予校长的职权，并对其决策、执行过程和结果负责。

### （三）理顺学校执行体制

高等职业学校管理执行机构的设置及功能的发挥，是影响高等职业学校内部管理效能的关键因素。学校执行机制设置应与学校领导体制相适应。一般来说，高等职业学校内部的执行机制主要有教务处、财务处、人事处、保卫处、招生就业处、总务处、科研处、校长办公室等。高等职业院校在执行机构设置上，要从自身实际出发，按照精简、效能的原则，合理设置机构和配备工作人员，并明确其权责，以发挥其功能。

### （四）改善学校监督体制

改革和完善学校监督体制能够有效地避免权力应用不当的问题，促进院系权力运用透明化。首先，加强制度建设，使院系权力应用形成全方位的制度规范，通过制度约束为各方面的权力监督参与提供依据。其次，加强党代会、教代会等各种监督机构的组织建设。权力监督的有序进行，必须有相应的机构职责才能师出有名。同时，高职院系要建立第三方监督评价机制，强化社会监督力度。再次，加强监督结果的贯彻落实。院校权力监督机制的良性运作需要对监督结果有明确的落实，并采取相应的对策，无结果的监督只能使监督机制徒有虚名。最后，建设相应的机制，使更多的高职院校教师参与到监督机制之中。[①] 如我国《教育法》第三十一条规定，"学校及其他教育机构应当按照国家有关规定，通过以教师为主体的教职工代表大会等组织形式，保障教职工参与民主管理和监督"。高等职业院校要建立并注重通过教职工代表大会、监事会等形式，保障教职工对学校管理活动进行监督，以提高教育质量。

除此之外，高等职业院校为提高内部治理效率和效能，还应适时建立健全决策咨询机制、完善院系两级管理体系、加强反馈惩戒机制的落实等。

---

① 周海英. 对高职院校内部管理机制改革的若干思考［J］. 教育理论与实践，2016（36）：18-20.

## 第四节　高等职业教育法的制定、实施与监督

### 一、高等职业教育法的制定

高等职业教育立法又称高等职业教育法的制定。高等职业教育立法是国家立法机关依据法定的权限和程序，制定、修改和废止与高等职业教育相关的规范性法律文件的活动。高等职业教育规范性法律文件以成文法的形式呈现，包括全国人民代表大会及其常务委员会制定和颁布的高等职业教育相关的法律、国务院制定并颁布的高等职业教育相关的行政法规、国务院组成部门制定的高等职业教育相关的规章和地方政府制定的高等职业教育相关的法规性文件。高等职业教育立法对协调高等职业教育内外关系，明确高等职业教育主体权利与义务，推动高等职业教育治理体系和治理能力现代化具有重要的意义。

#### （一）高等职业教育立法的指导思想

任何时代的国家立法都有一定的指导思想，它反映统治阶级的根本利益及其在不同历史阶段的基本要求，是立法活动的理论根据和方向指南。我国立法的指导思想按照层次可分为三种。第一，总的指导思想，即同一性质的国家政权在不同历史时期，整个立法都要坚持的根本指导思想。当代中国立法总的指导思想仍然是马克思列宁主义。第二，基本指导思想，即总的指导思想与该国实际相结合产生的、在政权性质不变的相当长的历史时期，整个立法都要长期坚持的常规指导思想。当代中国的基本指导思想是中国化的马克思主义——毛泽东思想、邓小平理论、"三个代表"重要思想、科学发展观和习近平新时代中国特色社会主义思想。第三，阶段指导思想，即总的指导思想、基本指导思想与一定历史阶段相结合的产物。现阶段立法总的指导思想是中国共产党在社会主义初级阶段的基本路线。我国现行《宪法》确认了"一个中心，两个基本点"的社会主义初级阶段的基本路线，是我国最重要的指导思想。中国社会主义立法之所以要遵循这样的指导思想，是由中国国体、立法的本质，中国共产党的领导地位和中国的历史条件、国情所决定的。

高等职业教育立法作为我国立法的一部分，必须遵循我国立法的指导思想。马克思列宁主义、毛泽东思想、邓小平理论、"三个代表"重要思想、科学发展观和习近平新时代中国特色社会主义思想是完整的、科学的理论体系，是正确的立场、观点和方法。它们集中体现了我国社会主义初级阶段一切工作的中心和基本任务，集中代表了我国现阶段工人阶级和广大人民群众的意志和愿望，也集中体现了我国法律的价值取向，因此是我国高等职业教育立法的指导思想。

在高等职业教育立法中，我们应当运用马克思列宁主义、毛泽东思想、邓小平理论、"三个代表"重要思想、科学发展观和习近平新时代中国特色社会主义思想所揭示的普遍真理，创造性地解决立法工作中出现的新问题；同时，要从实际出发，坚持实践是检验真理的唯一标准，勇于修正那些已被立法实践证明是不正确的或滞后于现实发展的高等职业教育相关的规范性法律文件。

### (二) 高等职业教育立法的基本原则

高等职业教育立法的基本原则，是把观念化、抽象化的高等职业教育立法指导思想转变为规范化、具体化的立法原则，是高等职业教育立法活动的准绳和价值准则。高等职业教育立法活动，既要立足国情，同中国总体法的原则相一致；又要依据高等职业教育自身特点和规律，坚持具体原则。换言之，高等职业教育立法不能违背我国总体法原则，也不能简单地用总体法的原则来代替高等职业教育法的具体原则。我国高等职业教育立法的原则可以概括为以下几个方面。

#### 1. 实事求是原则

实事求是，一切从实际出发，是我国科学立法的灵魂，也是高等职业教育立法的首要原则。实事求是就是要求在制定高等职业教育法规时必须从高等职业教育的实际情况出发，从现实国情出发，从社会生产力的发展水平、已有的经济基础出发，从社会发展的客观规律出发，还必须从本国的文化背景、民族心理和公民的普遍素质出发，而不是从本本出发，生搬硬套。这样制定出的高等职业教育法律才能准确反映其客观规律和现实需求。坚持这一原则，既要从高等职业教育总体状况和社会主义现代化建设大局着眼，研究我国高等职业教育发展的最基本的特点，根据这些特点制定法律；也要深入实际，深入调查和研究各地经济、政治、文化等的差异，概括出一些共性的东西作为高等职业教育立法的依据；同时，根据社会发展和教育发展的要求，与时俱进地修改和完善高等职业教育法规。

#### 2. 满足社会需求原则

高等职业教育是我国国民教育体系的重要组成部分，担负着人力资源开发、培养高素质技术技能人才和传承技术技能的重要责任，是提高从业人员职业技能、促进就业和改善民生的重要保障，与经济社会联系最为密切。因而，高等职业教育立法坚持满足社会需求的原则尤为重要。满足社会需求原则就是，高等职业教育立法要随着社会经济与技术的变化发展，通过法律形式实现对高等职业教育对象的数量和质量的保证，满足社会对劳动力的需求；高等职业教育通过立法改革高等职业教育专业与课程设置，使其与社会经济产业结构相适应。同时，高等职业教育立法能有效解决经济社会发展面临的冲突和矛盾。

#### 3. 维护最广大人民根本利益原则

我国是人民当家作主的国家。它意味着，高等职业教育立法要反映广大人民群众的意志，体现绝大多数人的根本利益。同时，我国正处于社会经济转型期，此时经济体制深刻变革，社会结构深刻变动，利益格局深刻调整，思想观念深刻变化等，高等职业教育发展呈现出多元化状态，各种利益关系日益复杂，因此需要从绝大多数人的利益出发制定高等职业教育法规，规范高等职业教育行为，缓解高等职业教育发展的矛盾，达到维护高等职业教育秩序、促进高等职业教育发展的目的。为了维护最广大人民的根本利益，高等职业教育立法要正确认识和处理好国家、集体和个人之间，眼前利益和长远利益之间，经济发达地区和经济落后地区之间的关系，使人人都能公平享有接受高等职业教育的权利，最大限度发挥高等职业教育的效益。

#### 4. 稳定连贯性原则

高等职业教育的发展和社会的发展一样，其过程是连续性的，并呈现出一定的阶段性和内部一致性。正如马克思所说："在现代国家中，法不仅必须适应于总的经济状况，不仅必须是它的表现，而且还必须是不因内在矛盾而自己推翻自己的内部和谐一致的表现。"① 因此，在制定新的高等职业教育法规时，要遵循稳定连贯性原则，慎重调整原来的利益关系。如果高等职业教育法律没有稳定性和连贯性，朝令夕改，随意中断、废止，势必削弱高等职业教育法的权威性，影响人们对高等职业教育法的理解和遵守，阻碍高等职业教育法的实施，甚至会给高等职业教育发展带来灾难性后果。

5. 原则性和灵活性相结合原则

原则性是指高等职业教育立法所具有的确定性、规范性、可操作性和国家强制性等。如果没有原则性，就会丧失高等职业教育法的意义和作用。但是，高等职业教育法在制定时也要体现一定的灵活性。灵活性是实现原则性的具体措施和手段。我国幅员辽阔，各地的政治、经济、文化和自然条件的实际状况发展很不平衡，区域之间、城市与城市之间、城乡之间、学校与学校之间等存在巨大的差别。因此，高等职业教育立法不能"一刀切"，而应该在贯彻原则性的同时坚持灵活性原则。

### （三）高等职业教育立法的制定程序

立法程序是指有权国家机关在进行立法活动时所必须遵循的步骤和方法。高等职业教育立法也应根据相应的立法程序进行，否则会因程序违法而失去正当性，导致形成的法律被变更或撤销。依据我国的立法程序，高等职业教育立法程序可分为提出法案、审议法案、表决通过法案和公布法四个阶段。

1. 提出高等职业教育法案

提出高等职业教育法案，是指有立法提案权的机关、组织或者人员，依照法定程序和方式，向立法机关提出的关于制定、修改、补充、废止、解释高等职业教育规范性法律文件的提议和议事原型的专门活动。它是立法活动的第一道程序，也是最具前提性、基础性的程序，标志着立法程序的正式开始。提出法案要具备三个基本要素：一是高等职业教育法案的提出必须是有权国家机关，在法定职权范围内提出议案；二是提出的内容是立法议案；三是提案必须依据法定程序进行。高等职业教育立法议案提出后，立法机关要将其列入议事日程，进行正式审议和讨论。

在我国，立法议案提出后，受会议会期短、立法条件不成熟等的限制，其不一定全部列入会议议程加以审议。为此，国家规定，在有关立法议案列入议程进行审议前，先决定是否将该法案列入议程。尽管每一项提出的法案不一定都能列入议程加以审议，但是每项法案提出后，立法机关都会充分考虑是否将其列入议程。同时，有立法提案权的机关、组织或者人员，亦有权撤回该法案，但由于法案所处的阶段不同，其行使法案撤回权也有所差别。

2. 审议高等职业教育法案

提出法案后，立法程序进入审议法案阶段，这个阶段是立法程序的关键性阶段。审议高等职业教育法案是指立法机关就已经列入会议议程的法案正式进行审查、讨论的活动。该法案能否通过而成为法律，取决于立法机关对其审议结果。因此，审议过程要求立法机关的组成人员对所提出的高等职业教育法案是否符合社会发展需要，

① 马克思，恩格斯. 马克思恩格斯全集：第 37 卷 ［M］. 北京：人民出版社，1972.

是否具备立法条件，法案本身是否科学、合理、可行，是否与其他法律协调等一系列的政策性、合法性、技术性问题发表意见，并进行可行性论证、修改、补充、完善。审议的质量直接影响法案的表决，并关系法案通过后实施的效果。

根据我国的立法程序，高等职业教育法案的审议一般要经历以下程序：①立法机关的专门机构对高等职业教育立法草案进行初步审查，并提出审查报告；②立法机关主持日常工作的有权机关讨论初步审查结果，并决定是否提交立法机关会议进行正式审议；③立法机关召开会议审议被列入议程的高等职业教育立法议案，高等职业教育法律议案的提出人列席会议，做法律草案的说明，解释有关问题，立法机关的组成人员对法律草案提出审议意见；④立法机构的专门机关根据立法机关组成人员提出的审议修改意见，修改法律草案文本，在本次或另一次立法会议上，提出审议修改结果的报告；⑤立法机关组成人员对审议修改结果的报告进行审查、修改，并做出是否交付表决的决定。在审议阶段，立法机关的组成人员的审议和立法机关专门机构工作人员的修改应交替进行，以保证法律的质量。①

3. 表决和通过高等职业教育法案

在法案进行审议后，立法程序进入表决和通过法案的阶段。表决高等职业教育法案，是指立法机关和人员通过一定的形式和程序，对审议、修改完毕的高等职业教育法案表示赞成、反对或者弃权等具有最终的、决定意义态度的活动。经过表决，如法案获得法定数目以上人员的赞成、肯定、同意，即为通过。表决法案和通过法案是两个既有联系又有区别的概念。表决法案是通过法案的必经阶段，通过法案是表决法案的一个结果。所有列入审议议程的法案都要经过表决，但并非每一个经过表决的法案都能获得通过。

在我国，高等职业教育法案的表决是由立法机关在其召开的会议上进行的，交付表决的法案文本应是经过反复论证和多次修改的成熟法律草案文本。当对立法机关宣读高等职业教育法案全文后，立法机关的组成人员对法律草案进行无记名投票表决。交付表决的高等职业教育法案取得立法机关全体人员过半数的赞成票，视为通过。另外，国务院有关部委制定的高等职业教育行政规章必须经过国务院审批同意后，才视为通过。②

4. 公布高等职业教育法

公布高等职业教育法，是指有权公布法的机关和人员，在特定期内，以法定方式将有权立法主体通过的法正式公之于众的活动。作为立法程序的中的最后一个环节，公布法是法律生效的一个必要环节，也是公布法案变成法律的关键性环节，没有经过法定形式公布于众的法律不具有法律效力。公布法的载体主要是法定刊物、报纸或官方网站，法律文件的形式主要有国家主席令、国务院令、政府令、布告、公告和决定等，公布法的内容包括立法的目的、制定法律的机关、法律通过或批准的时间、生效时间等。由于我国法律没有对法律的生效时间做出统一规定，因而公布法的日期与生效日期是不完全一致的。当高等职业教育法生效后，其担负着调整高等职业教育关系

---

① 刘毓航，朱平. 教育法规 ［M］. 南京：南京大学出版社，2018：58.
② 同①

的历史使命。

【例】国家主席令、国务院令模板

中华人民共和国主席令

第××号

《中华人民共和国××××法》已由中华人民共和国第××届全国人民代表大会常务委员会第×次会议于××年×月×日通过，现予以公布，自××年×月×日起施行。

**中华人民共和国主席**　×××

××年×月×日

中华人民共和国国务院令

第××号

《××××条例》已经××年×月×日国务院第××次常务会议通过，现予公布，自××年×月×日起施行。

**总理**　×××

××年×月×日

## 二、高等职业教育法的实施

法律的生命和意义就在于它的实施①。高等职业教育法实施的目的在于，保证高等职业教育所规定的行为规范能够在教育活动中得到切实的遵守。因而，高等职业教育法的实施，是高等职业教育法规运行过程中最关键、最重要的环节。

### （一）高等职业教育法实施的含义

高等职业教育法的实施，是指高等职业教育法律规范在高等职业教育过程中的具体运用和实行。高等职业教育法的制定为人们确立了高等职业教育活动的行为规则，是高等职业教育社会关系的反映，也是对高等职业教育法律关系主体之间实际行为的概括和抽象。在高等职业教育法实施前，高等职业教育法规只是书本上的法律，处于应然状态。高等职业教育法的实施，使书本上的高等职业教育法规变成生活中的法律，即变为实然状态。换言之，制定的高等职业教育法律法规，应当具体体现在高等职业教育实践活动中，即体现在各教育关系主体履行义务和享受权利上，但它不会自动变成现实，必须实施高等职业教育法，使高等职业教育法律法规中的关系和法律程序变为现实的法律关系和法律秩序，从而达到高等职业教育立法的目的，实现依法治教。

### （二）高等职业教育法实施的方式

高等职业教育法的实施同其他法的实施一样，主要包括两个方面：一是指一切国家机关、社会组织和个人普遍守法；二是要求国家行政机关、司法机关及其公务人员严格执行高等职业教育法，准确适用高等职业教育法的活动。因此，从这个角度看，

---

① 教育部师范教育司. 教育法学基础［M］. 长春：吉林教育出版社，2000：43.

高等职业教育法的实施主要有两种方式：一种是高等职业教育法律关系主体自己去实施，这叫作自律性的实施，即高等职业教育法的遵守；另一种是，高等职业教育法律关系主体自己不去实施，由国家专责机关强制实施，这叫作他律性的实施，即高等职业教育法的适用。

1. 高等职业教育法的遵守

高等职业教育法的遵守，是指在该法适用范围内的一切组织和个人都必须自觉遵守高等职业教育法的规定，严格依法办事，正确享有法律权利，切实履行法律义务，任何组织都没有超越高等职业教育法的特权。高等职业教育法律关系主体必须按照高等职业教育法规的要求去参与和从事高等职业教育活动。

高等职业教育法的遵守包括守法主体和守法内容。守法主体是指高等职业教育法遵守行为的实施者，不仅包含高等职业教育法律关系的参与者，还包括一切法人、公民和有关的国家机关。守法内容是指高等职业教育法的守法主体依据高等职业教育法进行活动的具体形式，包括正确享有高等职业教育法规定的权利和切实履行其规定的义务。

不论守法主体是行使高等职业教育法规定的合法权利或积极履行法规义务，还是遵守法规规定的禁令，都属于对高等职业教育法的遵守。高等职业教育法的遵守会受一些基本条件的影响和制约，这些条件大致分为主观和客观两个方面。主观条件是指高等职业教育守法主体的文化修养、法的修养、道德修养等；高等职业教育法遵守的客观条件主要包括经济条件、政治条件、法制条件、社会道德风尚、宗教信仰等。主客观条件相互影响、相互作用，共同决定了守法主体是否遵守高等职业教育法及遵守的程度。

2. 高等职业教育法的适用

高等职业教育法的适用，通常是指国家专责机关、公职人员及被授权的组织依照其职权范围，通过法定程序以排除高等职业教育法律规范贯彻执行中遇到的阻力的形式来保证法律规范的贯彻执行，是高等职业教育法实施的一种必要方式。高等职业教育法的适用可细分为高等职业教育司法适用和行政适用两种。

高等职业教育司法适用，是指司法机关及司法人员根据法定职权和法定程序行使国家赋予的司法权，具体应用高等职业教育法处理案件的专门活动。当公民、社会组织和国家机关在相互关系中发生无法解决的争议，致使高等职业教育法所规定的权利、义务无法实现，或是守法主体在活动中遇到违反高等职业教育法的行为时，就需要由司法机关适用高等职业教育法裁决纠纷、解决争端、制裁违法犯罪。高等职业教育法的司法适用需要遵循以事实为依据，以法律为准绳；公民在适用法律上一律平等；司法机关依法独立行使职权；实事求是，有错必纠等基本原则。

高等职业教育法的行政适用，是指国家有关行政机关及其公职人员依照法定职权和法定程序，应用高等职业教育法裁决、处理具体事项的活动，一般称为高等职业教育行政执法或高等职业教育法的执行。高等职业教育法的执行是一种由国家权力机关的执行机关来实施的一项特殊活动，具有法律性、强制性、主动性等特点，也是代表国家进行的活动，是国家意志性的体现，其产生的结果具有权威性。高等职业教育行政执法必须在法律范围内进行，否则是违法的，其执法活动需要遵循合法性、越权无效、应急性、合理性、效益性和公开、公正性等原则，以保障高等职业教育法的实施，维护良好的高等职业教育秩序。

高等职业教育法的司法适用和行政适用最大的区别在于运用法律的公共权力主体不同。高等职业教育法的司法适用主体是国家司法机关，即人民法院和人民检察院，除此之外其他任何国家机关、社会组织和个人都不得从事这项工作。高等职业教育法的执行主体是教育行政机关，即只能由教育行政机构及其工作人员专门行使，其他任何国家机关、社会组织和个人也无权行使。其区别见表1-2。

表1-2　高等职业教育法的行政适用和司法适用的区别

| 项目 | 高等职业教育法的行政适用 | 高等职业教育法的司法适用 |
|---|---|---|
| 主体 | 国家教育行政机关及其工作人员 | 司法机关（检察院和法院）及其工作人员 |
| 内容 | 以国家的名义对教育进行管理，内容比司法广泛 | 对象是案件，内容是解决纠纷 |
| 程序要求 | 执法活动需严格遵守法定程序，但不如司法活动程序性要求严 | 有严格的程序性要求，若违反程序将导致司法行为的无效 |
| 主动性程度 | 主动性和单方面性 | 被动性，"不告不理" |

### （三）高等职业教育法的效力与解释

1. 高等职业教育法的效力

高等职业教育法的效力是指高等职业教育法的有效性和可适用范围。高等职业教育法的效力有明确的实施原则，即高阶位法的效力高于低阶位法，特别法优于普通法，新法优于旧法。在我国的高等职业教育法体系中，高等职业教育相关的教育基本法、单行教育法、教育行政法规和地方性法规、自治条例和单行条例、规章的法律效力等级依次递减。这在《中华人民共和国立法法》（简称《立法法》）中也有规定，《宪法》具有最高的法律效力，一切法律、行政法规、地方性法规、自治条例和单行条例、规章都不得同《宪法》相抵触；法律的效力高于行政法规、地方性法规、规章；行政法规的效力高于地方性法规、规章；地方性法规的效力高于本级和下级地方政府规章；省、自治区的人民政府制定的规章的效力高于本行政区域内的较大的市的人民政府制定的规章；部门规章之间、部门规章与地方政府规章之间具有同等效力，在各自的权限范围内施行。当出现不一致的情况时，采用以下方式处理：同一机关制定的法律、行政法规、地方性法规、自治条例和单行条例、规章，特别规定与一般规定不一致的，适用特别规定；新的规定与旧的规定不一致的，适用新的规定；法律之间对同一事项的新的一般规定与旧的特别规定不一致，不能确定如何适用时，由全国人民代表大会常务委员会裁决；行政法规之间对同一事项的新的一般规定与旧的特别规定不一致，不能确定如何适用时，由国务院裁决。

除上述形式效力外，高等职业教育法规还包括时间效力，即规范高等职业教育法何时生效、何时失效、有无溯及既往的效力等问题；空间效力，即高等职业教育法律效力的空间范围，由于高等职业教育法律的内容和制定机关不同，其效力范围也不尽相同；对人的效力，即高等职业教育法对哪些人有约束力，这里的"人"指法律关系主体，包括自然人、法人、国际组织和国家；对事的效率，即高等职业教育法对何种事项有效力，只能调节那些属于它调整的事项，对不属于它调整的事项不具有法律效力。

2. 高等职业教育法的解释

高等职业教育法的解释是指特定的国家机关、社会组织和个人对高等职业教育法规的内容和含义所作的说明。这种说明要根据一定的标准和原则，按照一定的权限和程序进行，目的是使人们准确地理解法律法规的精神实质和具体内容，保证高等职业教育法的适用和遵守。根据解释的效力不同，高等职业教育法解释分为正式解释和非正式解释。

正式解释又称法定解释、有权解释或官方解释，是特定的国家机关依照宪法和法律所赋予的权力，对有关法律所作的具有法律效力的解释。法定解释可以分为立法解释、司法解释、行政解释和地方解释。立法解释是立法机关对法律所作的解释，即立法机关对法律条文作进一步的解释、说明或补充；司法解释是司法机关将法律适用于具体案件时对法律所作的解释；行政解释是国家行政机关在处理其职权范围内的事务时，对有关法规所作的解释；地方解释指地方性法规条文本身在需要进一步明确界限或作补充规定时，由制定法规的省、自治区、直辖市人民代表大会常务委员会或政府主管部门进行的解释。

非正式解释又称无权解释，包括学理解释和任意解释。学理解释一般指学术界对于法律所作出的法理性和学术性的解释，属于研究性质的解释，不具有法律上的效力或约束力。任意解释是一般公民、当事人、辩护人根据自己对法律的理解所作的说明，也不具有法律效力或约束力。但学理解释和任意解释都对正确理解和实施法律，提高人们的法律意识起到了重要的作用。

### 三、高等职业教育法的监督

#### （一）高等职业教育法监督的含义

高等职业教育法监督从广义上讲，是指各类国家机关、政治或社会组织和公民依法对高等职业教育法实施情况进行的审查、监督、纠正等活动；从狭义上讲，是指国家专门法制监督机关依照法定权限和程序对高等职业教育法实施情况进行的审查、督促、纠正等活动。高等职业教育法制监督是保证高等职业教育法贯彻执行，各种教育法律关系主体权利和义务实现的重要手段和途径，推进了依法治教进程，保障了高等职业教育事业健康发展。

#### （二）高等职业教育法监督的特征

高等职业教育法监督作为一种对高等职业教育立法、司法和执法等进行的合法性监督和督导活动，具有以下特征：

第一，从高等职业教育监督主体来看，它是享有教育法律监督权的实施者，有来自国家机构内部的自上而下或自下而上的国家监督和来自国家机构以外的各种组织和个人的社会监督之分。国家监督是由国家权力机关、行政机关和司法机关进行的具有国家强制力并能直接产生相应法律后果的监督。社会监督范围很广，具有一定的权威性和代表性，一般包括执政党、民主党派、社会团体和公民个人依法进行的、不具有国家强制力而是有舆论作用的监督。

第二，从监督客体来看，其广义上包含了高等职业教育法规实施过程中负有责任和义务的组织和个人，但对高等职业教育的立法机关、司法机关和执法机关的监督才是重中之重。

第三，高等职业教育监督从内容来看，主要存在两种理解。一种认为监督的内容是对有权的国家机关及其工作人员的高等职业教育立法、司法和执法活动进行的监督，包括对其制定的高等职业教育规范性法律文件的合法性进行监督，以及对司法和执法的合法性进行监督。另一种认为，监督的内容既包括对立法机关制定的高等职业教育规范性法律文件的合法性进行监督，也包括对国家行政机关和司法机关对高等职业教育法执法、司法活动的监督，还包括对社会组织和公民各种教育活动的合法性进行的监督。

### （三）高等职业教育法监督的类型

高等职业教育法监督依据不同标准可以进行不同的分类。高等职业教育法监督依据监督主体，分为国家监督和社会监督；依据监督对象，可分为高等职业教育立法监督、执法监督、司法监督；依据监督方式，可分为事先监督、事中监督、事后监督等。各种监督方式互相交错、互相结合，构成了我国高等职业教育法监督体系。现依据高等职业教育法监督主体的不同，我们进行以下分类：

1. 国家权力机关的监督

国家权力机关的监督指最高国家权力机关和地方国家权力机关在职权范围内对高等职业教育立法和实施情况的监督。

（1）依据宪法规定，国家权力机关对高等职业教育相关的教育立法监督表现在：

全国人民代表大会有权制定和修改教育基本法和其他主要教育法。

全国人民代表大会常务委员会有权制定和修改除教育基本法和其他主要法律以外的有关教育法律，有权撤销国务院制定的同宪法、法律相抵触的教育方面的行政法规、决议和命令；有权撤销省、自治区、直辖市权力机关制定的同宪法、法律、行政法规相抵触的地方教育法规和决定。

各级人民代表大会及其常务委员会有权撤销本级人民政府有关教育方面的不适当的规定、决议和命令；有权改变或撤销下级人民代表大会有关教育方面的不适当的决议和命令。

（2）国家权力机关对高等职业教育相关的教育立法监督表现在：

各级权力机关直接对行政机关包括教育行政机关的工作进行监督。例如，通过听取、审议教育工作报告进行监督，通过审查和批准教育经费预算和决算进行监督等。

通过人民代表大会视察和检查行政工作（教育行政工作）进行监督。

通过国家权力机关设立专门的机构对行政工作（教育行政工作）进行监督。

2. 国家行政机关的监督

国家行政机关的监督是指各级人民政府部门及其所属的教育行政部门和有关职能部门对教育法（包括高等职业教育法）实施情况的监督。国家行政机关的监督主要有各级政府机关的监督、教育行政部门的监督、检察机关和审计机关的监督及有关部门的监督。

（1）各级政府的监督。

各级政府的监督包括中央人民政府和各级地方政府对教育工作（包括高等职业教育工作）行使的相应监督权。例如，根据宪法和法律规定，国务院有权发布有关教育工作的行政法规、命令和指示，制定教育事业的发展规划，领导和监督教育行政管理部门的工作，检查和督促教育法在全国的贯彻执行情况；有权改变和撤销所属部委发布的指示、命令和规章；有权改变和撤销地方各级政府有关教育的不适当的决定和命令，有权对教育行政部门工作人员实行奖惩等。

（2）教育行政部门的监督。

教育行政部门是政府的职能部门，负责组织领导教育工作，管理教育活动，对教育法的实施情况进行监督。例如，地方教育行政部门负责本地区教育法的实施，有权根据地方政府及有关部委的指示，检查、督促教育法贯彻执行情况并及时报告，制定本地区本部门的教育工作的行政措施、方案，并组织实施等。

（3）检查机关和审计机关的监督。

检查机关和审计机关在其职权范围内，对教育执法机关及其职能人员的违法行为进行监督、检查和受理。特别是审计机关，主要对教育财政情况进行监督。

（4）有关政府部门的监督。

有关政府部门主要包括计划、财政、人社、文化、体育、卫生、科技出版等政府部门。这些部门在他们各自的工作和业务范围内，依法行使自身专门的行政职权和管理功能，从不同方面对高等职业教育相关法规的实施情况进行专项的检查和监督，查处有关违法现象，以保障高等职业教育相关法规的全面贯彻执行。

3. 国家司法机关的监督

国家司法机关的监督是指，国家人民检察院和人民法院按照法律规定对高等职业教育相关法实施情况实行的监督和制裁活动。人民检察院有权督促人民法院的审判活动，有权监督行政部门及其职能人员的执法活动。人民法院是国家的审判机关，行使审判权。对高等职业教育相关法的审判监督，人民法院主要通过审理教育刑事案件、教育民事案件、教育行政案件，对高等职业教育法的实施情况进行检查和督促。

4. 社会的监督

（1）中国共产党的监督。

中国共产党是我国的执政党，是建设有中国特色社会主义事业的领导核心。党对高等职业教育事业的领导和监督表现为：

第一，通过各级党组织特别是党的纪律委员会监督高等职业教育法的实施，并提出改进的意见和建议。

第二，通过对教育领域尤其是高等职业教育领域中的党员干部进行考察，以及对违纪党员干部进行处分，履行监督职能。

第三，党员通过发挥权利和义务对高等职业教育法的实施情况进行监督。

（2）中国人民政治协商会议的监督。

中国人民政治协商会议是联系各方面群众的纽带，人民政协会议与人民代表大会同时召开，政协委员通过列席人民代表大会会议或常务委员会的某些会议，听取或讨论政府工作报告，从而对政府和教育行政部门进行监督；政协委员通过视察教育工作

（含高等职业教育工作），对高等职业教育法的实施情况提出意见、批评和建议；还可以通过其他方式对教育法（含高等职业教育法）的实施情况进行监督。

（3）民主党派的监督。

民主党派作为参政党，具有参政、议政的权利和参与法制监督的权利。对教育工作的开展，或对教育问题的处理，民主党派可以提出自己的建议、进行批评等。

（4）群众自治组织的监督。

群众自治组织是高等职业教育法监督的重要力量。例如，工会、共青团、妇联、居民委员会、村民委员会可以通过建议、检举、申诉等形式监督高等职业教育法的实施。

（5）社会舆论的监督。

广大人民群众可以通过发表对高等职业教育工作的看法形成社会舆论，并对其进行监督。社会舆论监督一般通过报纸、电视台、广播、网络等渠道把问题公布出来，影响大、时效快，是一种有效的、独特的监督形式。

（6）公民的监督。

《宪法》规定："中华人民共和国公民对任何国家机关和国家工作人员，有提出批评和建议的权利；对于任何国家机关和国家工作人员的违法失职行为，有向有关国家机关提出申诉、控告或者检举的权利，但是不得捏造或者歪曲事实进行诬告陷害。""一切国家机关和国家工作人员必须依靠人民的支持，经常保持同人民的密切联系，倾听人民的意见和建议，接受人民的监督，努力为人民服务。"因此，公民可以通过信访、舆论、批评、建议、申诉、检举、控告等方式对高等职业教育法的实施进行监督。

（本章撰稿：李敏、李帅旭）

## 复习思考题

1. 简述高等教育与高等职业教育立法的关系。
2. 高等职业教育法有哪些法律渊源？
3. 依法治教为什么是依法治国的重要组成部分？
4. 高等职业教育立法有哪些基本原则？

# 第二章

# 高等职业学校法治工作

【内容摘要】坚持和完善中国特色社会主义教育制度体系建设，推进高等学校治理体系和治理能力现代化，进一步加强高等学校法治工作，是全面推进依法治教、依法办学、依法治校的需要。本章详细分析了高等职业学校设立的基本条件、基本程序及其法律地位，结合高等职业学校享有的权利和义务，为高等职业学校依法治教、依法办校、依法治校提供了现实依据。本章围绕推进以章程为核心的规章制度体系建设，坚持和完善党委领导下的校长负责制，完善以学术委员会为核心的学校治理体系，发挥教职工代表大会制度作用等十个方面的内容，深度解析了高等职业学校法治工作的实施路径。学员通过本章的学习，对推进高等职业学校治理体系和治理能力现代化的目标、意义、路径有深刻认识。

## 第一节　高等职业学校的设立及其法律地位

党的十九届五中全会通过的《中共中央关于制定国民经济和社会发展第十四个五年规划和二〇三五年远景目标的建议》提出，计划到二〇三五年"基本建成法治国家、法治政府、法治社会"，对推进法治中国建设作出重要部署。2020 年 7 月，教育部印发《教育部关于进一步加强高等学校法治工作的意见》，进一步明确了加强高校法治工作的任务要求。

职业学校担负着为国家各行各业培养和输送高素质技术技能人才的重要使命。历经 40 年发展，我国已建成世界最大规模的职业教育体系。截至 2021 年 5 月，全国有职业院校 1.14 万所，其中本科层次职业院校 27 所，高职专科院校 1 468 所，高等职业学校本科、专科在校生近 1 500 万人。可以说，高等职业教育占据高等教育的"半壁江山"，已成为国家经济社会发展和建设技能型社会的重要力量。同时，职业教育的类型定位已经明确，职业教育"前途广阔，大有作为"的战略地位得以巩固。因此，高等职业学校教育法治水平、法治工作直接影响和决定着高职院校的育人质量，具有重要意义。一是深入贯彻习近平法治思想的需要。高等职业学校全面推进依法治校、加强法治工作，是高等职业学校学习贯彻习近平法治思想、落实全面依法治国基本方略的一项重大政治任务。二是落实立德树人根本任务的需要。高等职业学校在办学治校过程中，必须弘扬社会主义法治精神，建设社会主义法治文化，用良好的法律意识、法治思维指导各项办学活动，形成守法光荣、违法可耻的良好文化氛围，是立德树人的重要内容。三是推进学校治理体系和治理能力现代化的需要。高等职业学校已进入内涵式发展、高质量发展新阶段。为了适应新变化、应对新挑战，学校必须加强法治工作，不断增强治理效能，不断提高治理能力，推进治理体系和治理能力现代化，更好地破解当前改革发展面临的突出问题。法治是解决高等职业学校治理与改革问题的基本路径。

## 一、高等职业学校设立的基本条件

高等职业学校是实施教育教学活动的机构，必须具备一定的人力、物力和财力条件。受经济和文化发展水平的影响，各国对高校设置条件的要求不尽相同，但都做出了法律规定，以保证学校建立后能够顺利开展教育教学工作。我国对高校设立的条件有明确的法律规定。综合《中华人民共和国教育法》（简称《教育法》）、《中华人民共和国教师法》（简称《教师法》）、《高等教育法》、《职业教育法》的有关规定，结合《高等职业学校设置标准（暂行）》（教发〔2000〕41 号，简称《设置标准》）的规定。高等职业学校的设立应符合下列要求：

### （一）有组织机构和章程

组织机构和章程是学校存在的必要前提。学校的组织机构是实现办学目的的有机统一体。《设置标准》第一条规定：设置高等职业学校，必须配备具有较高政治素质和管理能力、品德高尚、熟悉高等教育、具有高等学校副高级以上专业技术职务的专职校（院）长和副校（院）长，同时配备专职德育工作者和具有副高级以上专业技术职务、具有从事高等教育工作经历的系科、专业负责人。

高校章程是保证学校正常运行的基本文件，主要包含以下事项：①学校名称、校址；②办学宗旨；③办学规模；④学科门类的设置；⑤教育形式；⑥内部管理体制；⑦经费来源、财产和财务制度；⑧举办者与学校之间的权利、义务；⑨章程修改程序；⑩其他必须由章程规定的事项等。这是高校存在和活动的基本依据和准则，是学校的"基本法"。学校制定机构章程，是教育现代化的必然要求，是依法治校的需要，也是高校及其他教育机构办学发展自我约束机制的保障。

### （二）有合格的教师

教师是学校教育教学活动的主体，拟申请设立的学校要有稳定的教师来源，并能够通过聘任专职、兼职教师，建立一支数量和质量都符合《教师法》及国家其他有关规定的教师队伍。我国《教师法》第十条规定："国家实行教师资格制度。"高校承担教育教学任务的人员必须具备研究生或者大学本科毕业学历，并取得相应的教师资格证书。

《设置标准》第二条规定：设置高等职业学校，必须配备专、兼职结合的教师队伍，其人数应与专业设置、在校学生人数相适应。在建校初期，具有大学本科以上学历的专任教师一般不能少于 70 人，其中副高级专业技术职务以上的专任教师人数不应低于本校专任教师总数的20%；每个专业至少配备副高级专业技术职务以上的专任教师2人，中级专业技术职务以上的本专业的"双师型"专任教师2人；每门主要专业技能课程至少配备相关专业中级技术职务以上的专任教师2人。

### （三）有符合规定标准的教学场所及设施设备

教学场所和设施设备是办学必须具备的物质条件，也是教育教学的必要保障。拟申请设立的学校应根据其性质、层次和规划的不同要求，有相应的校舍、场地、教学仪器、设备、图书资料等，并且要符合规定标准。规定标准包括：校舍规划面积定额、教室和课桌椅的规格要求、班级学生定额、学生活动场地标准等。这其中既有保证教育教学正常进行的必要物质标准，也有涉及学校卫生、安全等方面的具体要求。

《设置标准》第三条规定：设置高等职业学校，须有与学校的学科门类、规模相适应的土地和校舍，以保证教学、实践环节和师生生活、体育锻炼与学校长远发展的需要。建校初期，生均教学、实验、行政用房建筑面积不得低于20平方米；校园占地面积一般应在150亩左右（此为参考标准）（1亩≈666.67平方米）。必须配备与专业设置相适应的必要的实习实训场所、教学仪器设备和图书资料。适用的教学仪器设备的总值，在建校初期不能少于600万元；适用图书不能少于8万册。第八条规定：位于边远地区、民办或特殊类别的高等职业学校，在设置时，其办学规模及其相应的办学条件可以适当放宽要求。

### （四）有必备的办学资金和稳定的经费来源

拟设立的学校除了要有必要的物质条件外，还需要不断地投入流动资金，以保证教育教学活动的正常运转。因此，设立的学校及举办者必须根据所办机构的要求搞好办学经费的收支预算，保证通过财政拨款、自有资金及社会捐赠等合法渠道筹集到设立学校所必需的启动资金，并确保学校设立后，有稳定的经费来源。《教育法》第五十四条第一款规定："国家建立以财政拨款为主、其他多种渠道筹措教育经费为辅的体制，逐步增加对教育的投入，保证国家举办的学校教育经费的稳定来源。"

《设置标准》第六条规定：设置高等职业学校所需基本建设投资和正常教学等各项工作所需的经费，须有稳定、可靠的来源和切实的保证。

### （五）具有较强的教学、科研能力

《高等教育法》第二十五条规定，大学或者独立设置的学院还应当具有较强的教学、科学研究力量，较高的教学、科学研究水平和相应规模，能够实施本科及本科以上教育。大学还必须设有三个以上国家规定的学科门类为主要学科。

《设置标准》第四条规定：课程设置必须突出高等职业学校的特色。实践教学课时一般应占教学计划总课时40%左右（不同科类专业可做适当调整）；教学计划中规定的实验、实训课的开出率在90%以上；每个专业必须拥有相应的基础技能训练、模拟操作的条件和稳定的实习、实践活动基地。一般都必须开设外语课和计算机课并配备相应的设备。第五条规定：建校后首次招生专业数应在5个左右。

《设置标准》第七条规定：新建高等职业学校应在4年内达到全日制在校生规模不少于2000人；大学本科以上学历的专任教师不少于100人，其中，具有副高级专业技术职务以上的专任教师人数不低于本校专任教师总数的25%；与专业设置相适应的教学仪器设备的总值不少于1000万元，校舍建筑面积不低于6万平方米，适用图书不少于 15 万册；形成了具有高等职业技术教育特色的完备的教学计划、教学大纲和健全的教学管理制度。对于达不到上述基本要求的学校，视为不合格学校进行适当处理。

## 二、高等职业学校设立的基本程序

学校的设立不仅有实体规范，也有程序性规范。学校法人设立的基本程序既是法人成立的形式要件，也是国家及其主管机构对学校法人进行管理和监督的关键。《教育法》第二十八条规定："学校及其他教育机构的设立、变更和终止，应当按照国家有关规定办理审核、批准、注册或者备案手续。"

审批制度一般包括审核、批准和备案等环节。举办者向主管机关提出申请，主管机关根据设置标准和审批办法，有权决定是否准予办学。审批时，主管机关不仅要审核学校设置是否符合法律规定的基本条件和有关标准，而且要审核、论证其是否符合本地区的教育事业发展规划等，经审批后符合标准的，批准其设立。获得批准的学校，其设立分为批准筹建和批准招生两个阶段。在批准筹建阶段，拟设立学校的举办者要向主管部门递交设立学校的可行性论证报告和筹建申请，主管部门批准通过后，学校进入筹建阶段。建设基本就绪的学校，其设立审批进入第二阶段，举办者可向主管部门提出招生申请，并提交筹建情况报告书，主管部门接到建校招生申请书后对学校筹建情况进行审查，认为符合法律规定的设立条件并达到有关设置标准的，做出准予正式建校招生的决定。在完全具备建校招生条件的情况下，也可直接申请正式建校招生。

《高等教育法》第二十九条规定："设立实施本科及以上教育的高等学校，由国务院教育行政部门审批；设立实施专科教育的高等学校，由省、自治区、直辖市人民政府审批，报国务院教育行政部门备案；设立其他高等教育机构，由省、自治区、直辖市人民政府教育行政部门审批。审批设立高等学校和其他高等教育机构应当遵守国家有关规定。审批设立高等学校，应当委托由专家组成的评议机构评议。高等学校和其他高等教育机构分立、合并终止，变更名称、类别和其他重要事项，由本条第一款规定的审批机关审批；修改章程，应当根据管理权限，报国务院教育行政部门或者省、自治区、直辖市人民政府教育行政部门核准。"

根据《高等教育法》的规定，申请设立高等学校的，必须向审批机关提交下列材料：①申办报告；②可行性论证材料；③章程；④审批机关依照本法规定要求提供的其他材料。

## 三、高等职业学校的法律地位[①]

高校的法律地位，是指其作为实施教育教学活动的组织机构，在法律上享有权利能力和行为能力，并以此在具体的法律关系中取得的主体资格。学校在不同的条件下可以具有两种不同的法律关系主体资格：一种是以"权力服从为基本原则"，以领导和被领导为管理内容，受行政法调整的教育行政主体，体现为政府与学校的纵向关系；另一种是以"平等有偿为基本原则"，以财产所有权和流转为主要内容，受民法调整的教育民事主体，体现为不具有行政隶属关系的学校、行政机关、企事业单位、社会团

① 崔明石，赵丹红，宋雨泽. 高等教育法规概论［M］. 北京：高等教育出版社，2019：96-97.

体、个人等横向关系。

根据《教育法》的规定，学校是按照国家有关规定办理审核、审批、注册或者备案手续的社会公共利益性质的非营利性法人组织，因此，学校可以通过授权的方式成为行政主体。《教育法》第三章已经对学校进行授权。学校作为民事法律关系的主体，其法人地位是明确的。《教育法》第三十二条第一款和第二款规定："学校及其他教育机构具备法人条件的，自批准成立或者登记注册之日起取得法人资格。学校及其他教育机构在民事活动中依法享有民事权利，承担民事责任。"但学校法人地位的取得是有条件的，即要符合学校设立的基本条件。不仅如此，学校取得法人资格也要受到一定的限制。法人资格的确立使学校和一般法人一样，具有相同的民事权利与义务。但是，学校设立的目的既不是为参加民事流转（但参加民事流转是其必要条件，如购买办学设备等），也不是为一般的社会公益，而是为社会培养人才。因此，作为特别法人的学校，其民事权利能力要在国有资产不能流失、校办产业独立承担民事责任及教育活动范围等方面受到必要的限制。《教育法》第三十二条第三款规定："学校及其他教育机构中的国有资产属于国家所有。"国有资产是当前我国学校特别是国家举办的教育机构中重要的教育资源，学校依法享有对这部分国有资产的占有权和使用权，但在对其进行使用和管理的同时，必须保证国有资产的国家所有，任何部门、组织和个人都不得侵占、挪用、截留，甚至破坏、私分。学校应根据国家的有关规定用好、管好国有资产，不得随意改变用途、挪作他用，不得用作抵押，或为他人担保等，以确保国有资产不致流失。该条第四款规定："学校及其他教育机构兴办的校办产业独立承担民事责任。"校办产业应当取得法人资格，以其全部法人财产独立承担民事责任，学校不对校办产业的行为承担连带民事责任，其财产必须与其兴办的校办产业的财产分离，不得以用于教学和科研的资产为校办产业提供担保。各级各类学校必须严格按照章程规定的活动范围从事有关教育的活动。

明确学校的法人地位有利于保障学校享有民事权利，如法人财产权、债权、知识产权以及名称权、名誉权、荣誉权等。学校能够以独立法人身份进行一些民事活动，使其民事权利能力和行为能力得以运用。同时，也要以法人的身份独立承担一切因自己的行为引起的民事责任，包括违反合同的民事责任、侵犯其他社会组织和公民个人合法权益的民事责任等。

## 第二节　高等职业学校的权利与义务

### 一、高等职业学校的权利

高等职业学校作为依法成立的实施教育教学活动的专门机构，为完成其基本职能，必须拥有相应的权利。根据《教育法》第二十九条等教育法律的规定，我国高等职业学校享有的具体的权利可以概括为如下几个方面：

#### （一）自主管理权

学校章程是指学校为保证工作正常进行，就办学宗旨、内部管理体制及各项重大原则制定的全面的规范性文件。高等学校依法制定章程，确立其办学宗旨、管理体制及各项重大原则，制定具体的管理规章和发展规划，自主地做出管理决策，并建立、完善自己的管理系统，组织实施管理活动，这是建立现代学校管理体制的重要前提。主管部门或举办者对学校制定的符合其章程规定的管理行为无权干涉。自主管理权有助于学校自主办学，自我约束。

高等学校一经批准设立，则其按照自己的章程自主管理机构内部活动的权利即为法律所确认。《教育法》与此相关的规定是学校作为法人在依法批准设立时，必须具有符合国家规定的组织章程。法人本身是一个组织机构，组织机构的运转活动必须有自身内部的管理章程，这是设立学校及其他教育机构所必须具备的四个基本条件中的第一个。学校一经依法设立，即意味着具备得以设立的全部条件，也就是说其章程得到确认，因此学校按照被确认的章程管理自身内部的活动即为学校行使法定权利。依据各级各类学校的任务不同，章程的内容各有不同，但其共同点应主要包括办学宗旨、教育教学活动管理规则、校内管理体制、财务管理制度、安全保卫制度、民主管理与监督制度、修改章程的程序等[①]。

### （二）教育教学权

组织实施教育教学活动是学校的职责和权利。教育教学活动是学校的中心工作，学校有权根据国家有关教学计划、教学大纲和课程标准等方面的规定，根据学校的章程自主组织学校教育教学活动。教育教学活动分课堂教学和课外活动，其组织实施工作可以分为多个方面，主要包括教学管理、教师教学、学生学习和课外活动的组织等。

教育教学是学校最基本也是最主要的活动。教育教学活动是由众多环节构成的复杂过程，不是可以任意为之的行为。同时教育教学活动有统一的标准，其结果对社会及个人都会产生确定的影响。因此，全面组织实施教育教学活动必须有法律的确认，学校及其他教育机构根据自己的办学宗旨和任务，依据国家主管部门有关教育计划、课程、专业设置等方面的规定，依据本校的具体情况，因地制宜，决定和实施自己的教学计划，决定具体课程、专业发展，决定选用何种教材，决定具体课时和教学进度，组织教学评比、教学研究，对学生进行考试、考核等。这样有利于提高教育质量，有利于排除学校以外的其他社会因素对学校的正常教育教学活动的干扰。

### （三）招生权

学校是为受教育者提供教育服务的机构，这种服务必须通过招收学生或受教育者来实现。学校根据自己的办学宗旨、培养目标、办学条件、办学能力和学校类型，根据国家有关的招生法律、规章和制度或政策，决定招生人数，制定本校的招生办法，本着合理、公开、公平、科学的原则，进行招生工作。

### （四）学籍管理权

学校有权根据有关法律、法规制定具体的学籍管理办法，并根据国家有关学生奖励、处分的规定制定奖励和处分办法。学校根据这些办法对受教育者进行具体的学籍管理。学籍管理的基本内容有学生的政治思想、成绩与考核、升级、留级、降级、转学、休学、复学、退学、报到与注册、考勤、奖励与处分等。学籍管理的目的是通过

① 杨挺. 高等教育法规［M］. 重庆：西南大学出版社，2020：31.

规范化的方法对学生进行严格管理，以培养德、智、体、美、劳全面发展的人才。

学籍管理权与奖励权、处分权是紧密联系的，尤其是与处分权关系更加密切，严重的处分（如开除）直接影响学生的学籍。学生奖励是指学校对受教育者在德、智、体、美、劳等方面的优良表现，给予其精神或物质上的表彰，比如颁发奖学金、给予"优秀共产党员"称号等。学生处分，又称学校纪律处分，是指学校依据教育法律或其内部管理制度对违反学校纪律的学生给予的一种校内惩戒或制裁。

### （五）颁发学业证书权

学业证书是学校按照国家有关规定颁发的证明学生文化程度和学历水平的证件，是学生经过学习并通过考试达到国家规定标准后获得的学业资格证明，受国家法律保护和认可。给受教育者颁发相应的学业证书，这是学校的权利也是学校的义务。通常，学生在学校里学习一定时间，达到规定的标准，就能够获得毕业证书或者学位证书。学校有权根据国家有关学业问题管理的规定，给经考核成绩合格的受教育者，按照其类别颁发证书。如果学校在招生、考试、录取或者教学环节中不严格要求，降低对学生的要求，属于违法行为。

颁发学业证书是一种行政确认行为。学校在决定是否向学生颁发学业证书之前，需要对学生的学业成绩和品行进行评价。受教育者享有在学业成绩和品行上获得公正评价，完成规定的学业后获得相应的学业证书、学位证书的权利。学校对学生进行评价的权力和颁发学业证书的权力是紧密衔接的。评价权是学校决定是否向学生颁发学业证书的前提，学业证书是学校评价结果的外在表现。这种学业证书的颁发行为属于行政确认行为，是对于某种能力或法律上特定地位、身份存在的认定，只在于宣示某种法律状态。

### （六）教师聘任权

我国学校及其他教育机构根据国家有关法规，可以从本校的办学条件、办学能力和编制实际情况出发，制定本校教职工聘任、解聘、奖励、处分办法，有权对教师和职工实行聘任和解聘。《教师法》第十七条规定："教师的聘任应当遵循双方地位平等的原则，由学校和教师签订聘任合同，明确规定双方的权利、义务和责任。"实施教师聘任制，学校和教师的关系以共同的意愿为前提，以平等为原则，双方的权利和义务是对等的，没有行政隶属关系。同时，教职工在接受聘任之后，学校有权对其工作成绩进行奖励，对其不良表现进行惩罚。《教师法》第三十三条规定："教师在教育教学、培养人才、科学研究、教学改革、学校建设、社会服务、勤工俭学等方面成绩优异的，由所在学校予以表彰、奖励。"学校实行聘任制及奖惩制度可以极大地调动教师工作积极性，并有利于提高教育教学质量。

### （七）管理使用财产权

学校对场地、校舍、教学仪器设备、办学经费及其他财产享有管理权和使用权。不过，学校对本单位的设施和经费的管理和使用要遵守国家有关法律、法规的规定，符合国家和公众的利益，不得侵害国家举办者的财产权利。同时，学校的财产受国家的法律保护，侵犯学校校舍、场地及其他财产的行为是法律明确禁止的行为，是一种违法行为。《教育法》第七十二条规定："……破坏校舍、场地及其他财产的，由公安机关给予治安管理处罚；构成犯罪的，依法追究刑事责任。"但这项权利在行使时有一定的限制，如学校及其他教育机构用于教学、科研的资产不得转移使用目的，不得用作抵押或为他人担保。这是为了防止影响正常的教育活动，或造成国有资产的流失。

### （八）拒绝干涉权

为了维护学校及其他教育机构的正常教育教学秩序，学校有权拒绝来自任何组织的非法干涉。这里所说的"任何组织"包括任何行政机关、企业事业单位、社会团体，而"非法干涉"在现实中的形式多种多样，如对校舍和场地的非法强占，对师生的人身安全的侵犯，向学校摊派，对教学秩序的干扰，等等。如果学校不能制止其他机构或个人对学校的侵害行为，可以诉诸公安机关或司法部门。我国《教育法》第七十二条规定："结伙斗殴、寻衅滋事，扰乱学校及其他教育机构教育教学秩序或者破坏校舍、场地及其他财产的，由公安机关给予治安管理处罚；构成犯罪的，依法追究刑事责任。"

### （九）其他权利

除上述权利外，高等学校及其他教育机构还享有现行法律、行政法规及地方性法规赋予的其他权利。法律的这些规定有利于学校及其他机构办学自主权的进一步完善和保障学校及其他教育机构合法权益的神圣不可侵犯。

## 二、高等职业学校的办学自主权

高等学校的办学自主权是指高等学校依法自主决定学校事务的权利。《高等教育法》第十一条规定："高等学校应当面向社会，依法自主办学，实行民主管理。"高等学校办学自主权的大小，体现的是高等学校和政府、社会的关系如何。

扩大高等学校的办学自主权是多年来高等教育改革的一项重要内容。高校办学自主权是西方"大学自治"在我国的移植，是一个中国化的学术概念。[①] 高等职业学校的自主权是指高职院校在法律上享有的，为实现其办学宗旨，独立自主地进行内部事务管理的资格和能力。中国高等学校办学自主权的政策变迁经历了集权—放权—集权—放权的多次反复。[②]

新中国成立后，以苏联模式为蓝本的高度集权的计划体制建立。为了适应这一体制，以高度集中、计划指令为主要特征的中央集权型高教管理体制得以确立。这种管理体制对于恢复大学秩序，建立适应计划经济体制需要的高等教育体系具有十分重要的意义。但是，过于集权化的管理体制抑制了大学的办学积极性，于是，高等教育非集权化的呼声很快传出。1958年，国务院决定结束苏联模式的管理体制，实行教育权力下放，发布《关于教育事业管理权力下放问题的规定》。权力下放后，地方政府举办高等教育的热情被极大调动，高教规模持续扩大，教育质量急剧下降，形成了所谓的"教育大跃进"。1957—1960年，全国高校从229所增加到1 289所。此时，集中整治的呼声开始高涨。[③] 1961年，为整顿高等教育发展无序状态，教育部出台《教育部直属高等学校暂行工作条例（草案）》（简称《高教六十条》），规定高校具有自由讨论

---

① 阮李全，蒋后强. 高校办学自主权：由来、要素、涵义、走向 [J]. 国家教育行政学院学报，2014（8）：1.

② 周光礼. 中国大学办学自主权（1952—2012）：政策变迁的制度解释 [J]. 中国地质大学学报（社会科学版），2012（3）：1.

③ 张俊洪. 回顾与检讨——新中国次教育改革论纲 [M]. 长沙：湖南教育出版社，1999：88-89.

各种学术问题的权利，但教育部直属高校规模的确定与改变，学制的改变与改革，都必须经教育部批准。下放给地方的自主权重归中央，集权管理成为基调。《高教六十条》试行不久便被"左"的思潮打断。1969 年，中共中央发布《关于高等学校下放问题的决定》，高等教育管理权再次下放到地方，高等教育再次走向失控。直到"文化大革命"结束后，我国高等教育迎来恢复和发展的机会。1979 年 12 月 6 日，复旦大学校长苏步青、同济大学校长李国豪、上海师大（今华东师大）校长刘佛年、上海交大党委书记邓旭初在《人民日报》共同呼吁"给高等学校一点自主权"。至此，高校办学自主权问题的研究逐渐进入学界、政界的视野和话语范畴。1985 年，中共中央出台《中共中央关于教育体制改革的决定》（简称《决定》），明确规定了高等学校在教学、科研、招生、人事、财务与国际交流六个方面具有自主权。然而，《决定》的颁布并未取得实质性的效果，反而诱发了高校秩序的混乱。因此，20 世纪 90 年代初的办学自主权改革再次被"治理整顿"打断。1992 年，中共十四大正式确立了社会主义市场经济体制的改革目标，提出要建立与市场经济体制相适应的高教管理体制与运行机制。国家教委印发《关于国家教委直属高校深化改革，扩大办学自主权的若干意见》，在专业设置、招生计划、科研、编制、基本建设、经费使用、岗位设置、干部任免、国家交流等方面给予学校更多的自主权。基于此背景，1993 年，中共中央、国务院正式颁布《中国教育改革和发展纲要》（简称《纲要》），至此，明确提出要使高校真正成为面向社会自主办学的法人实体。由于《纲要》并非正式的法律，其权威性、稳定性、约束力远低于法律，因此，运行效果与预想相差甚远。1998 年，《高等教育法》的颁布标志着中国高教政策范式正式转换。[①] 2010 年中共中央、国务院召开了第四次全国教育工作会议，发布了《国家中长期教育改革和发展规划纲要（2010—2020 年）》，其中在强调落实和扩大高等学校办学自主权的同时，第一次以中共中央、国务院文件的形式提出建设中国特色现代大学制度的要求，将高等学校办学自主权和高校内部治理推进到一个新的阶段。2014 年，教育部下发《关于进一步落实和扩大高校办学自主权完善高校内部治理结构的意见》，提出要探索多种方式，根据赋权与能力相匹配的原则，对有能力用好、有良好的权利运行和规范机制的高校，以协议、试点等方式赋予更多的办学自主权。[②] 2015 年，《高等教育法》修订，从法律关系上规定高校办学自主权的基本权力，明确了高校办学自主权的权力边界。

《高等教育法》阐述大学办学自主权主要包含两个部分：其一是大学的法律地位的规定，即高等学校在民事活动中依法享有民事权利，承担民事责任；其二是办学自主权的具体规定，从第三十二条到三十八条明确列出了大学具有的办学自主权。高等学校的办学自主权主要包括以下方面：

### （一）制定招生方案和调节系科招生比例的自主权

高等学校可以自己制定招生方案，调节系科招生比例。但在行使这一自主权时，应依据三方面的因素：一是社会的需求；二是学校自身的办学条件，包括师资、校舍、

---

① 周光礼. 中国大学办学自主权（1952—2012）：政策变迁的制度解释 [J]. 中国地质大学学报（社会科学版），2012（3）：4.

② 孙霄兵. 我国高等学校办学自主权的发展及其运行 [J]. 中国高教研究，2014（9）：4.

教育教学设施及其他生活设施的条件与水平；三是国家核定的办学规模。

### （二）设置和调整学科专业的自主权

高等学校可以根据经济社会变化和自身发展的需要自主设置和调整学科、专业。

### （三）制订教学计划、选编教材、组织实施教学活动的自主权

高等学校根据教学需要，自主制订教学计划，选编教材，组织实施教学活动。

### （四）科学研究、技术开发和社会服务的自主权

科学研究是高等学校的一项重要职能。高等学校可以根据自身条件，自主开展科学研究、技术开发和社会服务。国家鼓励高等学校同企业事业组织、社会团体及其他社会组织在科学研究、技术开发和推广等方面进行多种形式的合作。国家支持具备条件的高等学校成为国家科学研究基地。

### （五）依法开展对外科学技术文化交流与合作的自主权

高等教育的国际化是一种必然的趋势。国家鼓励高等学校开展教育对外交流与合作。高等学校按照国家有关规定，可以自主开展与境外高等学校之间的科学技术文化交流与合作。但是高等学校在对外交流与合作的过程中，不得损害国家主权、安全和社会公共利益。

### （六）按照国家有关规定具有校内人事权

高等学校可以根据实际需要和精简、效能的原则，自主确定教学、科学研究、行政职能部门等内部组织机构的设置和人员配备；按照国家有关规定，评聘教师和其他专业技术人员的职务，调整津贴及工资分配。

### （七）学校财产依法自主管理和使用权

高等学校对举办者提供的财产、国家财政性资助、受捐赠财产依法具有管理权和使用权，但是否拥有财产的所有权则要根据具体情况决定。对大多数公立学校来说，其举办者是国家或有关政府部门，举办者提供的财产属于国家的财产，高等学校不具有所有权。对于社会力量举办的高等学校来说，举办者提供的财产及受捐赠的财产，其财产所有权归高等学校法人所有。但对指定用途的国家财政性资助和捐赠财产，高等学校必须按照事先指定的用途管理、使用。同时，高等学校不得将用于教学和科研活动的财产挪作他用。

### （八）对教师、管理人员和教学辅助人员及其他专业技术人员的考核权和依法对学生、学生社团的教育和管理自主权

高校可以立足学校发展，制定关于教师、管理人员和教学辅助人员等科研和教学等方面的考核政策，并依据该政策开展对上述人员的考核工作。这是高校行政管理权力实施的重要体现。同时，依据高等教育教学的要求和目标，高校应加强学生的思想教育，培养德智体美劳全面发展的社会主义建设者。

## 三、高等职业学校的义务

权利和义务是统一的，享有权利者一定要承担一定的义务。高等职业学校有一系列的权利，同时也要承担相应义务。我国《教育法》第三十条规定，学校及其他教育机构应当履行下列义务：

### （一）遵纪守法义务

遵守法律、法规是法律要求自然人和法人必须履行的基本义务。《宪法》第五条第四款规定："一切国家机关和武装力量、各政党和各社会团体、各企业事业组织都必须遵守宪法和法律。一切违反宪法和法律的行为，必须予以追究。"学校作为实施教育教学活动、培养人才的事业组织，同样也不例外。这里说的法律、法规，主要是指宪法、国家权力机关制定的法律、国务院制定的行政法规、地方性法规，以及根据法律、法规制定的规章。作为义务的履行主体，学校不仅要履行一般社会组织所应承担的法律义务，还应特别履行教育法律、法规、规章中为学校确立的与实施教育教学活动、实现办学宗旨密切相关的特别意义上的义务。

### （二）贯彻教育方针义务

学校在实施教育教学活动过程中，要坚持社会主义办学方向，贯彻国家教育方针，坚持教育与生产劳动和社会实践相结合，积极推进素质教育，培养德智体美劳等全面发展的学生；同时，还要执行国家教育教学标准，努力改善办学条件，加强育人环节，保证教育教学活动和培养学生的质量达到国家的教育教学质量要求，并不断提高教育教学质量。

### （三）维护师生权益义务

招收学生或其他受教育者，聘任教师及其他职工是《教育法》赋予学校的权利，但学校在享有此项权利的同时，也要求履行相应的义务。这项义务包括两方面的含义：一是要求学校不得侵犯受教育者、教师及其他职工的合法权益，如不得克扣教师工资、不得拒绝符合入学条件的受教育者入学等；二是当学校以外其他社会组织和个人侵犯受教育者、教师及其他职工的合法权益时，学校有义务以合法的方式，积极协助有关单位查处违法行为人，维护受教育者、教师及其他职工的合法权益。

### （四）提供情况义务

学校的这一义务是受教育者及其监护人具有对受教育者学业成绩及其他有关情况知情权的前提条件。学校不得拒绝受教育者及其监护人行使这项权利，同时还应为这项权利的实现提供便利条件，比如可以通过家长接待日、家长会议、教师家访或找个别学生谈心等适当的方式来进行。在此需要指出的是，学校在提供受教育者的学业成绩及其他有关情况时，不得侵犯受教育者的隐私权、名誉权等合法权益，不得伤害受教育者的身心健康。

### （五）合理收费义务

公民在依法实现受教育权利的同时，也应按照所入学校的不同性质依照有关规定缴纳一定的费用。根据我国现行关于学校收费的法规、政策文件的基本精神，国家举办的实施义务教育的学校，不得收取学费，但可酌情收取杂费，杂费取之于学生，用之于学生；非义务教育的学校可以适当收取学费。中小学的收费项目和标准，一般由省一级教育、物价主管部门根据本地实际情况确定；高等学校及一部分部属、省属中等专业学校，一般由各中央主管部门或省一级教育、物价主管部门具体确定。幼儿园一般由县、市级教育、物价主管部门确定收费标准。学校应按照公平、合理的原则，严格依照中央和地方各级政府及其有关部门的收费规定，确定具体收费标准。

### （六）接受监督义务

学校还应自觉地把教育教学工作和管理活动置于主管部门和社会的监督之下，对于各级权力机关、行政机关依照法律、法规进行的检查、监督等职权行为，以及社会各界、本校教师员工依法进行的监督，应当积极予以配合，不得拒绝，更不得妨碍检查、监督工作的正常进行。

# 第三节　高等职业学校法治工作及其实施

随着高等教育改革的不断深入，高等教育到了更加注重内涵发展的新阶段。学校办学自主权进一步落实，对高等职业学校内部治理法治化、制度化、规范化的要求更加凸显，广大师生对民主、法治、公平、正义的诉求日益增强，参与学校治理和保障自身权益的愿望更加强烈。高等职业学校法治工作要以习近平新时代中国特色社会主义思想为指导，深入学习贯彻习近平总书记全面依法治国新理念新思想新战略和关于教育的重要论述，从党和国家出台的职业教育政策和法律法规出发，遵循法治的价值共性、普遍要求和精神实质，尊重高等职业教育传统、现实情况与教育诉求，从各项具体制度和内部管理具体实际出发，全面履行办学治校职能，全面深化内部管理体制和运行机制改革，构建以依法治理为基本理念和具体可操作的法治制度、基本方式，将其融入、贯穿学校工作的全过程和各方面，引领、推动、保障学校的改革与发展，完善学校法人治理结构，努力在法治建设中发挥引领示范作用。

## 一、推进以章程为核心的规章制度体系建设

章程是现代大学治理的基本要素，是落实高等学校法人地位的基石。大学章程作为大学精神的集中体现和大学行为的总规范，实际上是法的治理模式、法的精神和法律条规在一所大学的进一步延伸和具体化、个性化。[①] 教育部对各级各类学校的依法治校工作提出了系列明确要求，陆续开展了现代大学制度、高校章程建设等工作。2011年教育部颁布的《高等学校章程制定暂行办法》（教育部令第 31 号）明确要求，2015年以前全国所有的高校要完成章程建设。

完备的章程建设和良好的章程执行是学校贯彻依法治国思想的重要体现，必须贯穿于学校运行的各个方面。一要重视章程建设程序。章程建设程序要规范，要认真贯彻《宪法》《教育法》《高等教育法》《职业教育法》，具体落实《高等学校章程制定暂行办法》，努力做到定位准确、内容全面、程序规范、核准到位、监督有力。尤其要将《宪法》《中国共产党章程》《深入学习习近平关于教育的重要论述》中已经明确的内容清晰地体现在章程中。要写明"公办高等学校实行党委领导下的校长负责制"，写清楚建立学术组织、教职工代表大会等要求，明确立德树人这一根本任务，明确要在中国共产党的领导下培养中国特色社会主义的建设者和接班人这一基本使命和职责。要健全章程的解释和修订程序，修订时坚持科学规范和程序严格，及时修订不完善、不

① 李福华. 大学治理与大学管理［M］. 北京：人民出版社，2012：97.

适宜的章程，使章程的稳定性和适用性有机统一。二要强化章程的学习宣传和贯彻实施。要弘扬遵章办事精神，章程一经确定必须严格遵守。学校要提倡学习章程、尊崇章程、遵守章程，自觉形成弘扬章程的良好校风。学校章程经规范程序讨论通过并经核准后要在学校网站显著位置及时公布，并且对其认真宣传、严格贯彻执行。学校要将章程纳入教职工入职、学生入学的培训内容。学校要增强以校长为首的行政管理体系对章程的敬畏感和执行力，要设立章程执行监督小组，要求校长每年要向教职工代表大会报告章程的执行情况，使章程的执行具有严肃性，真正做到按章程办事，发挥章程的刚性约束力、强制执行力。章程建设水平体现学校的整体治理水平。

要以章程为核心积极构建系统完备的学校规章制度体系。高等职业学校要用好"放管服"改革后的自主权，遵循高等教育规律和法律保留原则，按照法治思维和法治方式，加强统筹规划，推进制度创新，统筹考虑学校内部的根本制度、基本制度、重要制度建设，提高制度供给水平和制度建设质量，优化内部治理机制，做到重大改革于法有据、于章程有据，推动形成以章程为核心，规范统一、分类科学、层次清晰、运行高效的学校规章制度体系，实现"良法"和"善治"，为改革发展和创新营造良好的制度环境。要健全校内规范性文件制定发布机制，明确起草、审查、决定、公布的程序，明确合法性审查的范围和具体办法。要建立校内规范性文件定期清理机制，按照法制统一的原则进行及时修订和清理，编制现行有效的文件清单。推动校内规范性文件管理实现信息化和公开化，提高管理效率，方便师生查阅。

## 二、坚持和完善党委领导下的校长负责制

坚持党委领导下的校长负责制，是高校领导体制长期探索的历史选择，是马克思主义党建理论与我国高等教育相结合的产物，具有历史的必然性、国情的客观性和时代的现实性。[①] 实践证明，党委领导下的校长负责制符合我国国情，有利于党的理论和路线方针政策在高校的贯彻落实，有利于促进高校改革发展稳定，必须长期坚持并不断完善。习近平总书记指出，办好我国高等教育，必须坚持党的领导，牢牢掌握党对高校工作的领导权，强调要坚持党委领导下的校长负责制，高校党委对学校工作实行全面领导，高校书记、校长都要成为社会主义政治家、教育家。

着眼于加强和改进党对高校的领导，经 2021 年 2 月 26 日中共中央政治局会议修订，2021 年 4 月 16 日中共中央发布的《中国共产党普通高等学校基层组织工作条例》第三条继续强调："高校实行党委领导下的校长负责制。高校党的委员会（以下简称高校党委）全面领导学校工作，支持校长按照《中华人民共和国高等教育法》的规定积极主动、独立负责地开展工作，保证教学、科研、行政管理等各项任务的完成。"

坚持党委领导下的校长负责制，就必须坚持和完善以党委领导下的校长负责制为核心的学校领导体制和治理体系。一是高校党委要承担起管党治党、办学治校的主体责任，履行好把方向、管大局、作决策、抓班子、带队伍、保落实的领导职责。二是高校党委要落实好九个方面的主要职责。厘清党委和行政之间的关系是贯彻落实党委领导下的校长负责制的首要任务。高校党委九个方面的主要职责，使高校党委领导下

---

① 郭大成. 高校领导体制的研究与探索［M］. 北京：北京理工大学出版社，2014.

的校长负责制的目标任务更加清晰、实现途径更加明确、落实措施更加具体。三是要按照社会主义政治家、教育家标准，选好配强高校党委书记、校长。贯彻落实党委领导下的校长负责制，难点在于处理党委领导和校长负责之间的关系，重点在于处理好党委书记和校长之间的关系，其实质是推动党政职能的有机结合，形成高效的管理体制。要把政治过硬、品行优良、业务精通、锐意进取、敢于担当的优秀干部选配到学校领导岗位上。这是确保党委领导下的校长负责制有效有序执行的关键，有利于确保高校领导权牢牢掌握在忠于马克思主义、忠于党和人民的人手中。四是完善高校党委常委会人员组成结构，设立常委会的高校党委一般设党委委员 15 至 31 人、常委会委员 7 至 11 人，不设常委会的一般设委员 7 至 11 人。五是要推进决策、管理的科学化、民主化、法治化。依据国家有关规定，健全校党委全委会、党委常委会、校长办公会议（校务会议）等议事范围和议事规程。建立学校权责清单，进一步健全办学自主权运行机制和监督机制，防止滥用权力。重大决策全面落实师生参与、专家论证、风险评估、合法性审查和集体讨论决定的程序要求，确保决策制度科学、程序正当、过程公开、责任明确。积极建立法治工作机构负责人参与学校决策会议并发表法律意见的机制。法治工作机构的意见要记入拟发布文件的起草说明和决策会议的会议纪要。探索建立师生代表参与学校决策的机制，激励师生关心学校改革发展。

### 三、完善以学术委员会为核心的学术治理体系

2014 年 3 月，教育部颁发《高等学校学术委员会规程》，这是中华人民共和国成立以来首部高等学校学术委员会国家规范。它确立了学术委员会为校内最高学术机构的地位，要求健全以学术委员会为核心的学术管理体系与组织架构；明确了学术委员会的职权，尊重学术自由、健全学术规范，保障学术委员会依照章程统筹行使学术事务的决策、审议、评定和咨询等职权，充分发挥其在学科建设、学术评价、学术发展和学风建设等方面的重要作用。

高等职业学校存在着学术权力缺位、学术组织单一、学术价值偏差的现象。我国高等职业学校大多由中专学校升格而来，与其他普通本科院校相比，教授数量较少，高学历教师比例偏低，学术力量较为薄弱。行政权力过多地干预学术事务现象较为普遍。

应该说，学术权力是高等职业学校的重要特征，是构建党委领导、校长负责、教授治学、民主管理的重要原因所在。高等职业学校作为高等教育的重要组成部分，必须坚持其学术性，确保相应的学术地位，将学术委员会建设作为行使学术权力的重要载体，通过学术委员会将"教授治学"落到实处。要认真贯彻落实《高等学校学术委员会规程》，并结合高等职业学校和本校实际制定具体可行的、有可操作性的学术委员会章程，明确总体目标、组成规则、职责权限、运行制度等，明确对哪些学术问题做出决策、对哪些问题进行审议、对哪些事由进行评定、对哪类事项进行咨询，充分发挥学术委员会在学风建设、学科建设、专业建设、学术评审、成果转化等方面的积极作用。

在学术治理体系建设中，高等职业学校要积极设立校级专业建设委员会。专业建设在高等职业学校办学治校中具有重要作用。近年来，教育部、财政部不断通过项目

引领的方法推动高职教育专业建设，从 21 世纪教改项目到国家示范校、骨干校建设，从优质高职院校建设到高水平高职学校、高水平高职专业建设（"双高计划"），都将重点、特色、优势、骨干专业、高水平专业建设放到重要位置。为此，高等职业学校要从治理层面建立专业建设委员会，对专业的设立、结构优化和布局调整进行审议。这既有利于正确处理好行政权力与学术权力的关系、充分发扬学术民主，也有利于不断提高专业建设水平。[①]

教材建设是学校治理中必须高度重视的一个问题。以习近平同志为核心的党中央高度重视意识形态工作，党中央明确要求建立意识形态工作责任制，重视思想政治课建设，强调积极开展和加强课程思政教材建设。为此，国家建立了教材建设委员会，教育部设立了教材局，强化了教材编写、出版、发行、印刷管理机制，并对各校教材选用提出了要求。高等职业学校必须提高政治站位，在学校党委领导下，建立由宣传、教学等多部门参加的教材建设与选用委员会，并确保其充分有效地发挥作用。[②]

### 四、发挥教职工代表大会制度在学校治理中的作用

2011 年 11 月，教育部审查通过了《学校教职工代表大会规定》并商中华全国总工会同意，于 2012 年 1 月 1 日起施行。该规定的颁布，是学校民主管理发展进程中一个显著标志，也是教职工参与学校治理的重要形式。该规定第三条明确规定："学校教职工代表大会是教职工依法参与学校民主管理和监督的基本形式。学校应当建立和完善教职工代表大会制度。"这对依法保障教职工参与学校民主管理和监督，完善现代学校制度，促进学校依法治校具有重要意义。

《学校教职工代表大会规定》第七条规定教职工代表大会有八大职权：①听取学校章程草案的制定和修订情况报告，提出修改意见和建议；②听取学校发展规划、教职工队伍建设、教育教学改革、校园建设以及其他重大改革和重大问题解决方案的报告，提出意见和建议；③听取学校年度工作、财务工作、工会工作报告以及其他专项工作报告，提出意见和建议；④讨论通过学校提出的与教职工利益直接相关的福利、校内分配实施方案以及相应的教职工聘任、考核、奖惩办法；⑤审议学校上一届（次）教职工代表大会提案的办理情况报告；⑥按照有关工作规定和安排评议学校领导干部；⑦通过多种方式对学校工作提出意见和建议，监督学校章程、规章制度和决策的落实，提出整改意见和建议；⑧讨论法律法规规章规定的以及学校与学校工会商定的其他事项。教职工代表大会的意见和建议，以会议决议的方式做出。这八项职权可归纳为三个方面：讨论建议权、讨论通过权和评议监督权。

教职工代表大会有明确的法律地位，任务明确，职权明晰，具有完整的组织机构和组织体系，具有严密的组织运行规则，具有广泛的群众性和权威性，按照民主集中制的原则来运行，是学校内部管理体制的重要组成部分。工会是其工作机构，使工作有保障。学校为发挥教职工代表大会在学校治理中的作用，要做好以下工作。一是要召开好换届和年度代表大会。质量和实效是教职工代表大会的生命。学校应通过精心

① 周建松."双高"建设背景下高职院校治理能力提升研究［J］.教育与职业，2020（14）：13-18.
② 同①。

组织和筹备，努力把教职工代表大会开成推进学校民主管理，深化校务公开，凝聚全校共识，提振奋斗精神，获得党政认可，让群众满意的高质量、高水准、有实效的会议。二是要做好提案工作。教代会提案工作是教代会参与学校民主管理的一项经常性制度，是教职工通过教代会参与学校民主管理的重要形式，是促进学校内部管理体制改革和决策民主化、科学化的重要内容，是教代会代表履行职责、行使民主权利的重要渠道，最能体现教职工的意愿。三是实行教代会代表巡视制度。教代会代表巡视制度是指教代会闭会期间，在学校党组织领导下，由工会牵头，并由学校教职工代表大会民主选举产生的常设机构教代会执委会或民主管理专门委员会，定期或不定期组织教代会代表对学校职能部门工作进行实地调研、咨询和检查的制度。四是民主评议学校领导干部。教代会民主评议学校领导干部是指教职工对学校领导干部有发表意见的权利，这是《学校教职工代表大会规定》赋予教代会的一项职权。教代会对领导干部进行民主评议，其目的是对干部进行监督，同时也是对干部的一种激励和促进。五是加强教职工代表大会制度建设。教代会制度在实际运行过程中存在机构设置不健全、职权落实不到位、工作人员素质有待提高等问题。学校党组织和行政应该提高思想认识，加强对教代会工作的领导、支持与配合，建立健全工作机构、不断提升代表素质、正确处理与学校党政的关系、健全运行机制等，充分发挥教代会在学校民主管理中的作用。

### 五、发挥学生代表大会制度在法治工作中的作用

学生代表大会制度，是学校联系学生的桥梁和纽带，是学校民主管理和民主监督的形式之一，是实现依法治校、民主管理的重要途径。学生代表大会以民主集中制为原则，其主要职能是维护学生的合法权益和民主权利，动员学生参与学校的改革、建设、发展和稳定；代表和组织学生参与学校的民主管理。《高等学校章程制定暂行办法》第十二条规定："章程应当明确规定教职工代表大会、学生代表大会的地位作用、职责权限、组成与负责人产生规则，以及议事程序等，维护师生员工通过教职工代表大会、学生代表大会参与学校相关事项的民主决策、实施监督的权利。"学生既是教育对象，又是教育主体，学生监督权的行使应予以重视。现实中，在学校内部治理过程中，学生权利被束之高阁是一种普遍现象，有不少学生感叹"学生权利只是摆设"。要改变这一现象，就必须让学生有切身体验到行使手中权利的机会。因此，学校要对学生参与民主管理的定位、组织、方式、范围、程序、权限进行规定，拓宽学生参与学校治理的渠道。在涉及与学生相关的重大问题时，譬如教育教学、后勤管理、学费缴纳等事宜，可以吸纳学生代表列席校党委常委会和校长办公会，切实保障学生的知情权和参与权。

### 六、健全政行企校社多元主体共同参与的学校理事会

为推进中国特色现代大学制度建设，健全高等学校内部治理结构，促进和规范高等学校理事会建设，增强高等学校与社会的联系、合作，根据《中华人民共和国高等教育法》及国家有关规定，教育部于2014年7月制定发布《普通高等学校理事会规程（试行）》（中华人民共和国教育部令第37号）。

高等学校理事会系指国家举办的普通高等学校，根据面向社会依法自主办学的需要，设立的由办学相关方面代表参加，支持学校发展的咨询、协商、审议与监督机构，是高等学校实现科学决策、民主监督、社会参与的重要组织形式和制度平台。其主要作用是：①密切社会联系，提升社会服务能力，与相关方面建立长效合作机制；②扩大决策民主，保障与学校改革发展相关的重大事项，在决策前，能够充分听取相关方面意见；③争取社会支持，丰富社会参与和支持高校办学的方式与途径，探索、深化办学体制改革；④完善监督机制，健全社会对学校办学与管理活动的监督、评价机制，提升社会责任意识。

产教融合、校企合作是职业教育的基本特征，也是建设高水平高职学校的基本要求。近年来，党中央、国务院的一系列文件都强调坚持产教融合、校企合作。高等职业学校必须坚持产教融合、校企合作，创新高职教育与产业融合发展的运行模式，精准对接区域人才需求，提升高等职业学校服务产业转型升级的能力，打造高等职业学校和行业企业形成命运共同体。为此，必须在治理体系建设上提供组织保证，在党委统一领导下，认真组建学校、行业、企业、社区共同参与的理事会或董事会，以发挥对办学治校、管理运行、专业建设等方面的咨询、协商、议事和监督作用，从根本上促进产学合作，提高人才培养质量。

## 七、健全信息公开机制

实行信息公开，是推进社会主义民主法治建设、维护师生员工合法权益的具体体现；是坚持依法治校，促进学校民主管理，加强民主监督的有效途径；是切实加强高等职业学校党风廉政建设，进一步密切学校党群、干群关系的重要措施。

为了保障公民、法人和其他组织依法获取高等学校信息，促进高等学校依法治校，根据高等教育法和政府信息公开条例的有关规定，2010 年 3 月 30 日，教育部制定发布《高等学校信息公开办法》（中华人民共和国教育部令第 29 号）。根据《高等教育法》《中华人民共和国政府信息公开条例》《高等学校信息公开办法》等有关规定，除国家规定保密及法律另有规定的之外，学校教职员工、在校学生和其他主体有权依法获取涉及自身利益的信息。高等职业学校应当加强对重点工作的梳理，结合工作不断推进决策公开、执行公开、管理公开、服务公开、结果公开，涉及公众利益和义务的规范性文件和重要事项都要依法、及时、全面、准确地向社会公开，特别是要重点加大对"人、权、钱"管理公开的力度。一是涉及学校改革发展和师生员工切身利益的重大决策，包括学校改革与发展的规划、实施方案；教职工聘任、职称评定、晋级晋升等。二是涉及招生考试、教育收费、项目审批和学校管理的重大事项，包括招生考试政策、纪律规定和录取情况，学校财务收支情况，教育收费的项目、标准等情况，大宗物资采购情况，学校基建工程招投标情况，涉及学生切身利益的有关政策规定等。三是党风廉政建设中的重大问题，包括党政干部廉洁从政各项规定的执行情况，党风廉政建设责任制执行情况和领导干部经济责任审计的结果等。

同时，高等职业学校要加强信息公开监督检查。改革学校信息公开工作监督检查机制，引入第三方对学校信息公开情况进行评估，评估报告向全社会发布，确保工作落到实处，创造条件让社会各界在公开中监督。

## 八、健全师生权益保护救济机制

推进高等职业学校法治工作，根本的是依法保障师生权益。教师和学生是高等学校最核心的办学要素，人力资源优势是高等学校的核心竞争力。重视高等学校师生主体权益保护，能够为高校法治建设提供更有力的支持。一是要积极回应师生的新要求、新期待，系统研究谋划和解决师生反映强烈的突出问题，学校的重大决策、制度的出台应当充分论证，充分尊重学校师生的知情权、参与权及建议权。二是要建立严格的程序制度，让程序正义贯穿依法治校的全过程。对教师、学生的处理、处分，应坚持教育与惩戒相结合，遵循比例原则，严格履行程序，处理、处分决定作出前应当进行合法性审查。三是要建立健全校内权益救济制度，完善教师、学生申诉的规则与程序。探索建立听证制度，对涉及师生重大利益的处理、处分或申诉，必要时采取听证方式，确保作出处分或申诉决定程序的公平公正。四是要建立校内救济与行政救济、司法救济有效衔接机制，保障教师、学生救济渠道的畅通。四是探索设立师生法律服务或援助机构，为师生依法维护权益提供咨询和服务。

## 九、完善学校法律风险防控体系

高等职业学校作为独立法人，面向社会自主办学，涉及面广，内外关系复杂，各主体诉求多样，管理的难度大、法律风险点多。因此，必须要通过完善学校法律风险防控体系推动学校法治建设。一是制定与法律风险防控相关的方案，明确学校法律风险防控的总体要求、指导思想、基本原则和工作目标，健全学校法律事故应对机制和责任追究、处理制度，建立多元化的事故风险分担机制，积极构建学校依法处理法律事故的支持体系，确保学校法律风险防控有据可依。二是健全合同管理制度，加强对学校及下属机构对外签署合同的审查。积极推进学校无形资产保护、校园安全、国际交流与合作、资产经营与处置、后勤管理与服务、基建工程、教学科研、人事管理等方面涉法事务管理，梳理法律风险清单，明确处置办法。三是推动建立第三方调解制度和校方责任险、学校安全综合险、意外事故伤害险等保险制度，健全师生人身伤害事故纠纷的预防、处置和风险分担机制。四是完善工作流程，妥善应对涉及学校的诉讼、复议、仲裁等，维护学校合法权益。加强学校间的信息共享和风险预警，探索发布学校法律风险处置指南、建立案例库。

## 十、建立健全学校法治工作体制机制

要深化对高等学校法治工作重要性的认识，加大工作力度，建立健全领导体制和工作机制，加强学校法治工作的统筹管理、综合协调，明确各职能部门、院系的责任，把法治工作的各项任务落到实处、抓出成效。

加强党对高等职业学校法治工作的领导。党的领导是推进全面依法治国的根本保证。高等职业学校必须保持高度的思想自觉、政治自觉、行动自觉，丝毫不能动摇，确保一切活动在党委的领导下进行，把党的领导贯穿到学校法治工作全过程和各方面，通过法治保障党的政策有效实施，确保学校始终坚持社会主义办学方向。

明确学校党政主要负责人是推进法治工作第一责任人的职责。学校党政主要负责人应当切实履行依法治校组织者、推动者和实践者的职责，把法治工作纳入学校发展规划和年度工作计划，对学校法治工作亲自部署、亲自协调、亲自推进。学校党委全委会和常委会、校长办公会议（校务会议）要定期听取关于法治工作的汇报，及时研究有关问题。要指定一名校领导分管法治工作。学校党政主要负责人要带头依法办事。学校领导班子在年度考核述职中要进行述法；要把法治观念、法治素养作为衡量干部的重要内容，把遵守法律、依法办事作为考察干部的重要依据。把依法治校、依法办学情况作为考核学校领导班子的重要指标。

加强法治工作机构和队伍建设。学校应当有专门机构负责法治工作，有条件的可以独立设置负责法治工作的机构，将其作为学校的管理部门，统筹行使相应职权，并适应学校扩大规模和完善管理的需求，配齐配足工作人员。探索建立学校各职能部门、院系法治工作联络员制度。法治工作机构负责人一般应具备法学专业背景或法律实务工作经验。建立健全法律顾问制度，探索建立学校总法律顾问制度。加强法治工作机构条件保障，安排法治工作专项经费，落实有关工作人员的报酬和待遇。鼓励、支持专职法治工作人员提高专业能力。

开展以宪法教育为核心的法治教育。学校要把学习宣传宪法摆在普法工作的首要位置，将宪法教育寓于学生培养全过程。制定学校普法规划。发挥课堂主渠道作用，在思政课等课程中全面融入宪法精神。深入开展校园法治文化建设，探索参与式、实践式教育，加强与法律实务部门协同，提升法治教育的传播力、引导力、影响力。建立学校领导干部、全体教师学法制度，学校党委理论学习中心组每年至少要安排 1 次以法治为主题的学习活动。

建立评价监督机制和工作报告制度。学校要根据法律法规和学校实际，研究制定考核标准和办法，加强对学校各部门的法治工作考核，考核结果作为对各部门综合考核的重要内容。学校法治工作情况要作为年度工作的专项内容，向教职工代表大会进行报告。学校日常办学过程中发生的疑难、重大案件或可能引发重大影响、危害社会稳定的案件，要及时总结经验、分析问题并将有关情况报送主管教育部门。主管部门对涉及多所学校、可能引发重大影响的案件，要建立协调会商处理机制。通过年度高等学校法治工作会议、专题研讨会、片区会等多种形式加强工作交流和研讨。

（本章撰稿：罗怡、徐远火）

## 复习思考题

1. 谈谈你对高等职业学校法律地位的认识。
2. 结合实际，谈谈如何更好地落实高等职业学校的办学自主权。
3. 如何理解高校党委领导下的校长负责制？

# 第三章

## 高等职业学校教师法律制度

【内容摘要】为党育人、为国育才、科教兴国，使命光荣，责任重大，关键在教师。尊师重教，促进教师发展，建设"四有好老师"队伍，提升职业院校教师队伍"双师双能"素养是职业教育提质培优的重大战略举措。本章依据《中华人民共和国教师法》《教师资格条例》《深化新时代职业教育"双师型"教师队伍建设改革实施方案》等法规政策，对教师法的立法及意义、教师的法律地位和权利义务、教师资格制度、"双师型"教师队伍建设措施做了介绍和阐述。通过本章学习，学员能强化对教师职业荣誉和职业责任的认同感，努力成为言传身教、立德树人的"双师型"教师。

## 第一节　《中华人民共和国教师法》立法与实施要求

### 一、《中华人民共和国教师法》的制定和颁布

1.《中华人民共和国教师法》出台的历史逻辑

教师从无到有，其发展经历了从"官师合一"变成独立职业，再到出现专门培养教师的机构，到如今被视为专业技术人员的阶段。在不同的阶段，教师需要具备相应的专业素养和水平。教师从"职业"到"专业"的历史发展脉络，大致可分为四个阶段。一是非职业化阶段。教育是和人类社会同时产生的。在人类社会初期，教育活动与其他活动融合在一起，教师并没有从其他行业中分离出来，还没有成为一种独立的职业。在原始社会里，人类为了自身的生存和社会的发展，必须通过教育向年轻一代传授劳动知识、技能和社会生活经验，此时的教育就在劳动和生活中进行，家庭中的父母兄长、部落的首领和长者都有义务承担传授生产生活经验的责任。长者为师、能者为师，教育没有从生产劳动中分离出来，因此，也没有专门的教育机构和专门的教师职业。二是职业化阶段。随着学校的产生及体力劳动和脑力劳动分工的出现，开始有专门的人员从事教师职业，但此时教育的一个重要特点是"学在官府""以吏为师"，即官师一体，教师职业并不是独立的。随着社会的进一步发展和社会阶层的演

变，私学出现，独立的教师职业由此产生。如我国春秋时期的诸子百家，竞相提出自己的政治理想和主张，并且设馆授徒，宣传自己的学说和思想；古希腊的智者也以专门教授人们知识为主。私学教师逐渐成为一种行业，但并没有形成从教的专业技能，教师职业专业化程度很低，从业人数也十分有限。三是专门化阶段。教师职业的专门化是社会发展到一定阶段的结果，以专门培养教师的教育机构的出现为标志。世界上最早的师范教育机构诞生于法国。1681 年，法国"基督教兄弟会"神父拉萨儿在兰斯创立了第一所师资训练学校，拉开了师范教育的序幕。之后，奥地利、德国也开始出现短期师资培训机构，这些机构在奥地利被称为"师范学校"，在德国被称为"教师进修班"。它们大都是非独立机构，设在中学里，培训时间短，水平也不高。直到 18 世纪中下叶，随着初等义务教育的普及，以及"教育科学化"和"教育心理学化"的推进，教学开始作为一门专业从其他行业中分化出来，形成自己独立的特征。1765 年德国首创公立师范学校，1795 年法国巴黎师范学校建立，1838 年美国在马萨诸塞州创立美国第一所公立师范学校，这些专门的师范教育机构的出现标志着教师职业专门化的开始。我国最早的师范教育产生于清末。1897 年，盛宣怀在上海开办"南洋公学"，分设上院、中院、师范院和外院。师范院即中国最早的师范教育。1898 年京师大学堂的师范馆在北京成立，我国教师培养也开始走向专门化。四是专业化阶段。伴随着教育改革和师范教育的发展，人们对教师的要求从"数"的增加转为"质"的提高，教师逐步向专业化方向发展。这成为许多重视教育的国家追求的目标。教师职业在长时间发展过程中，其社会地位相对稳定。随着社会对教师职业认同感的提高，人们对教师职业的要求自然也不断提高。根据学术衡量标准，教师职业是一种专门性职业，它需要经过专门的师范教育训练来掌握专门知识和技能。这一职业通过培养人才为社会服务。1966 年 10 月，联合国教科文组织和世界劳工组织在巴黎会议上通过了《关于教师地位的建议》，提出"教师工作应被视为一种专业"。1996 年召开的第 45 届国际教育大会以"加强变化世界中教师的作用"为主题，强调教师在社会变革中的作用。20 世纪 80 年代中后期，美国掀起了"教师专业化"改革浪潮，法国、德国、澳大利亚等国也都先后进入了教师教育改革的高潮，"促进教师专业发展""提高教师专业地位"不仅是教师组织和教育工作者的诉求，也是各国学者、各国政府和社会的共同呼声。我国 1993 年 10 月颁布的《中华人民共和国教师法》，把教师界定为"履行教育教学职责的专业人员"。从我国法律上讲，"专业"是我国社会职业中的一大门类，"专业人员"是指具有某种专业知识技能，经政府认定许可，从事某种专业活动的人员。教师是专业人员，就意味着教师职业与医生、律师等职业一样成为一种专门职业。后来我国又相继颁布了《教师资格条例》（1995 年 12 月）和《〈教师资格条例〉实施办法》（2000 年 9 月），通过资格认定的方式体现对教师职业专业性的要求。

2. 《中华人民共和国教师法》的立法过程

1985 年 1 月全国人大常委会通过决议，确定每年 9 月 10 日为教师节。1985 年 9 月 10 日，全国各地隆重庆祝首个教师节，营造了良好的尊师重教氛围，教师职业成为让社会认可和尊重的职业。

《中华人民共和国教师法》的立法过程，历时八年，方成法典。1986 年 3 月，全国人大代表和政协委员在六届全国人大四次会议和六届全国政协四次会议上提出了关于尽快制定教师法的提案和建议。此后不久，国家教委据此成立了《中华人民共和国教师法》起草工作领导小组，着手《中华人民共和国教师法（草案）》起草工作。

1989 年 4 月，《中华人民共和国教师法（草案送审稿）》报送国务院，经多方征求意见，进行了第二次大型修改。

1990 年 6 月，国务院常务会议两次对《中华人民共和国教师法（草案送审稿）》进行讨论，又经国务院法制局和国家教委对一些问题的再次修订，国务院再次讨论审议，国务院常务会议原则通过，形成了《中华人民共和国教师法（草案）》报全国人大常务会议审议。

1991 年 8 月，七届全国人大常委会第二十一次会议对《中华人民共和国教师法（草案）》进行审议，会议对教师待遇和教师聘任制等方面提出了一些修改建议。

1992 年 10 月，国务院将教师法草案撤回，根据常委会的审议意见进一步调查、研究、征求意见和修改，并根据《中国教育和改革发展纲要》中关于教师队伍建设的精神对《中华人民共和国教师法（草案）》做进一步修改。

1993 年 10 月 31 日，八届全国人大常委会第四次会议对《中华人民共和国教师法（草案）》审议通过，中华人民共和国主席令第十五号颁布，从 1994 年 1 月 1 日起正式实施。至此，历时八年，在总结新中国成立四十多年特别是改革开放十五年来教师队伍建设成功经验和广泛听取意见的基础上，制定和颁布了我国关于教师的第一部法律——《中华人民共和国教师法》。其共分九章四十三条。

根据 2009 年 8 月 27 日中华人民共和国主席令第十八号和第十一届全国人民代表大会常务委员会第十次会议《关于修改部分法律的决定》，对教师法的第三十六条进行了修正。

## 二、《中华人民共和国教师法》的立法宗旨与意义

《中华人民共和国教师法》以教师为立法对象，是我国历史上第一部关于教师的单行法律，把国家尊师重教的方针上升为法律。其总则第一条明确规定："为了保障教师的合法权益，建设具有良好思想道德修养和业务素质的教师队伍，促进社会主义教育事业发展，制定本法。"

《中华人民共和国教师法》的颁布是我国社会主义现代化建设事业的需要。"振兴民族的希望在教育，振兴教育的希望在教师"，正如习近平总书记在全国教育大会上所强调的，建设社会主义现代化强国，对教师队伍建设提出新的更高要求，也对全党全社会尊师重教提出新的更高要求。对教师队伍中存在的问题，要坚决依法依纪予以严惩。全面建设社会主义现代化事业需要一批又一批既具有坚定、正确的政治方向，又掌握现代科学文化知识的社会主义事业的建设者和接班人。而人才培养的关键在于建设一支"四有好老师"教师队伍。

《中华人民共和国教师法》的颁布是全面提高教师队伍素质的需要。由于多种原因，我国教师队伍区域发展不平衡、水平差异较大，整体素质和业务素质不能满足人们日益增长的物质文化需要和对美好生活的向往。只有通过立法，制定一套完整的提高教师队伍素质的措施、制度、方案，对教师的整体素质和业务素质作出明确的规定，全面加强建设和提升，才能完成历史使命。

《中华人民共和国教师法》是维护教师合法权益的需要。长期以来，我国经济区域发展不平衡，也导致了教师权益得不到全面保障，区域发展极不均衡，有的地方教师的地位低、工资不到位等，在一定程度上影响了教育事业的顺利发展。因此，稳定教师队伍，提高教师地位和待遇，保障合法权益，吸引优秀的人才进入教师队伍，必须依据《中华人民共和国教师法》的充分保障才能得以实现。

《中华人民共和国教师法》是保障教师队伍规范化建设的需要。教师队伍的入职资格、行为规范、权责义务、问题教师的惩治和处罚等问题，均需要法律予以规范，要让教师队伍建设实现可持续发展，实现规范化和法制化，必须依靠法律法规。

### 三、《中华人民共和国教师法》的性质、地位及适用范围

《中华人民共和国教师法》的性质，是指教师法的对象是单一对象——教师，是基于单行法律，主要对教师造就、教师职业规范、教师治理等方面的执法关系进行了法律规范限制，是主要集了教师的行业治理和权益保护于一体的综合性的专门法律。

《中华人民共和国教师法》的地位，是指教师法是我国教育历史上的第一部关于教师的单行法律，它的制定和颁布体现了党和国家对人民教师的重视，体现了我国尊师重教的历史传承和国家意志，有利于从法律上提高教师的职业地位和社会地位，有利于保障教师的合法权益，让教师职业成为社会尊重的职业，有利于促进教师队伍建设走上法制化、规范化的可持续发展道路，有利于促进我国教育事业健康发展，有利于促进我国社会主义现代化建设事业高质量发展。

《中华人民共和国教师法》的适用范围按《中华人民共和国教师法》总则第二条规定，"本法适用于在各级各类学校和其他教育机构中专门从事教育教学工作的教师"。各级各类学校是指学前教育、普通小学教育、普通初中教育、普通高中教育、职业教育、普通高等教育、特殊教育和成人教育学校。其他教育机构是特指与中小学教育、教学工作紧密联系的少年宫、地方中小学教研室、电化教育馆等教育机构。

《中华人民共和国教师法》总则第三条规定，"教师是履行教育教学职责的专业人员，承担教书育人，培养社会主义事业建设者和接班人、提高民族素质的使命"。教师是指在学校、教育机构中传递人类文化科学知识和技能，进行思想品德教育，把受教育者培养成社会需要的专门人员。

《中华人民共和国教师法》适用范围限于教师，教师必须遵从法律对其在权利、义务、资格、聘任、培养、培训、考核、惩罚等方面的统一规定，不断加强自身建设，提升自身素质。

### 四、《中华人民共和国教师法》的贯彻和实施要求

尽管《中华人民共和国教师法》是一项单行法律，需要在全社会进行广泛宣传和学习，让全社会知晓《中华人民共和国教师法》的立法宗旨、立法意义、主要内容，在全社会营造和形成尊师重教的良好社会风尚，让全社会更加了解教师职业的价值和内涵，吸引更多的优秀人才选择教师职业，提高全社会对《中华人民共和国教师法》的认识，教师更要真正做到学法、知法、懂法、守法、用法。

一是学法。教师是人类灵魂的工程师，是阳光下最光辉的职业，为了更好地履行

教师所肩负的神圣而伟大的使命，学习《中华人民共和国教师法》是一条必要且有效的途径。学法是教师的必修课程，也是其作为公民的必然要求。

二是知法。知法是每一位公民的重要权利和义务，即知道在法律框架下哪些可为，哪些不可为；明确哪些是底线，哪些是红线，以此规范自己的日常行为。

三是懂法懂得《中华人民共和国教师法》的要义是对教师的必然要求。教师当学懂弄通《中华人民共和国教师法》的内涵和外延，不光是自己懂得法律条款，还要懂得如何宣传、内化条款的内涵，让其入脑入心。比如教师要懂得享有合法权益的同时必须履行义务。

四是守法。教师是《中华人民共和国教师法》忠实的执行者和守护者。在日常教学和生活中，教师要以法律为准绳，模范带头遵守法律，遵守《教育法》《教师法》《未成年人保护法》《教师职业道德规范》《中小学教师违反职业道德行为处理办法》等，努力塑造和维护好教师的形象，重视提升教师的职业道德修养和个人魅力，以身作则，洁身自好，以身立教，为学生树立榜样。

五是用法。教师需要合理使用权利，懂得用法律武器维护自己和学生的合法权益和利益，懂得使用法律武器与违法行为做坚决的斗争，懂得维护法律的权威性。

# 第二节　教师的法律地位与权利、义务

## 一、教师的法律地位及职业特征

教师的法律地位，是指以法律形式规定的教师在各种社会关系中的位置。教师的法律地位也是教师社会地位的具体体现。要加强教师队伍建设，提高教师的社会地位，就要依法保护教师的法律地位。

教师承担教书育人、培养社会主义建设者和接班人、提高民族素质的光荣使命，因此，全社会都应当尊重教师，教师平均工资收入水平应不低于当地公务员平均工资收入水平，并逐步提高。这就在法律上确立了教师作为专业人员所具有的政治地位、经济地位和职业声望，从而在一定程度确立和保障了教师的法律地位。

教师是承担立德树人、教书育人、教育教学职责的专业人员，其职业特征具有明显的公共性、专业性和教育性。

## 二、教师的权利和义务

教师既是社会的普通公民，又是履行教书育人职责的专业人员，这两种身份决定了教师拥有普通公民所享有的各种权利，也享有作为教师所特有的权利。同样，教师作为普通公民，应承担公民的义务；作为教师，其应承担教师的各种义务和责任。这里主要依据《中华人民共和国教师法》列举教师身份享有的权利和履行的义务。

### （一）教师的权利

1. 教育教学权

教师根据自己的学科专业进行教育教学活动，开展教学改革和实验。教师根据学校的实际情况、自己的专业学科和受聘岗位，在学校的计划下可以自主实施教育教学改革、开展课堂教学、完成教学计划，可以选择不同的教学方式、通过不同的路径达成教学目的。任何人、任何组织不得剥夺教师开展教育教学活动、教育教学改革和实验的权利。

2. 学术研究权

教师作为专业技术人员，有参与与专业相关的学术研究、学术交流和发表学术观点的权利。教师在完成教育教学工作的前提下，有权开展学术研究、技术开发、成果发表等创造性劳动；有权参加各级各类相关学术交流活动，参加相关学术团体并兼任相关性工作；有权发表自己的学术观点，开展学术争鸣活动。但是，必须遵循相关学术道德要求。

3. 管理学生的权利

教师在自己的教育教学活动中，有权指导学生的学习和发展、评定学生的成绩和品行，有权对学生进行教育和给予适当惩戒。教师可以根据实际情况，因材施教，有针对性地指导学生；有权对学生的过程性表现、课程修习、学业测试、品德表现等作出公正的、客观的评判和认定；有权指导学生个性化发展和全面发展。

4. 获取报酬的权利

教师按时获取工资报酬，还享受带薪休假和国家规定的福利待遇；教师享有国家关于住房、医疗、退休、晋级升职、专业发展等方面规定的权利。

5. 参与民主管理权

教师享有对学校及教育行政部门工作提出批评和建议的权利；教师享有参与教职工大会、发展规划、重大改革、工会等活动的民主决策和管理的权利。

6. 进修培训权

教师享有接受专业进修和培训的权利，以确保提高教育教学质量；教师享有学历提升和专业访问等权利，以确保不断提升学术水平；教育行政部门应当组织和开展相关的教师培训项目，保障教师有机会参与进修和培训。当然，教师的进修培训权使用的前提是不得影响正常的教育教学工作。

(二) 教师的义务

1. 遵守宪法、法律和职业道德的义务

教师首先是公民，必须受法律的约束和管制。教师又是人类灵魂的工程师，学高为师，身正为范，教师为人师表，必须带头遵守法律法规，遵守教师职业道德，起到模范示范作用。

2. 完成教学工作任务的义务

教师需根据学校教学实际，结合自己的教学工作任务和岗位要求，合理安排教学进度和难度，按时按质完成教学任务，这是教师的本职工作。在完成教学任务的过程中，教师必须坚持立德树人为根本任务，坚持促进学生德智体美劳全面发展，坚持因材施教，以学生的发展为本。不得违背教育规律，不得片面追求升学率，不得违反法律法纪，不得造成教学工作重大损失等。

3. 坚持育人的义务

教师不只是教书，还要育人。坚持立德树人为根本任务，把思想品德教育放在首位，把社会主义核心价值观的践行和德育融入教育教学全过程，把学生思想品德教育融入自己所教的学科课程及活动之中，适时地开展爱国主义教育、民族团结教育、法制教育、中华优秀传统文化教育、革命文化教育、社会主义先进文化教育等。

4. 关爱学生，促进学生全面发展的义务

教师要关爱学生，尊重学生人格，以学生的发展为本，全心全意为学生的成长和发展服务。

5. 保护学生合法权益，促进学生健康成长的义务

一方面，教师在日常教育教学活动中的有害于学生的行为和侵犯学生合法权益的行为是绝对禁止的；另一方面，对于教师在日常教学行为中，如何把握好惩戒学生的尺度，也是有规定的，一般性的批评教育和适当的体罚是允许的，但是必须保护学生的身心健康不受侵犯。同时，教师对社会上有害于学生的身心健康的行为和舆论要予以坚决抵制和批评。

6. 教师要有不断提高自己思想政治觉悟和教育教学能力水平的自觉

教师职业具有强烈的专业性、时代性和针对性，教师务必要不断提高思想政治觉悟和教育教学水平，不断适应新时代的新变化和新要求，才能顺利完成提高民族素质的历史使命。时代的进步，对教师提出了更高的要求。教师务必在思想道德修养、业务素养、教育教学能力、研究水平、服务能力等方面全面提升自己，方能适应新时代的要求，做出新贡献。

# 第三节　教师资格制度

## 一、教师资格制度的含义和作用

教师资格制度是国家对教师实行的一种特定的职业许可。

《高等教育法》《教师法》和《教师资格条例》对教师资格的基本条件、教师资格的分类与适用、教师资格考试、教师资格认定、罚则及其他相关内容进行了规范，目的在于提高教师队伍的总体素质，把好"入口关"，加强教师队伍建设，确保教师职业的专业性。教师资格制度是推动教育改革、调整优化教师队伍的制度性措施，是使教师的任用走上科学化、规范化和法制化轨道的重要保证，有利于解决不合格教师问题，优化教师队伍。

## 二、教师资格的分类与条件

### （一）教师资格的分类

教师资格分为幼儿园教师资格、小学教师资格、初级中学教师资格、高级中学（中等职业学校）教师资格、高等学校教师资格。

### （二）教师资格的条件

（1）必须是中华人民共和国公民，遵守宪法和法律；

（2）热爱教育事业，具有良好的思想品德；

（3）具有法律规定的学历或经国家教师资格考试合格；

（4）有教育教学能力。

### 三、高等职业学校教师资格认定

#### （一）教师资格认定的含义

高等职业学校教师属于高等学校教师的一部分，依法纳入高等学校教师资格认定序列管理。高校教师资格认定是指法定机构对符合《高等教育法》规定的国籍、品德、业务、学历四项教师资格实质条件的确认。按《中华人民共和国教师法》第十三条的规定，"由国务院或省、自治区、直辖市教育行政部门或者由其委托的学校认定"，认定合格后由认定机构颁发教育行政部门统一印制的教师资格证书。

#### （二）教师资格认定程序

为保证教师资格制度的顺利实施，依据全国教师资格制度实施工作会议精神，教育部2001年5月14日制定了《关于首次认定教师资格工作若干问题的意见》（教人〔2001〕4号），明确规定，首次认定高等院校教师资格证由省级教育行政部门负责。入职高等学校首先要取得高等学校教师资格证，具有教师资格的人员依照法定聘任程序被学校或者其他教育机构正式聘任后，方为教师，承担教师的义务和享有相应的权利。

第一步是参加省级教育主管部门组织的高等学校新入职教师职业技能岗前培训，并取得培训合格证书。从2020年起，四川省的岗前培训由四川省教育厅委托西华师范大学、四川师范大学组织实施。一般情况下，每年暑假期间组织为期20天的岗前培训和3个月网络学习、6个月返岗教研。培训内容包括政策法规、教师职业道德修养、教师教育教学技能、高等教育学、心理学等教师基础理论和教学技能，考核合格后颁发岗前培训合格证书，这是认定高校教师资格证书的必要条件之一。

第二步由省教育厅根据《教师法》《教师资格条例》《教师资格条例实施办法》等精神，审核各高校报送的申请认定人员的基本信息，确认后授予高校教师资格证书。高校报送的基本信息主要包括身份证明、普通话等级证明、学历证明、岗前培训合格证书、健康证明、教育教学基本能力测试成绩、社保证明等。

## 第四节　"双师型"教师队伍建设制度

2019年8月，教育部、国家发展改革委、财政部、人力资源社会保障部印发了《深化新时代职业教育"双师型"教师队伍建设改革实施方案》（教师〔2019〕6号）（简称《职教师资12条》），对高等职业教育"双师型"教师必须具备的"双能"（理论教学和实践教学能力）做出了明确的规定。我们需要理解其要义，遵从其精神，落实其政策。

### 一、《职教师资12条》出台背景

习近平总书记在全国教育大会上发表重要讲话，强调指出，要"坚持把教师队伍建设作为基础工作"。《中共中央　国务院关于全面深化新时代教师队伍建设改革的意见》提出，要"全面提高职业院校教师质量，建设一支高素质'双师型'的教师队伍"。《国家职业教育改革实施方案》第十二条提出，要"多措并举打造'双师型'教师队伍"。党中央、国务院高度重视职教教师队伍建设工作，对建设高素质"双师型"教师队伍进行了决策部署，出台了一系列文件。

改革开放以来特别是党的十八大召开以来，职业教育教师培养培训体系基本建成，教师管理制度逐步健全，教师地位待遇稳步提高，教师素质能力显著提升，为职业教育改革发展提供了有力的人才保障和智力支撑。但是，与新时代国家职业教育改革和提质培优的新要求相比，职业教育教师队伍还存在着数量不足、来源单一、校企双向流动不畅、结构性矛盾突出、管理体制机制不灵活、专业化水平偏低的问题，尤其是同时具备理论教学和实践教学能力的"双师型"教师和教学团队短缺，已成为制约职业教育改革发展的"瓶颈"。

面对建设社会主义现代化强国、新时代国家职业教育改革的新形势新要求，落实立德树人根本任务，深化职业教育教师队伍建设改革，提高职业院校教师教育教学能力和专业实践能力，优化专兼职教师队伍结构，打造一支高素质"双师型"教师队伍，是职业教育教师队伍建设改革的一项紧迫任务。

## 二、《职教师资 12 条》的主要内容

### 1. 总体目标

经过 5~10 年时间，构建政府统筹管理、行业企业和院校深度融合的教师队伍建设机制，健全中等和高等职业教育教师培养培训体系，打通校企人员双向流动渠道，"双师型"教师和教学团队数量充足，双师结构明显改善。建立具有鲜明特色的"双师型"教师资格准入、任用考核制度，教师职业发展通道畅通，待遇和保障机制更加完善，职业教育教师吸引力明显增强，基本建成一支师德高尚、技艺精湛、专兼结合、充满活力的高素质"双师型"教师队伍。

### 2. 具体目标

到 2022 年，职业院校"双师型"教师占专业课教师的比例超过一半，建设 100 家校企合作的"双师型"教师培养培训基地和 100 个国家级企业实践基地，选派一大批专业带头人和骨干教师出国研修访学，建成 360 个国家级职业教育教师教学创新团队，教师按照国家职业标准和教学标准开展教学、培训和评价的能力全面提升，教师分工协作进行模块化教学的模式全面实施，有力保障"1+X"证书制度试点工作顺利开展，辐射带动各地各校"双师型"教师队伍建设，为全面提高复合型技术技能人才的培养质量提供强有力的师资支撑。

### 3. 12 项工作举措

建设分层分类的教师专业标准体系；推进以双师素质为导向的新教师准入制度改革；构建以职业技术师范院校为主体、产教融合的多元培养培训格局；完善"固定岗+流动岗"的教师资源配置新机制；建设"国家工匠之师"引领的高层次人才队伍；创建高水平结构化教师教学创新团队；聚焦"1+X"证书制度，开展教师全员培训；建立校企人员双向交流协作共同体；深化突出"双师型"导向的教师考核评价改革；落实权益保障和激励机制提升教师社会地位；加强党对教师队伍建设的全面领导；以及

强化教师队伍建设改革的保障措施。

### 三、《职教师资 12 条》的主要创新点

《职教师资 12 条》的 12 项工作举措可以划分为建设一项标准体系、改革创新两项基本制度、完善三项管理保障机制、实施六大举措提升教师双师素质四个层面。

1. 建设一整套教师标准体系

《职教师资 12 条》明确建立中等和高等职业教育层次分明的，覆盖公共课、专业课、实践课等各类课程的教师专业标准体系，不断完善职业教育教师评价标准体系。

2. 改革创新两项基本制度

一是以双师素质为导向改革新教师准入制度。完善职业教育教师资格考试制度。建立高层次、高技能人才以直接考察方式公开招聘的机制。探索建立新教师为期 1 年的教育见习和为期 3 年的企业实践制度。自 2019 年起，除持有相关领域职业技能等级证书的毕业生外，职业院校、应用型本科高校相关专业教师原则上从具有 3 年以上企业工作经历并具有高职本科以上学历的人员中公开招聘。2020 年起，除"双师型"职业技术师范专业毕业生外，基本不再从不具备 3 年以上行业企业工作经历的应届毕业生中招聘，特殊高技能人才（含具有高级工以上职业资格或相应职业技能等级人员）可适当放宽学历要求。二是以双师素质为核心，深化教师考核评价改革。建立职业院校、行业企业、培训评价组织多元参与的"双师型"教师评价考核体系。深化教师职称制度改革，破除"唯文凭、唯论文、唯帽子、唯身份、唯奖项"的顽瘴痼疾。推动各地结合实际，制定"双师型"教师认定标准。将师德师风、工匠精神、技术技能和教育教学实绩作为职称评聘的主要依据。落实教师行为准则，建立师德考核负面清单制度，严格落实师德考核一票否决。

3. 完善三项保障机制

一是加强党对教师队伍建设的全面领导。二是落实权益保障和激励机制，提升教师社会地位。三是强化教师队伍建设改革的保障措施。

4. 实施六大举措提高双师素质

一是构建以职业技术师范院校为主体、产教融合的多元办学格局。加强职业技术师范院校和高校职业技术教育（师范）学院建设，支持高水平工科大学举办职业技术师范教育，办好一批一流职业技术师范院校和一流职业技术师范专业。健全普通高等学校与地方政府、职业院校、行业企业联合培养教师机制。二是完善"固定岗+流动岗"的教师资源配置新机制。实施现代产业导师特聘岗位计划，推动形成"固定岗+流动岗"、双师结构与双师素质兼顾的专业教学团队。三是建立校企人员双向交流协作共同体。加大政府统筹，依托职教园区、职教集团、产教融合型企业等建立校企人员双向交流协作共同体。建立校企人员双向流动、相互兼职的常态运行机制。完善教师定期到企业实践制度，推进职业院校、应用型本科高校专业课教师每年至少累计 1 个月的时间，以多种形式参与企业实践或实训基地实训。四是聚焦"1+X"证书制度，开展教师全员培训。对接"1+X"证书制度试点和职业教育教学改革需求，探索适应职业技能培训要求的教师分级培训模式，培育一批具备职业技能等级培训能力的教师。五是创建高水平结构化教师教学创新团队。分年度、分批次、分专业遴选建设 360 个

高等职业教育
法规概论

国家级职业教育教师教学创新团队。实施职业院校教师教学创新团队境外培训计划，每年选派 1 000 人分批次、成建制赴国外研修访学。六是以"国家工匠之师"为引领，加强高层次人才队伍建设。改革实施职业院校教师素质提高计划，分级打造师德高尚、技艺精湛、育人水平高超的教学名师、专业带头人、青年骨干教师等高层次人才队伍。建立国家杰出职业教育专家库及其联系机制。针对战略性新兴产业和先进制造业的人才需要，打造一批覆盖重点专业领域的"国家工匠之师"。建设 1 000 个国家级"双师型"名师工作室和 1 000 个国家级教师技艺技能传承创新平台。

### 四、推进以双师素质为导向的新教师准入制度改革

完善职业教育教师资格考试制度。在国家教师资格考试中，强化专业教学和实践要求，按照专业大类（类）制定考试大纲、建设试题库、开展笔试和结构化面试。建立高层次、高技能人才以直接考察方式公开招聘的机制。加大职业院校选人用人自主权。聚焦专业教师双师素质构成，强化新教师入职教育，结合新入职教师实际情况，探索建立新入职教师为期 1 年的教育见习与为期 3 年的企业实践制度，严格进行见习期考核与选留。自 2019 年起，除持有相关领域职业技能等级证书的毕业生外，职业院校、应用型本科高校相关专业教师原则上从具有 3 年以上企业工作经历并具有高职以上学历的人员中公开招聘；自 2020 年起，除"双师型"职业技术师范专业毕业生外，基本不再从不具备 3 年以上行业企业工作经历的应届毕业生中招聘，特殊高技能人才（含具有高级工以上职业资格或职业技能等级人员）可适当放宽学历要求。

（本章撰稿：李兴贵）

## 复习思考题

1. 简述《中华人民共和国教师法》颁布的现实意义。
2. 简述教师的法律地位与权利、义务。
3. 如何取得高等职业学校教师资格证书？
4. 什么是"双师型"教师？如何成为"双师型"教师？

# 第四章
## 高等职业学校学生法律制度

【内容摘要】高等职业学校学生具有公民和受教育者、学生和准职业人双重身份，他们是高等职业学校培养教育及管理服务的对象，也是自主管理的主体。对高等职业学校学生管理的时间段，是从入学报到起至毕业离校止，涵盖整个学制期的；学生管理的空间范围涵盖校园内、外的课堂与车间。学生管理具有时间长、空间大、任务重、政策性强等基本特征。高校职业学校学生管理事关"德技双修"培养目标能否顺利实现，因此其必须在依法治校，全员、全过程、全方位育人（简称"三全育人"）的框架下有序有效实施。本章主要介绍了学生管理依据的法律法规，阐述了高等职业学校学生的法律地位、权利与义务、考试招生、学历学位、学籍管理、奖励资助、安全教育管理、实习管理、自主管理等方面的法规政策，期望通过学习本章，促进高等职业学校新入职教师进一步深入学习、理解、运用国家有关高等职业学校学生管理的政策法规，提高学生教育管理工作的质量，助力学生成长成才。

## 第一节　高等职业学校学生的法律地位、权利和义务

### 一、高等职业学校学生的法律地位

高等职业学校学生是指在正规的高等职业院校和相关协同培养机构（企业）接受德、智、体、美、劳等方面全面发展教育并依法取得高等职业教育（大专、本科）学籍的受教育者。

《中华人民共和国高等教育法》第二条规定："高等教育，是指在完成高级中等教育基础上实施的教育。"按我国现行学制，高等职业学校学生应该是已完成了小学段（六年）、初中段（三年）、高中（中职）段（三年）三个学段共计十二年的学习。从学生进入小学开始计算，一般来说，步入高职阶段学习时，已年满18周岁。

高等职业学校学生既是《中华人民共和国教育法》中"受教育者"的一个部分，又是《中华人民共和国宪法》（以下简称《宪法》）和《中华人民共和国民法典》中

的"公民"。因此，已满18周岁的高等职业学校学生属于完全民事行为能力人，他们不仅依法享有民事权利，而且应当依法独立承担民事责任。

## 二、高等职业学校学生的权利

### （一）学生权利的内涵

学生权利包括两个方面：一是学生作为公民所享有的宪法赋予公民的基本权利；二是学生作为受教育者所享有的国家教育法律法规所赋予的权利。

### （二）学生作为公民的基本权利

学生作为公民享有宪法赋予公民的基本权利。《宪法》第三十三条规定："中华人民共和国公民在法律面前一律平等。国家尊重和保障人权。"第四十六条规定："中华人民共和国公民有受教育的权利和义务。国家培养青年、少年、儿童在品德、智力、体质等方面全面发展。"同时，中华人民共和国公民还享有宪法规定的选举权、被选举权、婚姻自由权及民法规定的人身权、财产权等。

### （三）学生作为受教育者的权利

学生作为受教育者享有国家教育法律法规规定的权利，具体体现在《中华人民共和国教育法》《中华人民共和国高等教育法》《中华人民共和国民办教育促进法》《中华人民共和国职业教育法》《中华人民共和国妇女权益保障法》《中华人民共和国残疾人保障法》《学位条例》《普通高等学校学生管理规定》《职业学校学生实习管理规定》等法律法规中，归纳起来，学生的受教育权主要包括以下基本权利：

（1）参加学校活动权、获得奖学金权、获得学业和品行公正评价权、申诉诉讼权、参加社会服务和勤工助学活动权、组织和参加学生团体权、获得就业指导和服务权等。

（2）对于特殊群体学生如经济困难学生、少数民族学生、残疾学生、退役复学学生等，相关法律法规同时还给予多方面的保障和帮扶，最大限度保障了教育的平等性、公益性、普惠性。

## 三、高等职业学校学生的义务

### （一）学生义务的内涵

学生义务包括两方面：一是作为公民"必须履行宪法和法律规定的义务"；二是作为受教育者，必须履行教育法律法规规定的各种义务。

### （二）学生的基本义务

高等职业学校学生作为公民和受教育者，应履行的义务归纳起来，包括以下内容：遵纪守法的义务，养成良好思想品德和行为习惯的义务，努力学习专业知识技能、服务国家重大战略发展需求的义务，缴纳学费及有关费用的义务，诚实守信履行获得助学贷款和助学金的相应义务，恪守学术道德和完成规定学业的任务的义务，遵守学校章程和规章制度的义务等。

综上所述，高等职业学校学生享有权利和履行义务必须是有机统一的。高等职业学校应将其纳入依法治校的框架下，有效开展法制教育，增强学生护法守法意识，切实保障学生的权利，引导、教育学生自觉履行法定义务。

## 四、高等职业学校学生身份的双重性

从法律的角度看，高等职业学校学生具有公民和受教育者双重地位；从高等职业学校培养目标的角度看，因为这些学校承担着培养高素质的劳动者和技术技能人才的任务，因此，高等职业学校学生自然具备两种身份：学生和准职业人。具体来讲，高等职业学校学生在学校教室和校园开展活动，其身份是学生；一旦他们进入技能实训场所、跟岗实习场所、顶岗实习场所，其身份就是准职业人。高等职业学校学生管理的任务要统筹兼顾学生身份的双重性特征，完善学生管理的体制机制，与实习单位协同推进，在全过程育人视角下，提升学生管理的专业性和有效性，确保培养目标顺利实现，促进学生成长成才，真正实现毕业即就业。

# 第二节 高等职业学校考试招生制度

## 一、高等职业学校考试招生对象

考试招生制度是我国的基本教育制度，也是一项重要的学生管理制度，它关系到公民能否平等享有高等职业教育资源。

高等职业学校招考对象广泛、多元。从"体系""类型"的观点看，它首先应是职业教育体系的"内部"升学制度，主要面向三校（技工学校、中等专业学校、职业高中）的毕业生；其次是面向体系外其他类型教育普高（普通高中学校）毕业生、其他社会成员等更广泛群体开放的"外部"招生制度，为那些想通过职业教育走向就业的人们提供接受高等职业教育的机会。

2019 年 3 月，李克强总理在《政府工作报告》中提出：2019 年高职院校大规模扩招 100 万人。这是党中央、国务院做出的重大决策，是贯彻落实《国家职业教育改革实施方案》的重要举措，是职业教育改革发展的重大机遇。2019 年 5 月，教育部等六部门印发《高职扩招专项工作实施方案》，提出扩大招生计划。针对退役军人、下岗失业人员、农民工、新型职业农民等群体单列计划，一部分面向退役军人，一部分面向下岗失业人员、农民工和新型职业农民。

为贯彻落实 2020 年《政府工作报告》关于"今明两年职业技能培训 3 500 万人次以上，高职院校扩招 200 万人，要使更多劳动者长技能、好就业"的要求，在 2019 年教育部等六部门印发的《高职扩招专项工作实施方案》的基础上，教育部办公厅等六部门于 2020 年 7 月发布了《教育部办公厅等六部门关于做好 2020 年高职扩招专项工作的通知》。在对退役军人、下岗失业人员、农民工、高素质农民等群体单列计划的基础上，积极动员企业员工和基层农技人员等在岗群体报考。

2021 年 6 月教育部办公厅等六部门印发《关于做好 2021 年高职扩招专项工作的通知》，要求"积极动员符合条件的灵活就业人员报考"。贯彻落实好 2021 年《政府工作报告》关于"完成职业技能提升和高职扩招三年行动目标"的要求，增强职业技术教育适应性。

## 二、高等职业学校考试招生方式

2013年4月，《教育部关于积极推进高等职业教育考试招生制度改革的指导意见》（以下简称《指导意见》）正式出台，为4类招生对象设计了6种考试招生方式。

第一，为普通高中毕业生开了3条升入高职学习路径，即参加普通高考的考试招生、高职学校单独考试招生和部分行业特色鲜明且社会急需的专业的综合评价招生，这增加了学生的选择余地和升学机会。

第二，拓宽了中职毕业生升入高职学习路径。中职毕业生对口升高职，实行以专业技能成绩为主要录取依据的招生办法。

第三，针对初中应届毕业生实行中高职贯通招生办法，招生以艺术、体育、护理、学前教育以及技术含量高、培养周期长的专业为主，采取"三二分段制"和"五年一贯制"等中高职贯通培养模式。

第四，为技能拔尖人才提供了免试入学政策。

## 三、职教高考制度

### （一）职教高考制度的概念

长久以来，职业教育招生考试被定义为高考改革下的"高职分类考试"，直到2019年1月才首次以"职教高考"制度的名称出现在《国家职业教育改革实施方案》中，以此为标志，高等职业教育考试招生改革进入构建"职教高考"制度的新时期。

职教高考制度，也叫职业教育高考制度，是相对于普通教育高考制度（普通高等学校招生全国统一考试）的，指职业教育的专门性高考制度。

职教高考制度是我国高等职业学校招收新生的制度，是具有类型教育特点的一项职业教育基本制度。

### （二）职教高考与统一高考的区别

随着职教改革进程的不断加快，职教高考在推行过程中呈现出与普通高等学校招生全国统一考试（简称"统一高考"）不同的特点，具体如表4-1所示：

表4-1　职教高考与统一高考的区别

| 高考类型 | 作为公共服务 | 作为公共制度 | 考试性质 | 考试形式 |
|---|---|---|---|---|
| 统一高考 | 由国家统一提供 | 已牢固建立 | 选拔性考试 | 统一 |
| 职教高考 | 主要由省级政府提供 | 初步建立 | 合格性考试 | 分类 |

### （三）职教高考招生考试内容

高等职业教育的培养目标是培养生产、管理、服务一线培养具有良好职业道德、专业知识和专业能力的高素质技术技能型人才。2020年10月，中共中央、国务院印发《深化新时代教育评价改革总体方案》，提出要完善高等职业教育"文化素质+职业技能"的考试招生办法。

"知识+技能"考试内容的变革，体现了社会对技能型人才选拔的需要。专业技能测试比重得到强调，考试的科学性逐步提高，如：对考试科目进行调整，引入高中学业水平考试；为应对扩招带来的生源群体变化，丰富了技能测试种类，形成技能测评、针对社会群体的职业适应性测试等多种考试形式。各地开始积极探索，开展了包括在春季高考中安排本科计划、扩大技能拔尖人才的升学渠道，英语考试引入社会化考试等尝试，并对中职学业水平考试做出统一安排，招生中注重提高中职学生比率等。

### （四）职教高考制度实施的意义

职教高考是高等职业教育考试招生制度，是构建现代职业教育体系的一项重要制度设计，是技术技能人才培养的枢纽环节，优化人才结构、扩大有效供给，为促进经济社会发展和提高国家竞争力提供支撑；是建立职教高考制度推动现代职业教育的大改革大发展，是上下衔接、左右沟通的枢纽，以推动高等教育结构优化；是深化办学体制改革和育人机制改革，完善中国特色现代职业教育体系和技术技能人才保障的战略之举。

## 四、高等职业学校考试招生制度改革历程

考试招生制度是职业教育制度建设的重要方面。经过 20 多年的探索，通过高职分类考试入学的考生规模不断扩大，入学途径不断丰富和完善，政策体系日趋完备。高职学校考试招生制度从单招试点升级为高职分类考试，并逐渐形成"文化素质+职业技能"的评价特色，这是其区别于统一高考的显著特征，也是类型教育区别于普通教育在评价环节的具体体现。从伴随着职教改革发展持续推进、探索自主招生，到提出分类招考、注册入学，再到职教高考制度初步建立，改革从放权、放宽到不断深化，高等职业教育考试招生制度共经历了四个发展阶段。

第一阶段，1995—2005 年萌芽阶段。自 1995 年国家教育委员会发布的《关于推动职业大学改革与建设的几点意见》提出扩大招生对象以来，教育系统围绕"普通"和"成人"各自构建了以普通高校、成人高校为主体，以全国统一高考、成人高考为主要入学方式，以普招计划、成教计划为主要管理手段的两套管理体系。伴随职业教育不断发展，成人教育的管理逻辑并不能完全适用于职业技术教育。2002 年国务院发布的《关于大力推进职业教育改革与发展的决定》首次明确高职学校可单独组织对口招生考试，2005 年国务院发布的《关于大力发展职业教育的决定》提出高职招生规模占高等教育招生规模的一半以上，对高等职业教育入学方式开始做出明确规定。

第二阶段，2006—2013 年初步探索，部分地区尝试开展分类考试。2006 年《教育部、财政部关于实施国家示范性高等职业院校建设计划加快高等职业教育改革与发展的意见》提出鼓励示范院校开展单独招生考试改革试点。2013 年《教育部关于积极推进高等职业教育考试招生制度改革的指导意见》提出加快推进分类招考和注册入学之前，分类考试均以试点的形式出现；提出了六种需要构建或完善的高等职业教育考试招生方式：建立以高考为基础的考试招生办法、改革单独考试招生办法、探索综合评价招生办法、完善面向中职毕业生的技能考试招生办法、规范中高职贯通的招生办法和实施技能拔尖人才免试招生办法。然而，这些试点未能从根本上改变统一高考作为主要招生考试方式的局面，高职院校在招生录取时仍作为普通高校下一层次进行招生。

第三阶段，2014—2016 年进行改革，正式启动分类考试，但各地进展不一。随着职业教育体系不断建立和完善，国家进一步提出对职业教育实行分类考试的政策要求，

并强调在报考时间、考试内容、招生录取等方面独立进行，为职教高考提供政策保障。

2014年，国务院发布《关于深化考试招生制度改革的实施意见》（以下简称《意见》），这是我国自恢复高考以来，最为全面和系统的一次考试招生制度改革。《意见》提出，加快推进高职院校分类考试。高职院校考试招生与普通高校相对分开，实行"文化素质+职业技能"评价方式，这标志着高职院校分类招生考试改革正式启动。2016年高职分类考试招生人数占当年高职招生计划总量的比例从2013年的43%提高到50%以上。

第四阶段，2017年至今不断完善，职业教育招生考试制度初步建立。2019年国务院发布的《国家职业教育改革实施方案》提出建立"职教高考"制度，完善"文化素质+职业技能"的考试招生办法，提高生源质量，为学生接受高等职业教育提供多种入学方式和学习方式。

## 五、高等职业学校考试招生制度改革路径

职教高考的改革目标是适应新发展格局需要，在深化新时代教育评价改革背景下构建职业技能人才评价制度，完善高等职业教育考试招生制度，在不断开放的教育体系中为学校和学生、职业教育与普通教育双向选择预留空间，使学生能选择更适合自己的专业学习，使院校更容易招录到合适的生源。

第一，多方参与共治，完善职教高考运行机制。考试改革的外部动力是社会需要，内部动力是人的持续提升需求，每个成员都参与评价活动并处于被评价的位置上，为使这一机制中各相关利益主体从他治走向一定程度的自治，政府应提供参与渠道，动员和鼓励多方参与，建立一种稳定的协调关系。教育治理中的职教高考各利益相关主体的责任如表4-2所示。具体来说，由国家根据人才培养目标确定评价目标、提出考试要求及标准；省级教育行政部门根据本地区教育资源与考试对象进行全面分析，提出考试方案，选择合适的政策工具，编制计划并报教育部；省级教育行政部门和省级教育考试机构共同确定考试的方法、程序和手段；省级教育考试机构牵头组建行业技能测试联盟，加强跨部门合作；高职院校和行业组织自主命题，提出知识、能力和素质的考查要求；学生主动提升能力素质、积极应考，了解入读专业并建立全周期职业预期。通过学生积极主动适应、学校自主招生、专业考试机构提供支持、行业组织提出人才需求、企业开展技能评价并联合培养等方式，建立由职教高考各涉及主体各自承担的良性运行机制，形成新的利益分配和责任分担机制。

表4-2    教育治理中的职教高考各利益相关主体的责任

| 主体 | 事前：形成共识 | 事中：考试招生 | 事后：培养使用 |
| --- | --- | --- | --- |
| 国家教育行政部门 | 确定评价目标和原则，设置专业目录，宏观指导，监督协调，允许试点 | 明确文化和技能考试类型，提供政策清单 | 提供政策和资源 |
| 省级教育行政部门 | 确定具体考试方案，编制拟招生计划，指导开展，开展试点 | 组织文化考试，投档，完成录取 | 结合地方实际，提供支持和保障 |
| 省级教育考试机构 | 建设题库，加强跨部门合作 | 提供命题、阅卷等考试服务 | 服务，监督，反馈 |

表4-2（续）

| 主体 | 事前：形成共识 | 事中：考试招生 | 事后：培养使用 |
|---|---|---|---|
| 高职院校 | 提出招生专业 | 开展自主招生 | 联合开展人才培养 |
| 行业组织 | 对行业人才需求规模结构提出预测 | 参与组织技能测试、开展评价 | 指导，监督，服务 |
| 用人单位 | 提出人才需求 | 参与组织技能测试、开展评价 | 联合开展人才培养 |
| 学生 | 提高知识能力素养，构建合理专业预期，参与职业体验活动 | 报名并参加考试 | 主动适应，明确职业方向，做出决定 |
| 第三方社会组织 | 建言献策 | 监管，协商，监督 | 服务，反馈，建议 |

第二，突出技能评价，构建具有职业教育类型特点的"文化素质+职业技能"职教高考评价体系。系统回答和解决用什么内容来测试技术技能人才所需的文化知识与专业技能，依据什么分配两者之间的权重并设计考试科目和内容，职业技能测试如何才能反映考生真实的技能水平等问题。在分类考试和技能测试的具体环节，引入专业考试机构和行业组织共同参与，提升文化考试和技能测试的信度和效度，提高职业技能考核占总成绩的权重，强化技能评价结果。具体来说，我们可以以2021年3月教育部发布的《职业教育专业目录（2021年）》[以下简称《专业目录（2021年）》]专业大类为基础构建评价指标。发挥好教学领域实际使用的唯一强制性标准和《专业目录（2021年）》的一体化特征，同步开发可供面向中职和普通高中毕业生选择的各专业选考科目指引，结合培养目标明确各层次考试目标，依据培养定位界定各层次人才所需要的技能门槛，据此一并设计中职升入高职、中职升入本科、高职升入本科的技能评价标准。在职业本科教育中体现一定选拔性，匹配高层次的人才培养定位，参考艺术类省级统考和校考相结合的方式，以共性专业基础课为基本内容实施技能测试，行业企业与学校共同参与题库建设，由专业考试机构从命题、标准化考点、评测等方面保障考试实施。提高职业适应性测试和技能测试的区分度，以此为指挥棒引导价值上移，使评价模式由当前的第三、第四象限的"低技能、低文化""低技能、高文化"向第一、第二象限的"高技能、高文化""高技能、低文化"聚集（见图4-1）。

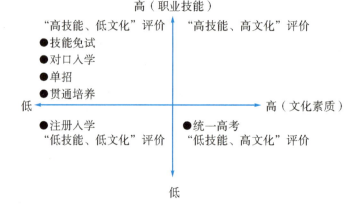

图4-1　构建具有职业教育类型特点的"文化素质+职业技能"评价体系

第三，强化评价结果使用，构建普教与职教并行的招生制度体系。2020 年通过全国高职分类考试入学的人数已超过高职学校招生总数的 60%，成为职业院校招生的主渠道。考试规模取得一定突破，但职业教育的统一招生录取名额分配制度在国家层面尚处于缺失状态。"普教有高考，职教有大赛"是业界的共识，但通过技能大赛免试入学仅覆盖了不到 1% 的升学人群，对口单招等局部升学通道已无法支持人才持续培养需要，亟须构建与职业教育考试相适应的录取制度。面对我国教育改革发展的新形势、新要求，适应新发展格局，职业教育和普通教育需要"双轨"运行、双引擎驱动。职业教育招生考试改革一方面要向招生考试制度内部的核心环节延伸，另一方面要向外部多元评价主体延伸，在构建普通教育与职业教育双轨并行的考试招生制度（见图 4-2）上取得突破，不断适应经济社会发展和教育改革深化的需要。

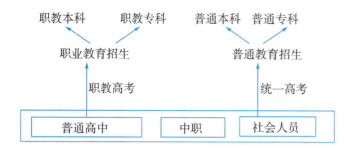

**图 4-2　构建普教与职教并行的考试招生制度体系**

# 第三节　高等职业学校学业证书制度和学位制度

## 一、高等职业学校学业证书制度

### （一）学业证书的定义与类别

学业证书是对受教育者在某一阶段受教育期间的学业成绩和品行做出的终结性评价和学习经历证明，是教育机构对完成学制系统内一定阶段的学习任务的受教育者所颁发的文凭。学业证书包括毕业证书（学历）、结业证书、肄业证书三种。

### （二）学业证书制度的确立

学业证书制度是指经国家批准设立或者认可的学校及其他教育机构对在该校和机构正式注册参加学习并完成规定学业的受教育者颁发学历证书或者其他学业证书的制度。通过《中华人民共和国教育法》《中华人民共和国高等教育法》《中华人民共和国职业教育法》，《普通高等学校教育学历证书管理暂行规定》及其实施细则、《教育行政处罚指引实施办法》等法律法规的实施，我国逐步建立了完善的学业证书制度。

### （三）学业证书电子注册制度

为维护国家学历制度和学历证书的严肃性，保护高等院校毕业生的合法权益，2001 年 2 月教育部印发《高等教育学历证书电子注册管理暂行规定》，这标志着我国高等教育学历证书电子注册制度正式建立。

实施高等院校教育的学校或者其他教育机构（经批准承担培养研究生任务的科学研究机构）按国家招生规定录取的学生，参加高等教育自学考试和高等教育学历文凭考试的学生，所取得的学历证书予以注册。证书注册运用现代信息技术，实行计算机网络管理。教育部授权各省、自治区、直辖市教育行政部门实施学历证书注册工作。教育部对经注册的证书进行审核、备案（每年 8 月底前），经审核和备案的毕业证书进入全国高等教育学历证书档案库，供社会在中国高等教育学生信息网（学信网）网上查询。学历证书经审核、备案后，国家方予承认和保护。从 2001 年起颁发的毕（结）业证书未经注册的国家不予承认。

### （四）学业证书的颁发和效力

《中华人民共和国教育法》第二十二条规定："国家实行学业证书制度。经国家批准设立或者认可的学校及其他教育机构按照国家有关规定，颁发学历证书或者其他学业证书。"学业证书的颁发是国家特定的权利之一，具有权威性、严肃性、有效性。

《中华人民共和国职业教育法修订草案（征求意见稿）》第四十五条规定："接受职业学校教育的学生，达到相应学业要求，经学校考核合格，发给相应的学业证书。"

学业证书作为受教育者的从业凭证，是用人单位选录人才的重要依据。

## 二、高等职业学校学位制度

### （一）学位制度的定义与等级

学位是国家或国家授权的教育机构授予个人的一种终身的学术称号，它表明了学位获得者所达到的学术或专业学历水平。学位制度是世界上大多数国家在高等教育阶段通行的一种国家教育制度和学术管理制度，是国家和高等学校以学术水平为衡量标准，通过授予一定的学术称号或身份（学位）来表明专业人才知识能力等级的制度。我国于 1980 年颁布《中华人民共和国学位条例》，从 1981 年起生效，这标志着我国学位制度正式建立。

我国的学位共设学士、硕士、博士三个等级。

### （二）学位的学科门类划分

根据国务院学位委员会颁布的学科、专业目录，现阶段我国学科门类划分为十三类：哲学、经济学、法学、教育学、文学、历史学、理学、工学、农学、医学、军事学、管理学、艺术学。

### （三）学位的授予对象和标准

1. 学士学位的授予对象和标准

学士学位的授予对象为本科层次的高等院校毕业生。

授予标准：完成本科阶段教学计划的各项任务；经审核准予毕业者，同时其课程学习和毕业论文（毕业设计或者其他毕业实践环节）的成绩合格；已较好地掌握了学科的基础理论、专门知识和基本技能，并具有从事科学研究工作或担负专门技术工作的初步能力。

学士学位由国务院学位委员会授权的高等学校授予。

2. 硕士学位的授予对象和标准

硕士学位的授予对象是高等学校和科研机构的研究生，或者具有研究生毕业同等学力的人员。

授予标准：须在高校或科研机构学习 2~3 年；完成马克思主义理论课、外语、基础理论课和专业课的学习，并通过课程考试，且成绩全部合格；参加并通过毕业论文答辩。硕士学位论文对所研究的课题应有新的见解，表明作者具有从事科学研究工作或者独立承担专门技术工作的能力。

硕士学位由国务院学位委员会授权的高等学校或科研机构授予。

3. 博士学位的授予对象和标准

博士学位授予对象是高等学校和科研机构的研究生以及具有研究生同等学历人员。

授予标准：必须在高等学校和科研机构学习 3~4 年；通过博士学位课程（马克思主义理论课、基础理论课、专业课、二门外国语）考试、成绩合格；参加博士学位毕业论文答辩。博士学位论文应表明作者具有从事科学研究工作的能力，在科学研究或专门技术上做出创造性的成果。

博士学位由国务院授权的高等学校或科研机构授予。

### 三、工士学位（副学士）授予试点

《中华人民共和国学位条例》对学位制度的设计起点是本科层次高等学校，本科层次职业技术大学（学院）经国务院学位委员会授权可以获得学士及以上学位授予权，本科层次的高等职业学校学生可以按规定申请学士学位。

目前高等职业学校包括了本科层次（以职业技术大学为主）和专科层次（职业技术学院、职业专科学校）两个层次。其中，专科层次职业学校和学生是主力军，按国家现行制度设计，专科层次毕业学生是没有学位的。但专科层次高等职业教育同样也需要被测量和奖励学生的学习成绩，从这个角度讲，它也应当有自己的学位。

2014 年 6 月，湖北职业技术学院开始进行试点探索，设立工士学位，相当于副学士，首批授位者有 1 103 人，这可以看成是设立第 4 层次学位的探索，可以视为学校为毕业生授予的"荣誉称号"，因此不具有法律效力。

工士学位的授予标准：按湖北职业技术学院的规定，学生必须通过三年高等职业学校专科学习，达到"三证"（职业资格证或技能等级证、英语等级证三级、计算机等级证）、四合格（思想道德修养合格、学业成绩平均 70 分以上、毕业设计或调查报告合格、跟岗实习合格）。

工士学位由学校学术委员会评定授予。

## 第四节　高等职业学校学生学籍管理制度和奖励资助制度

### 一、高等职业学校学生学籍管理制度

#### （一）学籍及学籍管理的内涵

学籍，指学生按照考试招生规定参加高考，通过合法合规流程，正式录取，取得的学生资格（学籍）。学籍管理指按照国家对高校学生德、智、体、美、劳全面发展的

要求，结合学校制定的规章制度对学生从入学到毕业期间学籍取得与变更、学业成绩、校纪校风等方面实施的信息统计和管理。

### （二）学籍管理的内容

学籍管理工作是以学籍为中心而开展的学生管理工作，其主要内容包括：学生信息档案的管理（新生和毕业生文字档案整理、归档和数据报盘），学生在校期间成绩管理（成绩单审核、整理与归档，成绩簿记载和成绩系统录入、成绩信息发放或告知等），学生学籍异动处理和考核、违纪处理（休学与复学、转学与转专业、降级等，留校察看、退学、开除学籍、试读与取消试读期等），毕业生电子图像信息采集、毕业资格审核、证书发放及补办毕业证明书，各类学生信息数据统计与分析，学籍规章制度的建设及学风、校风建设等。

### （三）高职学生学籍管理意义

对学生来说，学生学籍是学生身份的标志，贯穿学生在校的全过程，是学生正常学习和正确取证的保证。

对高职院校来说，学籍管理是人才培养、教育教学管理环节中保证学校正常的教学秩序的重要内容。加强高职院校学籍管理工作，有助于规范学校的教育教学管理工作，提升高职院校的教育教学质量。

### （四）高职学生学籍管理制度

1. 普通高等学校学生管理规定

根据教育部 2016 年发布的《普通高等学校学生管理规定》，高等学校学籍管理制度涉及入学与注册、考核与成绩记载、转专业与转学、休学与复学、退学、毕业与结业及学业证书管理七个方面。

2. 各省自行制定的高职学籍管理规定

目前，国家层面没有出台专门的高等职业学校学生学籍管理规定或办法。但是大多数省份和学校为强化学生学籍管理工作，维护正常的教学秩序和树立良好的学风、校风，不断提高教育教学质量，根据《中华人民共和国高等教育法》《普通高等学校学生管理规定》，结合各省、各学校的实际情况，自行制定了各省、各学校的高职学籍管理办法。

### （五）高等学校与高职院校学籍管理的异同

1. 相同之处

高等学校与高职院校的学籍管理都承担着新生入学资格的审查、学生的升降级、学生的休学、复学、退学、转学、转专业、应征入伍参军、毕（结）业证书换发、学业预警等工作。

2. 不同之处

学生的层次不同，就意味着学籍管理服务的对象存在着一定差异。高职学生对自我发展的关注程度相对较低；随着高职的扩招，接受"五年一贯制"高职教育学生、退役军人等群体生源成为高职学生中的重要部分，对他们的管理与普通本科院校的学籍管理存在一定的差异。

### （六）高等职业学校学生学籍管理

**1. "五年一贯制"高职学生学籍**

"三二分段"五年制高职教育学生在校期间，前三年注册中等职业学校学籍，享受中等职业学校学生待遇，其中录取为职业中专学籍的学生，中职阶段不转户口，中职毕业时不发就业报到证。后两年注册高等职业院校学籍，享受高等职业院校学生待遇。

"五年一贯制"学生前三年完成中等职业教育阶段学习任务并达到相关要求后，直接进入高等职业教育阶段学习，五年学习期满，成绩合格，颁发高职院校毕业证和就业报到证。中途不得以中等职业教育学历毕业。

五年制高职教育学生原则上不办理转学手续，学生学籍管理其他事项按照相应的中、高职院校《学生学籍管理规定》执行。

**2. 保留学籍创新创业**

《普通高等学校学生管理规定》（以下简称《规定》）中允许学生保留学籍休学创新创业、鼓励学校建立创新创业档案、设置创新创业学分等新制度，为大学生创新创业提供了新"福利"。《规定》提出，学生参加创新创业、社会实践等活动以及发表论文、获得专利授权等与专业学习、学业要求相关的经历、成果，可以折算为学分，计入学业成绩。参加学校认可的开放式网络课程学习，学生修读的课程成绩（学分），学校审核同意后，也予以承认。此外，这一针对大学生管理的新规定，突出了对大学生创业的政策支持。新规明确，学生享有获得就业创业指导和服务的权利，将高校作为培养学生创新创业能力的责任主体。新生可以申请保留入学资格开展创新创业实践，入学后也可以申请休学开展创业。

**3. 中外合作办学项目学生学籍管理**

目前，国内高职院校中外合作办学普遍采用"2+1"双专科联合培养模式，即学生前两年课程在中方院校（国内）完成，顺利修完国内课程以及雅思成绩达到出国要求的学生，第三年赴外方院校（国外）完成剩下的学业，待修完国外学分，中方院校与外方院校各自给学生颁发专科文凭。这种模式满足了高职院校对引进优质教育资源的迫切要求，满足了家长、学生节约留学成本愿望，满足了社会对国外专升本形式多样化的需求，成为高职院校中外合作办学切实可行的实践形式。

学分问题上，它要求出国的学生，按照学籍管理规定，既要修完国外课程，获得外方院校文凭，又要对课程的分类、学分有充分的认知与理解，修完国内学分，才能拿到国内文凭。

学生出国期间的学籍管理上，符合出国条件的学生在出国后，学籍仍留在中方院校，出国学生对中方院校来说仍是在校生的身份，但中方院校难以对学生的安全、教育等负责。

许多高职院校的中外合作办学项目在实施过程中缺乏适用的学籍管理规章制度，学籍管理意识又相对滞后，导致了由学籍管理不顺引发的诸多问题在项目实施前期并未显现，却在后期集中爆发，严重影响了办学质量的稳步提升。所以，应该针对中外合作办学学生来制定一套适用的学籍管理规定，而不是死板套用原有的学生学籍管理规定。对中外合作办学项目学生学籍管理的补充规定可以理解为一套学籍分层管理办法，即在原有全校学生学籍管理规定的基础上，针对中外合作办学学生制定补充规定，将中外合作办学学生区别于普通班学生进行学籍的分层管理，同时也将合作办学项目的出国和未出国的学生进行学籍的分层管理。学籍管理补充规定内容须包括中外合作办学的定义，中外合作办学的培养模式，中外合作办学学生出国条件的划定，出国学生的学籍备案方法，未出国学生第三年留校插班以及学籍管理办法，对出国学生的毕业要求，对未出国学生的毕业要求，等等。将可能出现的各种情况进行细分，再分别制定适用规则，从而为管理部门、为学生提供制度参考，使得中外合作办学项目的推进有据可依，有章可循。

4. 退役军人学籍管理

按照规定入伍前已被普通高等学校录取并保留入学资格，或者入伍前正在普通高等学校就学的退役士兵，退役后 2 年内允许入学或者复学。

在普通高等学校就学期间入伍的士兵，在新兵检疫复查期间被退回或者因身体原因在服役期间被安排退役的，学校也应允许他们复学。但大学生士兵服现役期间被除名、受开除军籍处分或被劳动教养、判刑的，将不予复学。部队保卫部门负责通报其就读学校，按规定送回入学前户口所在地。

入伍退役后复学的学生，根据《退役士兵安置条例》（国务院令第 608 号），在办理相关手续后可以直接获得公共体育、军事技能和军事理论等课程的学分。

## 二、高等职业学校学生奖励资助制度

2007 年 5 月，国务院印发《关于建立健全普通本科高校、高等职业学校和中等职业学校家庭经济困难学生资助政策体系的意见》（国发〔2007〕13 号），标志着我国学生资助工作进入新的发展阶段。2007 年至 2019 年是我国学生资助新体系建立健全的时期，也是学生资助工作突飞猛进、取得举世瞩目辉煌成就的时期。这 13 年间，我国各级各类教育的学生资助政策从资助对象、资助范围、资助力度到资助内涵，均实现了质的飞跃。国家学生资助项目从少到多，资助面从窄到宽，实现了"三个全覆盖"，即所有学段（从学前教育到研究生教育）全覆盖、所有学校（公办与民办）全覆盖、所有家庭经济困难学生全覆盖，从制度上基本保障了"不让一个学生因家庭经济困难而失学"，切实减轻了经济困难家庭的经济负担，增强了人民群众的获得感，为家庭经济困难学生实现人生梦想提供了强有力的保障。

### （一）高校学生资助政策体系内容

从 2007 年秋季开学起全面贯彻落实新的资助政策到目前，高校学生资助政策体系包括国家助学金、国家励志奖学金、国家奖学金、国家助学贷款、基层就业及应征入伍学费补偿和国家助学贷款代偿、退役士兵教育资助、师范生免费教育、勤工助学等内容。

### （二）构建高校学生资助政策新体系

（1）改革本专科生国家奖学金政策。2007 年 6 月，财政部、教育部印发《普通本科高校、高等职业学校国家奖学金管理暂行办法》（财教〔2007〕90 号），由中央政府出资，面向高校全日制本专科（含高职、第二学士学位）学生中特别优秀的学生设立国家奖学金。2019 年 4 月财政部、教育部等五部委《关于印发〈学生资助资金管理办法〉的通知》（财科教〔2019〕19 号）文件，确定每年奖励 50 000 人，每人每年

8 000 元。

（2）设立国家励志奖学金。2007 年 6 月，财政部、教育部印发《普通本科高校、高等职业学校国家励志奖学金管理暂行办法》，由中央和地方政府共同出资，面向高校全日制本专科（含高职、第二学士学位）学生中品学兼优的家庭经济困难学生设立国家励志奖学金，奖励标准为每生每年 5 000 元，奖励比例约为在校本专科生数量的 3%。

（3）完善本专科生国家助学金政策。2007 年 6 月，财政部、教育部印发《普通本科高校、高等职业学校国家助学金管理暂行办法》，由中央和地方政府共同出资，面向高校全日制本专科（含高职、第二学士学位）在校生中的家庭经济困难学生设立国家助学金。国家助学金的平均资助标准，由此前每生每年 1 500 元调整为每生每年 2 000 元，具体标准可分为 2~3 档。2010 年，财政部、教育部将本专科生国家助学金平均资助标准，由每生每年 2 000 元提高到每生每年 3 000 元。

2019 年 6 月，国务院常务会议研究决定，从 2019 年开始扩大高职院校奖助学金覆盖面，国家奖学金奖励名额由 5 000 人增至 15 000 人；国家励志奖学金覆盖面扩大至每年 3.3%；国家助学金覆盖范围扩大，平均补助标准从每生每年 3 000 元提至 3 300 元，并同步提高本科院校学生补助标准。

（4）推行师范生免费教育。详见 2007 年 5 月国务院办公厅转发《教育部等部门关于教育部直属师范大学师范生免费教育实施办法（试行）》。

（5）开展生源地信用助学贷款。2007 年，财政部、教育部、国家开发银行印发《关于在部分地区开展生源地信用助学贷款试点的通知》，决定当年在江苏、湖北、重庆、陕西、甘肃开展生源地信用助学贷款试点工作。2008 年 9 月 9 日，财政部、教育部、银监会联合印发《关于大力开展生源地信用助学贷款的通知》，在试点基础上进一步扩大生源地信用助学贷款覆盖范围，面向全日制普通本科高校、高等职业学校和高等专科学校（含民办高校和独立学院）的新生及在读的本专科学生、研究生和第二学士学生中的家庭经济困难学生提供生源地信用助学贷款。

（6）规范勤工助学。2007 年 5 月，教育部、财政部印发《高等学校学生勤工助学管理办法》，对全日制普通本科高等学校、高等职业学校和高等专科学校的本专科学生和研究生的勤工助学活动从组织机构、职责划分、岗位设置、酬金标准、法律责任方面做出详细规定。2018 年 9 月，教育部、财政部印发《高等学校勤工助学管理办法（2018 年修订）》，结合社会经济发展和在校学生消费水平，适度提高勤工助学酬金标准，由每小时不低于 8 元提高至不低于 12 元。

### （三）完善补偿代偿

2009 年 3 月，财政部、教育部印发《高等学校毕业生学费和国家助学贷款代偿暂行办法》，将原中央高校毕业生基层就业国家助学贷款代偿政策扩大到学费补偿贷款代偿，将政策覆盖范围扩大到中西部地区，对于中央高校毕业生到中西部地区和艰苦边远地区基层单位就业、服务期在 3 年以上（含 3 年）的，其学费由国家代偿。2009 年 4 月，财政部、教育部、总参谋部印发《应征入伍服义务兵役高等学校毕业生学费补偿和国家助学贷款代偿暂行办法》，决定从 2009 年起对应征入伍服义务兵役的高等学校毕业生在校期间缴纳的学费实行补偿，申请的国家助学贷款实行代偿政策。2013 年 8 月，财政部、教育部、总参谋部印发《高等学校学生应征入伍服义务兵役国家资助办法》，扩大服义务兵役国家资助范围，明确将普通高校全日制普通本专科生、研究生、第二学士学位的应（往）届毕业生、在校生和入学新生，以及成人高校的普通本专科应（往）届毕业生、在校生和入学新生，全部纳入应征入伍服义务兵役国家资助范围，实行学费补偿或国家助学贷款代偿。2014 年，财政部、教育部、中国人民银行、银监会联合印发《关于调整完善国家助学贷款相关政策措施的通知》，提高国家助学贷款及学费补偿贷款代偿资助标准，本专科生由每生每年最高 6 000 元提高至 8 000 元。2015 年，财政部、教育部、总参谋部印发《关于对直接招收为士官的高等学校学生施行国家资助的通知》，将直接招收为士官的高等学校学生也纳入国家资助范围。

### （四）实施退役士兵学费资助

2011 年，财政部、教育部、民政部、总参谋部、总政治部印发《关于实施退役士兵教育资助政策的意见》，从 2011 年秋季学期开始，对考入全日制普通高等学校的自主就业退役士兵实施学费资助。同年，将高校在校生纳入应征入伍服义务兵役资助范围。

### （五）设立新生入学资助项目

2012 年 5 月，为帮助中西部地区家庭经济特别困难大学新生顺利入校，解决路费和校内短期生活费用，国家使用中央专项彩票公益金"润雨计划"专项资金设立了新生入学资助项目。资助标准为省（自治区、直辖市）内院校录取的新生每人 500 元，省（自治区、直辖市）外院校录取的新生每人 1 000 元。

### （六）完善研究生奖助学金政策

（略）

### （七）奖助名额分配

1. 不搞平均分配

国家奖学金、国家励志奖学金、国家助学金名额在各学校间的分配安排上，不搞平均分配。分配国家奖学金和国家励志奖学金名额时，向办学水平较高的学校、以农林水地矿油核等国家需要的特殊学科专业为主的高校适当倾斜。分配国家助学金名额时，向民族院校、以农林水地矿油核等国家需要的特殊学科专业为主的高校适当倾斜。

2. 民办高校与独立学院的学生

按照国家有关规定规范办学、从事业收入中足额提取 4%~6% 的经费用来资助家庭经济困难学生的民办高校与独立学院，它们招收的全日制本专科（含高职、第二学士学位）学生，符合国家规定条件的，可以享受国家的资助政策。具体办法，由各省（自治区、直辖市）依据国家有关规定制订。

3. 家庭经济困难学生

根据教育部、财政部于 2007 年 6 月发布的《关于认真做好高等学校家庭经济困难学生认定工作的指导意见》（教财〔2007〕8 号），家庭经济困难学生是指学生本人及其家庭所能筹集到的资金，难以支付其在校学习期间学习和生活基本费用的学生。各校均有家庭经济困难学生认定的具体办法。

家庭经济困难学生认定标准由各省、自治区、直辖市教育和财政部门参照本行政区域内各地（市、州）的城市居民最低生活保障标准确定。认定标准可设置一般困难、困难和特殊困难等 2~3 档。对照设置的认定标准，学校遵循民主评议和学校评定相结合的原则认定家庭经济困难学生。

（八）其他资助政策与措施

1. "绿色通道"制度

为切实保证家庭经济困难学生顺利入学，教育部、国家发改委、财政部规定各全日制普通高等学校必须建立"绿色通道"制度，即对被录取入学、家庭经济困难的新生，学校一律先办理入学手续，然后再根据核实后的情况，分别采取不同办法予以资助。

2. 学费减免

国家对公办全日制普通高校学生中部分确因经济条件所限、交纳学费有困难的学生，特别是其中的孤残学生、少数民族学生及烈士子女、优抚家庭子女等，实行减免学费政策。其中在校月收入（包括各种奖学金和各种补贴）已低于学校所在地区居民的平均最低生活水准线，学习和生活经济条件特别困难的学生免收全部学费；对其他一般困难的学生可适当减收部分学费。具体减免办法由省级教育、物价、财政部门制定。

3. 其他资助措施

各高校利用自有资金、社会组织和个人捐赠资金等，设立奖学金、助学金；对发生临时困难的学生发放特殊困难补助。

扫一扫，即可获悉四川省高等教育学段学生资助项目（2020版）。

# 第五节　高等职业学校学生安全教育与管理制度

学生是学习的主体，学生安全管理是高职院校日常管理工作的重要内容。高等职业学校应高度重视学生安全管理工作，使学生的生命、财产安全得到有效保障，使校内外教学及实习顺利且安全地开展，为职业技术教育改革发展提供良好的安全环境。

## 一、高等职业学校学生安全管理法规依据

为了加强高等学校管理、维护正常的教学和生活秩序、保障学生人身和财物安全、促进学生身心健康发展，教育部根据有关法律制定了《普通高等学校学生安全教育及管理暂行规定》。这也是高等职业学校学生安全教育与管理的法规依据和行动准则。

## 二、高等职业学校学生人身安全教育及管理的主要任务

高等职业学校学生人身安全教育及管理的主要任务是宣传、贯彻国家有关安全管理的法律法规、方针政策，对学生实施安全教育及管理，积极预防妥善处理各类安全事故，确保学生人身安全，引导学生健康成长。

### 三、高等职业学校学生安全教育及管理的原则

高等职业学校学生安全教育及管理，要坚持预防为主的方针，本着保护学生、教育先行、明确责任、教管结合、实事求是、妥善处理的原则，做好教育、管理和处理工作。

### 四、高等职业学校学生安全管理的指导思想

坚持以习近平总书记关于安全工作的重要论述为指导，落实国家关于加强学校安全工作的系列部署要求，认真贯彻"安全第一、预防为主、综合治理"的方针，坚持"党政同责、一岗双责、齐抓共管、失职追责"，为教育改革发展提供良好的安全环境。

### 五、高等职业学校学生安全教育与管理的主要内容

高等职业学校学生安全教育与管理主要包括人身安全和财产安全两部分。人身安全主要包括消防安全、交通安全、自然灾害与公众场所安全、公共卫生安全、实训安全、实习安全、互联网安全、学生心理健康等；财产安全主要包括防骗防盗、金融安全等。

### 六、高等职业学校学生安全教育与管理对策

高等职业学校要做好学生的日常安全管理工作，加强安全防范，建立和健全规章制度，严格管理。

#### （一）预防为主

1. 建立完善的安全管理制度体系

高等职业学校应当依据有关法律法规，结合高职学生特点、学校自身实际，建立健全安全管理责任制；重大事故报告制度；治安、门卫、值班、巡逻、守护制度；消防、交通、安全生产管理制度；大型活动、公共场所管理制度；教学、科研、实训安全管理制度；学生宿舍安全管理制度；请销假制度；安全管理工作检查、考核、奖惩制度；安全教育、培训制度；安全防范设施使用、维护制度；饮食卫生、疾病防控等公共卫生安全管理制度；信息网络安全管理制度；实习安全风险管理制度、应急预案制度等安全管理制度。

2. 定期和不定期进行安全隐患排查

高等职业学校通过定期和不定期的安全隐患排查，实施安全指导与监管。不定期开展校园安全隐患排查，对私拉乱接电线、私藏管制刀具、违规用火用气、心理障碍等校园安全隐患，通过排查及时发现问题并及时解决问题。消除各种安全隐患，以防发生各类事故。

3. 应急管理

高等职业学校应当建立健全预警机制，制定和完善重大自然灾害、群体性事件、重大安全事故等各类突发事件应急处理工作预案。

高等职业学校应当组建处置突发事件的应急快速反应队伍，定期进行应急预案的培训和演练，做好各类突发事件应急处理的物资准备。

### 4. 购买保险

为积极预防和妥善处理学生的意外事故和各类风险，保障学生人身安全和学生的利益，切实维护学校的正常教学秩序，减少学生、学校在正常的教育活动中因发生学生意外伤害造成的损失，高等职业学校应建立保险制度。如购买校方责任险、学生意外险、大学生基本医疗保险、食品安全责任保险、实习责任险等；同时鼓励大学生自愿参加各种正规的商业保险等，通过多种途径来增强抗险能力，保障自身权益。保险费纳入学校预算予以保障。

### （二）加强安全教育

高等职业学校应将对学生进行安全教育作为一项经常性工作，列入学校工作的重要议事日程，严格实施。学校各部门和学生社团组织要相互配合，共同开展安全教育，普及安全知识，增强学生的安全意识和法制观念，提高学生的防范能力。

#### 1. 形成常态化安全教育

学生安全教育应根据不同专业及青年学生的特点，从学生入学到毕业，在各种教学活动和日常生活中，特别是节假日前适时进行，并利用社会上发生的安全事故以案说法、进行警示教育，防患于未然。学校应根据环境、季节及有关规律对学生进行防盗、防火、防特、防病、防事故等方面的教育，并使之经常态化。

#### 2. 加强安全知识宣传

校园安全隐患是随时变化的，不能到发生安全事故时才采取措施进行应对。要充分利用自媒体、微博、微信等学生喜闻乐见的形式来宣传教育，普及安全知识和法制观念，同时定期以班会等社团活动形式开展安全教育工作，强化学生的安全意识。

#### 3. 加强安全技能的传授

学校可将消防、防病、防震、急救的知识和相关的案例通过讲座、社团活动，以及定期开展安全培训、演习等方式，使学生掌握日常的安全知识、技能，提高学生应急、防范的能力。

#### 4. 重视学生心理健康教育

高等职业学校对学生进行安全教育时须注重心理疏导，加强对学生的思想政治工作，教育学生注意保持健康的心理状态，帮助学生克服各种原因造成的心理障碍，把事故消除在萌芽状态。

学校心理咨询室或青少年社会工作站是为学生提供心理健康服务的专业场所，心理咨询是心理健康教育的一条重要渠道。学校可以在校园中建立并完善心理辅导机构，配备专业的心理咨询师或青少年社工教师，通过心理辅导，促进教师与学生的互动沟通。在诊断、疏导、矫治学生在学习生活中出现的心理行为问题时，帮助学生排解心理困扰，增强学生的自信自尊感，指导学生健康成长，鼓励学生积极参加社会实践，同时，还可以通过开设心理教育必修课等方式预防心理问题的产生。

### （三）压实安全管理责任

为了加强和规范高等学校的安全管理，教育部等多部门出台了《高等学校消防安全管理规定》《学校食品安全与营养健康管理规定》《校园食品安全守护行动方案（2020—2022年）》《职业学校学生实习管理规定》等安全管理法规，对安全责任、管理、培训等方面提出了要求。

1. 明确安全教育管理职能部门职责

高校的学生安全教育管理职能部门具体负责落实高校安全管理工作，制定高校安全管理制度，监督检查安全管理责任制的落实；组织开展安全教育，制定各种应急预案并定期组织演练；确定治安、消防保卫的重要部位，落实安全管理措施，监督检查安全防范设施的建设、使用、管理和维护；负责校园安全巡逻检查和保安队伍管理，监督指导物业部门做好安全管理工作；维护校园稳定和治安秩序，依法制止违法行为，配合公安机关做好校内及与学校有关案件、事故的侦查、处置工作；会同学校信息主管部门按规定及时报送学校安全信息；制定重大活动的安全方案，依法报批，经同意后组织实施。

2. 落实责任人、签订责任书

学校校长是安全管理第一责任人。学校要把安全教育及管理工作纳入各级管理干部任期的责任目标，落实到年级班主任及其他相关人员头上，并签订安全教育管理责任书，定期对安全教育管理目标完成情况进行绩效考评。确保安全意识入脑入心，安全防范全面有效。

## （四）落实校园物防、技防措施

加强安全防范设施建设，在校园内部重要部位、场所采取实体防护措施和相应的技术防范措施，切实保护学生人身安全。

1. 实体防护措施（物防）

在校园主干道及主要出入口等处应设置机动车辆减速装置，有条件的可设置防车辆冲击设施；合理划定停车位，确保消防通道畅通；在校园围墙等周界设施上设置防攀爬装置；对内部高台、楼梯、山体、水域、地下设施等易发生坠落、踩踏、溺水等安全事故的场所、部位应当设置警示标志和相应的防护设施；对供水、供电、供气、供热、供油等场所、部位应当设置相应的实体防护设施。

2. 技术防范措施（技防）

在校园和集体宿舍主要出入口安装视频监控装置，监控范围应适当外延，保证能够覆盖出入口人员活动区域。

在校园围墙四周等周界设施上设置周界报警装置，有条件的可安装视频监控装置并实现与周界报警装置的联动。

校园主要道路、停车场、楼寓通道、电梯厅、电梯轿厢、食堂、大型活动场馆内和出入口应安装视频监控装置。

视频监控系统应采用数字硬盘录像机等作为图像记录设备，24小时进行图像记录，保存时间应当不少于30天；入侵报警装置应当与公安机关联网或与本单位值班室（监控室）相连；对图像记录、入侵报警等设备实施进行可靠的安全防护；建立安全防范控制中心（监控室），通过安全管理系统实现对入侵报警、视频监控、门禁控制等系统的管理和控制。

校园安全技术防范建设所涉及的技术系统配置，应当采用成熟、可靠的技术和设备，选用的产品应当符合国家相关标准，并经检验或认证合格；对技术防范设施的勘察设计、方案论证、安装施工、竣工验收等应当符合国家、行业和省有关标准、规范、规程。同时，在设置实体防护设施、门禁控制等装置时，不能妨碍紧急情况下的逃生。

### （五）强化消防安全教育与管理

学校法定代表人是学校消防安全责任人，全面负责学校消防安全工作。学校在消防安全工作中，应当遵守消防法律、法规和规章，贯彻预防为主、防消结合的方针，履行消防安全职责，保障消防安全。

学校应当落实逐级消防安全责任制和岗位消防安全责任制，明确各级和岗位消防安全职责，确定各级、各岗位消防安全责任人；学校应当开展消防安全教育和培训，加强消防演练，提高师生员工的消防安全意识和自救逃生技能。学校各单位和师生员工应当依法履行保护消防设施、预防火灾、报告火警和扑救初起火灾等维护消防安全的义务。学校应当按照相关法律、法规、规章标准，在消防重点部位设置明显的防火标志、配备必要的消防设施和器材。高校储存民用爆炸物品、枪支弹药、化学危险品、放射源等场所的安全防范应当符合国家有关标准、规定。

### （六）加强食品安全监管

高等职业学校校长是学校食品安全管理责任人。学校应当将食品安全作为学校安全工作的重要内容，建立健全并落实有关食品安全管理制度和工作要求，定期组织开展食品安全隐患排查。

学校集中用餐实行预防为主、全程监控、属地管理、学校落实的原则，建立教育、食品安全监督管理、卫生健康等部门分工负责的工作机制。学校集中用餐应当坚持公益便利的原则，围绕采购、贮存、加工、配送、供餐等关键环节，健全学校食品安全风险防控体系，保障食品安全，促进食品的营养健康。学校不定期开展食品安全与营养健康的宣传教育，疫情期间严格执行分餐制度。

### （七）加强实习安全教育和管理

高等职业学校不仅要保障好校园内学生的安全，也要切实保障在校外实习的学生的安全。详见本章第六节"高等职业学校学生实习管理制度"。

### （八）重视学生财产安全管理

学生财产安全涉及学生个人财产，除应加强防盗、防丢失、防损坏教育外，针对近几年出现的网络诈骗、网络购物陷阱以及校园贷、虚假车票、高薪兼职诱惑、冒充助学金发放等校园诈骗，高等职业学校要高度重视开展金融知识普及教育，努力做到早防范、早教育、早发现、早处置。

1. 指导学生树立正确的消费观

树立科学理性的消费观是杜绝不良校园贷的根本前提。各高校要加强教育、注重效果，要强化宣传、警钟长鸣。各高校结合新生入学教育、日常思政教育、安全知识竞赛、金融知识进校园等工作，大力开展金融知识普及和"财商"教育，全面引导学生树立勤俭节约、量入为出、理性消费等观念。

2. 完善和落实大学生帮扶政策

织牢政府的"资助网"是避免大学生陷入不良"网贷"的重要保障。在这一过程中，各高校一是要落实资助政策、做到应助尽助，二是要开展紧急救助、做到应扶尽扶，三是要关注发展性需求、做到应帮尽帮。鼓励有条件的高校多渠道筹集资金，支持学生开展拓展学习、创新创业等，满足学生发展性需求。

3. 坚决抵制不良校园贷行为

严防不良校园贷是维护大学生财产权益的关键手段。在这一过程中，各高校一是要建立联防联控机制、形成合力，二是要建立日常防控机制、常抓不懈，三是要建立实时预警机制、预防为先。

4. 切实畅通正规校园信贷渠道

优化校园金融环境是满足大学生合理消费贷款需求的必要措施。在这一过程中，各高校一是要畅通正规信贷渠道、用"良币"驱逐"劣币"。各高校要正视大学生合理的信贷需求，主动对接银行机构，有针对性地开发和完善手续便捷、利率合理、风险可控的高校助学、培训、必要消费等金融产品，满足大学生正常的学习、生活等需求。二是要加强校园信贷管理，切实把好事办好。各高校应配合金融监管部门、银行机构做好必要的校园信贷管理工作，防范和化解潜在的风险，切实保障和维护学生权益。

### （九）妥善处理安全事故

学生发生意外事故以及学生要求保护人身或财物安全等情况时，学校应迅速采取有效措施；在学校范围内发现刑事、治安案件或交通、灾害等事故时，学校应迅速报警、采取措施控制事态发展，减轻伤害和减少损失。

第一，学生人身和财产发生一般伤害后，学校要及时调查处理，根据当事人或他人的过错，责令其赔偿损失，并给予批评教育或相应的行政、纪律处分。

第二，发生学生非正常死亡、重伤或被窃、失火等造成财产重大损失事故后，学校应迅速采取措施进行抢救、保护现场，同时加强对相关人员的思想政治工作，稳定其情绪，恢复校园秩序，并协同地方有关部门妥善处理。

如发生重大事故，学校主要领导应亲自参与调查工作，并及时上报和妥善处理。发生重大事故后，学校应在事故发生一天内向所在省、直辖市、自治区有关主管部门报告，并及时通知学生家长。事故处理结束后一周内书面报告有关主管部门。学校对事故调查后认为涉及追究刑事责任的，要及时与公安部门联系，协助调查处理。在安全管理或事故处理过程中，学校认为有必要需搜查学生住处时，须报请公安部门依法进行。调查处理案件中要以事实为依据，不得逼供或诱供。

第三，学生在教学、实习过程与日常生活中，因学校或有关单位责任发生死亡、重伤或残疾的，由学校或有关单位承担责任，做好处理及善后工作。在教学、实习过程与日常生活中，学生因不遵守纪律或不按操作规程和要求活动而发生意外事故，学校不承担责任。

第四，学生未经批准擅自离校不归发生意外事故的，学校不承担责任。对擅自离校不归，学校不知去向的学生，学校应及时寻找并报告当地公安部门，并及时通知学生家长。半月不归且未说明原因者，学校可张榜公布，按自动退学除名。学生假期或办理离校手续后发生意外事故的，学校不承担责任。

第五，在校内正常生活及由学校在校外组织的活动中，由于不能避免的原因或自然灾害而发生的事故，由学校视具体情况按相关规定处理。

第六，凡经学校指定的专业医院确诊为精神病、癫痫病患者的学生，应予退学，由其监护人负责领回，此时，学生及其监护人不得无理纠缠，扰乱学校教学、生活秩序。因事故伤残的学生，经治疗后病情稳定，学校认为生活能自理，能坚持在校学习，可留校继续学习；不能坚持在校学习者，应予退学，由学校按其实际学习年限发放肄业证书。

第七，学生因病死亡和责任不由学校承担的意外死亡，学校不承担丧葬费。如家庭确有困难者，学校可酌情予以一次性经济补助。

第八，因保护国家财产和他人人身安全，见义勇为而致残或英勇牺牲的学生，学校应报请所在省、自治区、直辖市人民政府授予荣誉称号，并给予相应的待遇。

第九，学生对事故处理不服或持有异议者，可向学校或学校上级部门申诉，或者依法向人民法院提起民事诉讼。

# 第六节　高等职业学校学生实习管理制度

为规范和加强职业学校学生实习工作，维护学生、学校和实习单位的合法权益，提高技术技能人才培养质量，增强学生社会责任感、创新精神和实践能力，更好服务产业转型升级需要，《中华人民共和国教育法》《中华人民共和国职业教育法》《中华人民共和国劳动法》《中华人民共和国安全生产法》《中华人民共和国未成年人保护法》《中华人民共和国职业病防治法》及 2016 年教育部 、财政部、人力资源和社会保障部颁布的《职业学校学生实习管理规定》等相关法律法规都为学生实习管理做出了规定。

## 一、高等职业学校学生实习的定义

高等职业学校学生实习，是指实施全日制学历教育的高等职业学校学生按照专业培养目标要求和人才培养方案安排，由学校安排或者经学校批准自行到企（事）业等单位（以下简称"实习单位"）进行专业技能培养的实践性教育教学活动。

## 二、高等职业学校学生实习的主要形式

实习的主要形式有认识实习、跟岗实习、顶岗实习。

认识实习是指学生由职业学校组织到实习单位参观、观摩和体验，形成对实习单位和相关岗位的初步认识的活动。

跟岗实习是指不具有独立操作能力、不能完全适应实习岗位要求的学生，由职业学校组织到实习单位的相应岗位，在专业人员指导下部分参与实际辅助工作的活动。

顶岗实习是指初步具备实践岗位独立工作能力的学生，到相应实习岗位，相对独立参与实际工作的活动。

## 三、高等职业学校学生实习的功能定位和实施原则

### （一）功能定位

职业学校学生实习是实现职业教育培养目标、增强学生工匠意识及综合能力的基本环节，是教育教学的核心部分，实习与课堂教学等其他环节和部分有机衔接、相互

促进，具有同等重要地位。职业学校不可随意组织实习，也不可随意取消或不安排实习。实习计划必须严格按照专业培养目标要求和人才培养方案进行系统设计、统筹安排、整体推进。

### （二）实施原则

一是遵循学生成长规律和职业能力形成规律，精心设计方案，合理安排岗位，严格过程管理，科学考核评价；二是坚持理论与实践相结合，强化校企协同育人，促进知识、技能与职业精神、工匠意识的有机融合，服务学生全面发展。

## 四、高等职业学校学生实习的组织与管理

### （一）制定实习方案

职业学校教学主管部门通过制定实习方案、方案报备、过程监测、中期检查、实习总结等环节，对职业学校学生实习工作进行监督管理。职业学校应于学生实习前，将学生跟岗实习、顶岗实习的实习计划及具体安排等报主管部门备案。同时还需制定实习安全管理办法并组织培训学习。

### （二）确定实习单位

1. 实习单位应具备的基本条件

职业学校应当选择合法经营、管理规范、实习设施完备、符合安全生产法律法规要求的实习单位安排学生实习。

2. 确定实习单位的基本程序

在确定实习单位前，职业学校应进行实地考察评估并形成书面报告，考察内容应包括：单位资质、诚信状况、管理水平、实习岗位性质和内容、工作时间、工作环境、生活环境以及健康保障、安全防护等方面。

3. 学生选择实习单位的规定

认识实习和跟岗实习学生不得自行选择，应由学校统一组织安排，确保教学目标有效落实。

顶岗实习一般由学校统一组织安排，若学生有实际需求，自行联系顶岗实习单位的，应由学生本人提出申请并经学校同意。自主选择的实习单位须满足实习单位基本条件。

### （三）签订实习三方协议

1. 协议签订

本着"无协议不实习"原则，学生参加跟岗实习、顶岗实习前，职业学校、实习单位、学生三方应签订实习协议，协议文本由当事方各执一份。未按规定签订实习协议的，不得安排学生实习。顶岗实习协议可参考教育部提供的《职业学校学生顶岗实习协议（范本）》或教育部印发的各专业顶岗实习标准中的实习协议模板，各学校和实习单位也可根据实际情况具体拟定。

认识实习按照一般校外活动有关规定进行管理。学校可根据实际情况决定是否签订协议。

未满18周岁的学生参加跟岗实习、顶岗实习，应取得学生监护人签字的知情同意书。

学生自行选择实习单位的顶岗实习，学生应在实习前将实习协议提交学校审核备案。

2. 三方协议的具体内容

实习协议应明确各方的责任、权利和义务，协议约定的内容不得违反相关法律法规。

实习协议应包括但不限于以下内容：各方基本信息；实习的时间、地点、内容、要求与条件保障；实习期间的食宿和休假安排；实习期间劳动保护和劳动安全、卫生、职业病危害防护条件；责任保险与伤亡事故处理办法，对不属于保险赔付范围或者超出保险赔付额度部分的约定责任；实习考核方式；违约责任；其他事项。

顶岗实习的实习协议内容还应当包括实习报酬及支付方式。

### （四）校企协同组织实施

职业学校应当会同实习单位共同组织实施学生实习。

第一，实习开始前，职业学校应当根据专业人才培养方案，与实习单位共同制订实习计划，明确实习目标、实习任务、必要的实习准备、考核标准等；开展培训，使学生了解各实习阶段的学习目标、任务和考核标准。

第二，职业学校和实习单位应当分别选派经验丰富、业务素质好、责任心强、安全防范意识高的实习指导教师和专门人员全程指导、共同管理学生实习。

第三，实习岗位的安排应符合专业培养目标要求，与学生所学专业对口或相近。

### （五）实习过程的监管

职业学校应对实习工作和学生实习过程进行监管。监管应覆盖实习全过程，实行动态化管理。鼓励有条件的职业学校充分运用现代信息技术，构建实习信息化管理平台，与实习单位共同加强实习过程管理。

## 五、实习时间的规定

学生在实习单位的实习时间应根据专业人才培养方案确定，顶岗实习不少于 6 个月。鼓励职业学校和实习单位合作探索工学交替、多学期、分段式等多种形式的实践性教学改革。

## 六、学生实习的禁止性条款及例外性规定

为依法保障实习学生的合法权益，任何情况下，学生实习中皆不得出现以下六种情况，即"六不得"：①不得安排、接收一年级在校学生顶岗实习；②不得安排未满16周岁的学生跟岗实习、顶岗实习；③不得安排未成年学生从事《未成年工特殊保护规定》中禁忌从事的劳动；④不得安排实习的女学生从事《女职工劳动保护特殊规定》中禁忌从事的劳动；⑤不得安排学生到酒吧、夜总会、歌厅、洗浴中心等营业性娱乐场所实习；⑥不得通过中介机构或有偿代理组织安排和管理学生实习工作。

职业学校和实习单位不得向学生收取实习押金、顶岗实习报酬提成、管理费或者其他形式的实习费用，不得扣押学生的居民身份证，不得要求学生提供担保或者以其他名义收取学生财物。

学生实习禁止性条款的例外性规定：在学生跟岗和顶岗实习期间，实习单位应遵

守国家关于工作时间和休息休假的规定，一般情况下，不得安排学生从事高空、井下、放射性、有毒、易燃易爆以及其他具有较高安全风险的实习，不得安排学生在法定节假日实习，不得安排学生加班和夜班。对于部分有特殊要求的专业和实习岗位（护理专业的夜班实习、导游专业的节假日实习、煤炭专业的井下实习等），经报学校主管部门备案后，可不受此规定的限制。

### 七、学生顶岗实习报酬

接收学生顶岗实习的实习单位，应参考本单位相同岗位的报酬标准和顶岗实习学生的工作量、工作强度、工作时间等因素，合理确定顶岗实习报酬，原则上不低于本单位相同岗位试用期工资标准的 80%，并按照实习协议约定，以货币形式及时、足额支付给学生。

### 八、对实习学生的相关要求

实习学生应遵守职业学校的实习要求和实习单位的规章制度、实习纪律及实习协议，爱护实习单位的设施设备，完成规定的实习任务，撰写实习日志，并在实习结束时提交实习报告。

### 九、实习生校企共管的规定

职业学校应当会同实习单位制定学生实习工作具体管理办法和安全管理规定、实习学生安全及突发事件应急预案等制度性文件。职业学校要和实习单位相配合，加强信息沟通，建立学生实习信息通报制度，在学生实习全过程中，加强安全生产、职业道德、职业精神等方面的教育。

职业学校安排的实习指导教师和实习单位指定的专人应负责学生实习期间的业务指导和日常巡视工作，定期检查并向职业学校和实习单位报告学生实习情况，及时处理实习中出现的有关问题，并做好记录。

### 十、学生外地实习住宿管理规定

职业学校组织学生到外地实习，应当安排学生统一住宿；具备条件的实习单位应为实习学生提供统一住宿。不具备条件的实习单位，由职业学校统一安排，确保学生住宿安全。职业学校和实习单位要建立实习学生住宿制度和请销假制度。学生申请在统一安排的宿舍以外住宿的，须经学生监护人签字同意，由职业学校备案后方可办理。

### 十一、学生赴国（境）外实习

各地应鼓励职业学校依法组织学生赴国（境）外实习。安排学生赴国（境）外实习的，应当根据需要通过国家驻外有关机构了解实习环境、实习单位和实习内容等情况，必要时可派人实地考察。要选派指导教师全程参与，做好实习期间的管理和相关服务工作。

## 十二、关于职业学校违规追责

对违反国家规定组织学生实习的职业学校，由主管部门责令改正。拒不改正的，对直接负责的主管人员和其他直接责任人依照有关规定给予处分。因工作失误造成重大事故的，应依法依规对相关责任人追究责任。

对违反国家规定安排、介绍或者接收未满16周岁学生跟岗实习、顶岗实习的，由人力资源社会保障行政部门依照《禁止使用童工规定》进行查处；构成犯罪的，依法追究刑事责任。

## 十三、高等职业学校实习考核

1. 建立实习考核评价制度

职业学校要建立以育人为目标的实习考核评价制度，对学生的跟岗实习和顶岗实习，职业学校要会同实习单位根据学生实习岗位职责要求制订具体考核方式和标准，实施考核工作。

2. 实习考核办法

跟岗实习和顶岗实习的考核结果应当记入实习学生学业成绩，考核结果分优秀、良好、合格和不合格四个等次，考核合格以上等次的学生获得学分，并纳入学籍档案。实习考核不合格者，不予毕业。

3. 实习学生违规处理

职业学校应当会同实习单位对违反规章制度、实习纪律以及实习协议的学生，进行批评教育。学生违规情节严重的，经双方研究后，由职业学校给予纪律处分；给实习单位造成财产损失的，应当依法予以赔偿。

4. 实习材料归档管理

职业学校应组织做好学生实习情况的立卷归档工作。做到材料齐全、准确、规范，手续完备，归档及时。实习材料包括：实习协议、实习计划、学生实习报告、学生实习考核结果、实习日志、实习检查记录和实习总结。

## 十四、高等职业学校实习安全教育管理职责

高等职业学校实习管理要牢记"安全第一"的原则，严格执行国家及地方安全生产和职业卫生有关规定。职业学校主管部门应会同相关部门加强实习安全监督检查。

1. 对实习学生开展安全教育

职业学校应当会同实习单位对实习学生进行安全防护知识、岗位操作规程教育和培训并进行考核。未经教育培训和未通过考核的学生不得参加实习。

2. 购买学生实习保险

推动建立学生实习强制保险制度。职业学校和实习单位应根据国家有关规定，为实习学生投保实习责任保险。责任保险范围应覆盖实习活动的全过程，包括学生实习期间遭受意外事故及由于被保险人疏忽或过失造成的学生人身伤亡，被保险人依法应承担的责任，以及相关法律费用等。

学生实习责任保险的经费可从职业学校学费中列支；免除学费的可从免学费补助

资金中列支，不得向学生另行收取或从学生实习报酬中抵扣。职业学校与实习单位达成协议由实习单位支付投保经费的，实习单位支付的学生实习责任保险费可从实习单位成本（费用）中列支。

3. 受到人身伤害的赔付

学生在实习期间受到人身伤害，属于实习责任保险赔付范围的，由承保保险公司按保险合同赔付标准进行赔付。不属于保险赔付范围或者超出保险赔付额度的部分，由实习单位、职业学校及学生按照实习协议的约定承担责任。职业学校和实习单位应当妥善做好救治和善后工作。

近年来，实习管理失之于宽、失之于松的现象时有发生，高职院校亟须进一步强化实习的教学功能，进一步在实习组织、过程管理、实习考核、实习安全等方面加以规范。

# 第七节　高等职业学校学生自主管理

高职院校学生自主管理对于促进学生的全面发展、促进教师职业角色的转变、提升高职院校办学质量和学生管理水平具有重大意义，这有助于促进高职学生身心发展和提升学生的自觉、自律、自治能力，促进优良校风学风班风建设。高等职业学校学生自主管理应在学校党团组织引领下，纳入师生联动，全员、全程、全方位"三全"育人体系，突出学生自我教育、自我管理、自我服务和自我监督的主体地位，促进学生的自主学习和自我成长，帮助学生早日成为德、智、体、美、劳全面发展的社会主义建设者和接班人。

## 一、学生自主管理的概念及意义

学生自主管理是学生在教师积极引导下自行发现自我价值、发掘自身潜力、确立自我发展目标、形成自主主动适应社会发展能力的一种教育管理模式。

学生自主管理是有利于学生的终身发展，有利于国民素质的整体提高的。学生从自律前提下的自信走向自主，从自主走向自立，从自立走向自强，最终从自强走向自如，即能够灵活自如地适应社会的发展并推动个体和社会的不断发展。

## 二、学生自主管理的组织机构及职能

### （一）团委会的组织机构及职能

在高等职业学校，团组织的最高领导机关是校团委。各院、系的团组织为分团委/团总支，系内各班级的团组织为团支部。校团委和系部分团委/团总支、班级团支部是在同级党委领导下的学生组织的领导管理机构，负责学校各级共青团组织的日常事务并对学校的其他学生组织进行指导。

团委会坚持四项基本原则，遵循和贯彻党的教育方针，促进学生德、智、体、美、劳全面发展；倡导和组织自我服务，自我管理，自我教育，使之成为有理想、有道德、有文化、有纪律的社会主义事业建设者的接班人；是学校联系学生的桥梁和纽带，代表学生参与社会事务和社会监督，代表学生参与学校教育与管理事务，维护校规校纪，协助学校创造良好的教育秩序和优雅的学习、生活环境，积极反映同学的建议、意见和要求，维护同学的正当权益；组织社会实践活动，积极投身青年志愿者活动，提高广大学生与实践结合、服务社会的自觉性，引导学生走与社会实践相结合的成才之路；组织科技创新活动、体育项目和思想教育活动，促进学生全面发展。团委的一切活动以《中华人民共和国宪法》为最高准则，以《中国共产主义青年团章程》为贯彻落实党的精神和领导的行动纲领。

根据《中国共产主义青年团普通高等学校基层组织工作条例（试行）》中关于"团的基层委员会一般由7到15人组成"的规定，结合学校实际，学校团委一般由7至9名委员组成。高等职业学校校团委书记、副书记，团总支书记由教师担任，系部的团总支副书记一般由学生担任；基层团委、团总支部门领导、干事一般为在校学生。一般来说，高等职业学校团委会机构设置及职责如表4-3所示。

表4-3　××高等职业学校团委会机构设置及职责

| 组织机构 | 工作职责 |
| --- | --- |
| 团委书记 | 根据团中央、团省委和学校党委要求，全面负责学校共青团及团员青年的管理和教育工作 |
| 团委副书记 | 协助书记做好上述工作，书记不在的时候，代理书记的工作 |
| 组织部 | 负责指导在校学生联合会的日常管理工作，按照团委相关要求，协助处理团省委、校党委等上级领导交办的各项重要任务，协助开展好团内日常工作，协调与其他部门的日常工作对接。负责新团员的发展、组织关系转移、团员证的办理工作、团费的收缴工作，配合上级部门做好各项团内统计工作，了解团员青年的思想动态，畅通信息渠道并及时向上级部门汇报团员基本信息和青年的思想动态。指导学生会的各项工作，组织并主持学生组织工作例会，负责学生会的评优表彰等工作 |
| 大学社团管理中心/学生社团联合会（社联） | 负责指导学生社团、校礼仪队的日常管理工作。围绕团委中心工作，与各学院、有关部门、大学社团管理中心、学生社团加强协调，举办丰富多彩、有意义的校园文化活动，丰富学生校园文化生活，活跃校园气氛 |
| 宣传部 | 负责指导广播台/站、青年新媒体中心的日常管理工作，负责团委网站、宣传栏、微博、微信等各类媒体的制作、编辑、管理工作；负责团委各种大型活动的标语、舞台背景设计、布置等工作 |
| 社会实践部 | 负责指导青年志愿者联合会、国旗护卫队的日常管理工作，规划安排和总结每年的大学生社会实践工作和各级各类科技竞赛类组织工作，组织做好志愿服务活动 |

### （二）学生组织

在高等职业学校，常见的学生自主管理组织如下：

1. 学生会

学生会是在学校党委、团委等部门领导下的学生自我管理、自我教育、自我服务、自我监督的学生组织，是联系学校与学生的桥梁和纽带，是领导、管理、督促和检查学生的重要组织。学生会工作对提高学生的自理自治能力，培养学生的社会责任感及工作积极性和创造性有着非常重要的作用，对良好校风、学风的形成产生着重要影响。

学生会是以"自我管理、自我教育、自我服务、自我监督"为工作方针，全心全意为同学们服务的群众性学生组织，是学校管理的助手和主力军。学生会通过开展有益于同学们身心健康的学习、文体、社会实践、志愿者服务等活动，引导全校学生不断提高思想觉悟，维护学校良好的教学秩序，创造优雅的学习、生活环境，从而形成良好的学风、校风。同时，学生会还代表广大同学的利益，积极反映同学们的意见和要求，畅通学生与教师、学校之间的沟通了解，充分发挥桥梁纽带作用。

学生会机构本着精简高效的原则，力求最大限度发挥学生作用，使学生会更好地凝聚学生、团结学生、服务学生和引领学生，促进学生综合素质的全面发展。

根据团中央、教育部、全国学联《关于推动高校学生会（研究生会）深化改革的若干意见》中关于"改革运行机制"的规定，结合学校实际，学校学生会实行"主席团+工作部门"模式。高等职业学校学生会以主席团为领导核心，一般设置学生会主席一人、副主席若干人。如表4-4所示，学生会一般在主席团以下设数个职能部门，各部门根据工作需要设部长、副部长、部门秘书、干事。

表4-4　××高等职业学校学生会内设机构及职责

| 组织机构 | 工作职责 |
|---|---|
| 基层组织建设部 | 主要负责组织指导各学生分会开展理论学习、政治学习，积极开展团学干部培训工作，发现和培养青年中的优秀人才，推优为干和推优入党 |
| 学习部 | 主抓学风建设，搭建活动平台，筹办学术讲座，提高学生学以致用的能力。及时向有关部门反映同学们对教学的意见，传达教师对学生的要求，促进师生共同交流，提高教学质量。开展第二课堂活动，组织学生开展学习相关活动，提高学生学习能力 |
| 生活部 | 协助学校有关部门做好伙食、住宿等方面的管理工作，力争帮助同学们解决生活中遇到的问题和困难；负责全院师生丢失物品的上交、认领 |
| 劳卫部 | 贯彻落实学校关于劳动、卫生工作的意见和措施，引导广大学生的卫生打扫及保持意识；配合学校爱卫会做好教室、宿舍、卫生区检查及评比；营造优美的校园环境 |
| 纪检部 | 负责全校学生日常纪律检查、发现不良现象及时制止，增强同学们的纪律观念和安全文明意识；负责检查并记录早操和晚自习出勤、就寝等纪律情况，抓好学生的自律检查和行为规范督查，维护大型活动的秩序，开展各项纪检工作 |
| 文艺部 | 遵循当代大学生全面发展的要求，开展集知识性、艺术性、群众性为一体的文娱活动；广泛吸纳文艺爱好擅长者，策划组织校内外各种文艺活动，为广大同学提供彰显自我个性、展现自我风采的舞台；提高学生的艺术修养和欣赏能力，丰富同学们的课余生活，推动校园文化建设 |
| 体育部 | 开展大量形式活泼、内容多样的体育活动和体育竞赛活动，丰富同学们的课余生活，让校园氛围更加融洽。激发同学们参加体育活动的兴趣和热情，配合国旗班完成每周的升旗工作 |
| 外联部 | 负责学生会的对外交流联络工作；具体负责组织各类商业赞助活动，为学生会活动提供经费保障；负责学校大型活动的礼仪接待工作；同时积极开展有利于提高广大同学实践能力的活动 |

表4-4(续)

| 组织机构 | 工作职责 |
|---|---|
| 社会实践部 | 负责策划组织大学生在校期间的实践活动、志愿服务活动,以及寒暑假社会实践活动,汇总并撰写各社会实践队伍汇报资料以及各项志愿者活动的备案登记,个人志愿者活动登记材料,评优细则的制定。各项志愿者活动的监督评定工作的开展以及实践成果的展示,旨在成为广大学生接触社会、服务社会的重要桥梁 |

### 2. 国旗护卫队

高等职业学校国旗护卫队,以宣传《中华人民共和国国旗法》、护卫国旗为使命,以弘扬爱国主义精神为己任,力求展现当代大学生团结进取、积极向上的精神风貌,为校园精神文明建设做出贡献,是重要的爱国主义教育阵地。

国旗护卫队的任务是负责重大节日及校级重大活动的升旗工作,并通过举行升旗仪式等爱国主义活动在校内外产生影响,通过培养高素质队员让其在学生群体中起到模范带头作用。高等职业学校国旗护卫队内设机构及职责如表4-5所示。

表4-5　××高等职业学校国旗护卫队内设机构及职责

| 组织机构 | 工作职责 |
|---|---|
| 作训部 | 主要负责制订训练计划、日常训练工作、队员思想教育、节日及每周升旗工作 |
| 办公室 | 主要负责出勤考核和辅助训练、活动策划总结、档案管理、队员月度及年度考核、校内与其他组织之间的工作及协助指导老师、队长及副队长做好团委、学生会交办的其他工作 |
| 宣传部 | 主要负责国旗护卫队日常及大型活动中的宣传工作,国旗护卫队有关素材及视频制作、学院国旗护卫队贴吧、新浪微博及官方QQ的管理、更新,每周大型升旗、日常活动、训练照片的采集、保存 |

### 3. 校园广播电视台/站、新媒体中心

校园广播电视台/站是高等职业学校宣传工作的一个重要窗口,是学校对学生进行德育教育的重要阵地之一,也是加强校园文化建设的重要载体。

广播台/站主要负责日常校园播音、重大活动的宣传及校内外活动主持人的培养工作,下设播音部、编导部、记者部、新媒体中心和外联部,在校园文化建设中发挥着重要作用。

新媒体中心是共青团工作、校园文化建设、学校中心工作等重要的宣传阵地。以服务广大团员青年成长成才为宗旨,围绕学校中心工作,营造积极向上的校园文化氛围,充分运用学生喜闻乐见的新媒体平台,做好青年学生思想引领、核心价值观宣传等工作。新媒体中心主要负责学校团委会、学生会官方微信公众号的运营管理,新媒体的内容更新以及运行与维护,负责监督指导学校其他新媒体的相关运维工作。

### 4. 礼仪队

礼仪队是为学校的重要活动提供礼仪服务的学生社团,主要负责学校对内对外各种大型活动的礼仪服务工作。好的礼仪对体现了学校学生的良好形象,提高了学校的知名度。通过做礼仪工作,礼仪生也可以提升精神面貌,规范站、走、坐、笑姿态,更

好地展现学生个人魅力，锻炼在社交礼仪中的应变能力和表达能力，从而提高自己的综合水平。

5. 班级班委会、团支部

一般来说，学生班级设班委会和团支部两个机构（见表4-6）。班委会原则上由班长、学习委员、生活委员、文体委员、劳动委员、心理委员组成。团支部原则上由团支部书记、组织委员、宣传委员、文体委员组成。

表4-6　××高等职业学校班级组织机构设置及职责

| 组织机构 | 人员设置 | 工作职责 |
|---|---|---|
| 班委会 | 班长 | 协助辅导员、班主任主持班级日常管理；协助班委会成员开展各类班级活动；协助辅导员、班主任组织班级学生综合评定、奖助学金评定、评先评优，提出对违纪学生的处理意见 |
| | 学习委员 | 负责组织开展促进班级学风建设的各类活动；保持与各任课教师的经常联系，及时转达师生意见，发挥好教与学的桥梁作用；协助教学秘书办理本班其他教学事宜 |
| | 文体委员 | 负责组织班级所有文化体育活动 |
| | 生活委员 | 负责督促本班学生缴纳学费、住宿费，办理"校园卡"的领取与发放，督促并协助本班学生领取各种补助；了解和掌握班级每个学生的家庭经济状况和学习费用来源，协助做好贷款、困难补助申请等工作 |
| 团支部 | 团支部书记 | 在院系团总支、辅导员的领导下，全面负责本班共青团建设、政治学习和思想教育工作；协助学生党支部做好入党积极分子培养、推优工作；支持、配合班委会工作 |
| | 宣传委员 | 负责学校、学院规章制度和有关文件精神在本班的宣传工作；协助班委会开展各种文体活动，组织本班同学积极参与学院各类文体活动；负责班级活动的宣传报道，积极向学院网站投稿 |
| | 组织委员 | 负责本班团建工作；负责班级团员证注册、团员档案整理、团费收缴等工作；负责开展本班团组织生活、团员民主评议等工作；负责组织本班入党积极分子参加学校培训 |

### （三）其他各类学生社团组织

社团是由兴趣爱好相似的学生自愿申请参加并自主管理，学校提供相关条件，安排教师指导，打破班级、年级、专业界限开展相关活动的学生团体。它是职业学校第二课堂的重要组成部分，是学生兴趣展示和职业素养培育的场所、专业项目研修的基地、竞赛选手训练的平台。

高等职业学校学生社团组织名目较多，如各类艺术团队、各类技能训练营、各类科创项协会、各类工作室（小组），引导动员广大学生自愿自主选择加入社团，并积极主动参与社团的建立、管理、服务，这是实现三全育人、活动全覆盖、人人出彩目标的重要途径。职业学校学生管理部门应予高度重视、正确引导、科学评价，积极帮扶，并给予相应经费资助，确保学生社团行稳致远，健康发展。

## 三、提升学生自主管理质量的途径

### （一）完善全员育人机制

中共中央、国务院《关于加强和改进新形势下高校思想政治工作的意见》提出了坚持三全育人的要求，学生自主管理是落实三全育人的有效途径。

1. 辅导员/班主任简政放权

改变辅导员/班主任传统的"高级保姆"式管理模式，弱化辅导员/班主任的管理角色，加强其向服务引导角色的转变；减轻学生对辅导员的依赖；日常事务学生自己组织参与，辅导员知晓，使自主管理与老师指导有机结合；让辅导员/班主任从烦琐的学生管理中解脱出来，从而使学生增长能力、教师减轻负担；简政放权，是从内心深处相信学生的工作能力，给学生的自我做主的机会。

2. 学生干部发挥主导作用

大学生自主管理是一项繁重琐碎且需要耐心细致的工作。学生骨干队伍是联系学校、教师、同学之间的桥梁与纽带，起着先锋模范作用，是完成学校各项任务的一支重要力量。高等职业学校要充分发挥学生会、班、团等干部的职能，大胆放权让学生干部参与学生工作管理的全过程；尽力创造实践机会，通过实践的磨炼增长其才干，培养其能力；同时开展必要的培训活动，使其尽快进入角色，调整心态和动机，并掌握一定的工作方法与技巧。

3. 学生自己成为管理的主体

学生自主管理不仅是学生管理班级、管理学生，更重要的是学生自己管理自己。大学生不仅是高等职业学校管理的对象而且是管理的主体之一。教育家斯宾塞在《教育学》中指出："记住你的管教目的应该是养成一个能够自治的人，而不是一个让别人来管理的人。"每个学生都是班集体中的一分子，要使每个分子都发挥出有效的成分，就必须挖掘出他们积极主动地热爱这个集体、关心这个集体、为这个集体出谋划策，为这个集体增光添彩的主观能动性。让他们在民主、平等、和谐氛围中认识自己、展示自己、管理自己、发展自己，这种自主管理能力的培养，是为今后独立工作和适应社会打基础，更是参与社会活动和参与竞争必须具备的能力。

### （二）完善学生自主管理制度

学生自主管理是学校管理的基本细胞。自主管理需要建立一套完善的学生自主管理制度，如学生干部选拔、培训、奖惩、日常管理等制度。大学生自主管理制度必须科学、完善并可行，一方面要符合高职学生身心发展的特点，另一方面要符合教育规律和德、智、体、美、劳培养的目标，既要与时俱进，又要具有相对的稳定性。

### （三）搭建学生自主管理实践平台

高等职业学校可以根据学生特点和专业性质，整合校内外多方资源，统筹搭建贴近实际、学生喜闻乐见的实践平台，为大学生参与实践锻炼和成长成才提供保障。学生通过实践平台在学校参与各种活动和工作，激发其自身的潜力，使其达到最佳的成长状态。

通过团委会、学生会、国旗护卫队、广播电视站（台）、各类技能训练营等学生自主管理实践平台，不断扩大自我服务、自我教育、自我管理、自我监督的"四自管理"

的覆盖面，积极构建学生"自主管理"模式，为学生提供一个相对宽松、和谐、自主、对等的学习环境与合作交流平台，让每一个学生都能根据自己的兴趣和爱好找到自我的归宿、找到自信、找到希望。使每个学生根据自己的兴趣爱好、个性目标、发展需要参加到学生组织中来，使其主动参与知识学习、创新研究、自我激励和能力培养。

重视学生班级平台，加强学生班级管理。围绕实现"人人有事做，事事有人管"的全员参与目标，推行"轮流班长"值周（日）制、班级兴趣小组划分制、评先争优汇报制、班级日志等，推动班团一体化；组织好班级的主题教育、主题班会、主题团日及日常活动；聚焦学风班风建设，定期开展学风建设大讨论、学习经验交流分享，坚持学生学风督察小组的课堂考勤、课堂表现及课后作业等情况的检查督查；依据班级管理基本规章制度和具体工作实际，广泛开展各类创先争优，如"道德之星"、"学习标兵"、"纪律标兵"、"文明标兵"、"创业之星"等，选树"身边的榜样"，发挥典型激励示范作用，营造良好的班级氛围。

### （四）完善学生自主管理监督机制

让学生习惯在受监督和约束的环境中学习和生活，结合学生的自我监督和舆论监督，增强监督合力，构建权威高效的监督机制。

建立公开公正、操作性强的学生骨干人员考核制度，采用教师、管理者、同学、自身考核、批评与自我批评相结合的办法，定期对思想政治素质、学习成绩、工作实绩、平时表现等进行多方面评议，奖勤罚懒、奖优罚劣，营造良好的竞争环境，促进学生骨干努力学习、刻苦向上、不断进取、奋发成才，防止产生凌驾于其他同学之上的优越感，增强他们的服务意识和能力。

做好学生每个学期鉴定并进行客观的自我评价和反思总结。要求班级所有同学在日常学习中，习惯于自我管理，做到自己的事自己做，自己做的事情自己能承担责任。

（本章撰稿：李兴荣）

# 复习思考题

1. 简述高等职业学校学生的权利与义务。
2. 简述职教高考制度的内容形式和意义。
3. 简述高等职业学校学籍管理的主要内容。
4. 简述抓好职业院校学生校内外安全管理的主要措施。
5. 简述高等职业学校学生自主管理的意义和主要形式。

# 第五章

# 高等职业教育法律责任
# 与法律救济

【内容摘要】高等职业教育的特征是职业和教育的结合，执行"校企合作，工学结合"的办学模式，与相关行业和企业密切相关。因此，在高等职业教育法律体系中的法律责任与救济问题呈现出一定的复杂性。本章关注重点条文以及典型案例的列举、归纳与分析，一方面使抽象、复杂的法律概念和问题能更加具体、清晰地呈现，另一方面也体现高等职业教育法律制度的特殊性。

## 第一节　高等职业教育法律制度中的法律责任

高等职业教育相关法律制度中的法律责任，一般规定在相关法律法规的"法律责任"一章或散见于部分条款中，如《教育法》第九章专章对法律责任进行规定；《高等教育法》仅在第八章"附则"第六十六条中规定"对高等教育活动中违反《教育法》规定的，依照《教育法》的有关规定给予处罚"，未针对高等教育活动中的违法行为另行规定法律责任，而是援用《教育法》对法律责任的规定。另外，1996 年颁布的《职业教育法》对法律责任的规定与《高等教育法》相同，采取援用《教育法》的方式；而新《中华人民共和国职业教育法修订草案（征求意见稿）》（以下简称《职教法草案》）用专章（第七章）规定"法律责任"，凸显在职教法中法律责任的针对性，是一种更先进、更细致的立法模式。

由于高等职业教育相关法律制度以行政法律制度为主，对行政责任进行明确规定；涉及民事责任的，也是进行概括性的规定，具体应参照《民法典》和相关司法解释的规定进行认定。对于严重违反高等职业教育法律制度的行为，即涉嫌犯罪的行为，一般仅笼统的规定"依法追究刑事责任"。因此，确定具体行为的定罪与量刑需要结合《刑法》对相关罪名的规定。

### 一、法律责任的含义

法律责任一般分为广义法律责任和狭义法律责任。广义的法律责任等同于法律义务；狭义的法律责任则是由违法行为所引起的不利法律后果。越来越多的学者倾向于使用狭义的"法律责任"[①]。另外，还有一种"严格意义上的法律责任"的说法，即违法者在法律上必须受到惩罚或者必须做出赔偿，亦即存在于违法者和救济之间的必然联系。这是一个起源于西方并经过长期发展而得到普遍承认的法律概念[②]。严格意义上的法律责任实质上与狭义的法律责任类似，只是前者更强调法律责任作为违法者和救济之间的联系。

虽然在法学理论探讨中对"法律责任"的含义有分歧，但是，不妨碍其在具体的语境下，即在中国法律体系中对高等职业教育规制的语境下理解法律责任。以此为前提理解法律责任，需要重点把握以下两点：

第一，从狭义的意义上理解法律责任，区分法律责任与义务或职责。例如《职教法草案》第五十四条规定："县级以上地方人民政府及其相关部门违反本法规定，未按照预算核拨职业教育经费，或者挪用职业教育专项经费的，由上级人民政府责令限期改正；逾期未改正的，对直接负责人的主管人员和其他责任人员依法给予处分。"根据该条款的规定，依本法"按照预算核拨职业教育经费"即属于"县级以上地方人民政府及其相关部门"的"法定义务"或"职责"。未依法履行"法定义务"或"职责"的违法行为表现为应划拨未划拨，甚至挪作他用。因该违法行为，责任主体则应当承担"法律责任"。因行为的严重程度不同，法律责任应包括（对组织）限期改正，（逾期未改正的，对相关责任人员）处分等。

第二，法律责任作为一种特殊的社会责任，有自己的特点。其特点包括：①法律责任的性质、范围、大小、期限，都在法律上有明确具体的规定；②法律责任的认定和追究，只能由国家专责机关依照法定程序进行；③法律责任的实现由国家强制力作保证[③]。因而，法律责任重在"法定"，即法律责任的认定和追究均需依法进行。我国属于成文法传统的国家，"法定"是指对相关"法律责任"有"明文"的"法律"规定。举一个容易产生混淆的例子：一般高校的教务管理制度中均有相关文件明文要求教师应当按时到指定教室给学生上课，不得迟到或提前下课。迟到或早退都可能会被认定为构成某种程度的"教学事故"，受到相应的处罚，包括扣除一定比例的绩效或丧失校内评优、评奖资格等。该规定虽然与法律条文结构类似，包括了行为模式和后果（责任）。但是，该规定不属于"法律"规定，不具有法律拘束力，仅属于学校内部管理制度，是在学校与教师之间劳动关系的基础上对教师产生拘束力的。其本质上不属于"法定"，而是"约定"，一般体现为在聘用合同中笼统约定教职工方应"遵守学校相关管理制度"。根据校内教务管理制度，对迟到、早退造成教学事故的教师给予相应处罚不属于追究"法律责任"，属于校方在聘用合同的基础上对教师实施的内部管理。

## 二、法律责任的构成要件

法律责任的构成要件是指行为人承担法律责任必须具备的基本因素或条件。换言

① 张文显. 法理学［M］. 北京：高等教育出版社，2018：164-165.

② 蔡宏伟. "法律责任"概念之澄清［J］. 法制与社会发展，2020（6）：85.

③ 劳凯声. 高等教育法规概论［M］. 北京：北京师范大学出版社，2000：280.

之，法律责任的构成要件是国家机关认定和追究行为人的法律责任时必须考虑的基本因素①。不同类型的法律责任的构成要件有所不同，但总体上包括下列五个要件。

## （一）责任主体

责任主体是违反法定或约定义务，并具有责任能力因而必须承担法律责任的人，包括自然人、组织（法人和其他组织）、国家②。高等职业教育活动所涉法律关系中的责任主体主要包括：教师、学生，属自然人；高等职业教育学校、校企合作单位，一般属于法人；行政机关，属特别法人。高等职业教育活动中涉及的自然人一般都是成年人且认知能力正常者，具备责任能力。法人或其他组织的责任能力从成立时起就具备③。因此，责任主体的责任能力问题不是探讨高等职业教育活动主体法律责任的重点或难点问题。

准确把握责任主体的目的在于明确从法律意义上应当追究谁的责任或由谁来承担违法行为的法律责任，理解该问题的重点和难点在于以下两个方面：

第一，责任主体一般为违法行为主体，但也有例外情况。例如《学生伤害事故处理办法》第九条规定的"（九）学校教师或者其他工作人员体罚或者变相体罚学生，或者在履行职责过程中违反工作要求、操作规程、职业道德或者其他有关规定的"情形，学校应当依法承担责任。从体罚行为主体上看，是教师或者其他工作人员的行为，但按照该条款的规定，责任主体应当是学校。此外《民法典》第一千一百九十一条还规定，用人单位替代工作人员承担责任后，可以向有过错的工作人员追偿。《学生伤害事故处理办法》第九条（九）的情形将学校作为替代性责任主体是源于对学生的保护，便于受伤害学生寻求救济。教育领域的法律法规均体现了保护学生的价值倾向。

第二，法人、组织和法人、组织负责人是相互独立的责任主体。例如，根据《职教法草案》第五十六条第三款的规定，实施职业教育质量评价、认证的机构在评价、认证过程中弄虚作假、徇私舞弊，或者违规开展培训、收取费用的，承担行政责任的主体仅为机构，不包括机构的负责人。若不考虑法律规定的责任主体，从一般的认识出发，机构发生该条款所述严重违法行为，机构的负责人或多或少存在过错或过失，应当承担责任。但是，法律责任不应当脱离法律的规定进行评价。并且，机构负责人和机构本身在法律上有相互独立的主体资格，不应将二者混淆。在承担法律责任时，机构负责人和机构本身应当依法独立承担法律责任，除非法律另有规定。

因此，在理解法律责任主体时应当结合相关法律规定，应当充分考虑法人、组织与法人、组织的负责人作为责任主体的相互独立性，区分二者不同的责任。

## （二）主观过错

高等职业教育活动中所涉法律责任一般为过错责任，即主观过错是主体承担法律责任的必备要素。主观过错是指行为人实施违法行为或违约行为时的心理状态，包括故意或过失。故意是指明知自己的行为会发生危害社会、损害他人的结果，却希望或放任这种结果发生的心理状态。过失是指应当预见自己的行为可能发生损害他人、危

---

① 张文显. 法理学［M］. 北京：高等教育出版社，2018：167.
② 张文显. 法理学［M］. 北京：高等教育出版社，2018：167-168.
③ 张文显. 法理学［M］. 北京：高等教育出版社，2018：168.

害社会的效果，因为疏忽大意而没有预见，或已经预见而轻信能够避免，以致发生这种结果的心理状态①。

主观过错对归责的影响因责任类型不同而不同。其中，民事责任的承担一般以过错责任为原则，无过错责任为例外。在刑法领域，主观过错是犯罪构成的要件之一，同时过错程度也是量刑的重要考量因素，从而对定罪和量刑产生影响。在行政责任领域，过错责任和无过错责任并存。高职教育活动中的各类法律责任以过错责任为原则。

高等职业教育法律制度中的过错责任原则一般在法律条文中有明确体现，不存在判断困难。例如，《学生伤害事故处理办法》第二十七条规定："因学校教师或者其他工作人员在履行职务中的故意或重大过失造成的学生伤害事故，学校予以赔偿后，可以向有关责任人追偿。"根据该条款，教师或其他工作人员对学生伤害事故承担责任的构成要件或必备条件之一就是存在主观过错，而且是存在过错种类中的故意或重大过失，而非一般过失或轻微过失。

还有的法律条文中并不明确使用"主观过错""故意""过失"等措辞，而是对具体过错情形进行列举。如《学生伤害事故处理办法》第九条列举了十二种造成学生伤害事故，学校应承担责任的情形，如"（三）学校向学生提供的药品、食品、饮用水等不符合国家或者行业的有关标准、要求的"。上述条文对具体情形的列举虽未直接言明学校应有主观过错才承担责任，但是，列举的各具体情形均存在学校或学校工作人员按自身职责应实施而未实施某种行为，或不应实施却实施了某种行为的情形，属于主观过错的外在表现。

在多个主体对导致损害结果发生均有过错的情况下，主观过错程度还与不同主体的责任承担比例相关。该比例一般由法院根据全案具体情况酌情确定。如在青海某建筑职业技术学院男生斗殴案件中，几名男生在宿舍内打扑克，从晚上 10 点半左右持续到次日凌晨 5 点多，后导致多名男生斗殴，其中一名男生头部被击打，造成一级伤残。法院认为，"综合事件的起因、经过、结果，以及发生的内外部环境，认定受害人史某在事件的起因上存在过错，应承担 10% 的责任，星某是造成史某头部重伤的直接实施者，应承担 45% 的责任，李某是故意伤害行为的积极参与者，应承担 30% 的责任，青海某建筑职业技术学院在安全监管上存在过错，应承担 15% 的责任"②。从该案的裁判意见可见，事件的起因、经过、结果、事件发生的环境、受害人自身过错等因素均在考量的范围内。在宿舍中发生的严重斗殴导致学生人身伤害的案件中，法院一般会认定校方存在一定程度的监管过失，承担相应法律责任。

在过错责任原则下，不存在过错是免责事由。例如，从《学生伤害事故处理办法》第十条、第十一条和第十二条规定的其他主体承担责任的具体情形来看，只要是学校"履行了相应的职责""学校并无不当行为"以及"学生及监护人自身过错"的，即学校无过错的情况下，由法律规定的有过错的主体承担责任，学校可免责。比较典型的容易混淆的情形是学校及其员工对学生伤害结果无过错，但学校仍为此支付了一定费

① 张文显. 法理学 [M]. 北京：高等教育出版社，2018：169.
② 星某与史某、青海某职业技术学院等生命权、健康权、身体权纠纷二审民事判决书，青海省西宁市中级人民法院（2019）青 01 民终 1003 号。

用的情形。常见情形如：学生在代表学校参加文体竞赛活动中意外受伤，学生不能以履行校方安排的任务为由要求学校赔偿。校方在此类情形中支付一定费用的行为是基于公平原则而实施的一种人道主义帮助，不属于法律责任的承担。因此，结合《民法典》第一千一百七十六条、第一千一百九十八条的规定，无过错的其他参加者和尽到安全保障义务的组织者对"自愿参加具有一定风险的文体活动"者在活动中的损害不承担侵权责任。

### （三）违法或违约行为

法律责任语境下所称之行为包括违法行为和违约行为。行为又包括了作为行为（法定或约定禁止或不应实施某种行为，但行为人实施了）和不作为行为（法定或约定应当实施某种行为，但行为人未实施）。

违法或违约行为的认定以行为人有实施或不实施某种行为的义务或者职责为前提。该义务或职责根据法定或者约定产生。高职教育中需要引起高度重视的是产教结合中对法律风险的防范。产教结合的模式被普遍采用，一般以学校、企业、学生签订三方实习预就业协议或者学生与实习单位之间加上实习单位与学校之间分别就实习事项签订协议的形式予以实现。

对于高等职业院校而言，在学生实习过程中应当重视对学生的安全保护和对事故的预防，积极采取措施，谨防工作疏漏构成不作为行为，产生法律责任。2016年，新疆某职业技术学院、实习单位和实习学生签订三方实习协议，约定三方权利与义务。其中，校方的义务之一为"安排实习指导教师和甲方共同管理学生，加强与甲方指导师傅的联系和沟通"。学生汪某被实习单位调到与自身专业不对口的岗位上，并在指导师傅不在场的情况下被安排操作工作设备，导致手臂被卷入机器，严重受伤，右上肢截肢，构成五级伤残。在校方责任的认定上，校方认为自身已经对学生进行了安全教育，学生经过学习应当能够操作机器，对操作中的危险有认识，因而，伤害后果应由其自身和有过错的企业方承担，校方不承担责任。该案一审和二审法院均从保护学生的角度出发对学校的安全防范义务进行了解释。法院认为，校方须在学生进入实习单位前进行一般安全教育，但对于实习岗位调整导致岗位安全风险加大的情形，即便实习场所风险由实习单位预估和控制，校方仍应当从提高学生自我保护意识角度，同步进行更有针对性的岗前安全教育，避免学生受到事故伤害。汪某的实习岗位被调整到与其专业不对口的生产研发一线，实习风险加大。对于实习岗位的安排，汪某处于被动服从地位，校方未加强与实习单位有关实习学生安全的及时联系沟通和风险共同防范，致使汪某安全意识不足，对汪某造成人身损害，校方负有管理被动的过失，其不作为本身构成事故的间接原因，应当承担相应的责任[1]。即使相关协议中对校方的监管职责无明确约定，根据《职业学校学生实习管理规定》中对学校管理职责的规定，校方也具有法定的监管义务[2]。因此，学生实习时，校方要注意积极开展对学生的安全教育和监管工作。

---

[1] 新疆某职业技术学院与汪某、新疆某厨房食品配送有限公司生命权、健康权、身体权纠纷二审民事判决书，新疆维吾尔自治区乌鲁木齐市中级人民法院，（2020）新01民终317号。

[2] 安徽某公司、安徽某职业技术学院等与汪某生命权、健康权、身体权纠纷二审民事判决书，安徽省芜湖市中级人民法院（2020）皖02民终1375号。

### （四）损害结果

损害结果是指违法行为或违约行为对他人的合法权益或社会公共利益所造成的损失和伤害。损害结果的表现形式多样，包括人身伤害、财产损失、精神伤害等。损害结果必须具有确定性，它是违法行为或违约行为已经实际造成的侵害事实，而不是推测的、臆测的、虚构的、尚未发生的情况。认定损害结果，一般要根据法律、社会普遍认识、公平观念，并结合社会影响、环境等因素进行[①]。在高职教育活动中造成他人损失或伤害的，一般不难判断损害结果是否存在。难点在于民事侵权案件中对具体损害数额的确定，并据此提出相应的民事损害赔偿请求。

在有人身伤害的情形下，《民法典》第一千一百七十九条规定，人身损害赔偿的范围包括医疗费、护理费、交通费、营养费、住院伙食补助费等为治疗和康复支出的合理费用，以及因误工减少的收入。造成残疾的，还应当赔偿辅助器具费和残疾赔偿金；造成死亡的，还应当赔偿丧葬费和死亡赔偿金。司法实践中，法院根据《最高人民法院关于审理人身损害赔偿案件适用法律若干问题的解释》所规定的计算方法确定人身损害赔偿的具体数额。财产损失的数额一般以合理价值或者鉴定价值等综合确定。

关于精神损害赔偿，《最高人民法院关于确定民事侵权精神损害赔偿责任若干问题的解释》规定，人民法院应当受理因人身权益或者具有人身意义的特定物受到侵害，自然人或者其近亲属请求精神损害赔偿的案件。法院根据侵权人的过错程度，侵权行为的目的、方式、场合等具体情节，侵权行为所造成的后果，侵权人的获利情况，侵权人承担责任的经济能力，受理诉讼法院所在地的平均生活水平等综合确定精神损害的赔偿数额。2015 年，唐山某职业技术学院在慰问自闭症儿童王某之后，该学院在相关报道中使用了"残障""自闭症"等词汇。法院认为，唐山某职业技术学院损害了未成年人王某的合法权益，报道中的失实部分构成对王某的名誉侵权，应承担侵权责任。原告请求法院判令被告赔礼道歉并支付 5 万元精神伤害赔偿。对于精神伤害赔偿的请求，法院鉴于被告的过错程度、原告的年纪、伤害的范围等综合考虑，认为原告要求被告赔偿经济和精神伤害赔偿金 5 万元过高，法院酌情判令被告向原告支付 3 000 元精神伤害赔偿金[②]。

### （五）因果关系

因果关系是指行为人的行为（作为和不作为）与损害结果之间的因果关系，即特定的损害结果是不是由行为人的行为引起的。如《学生伤害事故处理办法》第八条规定：学生伤害事故的责任，应当根据相关当事人的行为与损害后果之间的因果关系依法确定。该条文即明确了行为和结果之间的因果关系是承担法律责任的必备要件。

由于因果关系是归责的必备要素，因此在实践中，因果关系抗辩是最常见的抗辩之一。例如：学生在企业实习中受到人身伤害情况下，校方是否应当承担一定的赔偿责任？在实践中，人身受损的学生一方一般会请求实习企业和学校共同承担赔偿责任。校方一般会提出因果关系抗辩，认为校方在学生实习过程中完全履行了管理、监督义

---

① 张文显. 法理学［M］. 北京：高等教育出版社，2018：168.

② 侯某与王某、唐山某职业技术学院名誉权纠纷二审民事判决书，河北省唐山市中级人民法院（2018）冀02 民终 1571 号。

务，不存在过错，与学生的所受损害之间不存在因果关系，应当免责①。这种情况下，学校很难完成对"完全履行了管理、监督义务"的举证，因为校方的任何疏漏均容易被认定为不作为行为，并承担一定的责任。

## 三、高职教育活动相关主体所涉法律责任

### （一）法律责任的种类及其承担

高等职业教育活动中可能涉及各种类型的法律责任，根据法律责任的性质进行划分可分为行政责任、民事责任、刑事责任。行政责任是指行为人因违反行政法的规定而应当承担的法律责任。行政责任既包括行政主体及其工作人员在行政管理中因违法失职、滥用职权或行政不当而产生的行政法律责任，也包括公民、法人等行政相对人违反行政法的规定而产生的行政责任。民事责任是指民事主体因违反法律规定或合同约定而依法承担的法律责任。民事责任是现代社会常见的法律责任，主要表现为补偿性的财产责任。刑事责任是指行为人因实施刑法所规定的犯罪行为而应当承担的法律责任。在所有的法律责任中，刑事责任涉及剥夺行为人的人身自由甚至生命，是一种最严厉的法律责任②。追究刑事责任要考虑谦抑性原则，严格遵守罪刑法定原则。

有的分类方法还会在前述三种分类之外增加违宪责任类型③。但在我国的法律救济体系中，若行为人（主要涉及国家立法机关和国家重要领导人）若实施了违宪行为，权利主体尚不能仅依据《宪法》采用诉讼的方式追究行为人的违宪行为责任，而是采取其他方式，如法律的修改或废除程序、国家重要领导人的罢免程序等。另外，《宪法》规定的受教育权已经在与教育相关的其他法律法规中予以具体规定，因此，在高等职业教育活动所涉法律责任中，一般不考虑违宪责任，而是考虑具体的行政、民事或刑事责任。

对违法或违约行为，责任主体应当承担一定的法律责任，因而涉及法律责任的承担。法律责任的承担是体现法律权威、实现立法目的、维护社会公正的重要手段。法律责任的承担主要有惩罚和补偿两种方式。"惩罚"是指以剥夺或限制责任主体人身自由、财产利益和其他利益为内容的责任承担方式。除死刑外，惩罚所指向的对象一般是责任主体的人身自由、财产利益和其他利益。"补偿"则是以责任主体的某种作为或不作为形式弥补或赔偿损失④。

法律责任的实现形式分为自觉履行和强制执行两种。自觉履行是指责任主体在法律责任认定之后主动向权利人履行应负的法律责任。例如责任主体主动向权利人支付法院生效判决书判决所载明金额的赔偿金。强制执行是指国家机关运用国家强制力强制责任主体履行应负的法律责任，包括司法强制执行和行政强制执行。司法强制执行是指司法机关依法定职权或者依当事人申请强制责任主体履行法律责任。行政强制执

① 新疆某职业技术学院与汪某、新疆某厨房食品配送有限公司生命权、健康权、身体权纠纷二审民事判决书，新疆维吾尔自治区乌鲁木齐市中级人民法院，（2020）新 01 民终 317 号。
② 张文显. 法理学 [M]. 北京：高等教育出版社，2018：176.
③ 张文显. 法理学 [M]. 北京：高等教育出版社，2018：176.
④ 张文显. 法理学 [M]. 北京：高等教育出版社，2018：176.

行是行政机关在有法律明确授权的情况下，在法律授权范围内强制责任主体履行法律责任①。

考虑到高等职业教育活动主体多元、法律关系多样的特点，我们应从不同主体的行为出发，分别探讨行为所涉主体的各类法律责任。

### （二）相关行政机关及相关人员违法行为责任

行政机关的行政责任主要指行政机关本身及其工作人员在行政管理中的不当或违法行为所产生的法律责任，主要涉及行政责任和刑事责任。行政机关承担行政责任的方式包括通报批评、撤销违法决定、履行职务、纠正不法行为、行政赔偿等，一般由上级行政机关或法律规定的行政机关依法追究。行政机关工作人员的行政责任独立于行政机关的行政责任，责任承担方式包括通报批评、赔礼道歉、承认错误、退赔、恢复原状、停止违法行为、经济处罚、赔偿损失、行政处分、罢免等。刑事责任应严格遵照罪刑法定原则，根据《刑法》对定罪与量刑的规定予以追究。相关行政机关及相关人员的违法行为责任主要包括以下几种。

1. 教育经费核拨和使用中的违法行为的法律责任

《教育法》第七十一条和《职教法草案》第五十四条规定了教育经费核拨和使用中的违法行为责任。《职教法草案》的规定与《教育法》的规定相协调，《教育法》第七十一条规定的责任类型更加全面。《教育法》第七十一条规定，"违反国家有关规定，不按照预算核拨教育经费的，由同级人民政府限期核拨；情节严重的，对直接负责的主管人员和其他直接责任人员，依法给予处分。违反国家财政制度、财务制度，挪用、克扣教育经费的，由上级机关责令限期归还被挪用、克扣的经费，并对直接负责的主管人员和其他直接责任人员，依法给予处分；构成犯罪的，依法追究刑事责任。"

教育经费预算由《中华人民共和国预算法》规制。《教育法》第五十四条至第五十七条规定了财政保障教育投入的措施，所涉行政主体为各级政府的财政部门。违法行为表现为"不按照预算核拨教育经费""挪用、克扣教育经费"。2020年《关于贵州省毕节市大方县拖欠教师工资补贴、挤占挪用教育经费等问题的监督情况通报》记载，根据群众在国务院"互联网+督查"平台上反映的问题线索，国办督查室派员赴贵州省毕节市大方县进行了明察暗访，发现大方县自2015年起就拖欠教师工资补贴，截至2020年8月20日，共计拖欠教师绩效工资、生活补贴、五险一金等费用47 961万元，挪用上级拨付的教育专项经费34 194万元。同时发现，大方县假借推进供销合作社改革名义，发起成立融资平台公司违规吸纳资金，变相强制教师存款入股，截留困难学生生活补贴。贵州省委省政府对督查发现的教师工资拖欠问题高度重视，责令大方县认真核查、切实整改，对违规行为立即纠正、严肃问责，同时举一反三，对类似问题开展全面清查。国办督查室将密切跟踪有关工作进展情况，督促推动问题整改到位②。

行政机关承担的责任包括由同级人民政府限期核拨、责令限期归还被挪用、克扣的经费。情节严重的情况下，对行政机关内部直接责任人员（一般为行政机关领导和

① 张文显. 法理学 ［M］. 北京：高等教育出版社，2018：177.
② 中华人民共和国中央人民政府. 关于贵州省毕节市大方县拖欠教师工资补贴 挤占挪用教育经费等问题的督查情况通报 ［EB/OL］. http://www.gov.cn/hudong/ducha/2020-09/04/content_5540680.htm，2021-03-02.

直接办理核拨事项的人员）应根据《中华人民共和国公务员法》《行政机关公务员处分条例》等进行处分，达到刑事追诉标准的还应承担刑事责任。挪用、克扣教育经费，情节严重构成犯罪的，主要涉及罪名包括《刑法》第三百八十二条规定的贪污罪、第三百八十四条挪用公款罪。影响情节严重性的因素包括挪用或克扣的数额、退赔情况、悔改表现等。违法核拨或者使用违法的行为在情节严重的情况下才承担刑事责任，因此，情节的严重性直接关系到定罪与量刑。

最高人民检察院关于《人民检察院直接受理立案侦查案件立案标准的规定（试行）》对贪污罪和挪用公款罪的刑事侦查立案标准进行了规定，即达到所规定的标准就应当启动刑事追诉程序，追究行为人的刑事责任。个人贪污数额在 5 000 元以上的应予立案。挪用公款归个人使用，数额在 5 000 元至 1 万元以上，进行非法活动的；数额在 1 万元至 3 万元以上，归个人进行营利活动的；归个人使用，数额在 1 万元至 3 万元以上，超过 3 个月未还的，应予刑事立案侦查。各省可根据实际情况在此幅度内确定地区的具体数额标准。

2. 向学校乱收费的法律责任

《教育法》第七十四条规定，违反国家有关规定，向学校或者其他教育机构收取费用的，由政府责令退还所收费用；对直接负责的主管人员和其他直接责任人员，依法给予处分。该条款主要是针对一些地区和单位违反国家规定，向学校或其他教育机构任意增加各种名目的收费项目或随意提高收费标准，严重侵犯了学校合法权益，扰乱教学秩序的情况。

该条款的责任承担方式仅包括了责令退还和处分两种，不涉及刑事责任。但是，根据《中共中央、国务院关于坚决制止乱收费、乱罚款和各种摊派的决定》（1990 年 9 月颁发，中发〔1990〕16 号）中所规定的"三乱"，对其中私分财物、贪赃枉法或打击报复举报人者，要依法从重处理，决不姑息。若乱收费的行为还涉及私分行为，达到刑事立案标准，则可能构成贪污罪，应承担刑事责任。打击报复举报者的行为可构成《刑法》第二百五十四条规定的报复陷害罪，处二年以下有期徒刑或者拘役；情节严重的，处二年以上七年以下有期徒刑。

3. 招生中徇私舞弊行为的法律责任

《教育法》第七十七条第一款规定了招生中徇私舞弊行为责任，包括责令退回招收的人员；对直接负责的主管人员和其他直接责任人员依法给予处分；构成犯罪的，依法追究其刑事责任。招生中徇私舞弊行为主体为与招生相关行政机关主管人员或直接从事和参与学校招生工作的人员。

招生中徇私舞弊行为情节较轻的，对相关人员给予处分；情节严重的，构成《刑法》四百一十八条规定的招收公务员、学生徇私舞弊罪，处三年以下有期徒刑或者拘役。行政机关内负责招生工作的有关人员，利用职务上的便利，索要他人财物或非法收受他人财物为他人谋利的，可能构成受贿罪，应承担刑事责任。

4. 教育行政部门在国家教育考试中疏于管理，造成考场秩序混乱、作弊情况严重的法律责任

《教育法》第八十一条规定教育行政部门在国家教育考试中疏于管理，造成考场秩序混乱、作弊情况严重的，对直接负责的主管人员和其他直接责任人员依法给予处分；

构成犯罪的，依法追究刑事责任。故意或过失泄露国家考试试题的行为涉及《刑法》第三百九十八条规定的泄露国家秘密罪，情节特别严重的，最高刑期可达 7 年。

### （三）与高职院校相关的法律责任

#### 1. 违法招生的法律责任

学校违法招生主要表现为不按照国家招生计划或超出经批准的办学权限和招生范围，招收录取学员。《教育法》第七十六条规定，违规招生的，由教育行政部门或者其他有关行政部门责令退回招收学生，退还所收费用；对学校、其他教育机构给予警告，可以处违法所得五倍以下罚款；情节严重的，责令停止相关招生资格一年以上三年以下，直至撤销招生资格、吊销办学许可证；对直接负责的主管人员和其他直接责任人员，依法给予处分；构成犯罪的，依法追究刑事责任。

另外，《教育法》第七十七条还规定了招生工作中徇私舞弊行为责任。对于校方而言，是指学校主管招生工作的负责人和直接操作人员在招生工作中的徇私舞弊行为责任，根据具体情节，可能涉及行政责任或刑事责任。

公办教育单位中从事管理的人员属于《中华人民共和国监察法》（以下简称《监察法》）规制的范围。《监察法》第四十五条的规定，监察机关根据监督、调查结果，依法做出如下处置：①对有职务违法行为但情节较轻的公职人员，按照管理权限，直接或者委托有关机关、人员，进行谈话提醒、批评教育、责令检查，或者予以诫勉；②对违法的公职人员依照法定程序做出警告、记过、记大过、降级、撤职、开除等政务处分决定；③对不履行或者不正确履行职责负有责任的领导人员，按照管理权限对其直接做出问责决定，或者向有权做出问责决定的机关提出问责建议；④对涉嫌职务犯罪的，监察机关经调查认为犯罪事实清楚，证据确实、充分的，制作起诉意见书，连同案卷材料、证据一并移送人民检察院依法审查、提起公诉；⑤对监察对象所在单位廉政建设和履行职责存在的问题等提出监察建议。除违法招生行为外，涉及公办高职院校管理人员的其他违法、违规行为的，均属于《监察法》规制的范围。

#### 2. 乱收费的法律责任

学校乱收费的行为主要体现为违反国家有关收费范围、收费项目、收费标准以及有关收费事宜的审批、核准、备案以及收费的减免等方面的规定，自立收费项目或超过规定的收费标准，非法或不合理的收取费用[①]。《教育法》第七十八条规定了学校乱收费的法律责任，包括教育行政部门或者其他有关行政部门责令退还所有费用并对直接的责任人员给予处分。

在教材等参考书的统一征订中，《教育部办公厅关于加强各类高等学校教材和图书采购管理工作的通知》（教办厅〔2006〕11 号）严禁在教材和图书采购活动中收受回扣、手续费或其他利益。在教材费的收取上应当注意，学校为学生统一代购教材或订购图书产生的折扣收益，应让利于学生。实践中，很多学校统一为学生征订教科书，与图书销售方签订图书购销合同。由于批量采购，学校统一采购一般会比学生单独购买获得更多的优惠。根据学校与图书销售方签订图书购销合同对折扣的约定，折扣属于学校的合法利益，不属于上述通知中禁止的事项。图书销售方应当将相关费用支付

---

① 劳凯声. 高等教育法规概论［M］. 北京：北京师范大学出版社，2000：299.

给学校，学校收到折扣收益后应返还给学生①。应返还学生而拒不返还的，应当承担返还和赔偿损失的民事责任。数额大，情节严重，达到相关罪名（如职务侵占罪、挪用公款罪）刑事立案标准的，可能追究责任人的刑事责任。

3. 财务管理法律责任

《高等教育法》第七章高等教育投入和条件保障对财务管理和经费使用等财务问题进行了规定。2020 年，教育部通过了新的《教育系统内部审计工作规定》，对各级教育行政部门、学校和其他教育事业单位、企业等进行审计监督，对本单位及所属单位财政财务收支、经济活动、内部控制、风险管理等实施独立、客观的监督、评价和建议。该文件第三十九条规定，对内部审计发现的重大违纪违法问题线索，在向本单位党组织、主要负责人报告的同时，应当及时向上一级内部审计机构报告，并按照管辖权限依法依规及时移送纪检监察机关、司法机关。

根据《教育系统内部审计工作规定》第四十条的规定，被审计的学校拒绝接受或者不配合内部审计工作的；拒绝、拖延提供与内部审计事项有关的资料，或者提供资料不真实、不完整的；拒不纠正审计发现问题的；整改不力、屡审屡犯的，由单位党组织、主要负责人责令改正，并对直接负责的主管人员和其他直接责任人员进行处理。第四十一条规定，学校内部审计机构和内部审计人员玩忽职守、不认真履行审计职责造成严重后果的；隐瞒审计查出的问题或者提供虚假审计报告的；泄露国家秘密或者商业秘密的；利用职权谋取私利的，由单位对直接负责的主管人员和其他直接责任人员进行处理；涉嫌犯罪的，依法追究刑事责任。

另外，《教育行政处罚暂行实施办法》第十五条还规定了，社会力量举办的学校或者其他教育机构不确定各类人员的工资福利开支占经常办学费用的比例或者不按照确定的比例执行的，或者将积累用于分配或者校外投资的，由审批的教育行政部门责令改正，并可给予警告；情节严重或者拒不改正的，由审批的教育行政部门给予责令停止招生、吊销办学许可证的处罚。高等职业教育鼓励社会力量的加入，因此，应当注意该条款中对确定比例的工资福利开支的专款专用，否则将根据情节的轻重承担行政责任，甚至被吊销办学许可证。

4. 忽视教学、教育设施危险造成人、财损失的责任

《教育法》第七十三条规定，忽视教育教学设施危险造成人、财损失的，对直接负责的主管人员和其他直接责任人员，依法追究刑事责任。《刑法》第一百三十八条规定了"教育设施重大安全事故罪"，即明知校舍或者教育教学设施有危险，而不采取措施或者不及时报告，致使发生重大伤亡事故的，对直接责任人员，处三年以下有期徒刑或者拘役；后果特别严重的，处三年以上七年以下有期徒刑。

教育设施重大安全事故造成重大的人身和财产损害，除承担刑事责任外，责任人还应当依法承担民事赔偿责任。

5. 违法颁证行为法律责任

《教育法》第八十二条和《教育行政处罚暂行实施办法》第十七条均规定了违法

---

① 长沙某职业技术学院、湖南某图书有限公司合同纠纷二审民事判决书，湖南省长沙市中级人民法院（2019）湘 01 民终 14086 号。

颁证行为的法律责任。《教育法》的法律效力位阶高于《教育行政处罚暂行实施办法》，且《教育法》规定的法律责任更加广泛、细致，不限于行政责任。因此，根据《教育法》第八十二条的规定违法颁发学位、学历证书的，由教育行政部门或者其他有关部门宣布证书无效，责令收回或者予以没收；有违法所得的，没收违法所得；情节严重的，责令停止相关招生资格一年以上三年以下，直至撤销招生资格、颁发证书资格；对直接负责的主管人员和其他直接责任人员，依法给予处分。

6. 校园环境内或实习单位的第三人致害情形，学校的法律责任

根据《民法典》第一千一百七十五条，第三人行为导致的人身和财产损失一般应当由第三人承担。但由于学校对学生的监管义务，在校园环境内的第三人致害行为可能涉及学校因疏于监督管理的过错而承担一定的法律责任。根据《民法典》第一千一百六十五条的规定，学校承担责任以学校或者其工作人员有过错为前提。第三人致害的情形中，学校根据过错程度承担次要责任。

在明显的学校无过错情况下的第三人致害行为，学校不承担赔偿责任。如在高某与邢台某职业技术学院和某会计服务公司生命权、健康权、身体权纠纷案中，法院认为，高某是在被单位指派前往税务局报账的路上因自身原因不慎跌倒摔伤，学校与实习单位均无过错，不承担侵权损害赔偿责任。但是由于《职业院校学生实习管理规定》第三十五条规定职业学校和实习单位应当为实习生投保实习责任险，而本案中校方和单位均未给高某投保，造成了高某摔伤的相关花费无法得到保险赔付。法院最终判令学校和实习单位各承担 15% 的补偿责任①。若该案中已为学生投保实习责任险，则校方不承担任何法律责任。

此外，学校还对其教职员工在履职过程中的侵权行为（体罚学生、疏忽大意造成学生在教学活动中伤亡）承担替代责任。根据《民法典》一千一百九十一条的规定，该情形下由学校承担侵权责任。学校承担责任后可以向有过错的教职工追偿。

### （四）教师违法行为责任

教师的行为主要由《教师法》规制。该法第三十七条规定，教师故意不完成教育教学任务给教育教学工作造成损失的；体罚学生，经教育不改的；存在品行不良、侮辱学生、影响恶劣情形的，由所在学校、其他教育机构或者教育行政部门给予行政处分或者解聘。情节严重，构成犯罪的，还应依法追究教师的刑事责任，罪名主要涉及故意伤害罪、侮辱罪。

尤其值得注意的是教育部《新时代高校教师职业行为十项准则》为加强师德师风建设，制定高校教师行为准则。对于有虐待、猥亵、性骚扰等严重侵害学生行为的，一经查实，要撤销其所获荣誉称号，追回相关奖金，依法依规撤销教师资格、解除教师职务、清除出教师队伍，同时还要录入全国教师管理信息系统，任何学校不得再聘任其从事教学、科研及管理等工作。涉嫌违法犯罪的要及时移送司法机关依法处理。要严格落实学校主体责任，建立师德建设责任追究机制，对师德违规行为监管不力、拒不处分、拖延处分或推诿隐瞒等失职失责问题，造成不良影响或严重后果的，要按

---

① 高紫云与邢台职业技术学院、邢台市慧鼎会计服务有限公司生命权、健康权、身体权纠纷一审民事判决书，河北省邢台市桥西区人民法院（2019）冀 0503 民初 1888 号。

照干部管理权限严肃追究责任。

高职院校教师职称的晋升也与科研挂钩，因此，对学术不端行为的法律责任也应当引起重视。《高等学校预防与处理学术不端行为办法》第二十九条规定，高校应当根据学术委员会的认定结论和处理意见，结合行为性质和情节轻重，依职权和规定程序对学术不端行为责任人做出如下处理：通报批评；终止或者撤销相关的科研项目，并在一定期限内取消申请资格；撤销学术奖励或者荣誉称号；辞退或解聘；法律、法规及规章规定的其他处理措施。

### （五）学生违法行为责任

#### 1. 考试作弊

考试作弊行为的主体主要是学生，但是，严重的考试作弊可能涉及行政机关、学校、教师或社会人员共同参与。以上主体只要触犯《教育法》《刑法》的相关规定，都应当承担相应的法律责任。

首先，应当明确相关法律规制的考试范围。《教育法》第七十九条、第八十条针对的考试范围为"国家教育考试"。《国家教育考试违规处理办法》第二条规定，本办法所称国家教育考试是指普通和成人高等学校招生考试、全国硕士研究生招生考试、高等教育自学考试等，由国务院教育行政部门确定实施，由经批准的实施教育考试的机构承办，面向社会公开、统一举行，其结果作为招收学历教育学生或者取得国家承认学历、学位证书依据的测试活动。《教育法》第七十九条规定，在考试中出现以不正当手段获得考试成绩的作弊行为，由组织考试的教育考试机构工作人员在考试现场采取必要措施予以制止并终止其继续参加考试；组织考试的教育机构可以取消其相关考试资格或考试成绩；情节严重的，由教育行政部门责令停止参加相关国家教育考试一年以上三年以下；构成违反治安管理行为的，由公安机关依法给予治安管理处罚；构成犯罪的，依法追究刑事责任。根据第八十条的规定，组织或协助学生在国家教育考试中作弊的，有违法所得的，由公安机关没收违法所得，并处违法所得一倍以上五倍以下罚款；情节严重的，处五日以上十五日以下拘留；构成犯罪的，依法追究刑事责任。《教育法》第八十二条针对未及时发现作弊行为，事后发现行为人以作弊、剽窃、抄袭等欺诈行为或者其他不正当手段获得学位证书、学历证书或其他学业证书的，由颁发机构撤销相关证书。

《教育行政处罚暂行实施办法》第十四条也规定，参加国家教育考试的考生，如存在以虚报或伪造、涂改有关材料及其他欺诈手段取得考试资格的；在考试中有夹带、传递、抄袭、换卷、代考等考场舞弊行为的；破坏报名点、考场、评卷地点秩序，使考试工作不能正常进行或以其他方法影响、妨碍考试工作人员使其不能正常履行责任以及其他严重违反考场规则的行为，由主管教育行政部门宣布考试无效；已经被录取或取得学籍的，由教育行政部门责令学校退回招收的学员；参加高等教育自学考试的应试者，有上述情形之一，情节严重的，由各省、自治区、直辖市高等教育自学考试委员会同时给予警告或停考一至三年的处罚。

《刑法》第二百八十四条之一规定的组织考试作弊罪，非法出售、提供试题、答案罪，代替考试罪所涉考试为"法律规定的国家考试"。因此，首先要明确"法律规定的国家考试"的范围。《最高人民法院、最高人民检察院关于办理组织考试作弊等刑事案件适用法律若干问题的解释》第一条规定，法律规定的国家考试包括了：①普通高等学校招生考试、研究生招生考试、高等教育自学考试、成人高等学校招生考试等国家教育考试；②中央和地方公务员录用考试；③国家统一法律职业资格考试、国家教师资格考试、注册会计师全国统一考试、会计专业技术资格考试、资产评估师资格考试、医师资格考试、执业药师职业资格考试、注册建筑师考试、建造师执业资格考试等专业技术资格考试；④其他依照法律由中央或者地方主管部门以及行业组织的国家考试。上述考试涉及的特殊类型招生、特殊技能测试、面试等考试，也属于"法律规定的国家考试"。《刑法》第二百八十四条之一规定与考试相关的犯罪行为应处三年以下有期徒刑或者拘役，并处或者单处罚金；情节严重的，处三年以上七年以下有期徒刑，并处罚金。

校内组织的各类校级或院级课程考试作弊行为，一般不涉及法律责任，但属于严重违纪行为的，应受到纪律处分。根据《普通高等学校学生管理规定》第十八条的规定，学生严重违反考核纪律或者作弊的，该课程考核成绩记为无效，并应视其违纪或者作弊情节，给予相应的纪律处分。给予警告、严重警告、记过及留校察看处分的，经教育表现较好，可以对该课程给予补考或者重修机会。《普通高等学校学生管理规定》第五十二条规定，代替他人或者让他人代替自己参加考试、组织作弊、使用通信设备或其他器材作弊、向他人出售考试试题或答案牟取利益，以及其他严重作弊或扰乱考试秩序行为的，学校给予开除学籍处分。

2. 暴力伤害

在高等职业教育活动中常见的刑事案件类型是学生之间的暴力伤害案件。《教育法》第七十二条规定，结伙斗殴、寻衅滋事，扰乱学校及其他教育机构教育教学秩序或者破坏校舍、场地及其他财产，构成犯罪的，依法追究刑事责任。学生在校内的暴力事件一般涉及《刑法》中的故意伤害罪、故意杀人罪、寻衅滋事罪等。2016年11月青海某建筑职业技术学院男生宿舍内因赌博引起的学生之间斗殴，参与赌博和斗殴的一名男生被另两名男生持拖把杆击打，脑部遭重击，造成一级伤残，极重度智能损伤。两名男生构成故意伤害罪，分别被判有期徒刑七年八个月和六年①。

对学生殴打教师的，《教师法》第三十五条规定，侮辱、殴打教师的，情节严重，构成犯罪的，依法追究刑事责任，罪名涉及《刑法》第二百三十四条故意伤害罪、第二百四十六条侮辱罪等。

3. 冒名入学

冒名入学行为严重影响教育公平。针对社会关切，2021年4月，全国人大常委会第二十八次会议通过了《关于修改〈中华人民共和国教育法〉的决定》。其中，《教育法》第七十七条增加了冒名顶替入学相关行为法律责任，包括行政责任和刑事责任。

目前，冒名上大学的行为触犯《刑法》第二百八十条之二的规定：盗用、冒用他人身份，顶替他人取得的高等学历教育入学资格、公务员录用资格、就业安置待遇的，处三年以下有期徒刑、拘役或者管制，并处罚金。

---

① 星某与史某、青海某职业技术学院等生命权、健康权、身体权纠纷二审民事判决书，青海省西宁市中级人民法院（2019）青01民终1003号。

### (六) 校企合作中企业违法行为责任

高职院校与企业合作的最常见情形即企业接收高职院校学生跟岗实习和顶岗实习。《职教法草案》第五十七条规定了接收职业教育受教育者实习实训的用人单位未能履行其教育教学和安全管理责任，侵害受教育者人身、财产权利的，应当依据侵权责任法和相关法律规定承担责任。该条款除专门强调了民事侵权责任外，还规定了其他法律责任。我国《刑法》第一百三十四条第一款规定了重大责任事故罪，即在生产、作业中违反有关安全管理的规定，因而发生重大伤亡事故或者造成其他严重后果的，处三年以下有期徒刑或者拘役；情节特别恶劣的，处三年以上七年以下有期徒刑。第二款规定了强令违章冒险作业罪，即强令他人违章冒险作业，或者明知存在重大事故隐患而不排除，仍冒险组织作业，因而发生重大伤亡事故或者造成其他严重后果的，处五年以下有期徒刑或者拘役；情节特别恶劣的，处五年以上有期徒刑。

此外，校企合作一般以合同方式实现，故在此过程中还可能涉及企业违约责任之承担。

# 第二节　高等职业教育法律制度中的法律救济

法律救济解决的是违法或不当行为的受害者可以采取何种手段制止、纠正违法或不当行为并在人身或财产受损时弥补损失的问题。由于法律救济体系复杂、专业性强、涉及的法律文件众多，因此，有效利用法律救济方法对法律专业知识和技能的要求较高，涉及诉讼时尤其如此。非法律专业人士拟寻求法律救济时，最好先咨询法律专业人士的意见。在充分获取信息和听取建议后，由当事人对是否寻求法律救济、采取何种法律救济方式等问题自行决策，并自行或者委托代理人准备必要文件、参加相关程序。本节主要在高职教育活动语境下对法律救济的基本知识进行介绍，并提示相关注意事项。

## 一、法律救济概述

救济是纠正、矫正或改正发生或业已造成伤害、危害、损失或损害的不当行为[1]。救济可以分为公力救济和私力救济。无论何种救济，都以"合法"（程序和实体的双重合法）为首要前提。2008年10月28日，中国政法大学昌平校区内，在校学生付某某将正在上课的教授陈某某砍成重伤，经抢救无效死亡。北京市第一中级人民法院于2009年10月20日做出（2009）一中刑初字1905号刑事判决，认定付某某犯故意杀人罪，判处死刑，缓期二年执行[2]。付某某在接受讯问时表明其行凶的原因之一是认为受害人不配为人师表，并且认为通过学校途径无法解决其问题[3]。犯罪人付某某严重地错

---

① 戴维·M 沃克. 牛津法律大辞典 [Z]. 北京社会与科技发展研究所，译. 北京：光明日报出版社，1988：764.
② 付成励故意杀人罪减刑案，黑龙江省高级人民法院（2014）黑刑执字第627号刑事裁定书；付成励减刑案，黑龙江省黑河市中级人民法院（2017）黑11刑更557号刑事裁定书.
③ 凤凰网. 法大弑师学生被批捕，称行凶报复是为"杀一儆百"[EB/OL].（2021-2-10）[2021-6-5]. http://news.ifeng.com/society/1/200812/1224_343_937320.shtml.

误认为其实施的行为是一种私力救济。因此，在讨论救济时必须首先强调手段的合法性。

法律救济是指权利主体认为自身合法权益因行政机关的行政行为或者其他组织和个人的行为而受到侵害，依照法律规定向有权受理的国家机关告诉并要求解决，予以补救，有关国家机关受理并作出具有法律效力的解决活动。换言之，法律救济是由受损的当事人发起，通过法律规定的途径纠正或补救违法或违约行为。违法或违约行为也应当由司法机关依法认定，而非由当事人自行认定。由于刑事案件中，根据《最高人民法院关于适用〈中华人民共和国刑事诉讼法〉的解释》（2021）第一百七十五条，若当事人的人身或财产权利受损（不包括精神损失），可以提起附带民事诉讼请求民事损害赔偿。因此，主要的法律救济方法包括行政救济和民事救济。另外，在高等职业教育法律制度领域，《教育法》和《教师法》还规定了一种特殊的救济途径，即教师和学生的申诉制度。

行政救济是指公民或组织的合法权益受到违法或不当行政行为的侵害时，对违法或不当的行政行为加以纠正，或对因行政行为而使公民的合法权益受到损害予以弥补的一种法律救济。行政救济包括内部行政救济和外部行政救济两类，前者主要有行政监察的救济和审计复审；后者主要包括依照《中华人民共和国行政复议法》《中华人民共和国行政诉讼法》《中华人民共和国国家赔偿法》规定的途径、方式发生的行政复议、行政诉讼和行政赔偿。在高职教育法律制度中的法律救济制度重点关注学校、师生和企业权利因不当或违法行政行为受损情况下的救济方法，因此此处我们只探讨外部行政救济中的行政复议、行政诉讼和行政赔偿。

民事救济是指公民、组织的合法权益受到其他公民和组织的行为侵害时，提起的民事诉讼。对高职教育活动所涉任何违约或侵权行为，权利人均可通过民事诉讼的方式寻求救济。

教师和学生的申诉制度是教育法律制度中特殊的救济制度。由于教师和学生不属于国家机关工作人员，且被申诉人既可能是学校又可能是行政机关，因此，教师和学生的申诉制度不属于行政救济，更不同于民事救济，是一种特殊的救济。

## 二、行政救济

### （一）行政复议

行政复议是公民、法人或其他组织认为行政机关的具体行政行为侵害其合法权益，依法向该机关的上一级行政机关或者法律、法规规定的行政机关提出申请，由受理申请的行政机关对原具体行政行为进行重新审查并做出裁决的活动及其制度[1]。行政复议是公民、法人或其他组织获得行政救济的重要途径。我国行政复议相关活动受《中华人民共和国行政复议法》（以下简称《行政复议法》）规制。

行政复议的申请人是合法权益受到具体行政行为侵害的公民、法人或其他组织，被申请人是做出具体行政行为的行政机关。高校不是一级行政机关，因此对学校决定不服的，不能采用行政复议的方式寻求救济。2019 年，王某不服武汉大学对其报考法

---

① 劳凯声. 高等教育法规概论 ［M］. 北京：北京师范大学出版社，2000：323.

律硕士研究生考试资格的决定，以武汉大学为被申请人向教育部提出行政复议。因武汉大学不属于行政机关，该复议申请被教育部驳回①。高职院校亦是如此，不能作为行政复议的被申请人。

在我国，行政复议针对具体行政行为，在附带的情况下也可以对抽象行政行为提起行政复议。具体行政行为与抽象行政行为相对应，具体行政行为是行政机关针对特定行政相对人就特定的具体事项，做出的有关该公民、法人或者其他组织权利义务的单方行为；抽象行政行为指行政机关在进行行政管理中，针对不特定的人和事制定普遍适用的规范性文件的活动。

《行政复议法》第六条列举了十一种可以申请行政复议的具体行政行为。针对高职教育活动领域涉及行政机关承担的法律责任的情形，主要涉及该条所列情形中的"（一）对行政机关作出的警告、罚款、没收违法所得、没收非法财物、责令停产停业、暂扣或者吊销许可证、暂扣或者吊销执照、行政拘留等行政处罚决定不服的；……（三）对行政机关作出的有关许可证、执照、资质证、资格证等证书变更、中止、撤销的决定不服的；……（七）认为行政机关违法集资、征收财物、摊派费用或者违法要求履行其他义务的；……（九）申请行政机关履行保护人身权利、财产权利、受教育权利的法定职责，行政机关没有依法履行的；（十）申请行政机关依法发放抚恤金、社会保险金或者最低生活保障费，行政机关没有依法发放的；（十一）认为行政机关的其他具体行政行为侵犯其合法权益的。"根据《行政复议法》第七条的规定，对具体行政行为提起行政复议可以附带对作为具体行政行为依据的部分抽象行政行为提起行政复议，包括：国务院部门的规定；县级以上地方各级人民政府及其工作部门的规定；乡、镇人民政府的规定，但排除国务院部委规章和地方政府规章。学校的招生简章等以学校为签发主体的文件不属于行政复议审查的范围②。

明确可申请复议的行政行为后，还需明确向谁提起行政复议，即行政复议的管辖问题。《行政复议法》第十二条至十五条对各类具体行政行为提起行政复议的管辖进行了规定。根据《行政复议法》第十二条，对各级人民政府教育部门具体行政行为不服的，申请人可以选择向该部门的本级人民政府申请行政复议，也可以向上一级主管部门申请行政复议，如：对省教育厅的决定不服既可以向省人民政府也可以向教育部申请行政复议。若具体行政行为是由教育行政部门和其他部门共同做出的，根据《行政复议法》第十五条的规定，应向它们的共同的上一级行政机关申请行政复议。

提起行政复议的权利可能因超过法定时间的期限而消灭，因此，当事人须在法定的期限内提起行政复议。《行政复议法》第九条规定了提起行政复议期限，超出规定期限提起的行政复议，复议机关可不予受理。第九条规定：公民、法人或者其他组织认为具体行政行为侵犯其合法权益的，可以自知道该具体行政行为之日起六十日内提出行政复议申请；但是法律规定特殊期限或有法定特殊事由的除外。

行政复议期间具体行政行为一般不停止执行，《行政复议法》第二十一条列举的特殊情况除外。行政复议决定书一经送达即生效。申请人对行政复议决定不服的，可以

---

① 王庆宁与中华人民共和国教育部其他二审行政判决书，北京市高级人民法院（2020）京行终 3476 号。
② 王庆宁与中华人民共和国教育部其他二审行政判决书，北京市高级人民法院（2020）京行终 3476 号。

将做出行政复议决定的机关作为被告向人民法院提起行政诉讼。对高职教育活动相关的行政机关提起的行政复议一般不涉及特殊情况，因此，对行政复议决定不服的，一般都可以依法提起行政诉讼。但是，行政诉讼期间不停止争议所涉行政行为的执行。

行政复议不收取任何费用。《行政复议法》第三十九条规定，行政复议机关受理行政复议申请，不得向申请人收取任何费用。行政复议活动所需经费，应当列入本机关的行政经费，由本级财政予以保障。

### （二）行政诉讼

行政诉讼是指公民、法人和其他组织认为行政机关的具体行政行为侵犯其合法权益依法向人民法院提起诉讼，由人民法院进行审理并做出判决的制度[①]。行政诉讼就是社会上俗称的"民告官"。行政诉讼案件由人民法院审判。

行政诉讼是不同于行政复议的一种救济方式，且行政诉讼不以经过行政复议为前提，法律规定的特殊情况除外。高职教育相关活动涉及的具体行政行为一般不涉及法律规定的特殊情况，因此，在该领域行政相对人对具体行政行为不服的，既可以先申请复议，对复议决定不服后再提起诉讼，也可以直接提起行政诉讼。

实践中，首先要明确是否可以对争议行为提起行政诉讼，《中华人民共和国行政诉讼法》（以下简称《行政诉讼法》）第十二条和第十三条对行政诉讼的受案范围进行了规定。综合第十二条和第十三条的规定，公民、法人或者其他组织只能对具体行政行为提起行政诉讼。只有行政主体运用行政权力做出的对外的、特定的且对当事人权利义务产生实际影响的行政行为，才属于人民法院行政诉讼的受案范围。由于学校不属于行政机关，也不是法律、法规、规章授权的组织，因此，实践中常见的学校与教师之间就工资待遇等问题产生的纠纷不属于行政诉讼的受案范围[②]。值得注意的是，高职院校虽不是行政机关，但对高职院校根据教育行政法律法规颁发学位、学历证书、开除学籍的行为是可以提起行政诉讼的[③]。

其次，要明确行政诉讼的被告。根据《行政诉讼法》第二十六条的规定，做出行政行为的行政机关是被告。做出具体行政行为的行政机关一般是相关文件（如处罚决定书等）上的盖章机关。

再次，需要明确向哪个法院提起行政诉讼，即涉及行政诉讼案件的地域管辖（由哪里的人民法院管辖）和级别管辖（由哪一级人民法院管辖）的问题。行政案件由最初做出行政行为的行政机关所在地人民法院管辖。经复议的案件，也可以由复议机关所在地人民法院管辖。《行政诉讼法》第十四条规定，一般行政案件由基层人民法院一审。

最后，还应注意在法定的期限内提起行政诉讼。《行政诉讼法》第四十六条规定，公民、法人或者其他组织直接向人民法院提起行政诉讼的，应当自知道或者应当知道做出行政行为之日起六个月内提出。《最高人民法院关于适用〈中华人民共和国行政诉讼法〉的解释》第六十四条规定，行政机关做出具体行政行为时，未告知公民、法人

---

① 劳凯声.高等教育法规概论［M］.北京：北京师范大学出版社，2000：331.

② 张某民、青岛某职业技术学院教育行政管理（教育）二审行政裁定书，山东省青岛市中级人民法院（2018）鲁02行终524号。

③ 李某与山东某大学违法要求履行义务类二审行政判决书，山东省济南市中级人民法院，（2019）鲁01行终245号。刘红娟，向燕.从学校开除学生说起［J］.中国律师，2003（8）：62.

或者其他组织起诉期限的，起诉期限从公民、法人或者其他组织知道或者应当知道起诉期限之日起计算，但从知道或者应当知道行政行为内容之日起最长不得超过一年。六个月起诉期限的起算点为送达之日，而非处罚决定书记载的做出处罚决定的日期。

行政相对人提起行政诉讼要预交一定的诉讼费，但费用较低。根据《诉讼费用交纳办法》第十三条的规定，高职教育活动领域涉及的行政诉讼均属于"其他行政案件"类型，仅交纳50元诉讼费。并且，若行政相对人作为原告胜诉的，诉讼费由被告的行政机关承担。

### （三）行政赔偿

行政赔偿是指行政主体及其工作人员在行使职权过程中违法，侵犯相对人的合法权益并造成损害，国家对此承担的赔偿责任[①]。行政赔偿主要受《中华人民共和国国家赔偿法》（以下简称《国家赔偿法》）规制。

行政赔偿不是完全独立的程序，其与行政复议、行政诉讼联系紧密。根据《国家赔偿法》第九条、《行政复议法》二十九条的规定，赔偿请求人要求赔偿，应当先向赔偿义务机关提出，也可以在申请行政复议或者提起行政诉讼时一并提出。赔偿请求人选择在行政复议或行政诉讼中请求行政赔偿的，应同时满足《行政复议法》或《行政诉讼法》中对相关事项的规定。

需要首先强调的是，对于上述规定中设置的求偿途径，赔偿请求人可以自行选择其一，不能同时采用。赔偿请求人选择了救济途径且未被准许撤回的，其不能再随意变更救济途径，否则将造成行政机关和司法机关对其请求同时进行处理的局面，不符合司法最终原则[②]。

虽然上述的复议和诉讼不能同时进行，但是行政诉讼和另外两种途径可以进行衔接。在行政复议部分已经介绍了行政诉讼与行政复议的衔接，在此不赘述。向赔偿义务机关直接求偿的途径与行政诉讼之间的衔接是根据《国家赔偿法》第十三条至第十五条的规定，赔偿请求人先向赔偿义务机关提出赔偿请求的，赔偿义务机关自收到申请之日起两个月内，做出是否赔偿的决定。赔偿义务机关在规定期限内未做出是否赔偿的决定，赔偿请求人可以自期限届满之日起三个月内，向人民法院提起诉讼。赔偿请求人对赔偿的方式、项目、数额有异议的，或者赔偿义务机关做出不予赔偿决定的，赔偿请求人可以自赔偿义务机关做出赔偿或者不予赔偿决定之日起三个月内，向人民法院提起诉讼。因此，赔偿请求人选择先向赔偿义务机关提出赔偿申请的，《国家赔偿法》对赔偿义务机关的审查决定未设置行政机关内部复审程序，但可以通过行政诉讼程序请求法院对行政赔偿问题做出裁判。

赔偿义务机关是行政赔偿的被申请人或行政赔偿诉讼的被告。《国家赔偿法》第七条规定赔偿义务机关是造成行政相对人人身或财产受损的行政机关或行使职权的工作人员所属的行政机关。争议具体行政行为经复议机关复议的，最初造成侵权行为的行政机关为赔偿义务机关，但复议机关的复议决定加重损害的，复议机关对加重的部分

---

① 李慧杰. 行政赔偿与行政补偿的区别 [EB/OL]. （2021-2-27）[2021-6-5]. http://bjgy.chinacourt.gov.cn/article/detail/2009/10/id/871376.shtml.

② 申某坤与濮阳市人民政府土地行政管理再审案，最高人民法院，（2020）最高法行申2359号。

履行赔偿义务。

《国家赔偿法》第三十二条规定了国家赔偿的方式。国家赔偿以支付赔偿金为主要方式，能够返还财产或恢复原状的，予以返还财产或恢复原状。

### 三、民事救济：民事诉讼

民事诉讼是公民、法人为解决民事纠纷，保护自己的合法权益，依法向人民法院提起诉讼，由人民法院做出裁判的制度①。在主体涉嫌刑事犯罪由检察院提起公诉且犯罪行为使受害人遭受物质性损害的，受害人对其遭受的物质损失可同时提起刑事附带民事诉讼。法院在审理该刑事案件时一并审理附带民事诉讼部分。在中国，民事诉讼活动主要由《中华人民共和国民事诉讼法》及其相关司法解释进行规制，附带民事诉讼还受《中华人民共和国刑事诉讼法》及其相关司法解释的规制。在高职教育活动相关的任何合同纠纷或侵犯人身、财产权益纠纷中，受损方均可通过民事诉讼的方式寻求救济，请求法院判令对方承担相应的民事责任。

民事诉讼以不告不理为基本原则，即法院对案件的审理以当事人自行提起诉讼为前提，法院不主动审查民事案件。该原则要求当事人积极的主张自己的权利。如果在法定的诉讼时效（一个法定的期限）内，权利人不起诉的，将丧失胜诉权，即法定诉讼时效期已过的，无论事实如何，法院都不会支持诉请，除非对方仍然愿意承担责任。《民法典》第一百八十八条规定诉讼时效一般为 3 年，法律另有规定的除外。诉讼时效期间自权利人知道或应当知道权利受到损害以及义务人之日起计算。

民事诉讼的原告需要预交诉讼费用，产生一定的诉讼成本。根据《诉讼费用交纳办法》第十二条的规定，财产类案件，按照诉讼请求金额分段累计收取诉讼费。侵害姓名权、名称权等人格权的案件每件交纳 100~500 元，涉及损害赔偿的，按照请求赔偿金额的不同，分段累计交纳，但非财产类案件的诉讼费总体远低于财产类案件的诉讼费用，诉讼成本较低。诉讼费用由原告在起诉时预交，但诉讼费用最终由败诉方负担。部分胜诉、部分败诉的，人民法院根据案件的具体情况决定当事人各自负担的诉讼费用数额。

### 四、教育领域特殊救济：申诉

申诉是指公民和国家机关工作人员对国家机关做出的涉及个人权益的处理决定不服，依法向原处理机关或其上级机关或法定的其他专责机关声称不服、述说理由并请求复查和重新处理的行为②。《宪法》四十一条规定我国公民对任何国家机关和国家工作人员的违法失职行为，都有权向有关国家机关提出申诉、控告或检举的权利，但不能捏造或歪曲事实进行诬陷。申诉制度是独立于行政复议和行政诉讼的救济方式。对申诉结果不服的，仍可以按照《中华人民共和国行政诉讼法》或《中华人民共和国民事诉讼法》的规定提起行政诉讼或民事诉讼。在高等职业教育法律制度中，申诉权主要规定在《教育法》《教师法》《普通高等学校学生管理规定》等法律文件中。

---

① 劳凯声. 高等教育法规概论［M］. 北京：北京师范大学出版社，2000：339.
② 劳凯声. 高等教育法规概论［M］. 北京：北京师范大学出版社，2000：316.

## （一）教师申诉

教师申诉制度是指教师对学校或其他教育机构及有关政府部门做出的处理不服，或对侵犯其权益的行为，依照《教师法》的规定，向主管的行政机关申诉理由，请求处理的制度。该制度是根据《教师法》确立的一项保障教师与教育有关权利的法律救济手段[①]。

《教师法》确立的教师申诉制度适用于全体教师，不限于根据《教师资格条例》取得教师资格的教师。《教师法》第三条将教师定义为"履行教育教学职责的专业人员。"该定义并未将取得教师资格证作为教师的要件。根据《教师法》第四十一条的规定，教辅人员也参照《教师法》有关规定执行。

首先，教师认为学校侵犯其合法权益或对学校的处理不服的申诉是最常见的情况。《教师法》第三十九条的规定，在这种情况下，教师可以向教育行政部门提出申诉，教育行政部门应当在接到申诉的三十日内，做出处理。该条所述"教育行政部门"是指教师所在学校隶属的主管行政机关；没有直接隶属关系的学校向有管理权限的教育行政部门申诉，如民办高职院校的教师申诉应由省级高等教育主管部门受理；多个行政机关都有管辖权的，教师可以根据自身情况任选其一提出申诉[②]。

其次，教师认为当地政府有关行政部门侵犯其权利的，也可以提起申诉。根据《教师法》第三十九条的规定，教师认为当地人民政府有关行政部门侵犯其权利的，可以向同级人民政府或者上一级人民政府有关部门提出申诉，同级人民政府或上一级人民政府有关部门应当做出处理。该条仅规定了受理申诉的主体以及"应当"做出处理的义务，但未具体规定做出处理的时间，可以理解为应在"合理时间"内处理。

最后，随着高职院校对科研的重视，教师对学术不端行为处理结果的申诉制度应予关注。在提出申诉前，可以先向学校申请复核。《高等学校预防与处理学术不端行为办法》第三十三条至第三十五条对学术不端行为处理后的复核、申诉进行了规定。举报人或者学术不端行为责任人对处理决定不服的，可以在收到处理决定之日起30日内，以书面形式向高等学校提出异议或者复核申请。异议和复核不影响处理决定的执行。高等学校收到异议或者复核申请后，应当交由学术委员会组织讨论，并于15日内做出是否受理的决定。决定受理的，学校或者学术委员会可以另行组织调查组或者委托第三方机构进行调查；决定不予受理的，应当书面通知当事人。

## （二）学生申诉

学生申诉制度是依据《教育法》第四十三条建立起来的。该条规定，受教育者对学校给予的处分不服，有权向有关部门提出申诉。对学校、教师侵犯其人身权、财产权等合法权益，提出申诉或依法提起诉讼。学生申诉制度的程序可比照教师申诉制度进行[③]。

《普通高等学校学生管理规定》中列举了纪律处分的范围。其第二条表明该规定适用于高职院校。其第五十一条规定，学校对学生的纪律处分包括：警告、严重警告、记过、

① 劳凯声. 高等教育法规概论 [M]. 北京：北京师范大学出版社，2000：316.
② 劳凯声. 高等教育法规概论 [M]. 北京：北京师范大学出版社，2000：321.
③ 劳凯声. 高等教育法规概论 [M]. 北京：北京师范大学出版社，2000：322.

留校察看、开除学籍五种纪律处分。此外，《普通高等学校学生管理规定》第五十六条还涉及几类处理或处分，包括：取消入学资格、取消学籍、退学、开除学籍，因涉及学生的受教育权，还应当提交校长办公会或者校长授权的专门会议研究决定。学生对该决定不服的，也可以提起申诉。由于《教育法》第四十三条规定的申诉范围包括了学校给予的处分和学校、教师的侵权行为，因此，当学生的合法权益受到侵害时，无论致害行为是学校的处分行为还是学校和教师及其他学校工作人员的其他行为均可以通过申诉的方式寻求救济。学生对申诉的结论不服的，仍可以依法提起民事诉讼或行政诉讼。

2013 年，深圳某职业技术学院召开校长办公会，对屡次严重违纪以及殴打同学的杨某给予开除学籍处分，并书面通知杨某及其父。杨某及其父拒绝签收并向杨某所在学院提交书面申诉。该职业技术学院就上述申诉召开"学术申诉委员会关于复议对杨某同学违纪处分的会议"，会议维持了处分决定，并将该处分决定书面文件报广东省教育厅备案。之后，杨某就学校开除其学籍的行为向法院提起行政诉讼，请求撤销处分，恢复杨某的学籍。一审法院从实体和程序两方面对学校做出开除学籍处分的决定进行了审理，认为该处分决定符合实体和程序的法定要件，应予支持，因此驳回了原告杨某的请求。杨某不服一审判决，提起上诉。二审法院维持了一审判决①。2017 年，在另一案件中，襄阳某职业技术学院开除严重违纪学生学籍的处分因未按照法定程序进行，因而被法院撤销②。此类案件一方面强调了学校对学生做出处分决定时应注意《普通高等学校学生管理规定》对处分原因和处分程序的规定，另一方面也充分说明受处分的学生享有校内申诉权，且在不服校内申诉结论或认为学校处分程序不规范时，还可以提起行政诉讼。

（本章撰稿：范小梅）

<h2 style="text-align:center">复习思考题</h2>

1. 简述法律责任、法律义务、职责三者的区别。
2. 简述高职院校在教育活动中的法律责任及其合法权益受损时的救济方式。
3. 简述高职院校教师在教育活动中的合法权益受损时的救济方式。
4. 简述高职院校学生在教育活动中合法权益受损时的救济方式。
5. 简述申诉、行政复议、行政赔偿、行政诉讼、民事诉讼等各救济方式适用的情形以及各救济方式之间的衔接关系。

---

① 杨某与深圳某职业技术学院其他二审行政判决书，广东省深圳市中级人民法院（2015）深中法行终字第 478 号。

② 张某与襄阳某职业技术学院行政管理（教育）一审行政判决书，湖北省襄阳城区人民法院（2017）鄂 0602 行初 85 号。

中卷　法律篇

# 第六章

# 《中华人民共和国教育法》解读

【内容摘要】《中华人民共和国教育法》（以下简称《教育法》）在我国教育法律法规体系中具有"母法"的地位，在教育法规各形式层次中处于最高层次，其规定在教育领域具有最高法律效力，是国家调整、规范和保护教育改革与发展的基本法律，为促进教育的改革与发展，建立具有中国特色的社会主义现代化教育制度，维护教育法律关系主体的合法权益，加速教育法治建设，提供了根本的法治保障。本章主要介绍了《教育法》总则部分的基本指导思想、战略地位、教育方针、原则以及分则部分的各类教育教学制度，阐释了学校及其他教育机构、受教育者的权利与义务的有关规定，列举了在违反教育法律法规时各类主体应当承担的法律责任。对本章的学习有助于高等职业学校新入职教师加深对《教育法》确立的重大意义、教育方针、原则、制度的理解，更好地行使相关权利以及履行义务，助力教育事业走向全面依法治教的新阶段、步入依法治校新格局，确保各相关主体在教育教学活动中自觉贯彻执行教育法。

## 第一节 《中华人民共和国教育法》总则

《中华人民共和国教育法》，于 1995 年 9 月 1 日正式实施。2009 年 8 月、2015 年 12 月先后进行了两次修订。2021 年 4 月 29 日，第十三届全国人民代表大会常务委员会第二十八次会议通过《全国人民代表大会常务委员会关于修改〈中华人民共和国教育法〉的决定》第三次修正，自 2021 年 4 月 30 日起施行。此次教育法修订，是贯彻落实党的十九大精神、全国教育大会精神的重要举措，是对教育基本法律制度的进一步完善。

### 一、《教育法》的指导思想

教育指导思想贯穿教育事业始终，决定教育的性质、地位和方针。我国的教育指导思想在《宪法》和《教育法》中都有明确的规定。《宪法》第十九条规定：国家发展社会主义的教育事业，提高全国人民的科学文化水平。《教育法》第三条规定：国家坚持中国共产党的领导，坚持以马克思列宁主义、毛泽东思想、邓小平理论、"三个代表"重要思想、科学发展观、习近平新时代中国特色社会主义思想为指导，遵循宪法确定的基本原则，发展社会主义的教育事业。

上述规定表明，我国的教育指导思想是社会主义性质的，以中国共产党的领导为核心的指导思想。这一规定还为我国教育事业优先发展的战略地位和使受教育者德、智、体、美、劳等方面全面发展的教育方针提供了依据，为教育事业的发展指明了方向。我国现仍处于社会主义初级阶段，我国的教育事业是服务于社会主义初级阶段政治、经济、文化发展需要的教育事业。社会主义初级阶段的教育呈现出不发达、不成熟、不完善的现实状况。我国的社会主义教育事业应当坚持以马克思列宁主义、毛泽东思想、邓小平理论、"三个代表"重要思想、科学发展观、习近平新时代中国特色社会主义思想作为指导思想。在坚持社会主义办学方向的同时，不断完善社会主义教育制度，实现教育为社会主义建设服务与为满足社会成员自身发展的需要相统一，建设具有中国特色的社会主义教育事业。

## 二、教育优先发展的战略地位

《教育法》第四条规定：教育是社会主义现代化建设的基础，对提高人民综合素质、促进人的全面发展、增强中华民族创新创造活力、实现中华民族伟大复兴具有决定性意义，国家保障教育事业优先发展。这一规定第一次从法律上确立了教育事业优先发展的战略地位。教育优先发展是指在整个社会发展中，国家保障教育事业处于战略领先的地位，这是由教育在社会主义现代化建设中的基础地位所决定的。在我国，教育优先发展战略有其实践基础、理论依据和落实条件。

1982年，党的十二大正式把教育列为我国经济建设三大战略重点之一。1987年，党的十三大提出："要把经济建设转移到依靠科技进步和提高劳动者素质的轨道上来"，"把发展科学技术和教育事业放在首位"。教育在社会主义现代化建设中的地位得以确立。1993年，《中国教育改革和发展纲要》提出要"真正树立社会主义建设必须依靠教育和'百年大计，教育为本'的思想"，"教育是社会主义现代化建设的基础，必须把教育摆在优先发展的战略地位"[①]。这是教育优先发展战略的最初表述。2006年，《中共中央关于制定国民经济和社会发展第十一个五年规划的建议》中对于"教育优先发展"做了明确的表述：①全面提高素质教育；②大力发展职业教育；③提高高等教育质量；④加大教育投入；⑤发展现代远程教育；⑥促进各级各类教育协调发展；⑦建设学习型社会。2017年，习近平总书记所做的党的十九大报告围绕"优先发展教育事业"做出新的全面部署，明确提出："建设教育强国是中华民族伟大复兴的基础工程，必须把教育事业放在优先位置，深化教育改革，加快教育现代化，办好人民满意的教育。"确立教育优先发展的战略地位，是以教育在现代化建设中的作用的认识不断深化的过程为其实践基础，并结合社会主义市场经济发展所作的科学选择。

---

① 中国共产党第十四次全国代表大会在建设有中国特色社会主义理论的指导下，确定了20世纪90年代我国改革和建设的主要任务，明确提出"必须把教育摆在优先发展的战略地位，努力提高全民族的思想道德和科学文化水平，这是实现我国现代化的根本大计"。为了实现党的十四大所确定的战略任务，指导20世纪90年代乃至21世纪初教育的改革和发展，使教育更好地为社会主义现代化建设服务，制定了《中国教育改革和发展纲要》。

### 三、教育方针

《教育法》第五条规定："教育必须为社会主义现代化建设服务、为人民服务，必须与生产劳动和社会实践相结合，培养德、智、体、美、劳等方面全面发展的社会主义建设者和接班人。"教育方针是在一定历史阶段提出的有关教育事业的总方向和总指针，确定教育事业发展方向，是教育改革发展的指导思想、价值取向和根本要求，是教育基本政策的总概括，是指导整个教育事业发展的战略原则和行动纲领。教育方针的制定和落实，事关国家教育事业发展的战略方向和兴衰成败。新中国成立70余年来，教育方针适应时代要求，经历了一个不断完善、不断发展和调整的过程，体现了社会主义教育的性质、方向、目标，反映了不同历史时期我国经济社会发展对教育提出的基本要求。

习近平总书记在作党的十九大报告时庄严宣告："中国特色社会主义进入了新时代，这是我国发展新的历史方位。"关于新时代的教育方针，2019年3月18日，习近平总书记在主持召开学校思想政治理论课教师座谈会上强调，新时代贯彻党的教育方针，要坚持马克思主义指导地位，贯彻新时代中国特色社会主义思想，坚持社会主义办学方向，落实立德树人的根本任务，坚持教育为人民服务、为中国共产党治国理政服务、为巩固和发展中国特色社会主义制度服务、为改革开放和社会主义现代化建设服务，扎根中国大地办教育，同生产劳动和社会实践相结合，加快推进教育现代化、建设教育强国、办好人民满意的教育，努力培养担当民族复兴大任的时代新人，培养德智体美劳全面发展的社会主义建设者和接班人。新时代的教育方针，是不断适应时代要求、总结教育规律，把握社会发展和人的发展要求而提出的教育事业行动指南。从根本上说，我国现行的教育方针是一个不可分割的完整的有机统一整体，在教育实践中，各级教育行政部门、各级各类学校和教育工作者都要完整全面地领会教育方针的精神实质，全面贯彻执行国家的教育方针。①

### 四、教育法基本原则

教育法基本原则是指全部教育法应当遵循的准则，是教育立法、执法、司法和研究的依据，是发展教育事业的基本要求和指导规则。我国的教育法原则是根据国家的教育方针和教育发展的客观规律制定的，并在不断总结我国社会主义教育实践经验和批判继承历史遗产及吸收外国有益经验的基础上丰富和发展起来的。目前我国的教育法基本原则有：教育方向性原则、教育公共性原则、教育平等性原则、终身教育原则等主要原则。《教育法》将以上原则用法律条文的形式固定下来，使其成为教育活动必须遵守的法律依据。

#### （一）教育方向性原则

《教育法》第六条规定："教育应当坚持立德树人，对受教育者加强社会主义核心价值观教育，增强受教育者的社会责任感、创新精神和实践能力。国家在受教育者中进行爱国主义、集体主义、中国特色社会主义的教育，进行理想、道德、纪律、法治、

---

① 翟博. 新时代教育工作的根本方针［N］. 中国教育报. 2019-09-16.

国防和民族团结的教育。"它规定了我国新时期的思想道德教育工作的总体目标和基本内容，是站在历史的高度，以战略的眼光看待德育工作。全面建设现代化教育的实际，针对未成年人身心成长的特点，积极探索新时代未成年人思想道德建设的规律，坚持以人为本，教育和引导未成年人树立中国特色社会主义的理想信念和正确的世界观、人生观、价值观，养成高尚的思想品质和道德情操。

《教育法》第七条规定："教育应当继承和弘扬中华优秀传统文化、革命文化、社会主义先进文化，吸收人类文明发展的一切优秀成果。"认真研究和继承我国历史上广为流传的优秀道德思想和行为准则，并赋予其新的时代内容，要把中华民族的优良道德传统与人民在社会主义建设中形成的新的道德规范结合起来，提出具有中华民族特色，体现时代精神的价值标准和道德规范。吸收人类文明的一切优秀成果，是继承和发扬中华民族优秀历史文化传统的延伸和展开。只有立足国情，有选择地学习各国优秀文化成果，并加以吸收和运用，才能使之与中华民族的优秀文化传统有机结合为一体，成为我国人民奋发向上、团结奋进的文化动因。

### （二）教育公共性原则

《教育法》第八条规定："教育活动必须符合国家和社会公共利益。国家实行教育与宗教相分离。任何组织和个人不得利用宗教进行妨碍国家教育制度的活动。"国家和社会的公共利益，从本质上说是全体人民的利益。这一原则要求在我国境内实施教育活动，必须对国家、人民和社会负责，不得损害国家利益和社会公共利益。国家通过制定法律、建立制度、政府管理、督导评估等，对教育活动进行管理和监督，以保证教育公共性原则的实现。作为教育活动的主体，学校及其他教育机构以及教师和其他教育工作者，在教育活动中应当坚持教育的公共性原则，这对于我国的教育改革与发展，指导、规范和评价教育活动具有十分重要的作用。

### （三）教育平等性原则

《教育法》第九条规定："中华人民共和国公民有受教育的权利和义务。公民不分民族、种族、性别、职业、财产状况、宗教信仰等，依法享有平等的受教育机会。"

《教育法》第十条规定："国家根据各少数民族的特点和需要，帮助各少数民族地区发展教育事业。国家扶持边远贫困地区发展教育事业。国家扶持和发展残疾人教育事业。"

教育平等性原则具体而言有以下四层含义：一是以人为本，人接受教育的最终目的是个体自由和谐地发展，只有尊重每一个个体的基本人权与自由的发展，才是符合教育平等的原则；二是教育平等性原则是相对于政治、经济上的平等权利来说的；三是教育机会均等，良好的教育制度是保障每个人有均等的入学机会，在教育过程中有均等的对待和成功的机会；四是差别性对待，由于教育的效果会因受教育者个人天赋、客观环境和实际条件不同，机会均等不可能机械地套用。因此，实现教育平等必然对每一个个体以不同的教育待遇，通过一定的教育使公民的入学机会、竞争机会和成功机会均等。

### （四）终身教育原则

《教育法》第十一条规定："国家适应社会主义市场经济发展和社会进步的需要，推进教育改革，推动各级各类教育协调发展、衔接融通，完善现代国民教育体系，健全终身教育体系，提高教育现代化水平。"

"终身教育"这一术语自1965年在联合国教科文组织主持召开的成人教育促进国

际会议期间正式被提出，短短数年间，已经在世界各地广泛传播。我国社会主义市场经济的发展和社会的进步，对终身教育的要求越来越明显。建立和完善终身教育体系，已是我国教育事业的必然需要。发展终身教育原则，要求对传统的、单一的、封闭的、分割化的教育进行改革，优化教育结构，促进各阶段教育协调发展，最终使学制体制外的继续教育、扫盲教育、职业教育等各类教育相互沟通和衔接。终身教育原则的提出和实现，促进了教育社会化和学习型社会的建立，引发了教育内容和师生关系的革新，为受教育者指出了一条自我发展、自我完善的多元化价值标准之路。

# 第二节　教育基本制度

教育制度是指根据国家的性质所确立的教育目的、方针和展开教育活动的各种教育行政管理机构及各类教育机构的体系和运行规则的总和。就此而言，《教育法》第二章所规定的学校教育制度、九年制义务教育制度、职业教育制度、继续教育制度、教育考试制度、学业证书制度、学位制度、扫除文盲教育制度、教育督导制度和教育评估制度等构成了我国教育基本制度。

## 一、学校教育制度

学校教育制度通常称为学制或学校系统，是指一个国家各级各类学校的体系及其性质、任务、入学条件、学习年限及相互关系的总和。通常按照受教育者的不同年龄及培养目标的不同施以不同阶段的教育。《教育法》第十七条第一款规定我国现行的学校教育制度为"国家实行学前教育、初等教育、中等教育、高等教育的学校教育制度"，它构成了不同层次而又相互衔接的学校教育体系制度。

学前教育是终身学习的开端，是国民教育体系的重要组成部分。教育对象为学龄前幼儿，因幼儿处于无自我保护意识和生活自理能力的阶段，需要实行保育和教育相结合的初级启蒙教育。《教育法》第十八条规定："国家制定学前教育标准，加快普及学前教育，构建覆盖城乡，特别是农村的学前教育公共服务体系。各级人民政府应当采取措施，为适龄儿童接受学前教育提供条件和支持。"

初等教育又称小学教育，是国家学制系统中学校教育的第一阶段。在初等教育的基础上继续实施的中等教育，在学校教育系统中有承上启下的作用。中等教育的数量和质量在和大程度上直接决定一个国家劳动者素质，对社会建设和经济发展有着重要的作用。高等教育是学校教育的最高阶段，包括高等专科教育、本科教育和研究生教育。高等教育的任务是培养高级专门人才，学习科学、技术和文化，它体现一个国家教育的最高发展水平。

我国现行的学校教育系统是一个既有阶段和阶层划分，又有教育性质和类型划分的复杂系统。为了保证教育质量，培养合格的人才，国家必须制定相应的规范和标准。《教育法》第十七条第二款规定："学制系统内的学校和其他教育机构的设置、教育形式、修业年限、招生对象、培养目标等，由国务院或者由国务院授权教育行政部门规定。"

### （一）义务教育制度

义务教育制度是指国家根据法律规定对适龄儿童和少年实施一定年限的、强迫性的、普及的、免费的、属于基础阶段的学校教育。其目的是使儿童和少年接受必要的社会道德规范、文化基础知识、社会生活和生产经验的教育，使其成为合格的公民，为适应和参与社会生活作准备。

《教育法》第十九条规定："国家实行九年制义务教育制度。各级人民政府采取各种措施保障适龄儿童、少年就学。适龄儿童、少年的父母或者其他监护人以及有关社会组织和个人有义务使适龄儿童、少年接受并完成规定年限的义务教育。"为了保证义务教育的实施，各级人民政府在国务院的领导下，对本地区的义务教育全面负责，保障适龄儿童、少年就近入学，对残疾和弱智儿童、少年要实施特殊教育。实行义务教育不收学费、杂费。国家是实施义务教育的主体之一，落实至各级人民政府及其教育行政部门和其他有关行政部门。国家在实施义务教育中的主要责任是宏观调控和创造条件，制定切实的规划，分阶段、有步骤、有计划地实施九年制义务教育；建立义务教育经费保障机制，对家庭困难的学生入学接受义务教育给予资助；帮助经济困难地区和少数民族地区实施义务教育。父母及其他监护人必须保证适龄子女和被监护人接受规定年限的义务教育责任，否则将视为违法行为，承担相应的法律责任。

### （二）职业教育制度

《教育法》第二十条规定国家实行职业教育制度。职业教育是指由各级各类职业教育机构实施从事某种职业所需要的专门知识、专业技能和职业道德教育，并通过相应的实施规范系统加以保障的制度体系。2019年，国务院印发的《国家职业教育改革实施方案》明确指出"职业教育与普通教育是两种不同教育类型，具有同等重要地位"。这是国家首次在政策文件中明确定位职业教育是一种教育类型，同时也意味着职业教育的发展建设要从原先的"层次观"转变为"类型观"[1]。这一转变过程，同样也是职业教育自身系统性、整体性、结构性逐渐完善并摆脱原先普通教育印记、进一步凸显类型特色的过程。从我国当前生产力发展水平和社会需求的状况来看，在教育结构发展战略的选择上，应当大力发展职业教育。

### （三）继续教育制度

《教育法》第二十条规定国家实行继续教育制度。由顾明远[2]教授主编的《教育大辞典》将继续教育定义为："对已获得一定学历和专业技术职称的在职人员进行的教育。"社会的发展是继续教育及其理论研究的外部需要和发展动力，现代社会科技迅速发展，知识总量激增，应用周期缩短，半衰率加速，从而导致了社会产业结构、技术结构、职业结构等随之发生变化。这种变化要求从业人员重新形成的劳动力要有较强

---

[1] 《国务院关于印发国家职业教育改革实施方案的通知》. 人民政府网，2019-01-24. http://www.gov.cn/zhengce/content/2019-02/13/content_5365341.htm

[2] 顾明远，曾担任中国教育学会会长，《教育大辞典》主编。《教育大辞典》的编撰始于1986年4月，为哲学社会科学"七五"重点科研项目；1989年，又被国家新闻出版署列为1988—2000年全国辞书编写出版规划的重点项目。

的职业应变能力和更高的智能结构。继续教育有着自身独有的特征：延续性、开放性、终身性，对没有受完学制教育的劳动者进行基础教育，对已经就业或需要转换工作的人员进行岗位培训，提高在职人员的文化程度和专业水平，对公民进行各种社会文化和生活知识的教育等。

### 三、教学制度

《教育法》第二十条规定："国家实行国家教育考试制度。"国家教育考试制度是指国家批准实施教育考试的机构根据一定的考试目的，按照国务院教育行政部门所确定的考试内容、考试原则、考试程序、对受教育者的知识和能力进行测试和评定的活动规则。它是国家教育管理制度的重要组成部分，是检验受教育者是否达到国家规定的教育标准的重要手段。

《教育法》第二十二条规定："国家实行学业证书制度。经国家批准设立或者认可的学校及其他教育机构按照国家有关规定，颁发学历证书或者其他学业证书。"学业证书的发放是一种国家权力，只有经过国家批准设立或者认可的教育机构或教育考试机构才有资格颁发学业证书，这是对学业证书的权威性、严肃性和有效性的法律保障。学业证书制度是保证教育活动有序进行，保证教育质量稳定发展，维系国家教育人事管理的一项重要制度。

《教育法》第二十三条规定："国家实行学位制度。学位授予单位依法对达到一定学术水平或者专业技术水平的人员授予相应的学位，颁发学位证书。"我国学位制度始于 1981 年《中华人民共和国学位条例》的施行。国务院学位委员会是我国专门负责领导和管理全国学位授予工作的机构，按学科设立若干评议组。高等学校及实施研究生教育的科学研究机构，必须按学科、专业进行申请，经国务院学位委员会学科评议组审核通过，报国务院批准公布，才能具有学位授予权。

《教育法》第二十四条规定："各级人民政府、基层群众性自治组织和企业事业组织应当采取各种措施，开展扫除文盲的教育工作。按照国家规定具有接受扫除文盲教育能力的公民，应当接受扫除文盲的教育。"自新中国成立以来，我国的扫盲教育在经历初步发展、调整与更新等一系列发展历程后，文盲人口的占比明显下降。据国家统计局公告来看，粗文盲率由 1982 年的 22.8% 降到了 2018 年 4.9%。[①]扫除文盲是《宪法》第十九条明确规定的基本政策和任务，对于社会物质文明和精神文明建设具有重要作用。我国人口文化素质的提升为经济社会的发展提供了重要的推动力，为我国经济社会走向高质量发展奠定了坚实的人才基础。

《教育法》第二十五条规定："国家实行教育督导制度和学校及其他教育机构教育评估制度。"教育督导制度和教育评估制度是对教育工作进行宏观管理的重要形式，是国家依法治教、对教育工作进行行政监管的有效手段。其目的是为了督促各级各类学校认真贯彻有关教育方针、政策、法律法规，深化教育改革和发展。

---

① 人口总量平稳增长人口素质显著提升：新中国成立 70 周年经济社会发展成就系列报告之二十［EB/OL］.［2019-08-23］. https://baijiahao.baidu.com/s? id=1642638780741869102&wfr=spider&for=pc.

# 第三节　学校及其他教育机构

## 一、学校及其他教育机构的成立

《教育法》第二十六条规定："国家制定教育发展规划，并举办学校及其他教育机构。国家鼓励企业事业组织、社会团体、其他社会组织及公民个人依法举办学校及其他教育机构。国家举办学校及其他教育机构，应当坚持勤俭节约的原则。以财政性经费、捐赠资产举办或者参与举办的学校及其他教育机构不得设立为营利性组织。"

国家、企业事业组织、社会团体、其他社会组织和个人都可以成为学校及其他教育机构的主体，但国家在其中占据主导地位。国家鼓励社会力量举办学校及其他教育机构，是为了承担和满足全部公民受教育的要求。国家举办学校主要是通过国家财政拨款，由社会力量举办的学校教育经费主要来自社会和个人出资、捐资等。

《教育法》第二十六条新增规定"以财政性经费、捐赠资产举办或者参与举办的学校及其他教育机构不得设立为营利性组织"，是为了保障教育的公益性，避免损害教育的公平和公正。为了深化教育领域综合改革，明确学校的分类管理，2018 年 12 月新修订的《中华人民共和国民办教育促进法》规定了对民办学校实行非营利性和营利性分类管理。修订后的民办教育促进法确立了教育营利的合法性，为民办教育拓展了新空间，也为我国教育事业的多样现代化发展提供了完备的法律依据。

《教育法》对学校及其他教育机构的基本条件和设置程序做出了规定："（一）有组织机构和章程；（二）有合格的教师；（三）有符合规定标准的教学场所及设施、设备等；（四）有必备的办学资金和稳定的经费来源"，"学校及其他教育机构的设立、变更和终止，应当按照国家有关规定办理审核、批准、注册或者备案手续"。

## 二、学校及其他教育机构的权利

《教育法》第二十九条规定了学校及其他教育机构的基本权利："（1）按照章程自主管理；（2）组织实施教育教学活动；（3）招收学生或者其他受教育者；（4）对受教育者进行学籍管理，实施奖励或者处分；（5）对受教育者颁发相应的学业证书；（6）聘任教师及其他职工，实施奖励或者处分；（7）管理、使用本单位的设施和经费；（8）拒绝任何组织和个人对教育教学活动的非法干涉；（9）法律、法规规定的其他权利。"

学校及其他教育机构作为一种社会组织，享有法律规定的一般权利。教育法规定的学校及其他教育机构的权利不同于民法上或行政法上的权利，它是学校在法律上享有的，为实现其办学宗旨，独立自主地进行教学管理，实施教育教学活动的资格和能力，一般称为办学自主权。办学自主权是学校及其他教育机构的专有权利，是成为教育法律关系主体的前提。

### （一）按照章程自主管理

学校章程是指为保障学校工作正常进行，就办学宗旨、内部管理体制及各项重大原则制定的全面的规范性文件。我国《教育法》将"有组织机构和章程"列为学校必备条件,把"按照章程自主管理"作为学校的权利。2012年1月1日起施行的《高等学校章程制定暂行办法》要求"所有公立高校都要建立大学章程,部属高校要将大学章程草案提请教育部核准;地方高校的大学章程则由地方教育主管部门核准"。高等学校章程具有法的属性,是在法律规定的前提下运用民主的方式制定出的规范性文件;是公法领域的法,是规范大学依法履行教育职能而制定的具有公共职能的规范性文件;属公法中的"软法",体现为政府和学校的协商性。

### (二)组织实施教育教学活动

组织实施教育教学活动是学校的职责和权利。教育教学活动是学校的重点工作,学校有权根据国家有关教学计划、教学大纲和课程标准,在符合学校章程的基础上制订满足师生发展的教育教学计划。

### (三)招收学生或者其他受教育者

学校设立的宗旨就是为受教育者提供教育服务,招收学生和其他受教育者是实现学校价值的前提。学校根据自己的办学宗旨、培养目标、办学条件、办学能力和学校类型,根据有关的招生法律、规章和制度或政策,决定招生人数,制定本校的招生办法。

### (四)对受教育者进行学籍管理,实施奖励或者处分

学校为了对受教育者进行更加全面具体的管理,制定有关学籍管理、奖励及惩罚的措施。学籍管理的基本内容有学生的政治思想、成绩与考核、升级、留级、降级、转学、休学、复学、退学、报道与注册等。学生奖励是指学校对受教育者在德、智、体等方面的优良表现,给予精神上或物质上的表彰,如给予荣誉称号、颁发奖学金等。2017年9月1日施行的《普通高等学校学生管理规定》对违反学校纪律的学生予以惩戒的规定有:"(1)警告;(2)严重警告;(3)记过;(4)留校察看;(5)开除学籍","学校对学生作出处分,应当出具处分决定书","应当坚持教育与惩戒相结合,与学生违法、违纪行为的性质和过错的严重程度相适应。学校对学生的处分,应当做到证据充分、依据明确、定性准确、程序正当、处分适当"。

### (五)对受教育者颁发相应的学业证书

学业证书是学校按照国家有关规定颁发的,证明学生文化程度和学历水平的证件,是学生通过考试达到国家标准后获得的学业资格证明。颁发学业证书既是学校的权利,也是学校的义务。学校应尽到合理的审查义务,对受教育者的资格进行详尽的审查后,才能颁发证书。《教育法》第八十二条规定:"学校或者其他教育机构违反本法规定,颁发学位证书、学历证书或者其他学业证书的,由教育行政部门或者其他有关行政部门宣布证书无效,责令收回或者予以没收;有违法所得的,没收违法所得;情节严重的,责令停止相关招生资格一年以上三年以下,直至撤销招生资格、颁发证书资格;对直接负责的主管人员和其他直接责任人员,依法给予处分。"

### (六)聘任教师及其他职工,实施奖励或者处分

教师是履行教育教学活动的主体,是教育教学的专业人员,对教师的管理属于国家人事管理制度,但国家对教师的管理又是授权学校及其他教育机构来实现的。学校及其他教育机构有权依据国家有关教师和其他职工管理的法律法规,从本校的办学实

际条件出发，自主决定聘任办法，有权对教师及其他职工实施奖励和处罚的管理活动。

### （七）管理、使用本单位的设施和经费

学校及其他教育机构作为法人，依法享有法人财产权。管理、使用本单位的设施和经费也被视为一种办学自主权。学校及其他教育机构对占有的场地、教室、宿舍等设施设备，办学经费以及其他有关财产享有财产管理和使用权，必要时可对其所占财产进行处置或获得一定收益。但这项权利在行使时应当有一定的限制，否则会损害公共利益，影响正常的教育教学活动，造成国有资产的流失。《民法典》第三百九十九条第三款规定"学校、幼儿园、医疗机构等为公益目的成立的非营利法人的教育设施、医疗卫生设施和其他公益设施"不得抵押。

### （八）拒绝任何组织和个人对教育教学活动的干涉

为了维护学校及其他教育机构的正常教育教学秩序，必须有效制止来自任何方面的非法干涉行为。学校及其他教育机构，对来自行政机关、企业事业组织、社会团体及个人的任何方面的非法干涉教育教学活动的行为，有权予以拒绝。

### （九）法律法规规定的其他权利

以上是学校及其他教育机构的基本办学自主权，这些权利的实现有助于调动学校及其他教育机构的办学积极性，面向社会，依法自主办学，同时也将促进政府及其他教育机构转变职能，简政放权，加强宏观调控。学校及其他教育机构除享有上述权利，还享有现行法律行政法规及地方性法规赋予的其他权利。

## 三、学校及其他教育机构的义务

《教育法》第三十条规定："学校及其他教育机构应当履行下列义务：（1）遵守法律、法规；（2）贯彻国家的教育方针，执行国家教育教学标准，保证教育教学质量；（3）维护受教育者、教师及其他职工的合法权益；（4）以适当方式为受教育者及其监护人了解受教育者的学业成绩及其他有关情况提供便利；（5）遵照国家有关规定收取费用并公开收费项目；（6）依法接受监督。"为使受教育者能够享受到学校及其他教育机构完备的教学服务，满足教职工的正当工作需求，使我国教育事业能够健康、全面发展，学校及其他教育机构应当认真切实履行法律所规定的义务。

### （一）遵守法律、法规

遵守法律、法规是对任何组织和个人的基本要求，对违反法律和法规的行为，学校要承担相应的法律责任。例如《残疾人保障法》第二十五条规定："普通教育机构对具有接受普通教育能力的残疾人实施教育，并为其学习提供便利和帮助。"普通小学、初级中等学校，必须招收能适应其生活学习的残疾儿童入学；普通高级中等学校、中等职业学校和高等学校，必须招收符合录取规定的残疾考生入学，不得因其残疾而拒绝招收。

### （二）贯彻国家的教育方针，执行国家教育教学标准，保证教育教学质量

在学校的教育教学活动中，学校有义务贯彻国家的教育方针，有义务按照国家教育教学标准组织教学活动，以达到保证教学质量的目的。党的十九届四中全会提出

"发挥网络教育和人工智能优势，创新教育和学习方式"①。《中共中央国务院关于深化教育教学改革全面提高义务教育质量的意见》明确要求"建立覆盖义务教育各年级各学科的数字教育资源体系""积极探索基于互联网的教学""整合建设国家中小学生网络学习平台"②。2020 年 9 月 22 日，习近平总书记在教育文化卫生体育领域专家代表座谈会上讲话时指出，"要总结应对新冠肺炎疫情以来大规模在线教育的经验，利用信息技术更新教育理念、变革教育模式"③。线上教育教学资源对于促进学生自主学习、农村地区共享优质教育资源和提高课堂教育教学质量具有重要作用。因此，积极探索互联网教学，线上线下融合教育发展是教育现代化的必然选择。学校及其他教育机构应当大力推进线上教育资源与应用，促进教学组织形式和管理模式变革创新，加快实现基础教育现代化。

（三）维护受教育者、教师及其他职工的合法权益

《民法典》第一千一百九十九条、第一千二百条对受教育者在学校及教育机构场所遭受损害的民事法律责任作出了如下规定："无民事行为能力人在幼儿园、学校或者其他教育机构学习、生活期间受到人身伤害的，幼儿园、学校或者其他教育机构应当承担侵权责任；但是，能够证明尽到教育、管理职责的，不承担侵权责任"，"限制民事行为能力人在学校或者其他教育机构学习、生活期间受到人身损害，学校或者其他教育机构未尽到教育、管理职责的，应当承担侵权责任"。教师及其他职工应当按照《教育法》《教师法》《劳动法》等法律法规中所明确的权益加以维护，保障受教育者、教师及其他职工的权益正常实现。

（四）为受教育者及其监护人了解情况提供便利

受教育者及其监护人对受教育者的学业成绩、心理健康、生活情况等有知情权。学校及其他教育机构不得拒绝受教育者及其监护人了解受教育者的情况，这有助于受教育者进行自我教育和监护人对其监护对象进行教育。但这种知情权是以不侵犯受教育者的隐私权和名誉权为前提的，学校应注意不得侵犯学生的隐私权和名誉权等合法权益，不得损害受教育者的身心健康。

（五）遵守国家有关规定收取费用并公开收费项目

国家发展改革委印发的《关于价格主管部门进一步加强教育收费管理有关问题的通知》（发改价格〔2007〕534 号）④，要求各地价格主管部门要高度重视规范教育收费管理、治理教育乱收费的工作，要把规范教育收费管理提高到全面落实科学发展观和构建社会主义和谐社会的高度来认识。《通知》强调，实施教育收费，要严格执行收费许可证制度和收费公示制度。各级价格主管部门核发收费许可证必须严格执行《收费

① 中国共产党第十九届中央委员会第四次全体会议于 2019 年 10 月 28 日至 31 日在北京召开，会议审议通过了《中共中央关于坚持和完善中国特色社会主义制度、推进国家治理体系和治理能力现代化若干重大问题的决定》。

② 中共中央国务院关于深化教育教学改革全面提高义务教育质量的意见［EB/OL］．［2019-06-23］．http://www.gov.cn/xinwen/2019-07/11/content_5408394.htm.

③ 为党育人为国育才，努力办好人民满意的教育：习近平总书记在教育文化卫生体育领域专家代表座谈会上重要讲话在全国教育战线引发热烈反响［N］．人民日报，2020-09-24.

④ 关于价格主管部门进一步加强教育收费管理有关问题的通知［EB/OL］．［2007-03-09］．http://news.cctv.com/education/20070320/100006.shtml.

许可证管理办法》（计价格〔1998〕2084号）的有关规定，依法严格审核。各地要完善教育收费公示制度，及时将依法批准的教育收费项目和标准通过有关政府网站和新闻媒体向社会公布，接受社会监督。

### （六）依法接受监督

为了保证教育事业的现代化发展，贯彻实行国家教育方针，执行国家教育标准，学校及其他教育机构必须接受来自权力机关、行政机关、司法机关以及社会的监督。

## 第四节　教师和受教育者的法律地位与权利义务

### 一、教师的法律地位即权利与义务

教师和其他教育工作者是教育活动的重要主体，《教育法》第四章对教师和其他教育工作者的各项制度、权利、义务作出了原则性的规定。《中华人民共和国教师法》则对教师的一般原则和基本职责、权利与义务、资格和任用、培养和培训、考核、待遇、奖励、法律责任等作出了全面而具体的规定。

例如《教育法》第三十四条规定："国家保护教师的合法权益，改善教师的工作条件和生活条件，提高教师的社会地位。教师的工资报酬、福利待遇，依照法律、法规的规定办理。"《教师法》第六章对教师待遇进行了详尽规定："教师的平均工资水平应当不低于或者高于国家公务员的平均工资水平，并逐步提高"，"中小学教师和职业学校教师享受教龄津贴和其他津贴"，"地方各级人民政府和国务院有关部门，对城市教师住房的建设、租赁、出售实行优先、优惠"等。《教育法》和《教师法》的以上规定，为教师和其他教育工作者队伍的建设和发展及其合法权益的保护提供了法律依据（详见本书上卷第三章第二节教师的法律地位与权利义务）。

### 二、受教育者权利与义务

#### （一）受教育者的平等权

《教育法》第三十七条第一款规定："受教育者在入学、升学、就业等方面依法享有平等权利。"其后依次对平等权所涵盖的受教育者，在不同类型下的差异体现作出了规定，丰富了平等权的内涵。

1. 男女平等

《教育法》第三十七条第二款规定："学校和有关行政部门应当按照国家有关规定，保障女子在入学、升学、就业、授予学位、派出留学等方面享有同男子平等的权利。"

2. 资助经济困难的受教育者

《教育法》第三十八条规定："国家、社会对符合入学条件、家庭经济困难的儿童、少年、青年，提供各种形式的资助。"

党的十九大提出"扶贫、扶智相结合"，解决贫困家庭适龄儿童有学上的问题，实现义务教育有保障，提高贫困地区人口的素质。国家对农村义务教育阶段贫困家庭学生实施"两免一补"的政策，对所有的学生免除学杂费、免费提供教科书，对家庭经济困难的学生，进行生活补助，实行营养改善计划，覆盖到所有的国贫县，建立了从学前到研究生阶段覆盖所有学段的学生资助体系，解决了不让学生因贫失学的问题。"十三五"期间，教育部与10余个省份签订了《打赢教育脱贫攻坚战合作备忘录》，将控辍保学作为重要任务写入备忘录；与重点省份签订了"任务书"，明确控辍保学工作任务，强化控辍保学工作责任。① 各地纷纷出台政策，建立的完善的资助体系，避免受教育者因家庭困难而失学。

### 3. 残疾人特殊教育

《教育法》第三十九条规定："国家、社会、学校及其他教育机构应当根据残疾人身心特性和需要实施教育，并为其提供帮助和便利。"

为了保障残疾人受教育的权利，发展残疾人教育事业，根据《教育法》和《中华人民共和国残疾人保障法》制定了《中华人民共和国残疾人教育条例》，对残疾人享受平等的教育教学活动权利提供了法律保障。2020年6月教育部发布《关于加强残疾儿童少年义务教育阶段随班就读工作的指导意见》，强调"更加重视关爱残疾学生，坚持科学评估、应随尽随，坚持尊重差异、因材施教，坚持普特融合、提升质量，实现特殊教育公平而有质量发展，促进残疾儿童少年更好融入社会生活"，要求"建立科学评估认定机制，健全就近就便安置制度，完善随班就读资源支持体系，落实教育教学特殊关爱，提升教师特殊教育专业能力"，共同为残疾学生成长创造良好的教育环境。

### 4. 帮助有违法犯罪行为的未成年人接受教育

《教育法》第四十条规定："国家、社会、家庭、学校及其他教育机构应当为有违法犯罪行为的未成年人接受教育创造条件。"

重视对违法犯罪未成年人的教育和挽救，是国家的一贯政策。国家、社会、家庭、学校及其他教育机构应当履行相应的职责，互相配合，为违法犯罪的未成年人接受教育创造必要的条件，使他们成为一名有益于社会的守法公民。2019年3月，中央办公厅、国务院办公厅印发《关于加强专门学校建设和专门教育工作的意见》（厅字〔2019〕20号），要求各地加强专门学校建设，针对存在严重不良行为的未成年人进行专门管教。《中华人民共和国刑法修正案（十一）》规定了因不满十六周岁不予刑事处罚的未成年人，在必要时依法进行专门矫治教育。2020年，修改后的《中华人民共和国预防未成年人犯罪法》对实施刑法规定行为的未成年人因不满法定刑事责任年龄不予刑事处罚的，经专门教育指导委员会评估同意，教育部门会同公安机关可以决定对其进行专门矫治教育，公安机关、司法部门负责矫治工作，教育部门承担教育工作；规定国家加强专门学校建设，对有严重不良行为的未成年人进行专门教育。

### （二）受教育者特有权利

《教育法》第四十三条规定受教育者享有下列权利：（1）参加教育教学计划安排的各种活动，使用教育教学设施、设备、图书资料；（2）按照国家有关规定获得奖学金、贷学金、助学金；（3）在学业成绩和品行上获得公正评价，完成规定的学业后获得相应的学业证书、学位证书；（4）对学校给予的处分不服向有关部门提出申诉，对学校、教师侵犯其人身权、财产权等合法权益，提出申诉或者依法提起诉讼；（5）法律、法

---

① 确保实现义务教育有保障（"十三五"，我们这样走过）[N]. 人民日报，2020-11-22（01）.

规规定的其他权利。

受教育者应当享有特有权利，履行特定义务。受教育者参加教育教学计划安排的各种活动，使用教育教学设施、设备、图书资料是接受教育的前提和基础。在满足相关资格条件时，受教育者可申请奖学金、贷学金、助学金等物质奖励和帮助，这是受教育者享有国家给予物质帮助的权利，能够对特殊群体的受教育者进行救济并鼓励受教育者勤奋学习。受教育者在参与教育教学活动期间应当被一视同仁，获得公正评价，学校及其他教育机构应当在受教育者完成规定学业后颁发相应的学业证书、学位证书。受教育者享有申诉权和起诉权，对学校给予的处分不服时可以向有关部门申诉，在学校、教师侵犯人身权、财产权等合法权益时既可向有关部门提出申诉，也可向法院提请诉讼。

受教育者还享有法律、法规规定的其他权利，其内涵包括：一方面，受教育者作为普通公民享有法律、法规规定的相应权利；另一方面是立法技术问题，是为了更好地保障受教育者的各项合法权益所作的留白。

### 三、受教育者义务

受教育者义务是指受教育者依据有关的法律、法规规定，对自身行为的约束和必须履行的责任，具体表现为作出一定行为或不得作出一定行为。《教育法》第四十四条规定受教育者应当履行下列义务：（1）遵守法律、法规；（2）遵守学生行为规范，尊敬师长，养成良好的思想品德和行为习惯；（3）努力学习，完成规定的学习任务；（4）遵守所在学校或者其他教育机构的管理制度。

受教育者作为国家公民，遵守法律、法规是一项基本要求，同时作为专门接受学习教育的人群，还应当遵守有关教育的法律、法规和学生行为规范。我国已颁布施行了《教育法》《教师法》《义务教育法》《职业教育法》《高等教育法》等有关教育的法律以及《残疾人教育条例》《扫除文盲工作条例》《学校体育工作条例》的教育行政法规。此外，国务院教育行政部门单独或与其他部委联合制定，发布了《中小学生守则》《中小学生日常行为规范》《普通高校学生管理规定》等若干教育的规章。地方立法机构也依法制定了大量的地方性教育法规、规章。学校内部也制定了相应的学生管理制度和规范。受教育者作为最广泛的教育法律主体，应当在遵守以上法律、法规、规章规范的同时养成良好的思想品德和习惯，做到品学兼优。

## 第五节　教育与社会

发展中国特色社会主义，最根本是要发展社会生产力，人作为生产力诸多要素中最重要的因素，不培养足够数量素质优良、结构合理的人才，生产力的巨大发展就没有基础，这是不以人的意志为转移的客观规律，而人才的培养需要教育。因此，社会的发展离不开教育。另一方面，教育对社会文化、科学、经济等方面的发展都有着不可磨灭的促进作用。

## 一、受教育者的健康成长需要良好的社会环境

《教育法》第六章规定："国家机关、军队、企业事业组织、社会团体及其他社会组织和个人，应当依法为儿童、少年、青年学生的身心健康成长创造良好的社会环境"，"图书馆、博物馆、科技馆、文化馆、美术馆、体育馆（场）等社会公共文化体育设施，以及历史文化古迹和革命纪念馆（地），应当对教师、学生实行优待，为受教育者接受教育提供便利，广播、电视台（站）应当开设教育节目，促进受教育者思想品德、文化和科学技术素质的提高"，"国家鼓励社会团体、社会文化机构及其他社会组织和个人开展有益于受教育者身心健康的社会文化教育活动。"人的身心发展与社会环境密切相关，因此社会各界都应当为受教育者身心的健康成长创造良好的社会环境。

## 二、社会各界要加强与学校的合作，参与学校管理

《教育法》第四十七条规定："国家机关、军队、企业事业组织及其他社会组织应当为学校组织的学生实习、社会实践活动提供帮助和便利。"《教育法》第四十八条规定："国家鼓励企业事业组织、社会团体及其他社会组织同高等学校、中等职业学校在教学、科研、技术开发和推广等方面进行多种形式的合作。企业事业组织、社会团体及其他社会组织和个人，可以通过适当形式，支持学校的建设，参与学校管理。"《中国教育现代化 2035》也指出："形成全社会共同参与的教育治理新格局"，"推动社会参与教育治理常态化，建立健全社会参与学校管理和教育评价监管机制"，"全方位协同推进教育现代化，形成全社会关心、支持和主动参与教育现代化建设的良好氛围。"

## 三、学校及其他教育机构参与社会公益活动

《教育法》第四十九条规定："学校及其他教育机构在不影响正常教育教学活动的前提下，应当积极参加当地的社会公益活动。"社会公益活动是指带有自愿性质和义务性质的有益于社会公众并符合国家有关规定的社会活动。参与社会公益活动是社会教育的一个内容，包括公益劳动、文化宣传、公众服务等。积极参与社会公益活动，弘扬公益精神，宣传社会公德，营造和谐社会也是受教育者作为公民应当履行的义务。

# 第六节　教育投入与条件保障

## 一、教育投入

国家建立以财政拨款为主，其他渠道筹措教育经费为辅的多元化投资体制，逐步增加对教育的投入，保证国家举办的学校教育经费的稳定来源。教育经费投入的渠道主要有以下几方面：

（1）国家财政性教育经费。详见《教育法》第五十四条。

（2）教育专项资金。详见《教育法》第五十七条。

（3）征收教育附加费。详见《教育法》第五十八条。

（4）校办产业。详见《教育法》第五十九条。

（5）社会力量捐资。详见《教育法》第六十条。

（6）金融、信贷融资。详见《教育法》第六十二条。

## 二、教育保障

### （一）教育经费保障

加快教育事业的发展，除了要继续加大教育投入外，还要加强对教育经费的监督和管理，提高教育投资效益。《教育法》六十三条规定："各级人民政府及其教育行政部门应当加强对学校及其他教育机构教育经费的监督管理，提高教育投资效益"。《中国教育现代化 2035》提出要优化教育经费使用结构，全面实施绩效管理，建立健全全覆盖、全过程、全方位的教育经费监管体系，全面提高经费使用效益。

### （二）教育条件保障

从城乡经济建设、社会发展规划和城乡人口状况，以及国家有关学校设置的总体布局出发，地方各级人民政府及其有关部门在制定城乡建设规划时，要统筹安排各类学校，将其纳入城乡建设的总体规划。《教育法》第六十四条规定："地方各级人民政府及其有关行政部门必须把学校的基本建设纳入城乡建设规划，统筹安排学校的基本建设用地及所需物资，按照国家有关规定实行优先、优惠政策。"

教科书、教学仪器和设备是学校及其他教育机构在教育教学活动中的基础教学条件，对完成教学任务、提高教学质量有着重要作用。《教育法》第六十五条规定："各级人民政府对教科书及教学用图书资料的出版发行，对教学仪器、设备的生产和供应，对用于学校教育教学和科学研究的图书资料、教学仪器、设备的进口，按照国家有关规定实行优先、优惠政策。"

为了实现教育现代化，国家鼓励学校及其他教育机构推广应用现代化教学方式。《教育法》第六十六条规定："国家推进教育信息化，加快教育信息基础设施建设，利用信息技术促进优质教育资源普及共享，提高教育教学水平和教育管理水平。县级以上人民政府及其有关部门应当发展教育信息技术和其他现代化教学方式，有关行政部门应当优先安排，给予扶持。国家鼓励学校及其他教育机构推广运用现代化教学方式。"2021 年 2 月，教育部、国家发展改革委、工业和信息化部、财政部、国家广播电视总局五部门联合印发了《关于大力加强中小学线上教育教学资源建设与应用的意见》，教育部还将编制《教育信息化中长期发展规划（2021—2035 年）》和《教育信息化"十四五"规划》，以上政策着眼于教育现代化发展，通过多部门协同工作为中小学线上教育教学资源建设与应用提供支持与服务，扩大优质教育资源有效供给，满足线上教育教学资源建设的现实需求，深化基础教育育人方式的改革，促进教育公平、提高教育质量，是支撑我国构建高质量基础教育体系、推动教育现代化进程的重要举措。

## 第七节  教育对外交流与合作

中国改革开放已历经 40 多年，教育对外开放在其中发挥着基础性、先导性和全局性作用。1993 年中共中央、国务院印发《中国教育改革和发展纲要》，明确要求"进一步扩大教育对外开放，加强国际教育交流与合作，大胆吸收和借鉴世界各国发展和管理教育的成功经验"，首次明确将中外合作办学等形式的对外教育交流作为一个载体，全面规划其推进的措施。1995 年《教育法》专设一章"教育对外交流与合作"，对教育国际交流与合作作出了一系列具体规定。国务院于 2003 年颁布实施《中华人民共和国中外合作办学条例》，与此相配套，教育部 2004 年发布《中华人民共和国中外合作办学条例实施办法》，为中外合作办学的进一步发展提供了政策保障。2010 年特别是党的十八大以后，伴随着中国教育对外开放从"扩大"迈向"做好"的新时期，中外合作办学逐渐从规模扩大、外延发展转向内涵建设、质量提升。2016 年，中央办公厅、国务院办公厅印发《关于做好新时期教育对外开放工作的若干意见》，对中外合作办学提出了新的更高的要求。2020 年，教育部等八部门《关于加快和扩大新时代教育对外开放的意见》正式印发，坚持内外统筹、提质增效、主动引领、有序开放，对新时代教育对外开放进行了重点部署。中外合作办学质量保障体系不断完善，保障机制日益健全，教育对外交流与合作将形成更全方位、更宽领域、更多层次、更加主动的教育对外开放局面。

《教育法》第六十七条规定："国家鼓励开展教育对外交流与合作，支持学校及其他教育机构引进优质教育资源，依法开展中外合作办学，发展国际教育服务，培养国际化人才。

教育对外交流与合作坚持独立自主、平等互利、相互尊重的原则，不得违反中国法律，不得损害国家主权、安全和社会公共利益。"维护国家主权、安全和社会公共利益是每个公民应尽的义务。在学习和借鉴各国教育的经验的同时，应当坚持独立自主的教育主权原则，发展社会主义教育基本制度。

《教育法》第七十条规定："中国对境外教育机构颁发的学位证书、学历证书及其他学业证书的承认，依照中华人民共和国缔结或者加入的国际条约办理，或者按照国家有关规定办理。"

## 第八节  法律责任

### 一、违反有关教育经费预算核拨规定的法律责任

《教育法》第七十一条预算核拨规定："违反国家有关规定，不按照预算核拨教育经费的，由同级人民政府限期核拨；情节严重的，对直接负责的主管人员和其他直接责任人员，依法给予处分。违反国家财政制度、财务制度，挪用、克扣教育经费的，

由上级机关责令限期归还被挪用、克扣的经费，并对直接负责的主管人员和其他直接责任人员，依法给予处分；构成犯罪的，依法追究刑事责任。"

上述违法行为主体主要是指参与教育经费预算核拨的各级人民政府及其财政部门、教育行政机关及其负责人。根据《中华人民共和国预算法》规定，教育事业经费支出属于预算支出，各级政府财政部门必须依照法律、行政法规和国务院财政部门的规定，及时、足额地拨付预算支出。不按照规定预算核拨教育经费的，责令各级政府及有关部门、单位改正，对负有直接责任的主管人员和其他直接责任人员依法给予警告、通报批评、降级、撤职、开除的处分。对挪用、克扣教育经费构成犯罪的，依照《中华人民共和国刑法》（以下简称《刑法》）承担刑事责任。

## 二、学校及其他教育机构的法律责任

### （一）使用危险教育设施造成损害的责任

《教育法》第七十三条规定："明知校舍或者教育教学设施有危险，而不采取措施，造成人员伤亡或者重大财产损失的，对直接负责的主管人员和其他直接责任人员，依法追究刑事责任。"

根据《教育法》第二十七条第三款的规定，设立学校及其他教育机构，必须有符合规定标准的教学场所及设施、设备等。明知知校舍或者教育教学设施有危险，而不采取措施，造成人员伤亡或者重大财产损失的，对直接负责的主管人员和其他直接责任人员，应当按照刑法的有关规定，分别追究刑事责任。

### （二）违法招生学生的责任

《教育法》第七十六条规定："学校或者其他教育机构违反国家有关规定招收学生的，由教育行政部门或者其他有关行政部门责令退回招收的学生，退还所收费用；对学校、其他教育机构给予警告，可以处违法所得五倍以下罚款；情节严重的，责令停止相关招生资格一年以上三年以下，直至撤销招生资格、吊销办学许可证；对直接负责的主管人员和其他直接责任人员，依法给予处分；构成犯罪的，依法追究刑事。"

违反国家有关规定招收学生，主要是指学校及教育机构违反国家有关办学和招生方面的规定，不按照国家的招生计划或者超出经批准的办学权限和范围，招收录取学生的，应责令其清退招收的学生并退还所收费用。对学校及教育机构处以罚款或者对其招生办学资质予以停止、吊销；对直接负责的主管人员和其他直接责任人员视情节予以处罚。

### （三）徇私舞弊招生的责任

《教育法》第七十七条第一款规定："在招收学生工作中滥用职权、玩忽职守、徇私舞弊的，由教育行政部门或者其他有关行政部门责令退回招收的人员；对直接负责的主管人员和其他直接责任人员，依法给予处分；构成犯罪的，依法追究刑事责任。"

在负责招生的主体在招生工作中，主观上故意利用职务上的便利，或因疏忽大意不负责任或因徇私情而采取的各种作弊行为招收学生，违反国家有关招生规定的。对直接负责的主管人员和其他直接责任人员按行为情节轻重予以处罚，情节严重构成犯罪的，由司法机关依照《刑法》的有关规定追究行为人刑事责任：泄漏国家招生考试试题、答案的；利用职务便利，收受或索取贿赂的；伪造、编造、盗窃公文、证件印章的。

### （四）违规收费的责任

《教育法》第七十八条规定："学校及其他教育机构违反国家有关规定向受教育者收取费用的，由教育行政部门或者其他有关行政部门责令退还所收费用；对直接负责的主管人员和其他直接责任人员，依法给予处分。"

### （五）违法颁发学业证书的责任

《教育法》第八十二条规定："学校或者其他教育机构违反本法规定，颁发学位证书、学历证书或者其他学业证书的，由教育行政部门或者其他有关行政部门宣布证书无效，责令收回或者予以没收；有违法所得的，没收违法所得；情节严重的，责令停止相关招生资格一年以上三年以下，直至撤销招生资格、颁发证书资格；对直接负责的主管人员和其他直接责任人员，依法给予处分。"

除以上规定以外的任何组织或者个人制造、销售、颁发假冒学位证书、学历证书或者其他学业证书，构成违反治安管理行为的，由公安机关依法予以治安管理处罚；构成犯罪的，如《最高人民法院、最高人民检察院关于办理伪造、贩卖伪造的高等院校学历、学位证明刑事案件如何适用法律问题的解释》认为"对于伪造高等院校印章制作学历、学位证明的行为，应当依照刑法第二百八十条第二款的规定，以伪造事业单位印章罪定罪处罚。明知是伪造高等院校印章制作的学历、学位证明而贩卖的，以伪造事业单位印章罪的共犯论处"予以刑事处罚。法律还规定了以作弊、剽窃、抄袭等欺诈行为或者其他不正当手段获得学位证书、学历证书或者其他学业证书的，由颁发机构撤销相关证书。购买、使用假冒学位证书、学历证书或者其他学业证书，构成违反治安管理行为的，由公安机关依法给予治安管理处罚。

## 三、违反国家教育考试的法律责任

### （一）违法取得入学资格的责任

《教育法》第七十七条第二、三、四款规定："盗用、冒用他人身份，顶替他人取得的入学资格的，由教育行政部门或者其他有关行政部门责令撤销入学资格，并责令停止参加相关国家教育考试二年以上五年以下；已经取得学位证书、学历证书或者其他学业证书的，由颁发机构撤销相关证书；已经成为公职人员的，依法给予开除处分；构成违反治安管理行为的，由公安机关依法给予治安管理处罚；构成犯罪的，依法追究刑事责任。"

与他人串通，允许他人冒用本人身份，顶替本人取得的入学资格的，由教育行政部门或者其他有关行政部门责令停止参加相关国家教育考试一年以上三年以下；有违法所得的，没收违法所得；已经成为公职人员的，依法给予处分；构成违反治安管理行为的，由公安机关依法给予治安管理处罚；构成犯罪的，依法追究刑事责任。

组织、指使盗用或者冒用他人身份，顶替他人取得的入学资格的，有违法所得的，没收违法所得；属于公职人员的，依法给予处分；构成违反治安管理行为的，由公安机关依法给予治安管理处罚；构成犯罪的，依法追究刑事责任。"

这三款规定对以下三种情形进行了规制：（1）未经他人同意或授权，擅自使用其身份或者冒名顶替他人，利用其身份取得入学资格的；（2）在本人知情、同意的情况下，与他人串通，允许他人冒用本人身份的；（3）具有组织、指使盗用或者冒用他人身份，顶替他人取得的入学资格的。教育行政部门或者其他有关行政部门应当责令学校或者其他教育机构对已经取得的入学资格予以撤销并且停止其参加相关的国家教育考试。有违法所得的，应当由行政机关没收其违法所得。已经成为公职人员的，依法给予处分；构成违反治安管理行为的，由公安机关依法给予治安管理处罚。情节严重的构成犯罪的，根据《刑法》第二百八十条第二款规定："盗用、冒用他人身份，顶替他人取得的高等学历教育入学资格、公务员录用资格、就业安置待遇的，处三年以下有期徒刑、拘役或者管制，并处罚金。组织、指使他人实施前款行为的，依照前款的规定从重处罚。国家工作人员有前两款行为，又构成其他犯罪的，依照数罪并罚的规定处罚。"为了打击此种顶替他人入学资格行为以及维护国家教育教学制度的秩序，本人允许他人盗用、冒用顶替的情形也应当受到处罚。入学资格被顶替权利受到侵害的，本人可以请求恢复其入学资格。

### （二）违反考试纪律的责任

《教育法》第七十九条规定："考生在国家教育考试中有下列行为之一的，由组织考试的教育考试机构工作人员在考试现场采取必要措施予以制止并终止其继续参加考试；组织考试的教育考试机构可以取消其相关考试资格或者考试成绩；情节严重的，由教育行政部门责令停止参加相关国家教育考试一年以上三年以下；构成违反治安管理行为的，由公安机关依法给予治安管理处罚；构成犯罪的，依法追究刑事责任：（1）非法获取考试试题或者答案的；（2）携带或者使用考试作弊器材、资料的；（3）抄袭他人答案的；（4）让他人代替自己参加考试的；（5）其他以不正当手段获得考试成绩的作弊行为。"

《教育法》第八十条规定："任何组织或者个人在国家教育考试中有下列行为之一，有违法所得的，由公安机关没收违法所得，并处违法所得一倍以上五倍以下罚款；情节严重的，处五日以上十五日以下拘留；构成犯罪的，依法追究刑事责任；属于国家机关工作人员的，还应当依法给予处分：（1）组织作弊的；（2）通过提供考试作弊器材等方式为作弊提供帮助或者便利的；（3）代替他人参加考试的；（4）在考试结束前泄露、传播考试试题或者答案的；（5）其他扰乱考试秩序的行为。"

法律规定的国家考试，仅限于全国人大代表大会及其常务委员会制定的法律所规定的考试，主要包括：（1）普通高等学校招生考试、研究生招生考试、高等教育自学考试、成人高等学校招生考试等国家教育考试；（2）中央和地方公务员录用考试；（3）国家统一法律职业资格考试、国家教师资格考试、医师资格考试、注册会计师全国统一考试等专业技术资格考试。（4）其他依照法律由中央或者地方主管部门以及行业组织的国家考试。在国家教育考试中作弊，情节严重构成犯罪的，应当按照《刑法》的规定进行处罚，包括：（1）组织考试作弊罪。在法律规定的国家考试中，组织作弊的，处三年以下有期徒刑或者拘役，并处或者单处罚金；情节严重的，处三年以上七年以下有期徒刑，并处罚金。为他人实施前款犯罪提供作弊器材或者其他帮助的，依照前款的规定处罚；（2）非法出售、提供试题、答案罪。为实施考试作弊行为，向他人非法出售或者提供第一款规定的考试的试题、答案的，依照第一款的规定处罚。（3）代替考试罪。代替他人或者让他人代替自己参加第一款规定的考试的，处拘役或者管制，并处或者单处罚金。

教育行政部门、教育考试机构在举办国家考试时疏于管理，造成考场秩序混乱、作弊情况严重的，对直接负责的主管人员和其他直接责任人员，依法给予处分；构成犯罪的，依法追究刑事责任。

（本章撰稿：刘永红 王蔚苒）

## 复习思考题

1. 简述我国的教育方针。

2. 学校及其他教育机构享有何种权利？需要履行何种义务？

3. 学校或者其他教育机构违反《教育法》规定颁发学业证书的，将受到何种处罚？

# 第七章

# 《中华人民共和国高等教育法》 解读

【内容摘要】《中华人民共和国高等教育法》（以下简称《高等教育法》）作为我国高等教育领域的基本法，是继教育领域的"母法"《中华人民共和国教育法》之后颁布施行的又一部具有重要地位的教育法规，是我国教育法律体系的重要组成部分。本章主要介绍了《高等教育法》总则部分的指导思想、方针、任务、基本原则、管理体制以及分则部分的各高等教育的基本制度；阐明了高等学校及其他高等教育机构的设立、组织活动及管理；阐释了高等学校教师、其他教育工作者和学生的权利与义务的有关规定；说明了高等教育投入和条件保障的要求。对本章的系统学习，有利于高等职业学校教师明确高等教育的定位和目标，重视保护师生合法权益，促进各方主体正确行使权利与全面履行义务，推动高等教育的改革与发展。

## 第一节　《高等教育法》总则

《高等教育法》是我国高等教育领域的基本法。自 1999 年 1 月 1 日起施行；2015 年 12 月 27 日全国人大常务委员会对其进行了首次修改；2018 年以"打包修法"① 的形式进行了第二次修正。该法共八章六十九条，对我国高等教育的指导思想、方针和任务，高等教育的基本原则，高等教育的管理体制，高等教育基本制度，高校的设立，高校的组织与活动，高校教师和其他教育工作者，高校学生，高等教育投入和条件保障等分别作出规定，为我国高等教育的改革和发展提供了法治保障。

---

① 打包修法（或"综合修法""大衣修法"），是指为了达到一个修法目的，提高修法的效率和质量，实现法律的内在统一性、协调性，对不同法律的相关条款进行系统性、一次性打包修改的立法模式。这种立法模式在德国、法国等传统的大陆法系国家使用比较普遍，在英美法系国家也比较多见。关于打包修法的相关内容，可参见：汪全胜，黄兰松. 包裹式立法模式考察——以教育法律包裹式修改为考察对象 [J]. 甘肃政法学院学报，2015 (3)：1-8.

## 一、我国高等教育的指导思想、方针和任务

### （一）我国高等教育的指导思想

《高等教育法》第三条规定："国家坚持以马克思列宁主义、毛泽东思想、邓小平理论为指导，遵循宪法确定的基本原则，发展社会主义的高等教育事业。"马克思列宁主义、毛泽东思想、邓小平理论、"三个代表"重要思想、科学发展观、习近平新时代中国特色社会主义思想，是我国各项工作的总的指导思想，当然也是高等教育的基本指导思想。同时上述规定明确了我国高等教育的性质——社会主义性质。高等教育的性质问题是高等教育的根本性问题，必须要坚持和保证高等教育的社会主义性质。

党的十九大作出了中国特色社会主义进入新时代的重大判断，在"两个一百年"奋斗目标的历史交汇期，拉开了中华民族伟大复兴的序幕。党的十九大报告指出："建设教育强国是中华民族伟大复兴的基础工程，必须把教育事业放在优先位置"，"深化教育改革，加快教育现代化，办好人民满意的教育"，特别是"加快一流大学和一流学科建设，实现高等教育内涵式发展"，这是党中央站在新时代的历史方位为高等教育指明了方向。正如习近平总书记在北京大学师生座谈会上指出："当前，我国高等教育办学规模和年毕业人数已居世界首位，但规模扩张并不意味着质量提升和效益增长，走内涵式发展道路是我国高等教育发展的必由之路。"[①] 实现高等教育内涵式发展需要坚持高等教育的社会主义性质，加强高校党建建设；坚持立德树人的根本任务，加强高校思想政治工作；坚持新发展理念，推进"双一流"建设；坚持让人民满意，全面深化改革。

### （二）我国高等教育的方针

《高等教育法》第四条规定："高等教育必须贯彻国家的教育方针，为社会主义现代化建设服务、为人民服务，与生产劳动和社会实践相结合，使受教育者成为德、智、体、美等方面全面发展的社会主义建设者和接班人。"2021 年 4 月全国人大常委会对《中华人民共和国教育法》第三次修订，将劳动教育纳入了教育方针。因此，使受教育者成为德、智、体、美、劳等方面全面发展的社会主义建设者和接班人，也就是高等教育的教育方针。

我国高等教育的方针主要包括以下三个方面的内容。

（1）高等教育必须为社会主义现代化建设服务、为人民服务，这是我国高等教育工作的总方向。教育工作既是人民群众的现实关切，也是国家民族未来发展的希望所在，我国社会主要矛盾已经转化为人民日益增长的美好生活需要和不平衡不充分的发展之间的矛盾，这迫切需要高等教育进一步满足人民日益增长的美好生活需要。如今，科技发展深刻改变了高等教育思想和教学理念，重塑了教学环境和学习生态，要把握机会，改革创新教育模式，使之更好地促进因材施教、缩小差距、共享发展，为亿万学生提供更加多样、更高质量的教育。

（2）高等教育必须与生产劳动和社会实践相结合，这是培养全面发展的社会主义

---

① 习近平在北京大学师生座谈会上的讲话［N/OL］.（2018-05-03）［2020-12-25］. http://www.xinhuanet.com/2018-05/03/c_1122774230.htm.

建设者和接班人的根本途径。首先，在宏观上，整个高等教育事业要适应国民经济发展的要求。其次，在微观上，要把教育与生产劳动和社会实践相结合的方针贯彻到学校教育的全过程，强化实践育人，培养知行合一的学生，让学生在素质拓展活动中促进身心成长。

（3）培养德、智、体、美、劳等方面全面发展的社会主义建设者和接班人，这是高等教育的培养目标。

### （三）我国高等教育的任务

"高等教育的根本任务是什么？习近平总书记在多次重要讲话中给出了明确答案：立德树人。"[①] 也就是说，人才培养是高等教育的主要任务，而且是培养政治思想过硬且专业素质高的人才。为谁培养人才、培养怎么样的人才，是高校办学和发展必须面对的问题。培养社会主义建设者和接班人，是我们党的教育方针，也是我国各级各类学校的共同使命。《高等教育法》第五条明确规定，"高等教育的任务是培养具有社会责任感、创新精神和实践能力的高级专门人才，发展科学技术文化，促进社会主义现代化建设"。归纳起来《高等教育法》第五条的内容可分为三个层次。

第一，培养具有社会责任感、创新精神和实践能力的高级专门人才。高等教育不仅要培养德、智、体、美、劳等方面全面发展的社会主义的建设者和接班人，而且要培养具有社会责任感、创新精神和实践能力的高级专门技术人才和管理人才，能够在社会主义现代化建设中发挥积极作用。这是德育和智育培养的集中体现，也是《教育法》注重立德树人在《高等教育法》中的具体体现。[②] 高等学校是传授高深知识的场所，因此它所培养的必须是德才兼备的人才，既要注重充分提高高校学生的智力水平，又要加强高校学生的社会主义核心价值观，在道德品行上得到高度发展。

第二，发展科学技术文化。高等学校不仅是培养人才的场所，还是进行科学研究、发展科学技术文化的基地。高等学校集中了国内外的许多著名专家、教授和高级学者，拥有良好的科研设备、实验室和图书资源等优势条件。因此，高等教育要为发展科学技术做出贡献。

第三，促进社会主义现代化建设。高等教育要促进社会主义现代化建设，这是高等教育与经济建设、社会发展的本质关系所决定的，同时也是总结我国高等教育的历史经验教训所得出来的结论。

党的十九大提出了新时代需要什么样的建设者的重大时代命题，即要培养担当民族复兴大任的时代新人。今天在校学生的人生黄金期贯穿"两个一百年"奋斗期，时代新人不仅是对青少年提出的要求，也是对全体人民和所有社会主义事业建设者提出的要求。[③]

因此，为了推动高校培养更多、更好的社会主义建设者，法律规定国家应按照社会主义现代化建设和发展社会主义市场经济的需要，根据不同类型、不同层次高等学校的实际，推进高等教育体制改革和高等教育教学改革，优化高等教育结构和资源配

---

① 苑野，董新凯. 加快法治化：高等教育治理能力提升的切实路径［J］. 江苏高教，2021（1）：47-51.

② 李文兵.《高等教育法》的修订意蕴［J］. 湖州师范学院学报，2017，39（12）：5-9.

③ 刘延东. 深入学习贯彻党的十九大精神 全面开创教育改革发展新局面［N/OL］.（2018-03-15）［2020-12-30］. http://www.qstheory.cn/dukan/qs/2018-03/15/c_1122534655.htm.

置，提高高等教育的质量和效益。我们必须牢记使命、守住根本，在事关坚持社会主义办学方向的问题上站稳立场，全面贯彻党的教育方针，牢牢把握对意识形态阵地的主导权，巩固团结奋斗的共同思想基础。不仅要塑造青年一代的价值取向，而且要培养能够引领社会风气的时代先锋，不断提高全体人民的思想觉悟、道德水准和文明素养。

## 二、我国高等教育的基本原则

《高等教育法》将我国高等教育的若干基本原则以法律的形式固定下来，高等教育的基本原则是高等教育活动自身规律的概括和体现，是确立《高等教育法》基本原则的客观基础。根据《高等教育法》的规定，我国高等教育的基本原则包括以下几项。

### （一）积极发展高等教育的原则

我国的高等教育从改革以来迅速发展，尤其是 1999 年《高等教育法》实施以来，各级政府逐渐加大高等教育投入，并采取一系列措施发展高等教育事业，我国已建成世界最大规模的高等教育体系，高等教育事业改革与发展取得了举世瞩目的伟大成就，实现了从精英化到大众化的跨越，并逐步迈向普及化[1]。

《高等教育法》第六条规定，高等教育在规模发展上，采取两种基本途径，发挥国家、企事业团体及其他社会组织和公民等社会力量举办高等学校的积极性。值得欣慰的是：《高等教育法》实施以来，各级政府逐步加大高等教育投入，并采取一系列措施发展高等教育事业，使得高等教育事业的规模和内涵都取得显著成就。

### （二）提高高等教育质量和效益的原则

发展高等教育，不仅仅是数量上的发展，更重要的是质量上的发展。《高等教育法》第七条规定："国家按照社会主义现代化建设和发展社会主义市场经济的需要，根据不同类型、不同层次高等学校的实际，推进高等教育体制改革和高等教育教学改革，优化高等教育结构和资源配置，提高高等教育的质量和效益。"质量是高等教育内涵式发展的本质要求。提高质量是生命线，只有提高高等教育质量，才能促进我国从高等教育大国迈向高等教育强国。要满足中华民族伟大复兴对科学知识和优秀人才的长远需求，要满足学生个人全面自由发展的实际需求，归根结底是要办好人民满意的高等教育。[2]

### （三）扶持和帮助少数民族发展高等教育的原则

我国地域辽阔，民族众多，地区发展很不平衡，而且教育基础也有较大差别。尤其在少数民族聚居地区，教育条件更为艰苦，高等教育发展水平相对较低。但少数民族地区的高等教育发展不仅事关少数民族地区的发展，也关系到整个国家的民族团结、社会安定。因此，国家对少数民族的高等教育事业采取特殊扶持和帮助的原则。国家将"帮助和支持少数民族地区发展高等教育事业"上升到法律高度，这是高等教育注

---

① 王晨. 全国人民代表大会常务委员会执法检查组关于检查《中华人民共和国高等教育法》实施情况的报告［EB/OL］.（2019-10-21）［2021-02-01］. http://www.npc.gov.cn/npc/c30834/201910/5e021a6d9c5f4577a0a090c9757ed640.shtml.

② 陈聪，黎俊玲. 新时代高等教育内涵发展的逻辑与路径［J］. 武汉理工大学学报（社会科学版），2018，31（4）：176-181.

重公平的体现，"高等教育的公平包括机会公平和质量公平"。① 《高等教育法》颁布以后，为帮助少数民族地区发展高等教育事业，我国采取了一系列倾斜政策和扶持措施，希冀实现民族高等教育事业的跨越式发展。具体而言：一是帮助少数民族地区建立专门民族院校与普通高等学校，二是在内地高等学校设立民族班，三是为存在汉语言障碍或文化素质较低的少数民族学生设立民族预科班，从而形成民族院校、民族地区高校、内地高校民族班交相辉映、相辅相成的发展格局。②

### （四）公民受高等教育权利平等原则

这一原则是公民依据《宪法》和《教育法》享有的平等受教育权在高等教育领域的体现。这一原则包括下列内容：（1）扩大就学范围，把高等教育从培养少数尖子向大众化方向转化，使更多的人有机会接受高等教育。（2）竞争机会均等。高等教育不是人人都有资格接受的，必须经过竞争和选拔，只有保证竞争机会均等，才能保证受高等教育的权利平等。（3）成功机会均等。这是指不仅在招生选拔上要体现机会均等，而且在整个高等学校学习期间都应体现机会均等。只有如此才能真正保证公民的平等受教育权利。

为保证本原则的实现，《高等教育法》第九条还特别规定："国家采取措施，帮助少数民族学生和经济困难的学生接受高等教育。高等学校必须招收符合国家规定的录取标准的残疾学生入学，不得因其残疾而拒绝招收。"

### （五）保障高等学校科学研究、文学艺术创作和其他文化活动自由原则

《高等教育法》第十条确立了我国保障高等学校科学研究、文学艺术创作自由原则。高等学校以研究高深知识为己任，知识本身的专业性、自主性以及累积性决定了高等学校的学术活动要以学术价值为导向，任何高等学校的教师和研究人员都可以在不违背法律的前提下，自由进行科学研究、文学艺术创作和其他文化活动，自由发表见解和主张而不至受到惩罚。"文化是大学的灵魂，能够影响大学生的人生观、价值观、世界观。大学文化要能承载文化传承创新、具有中国特色、体现时代要求、具备国际张力，要用社会主义核心价值观引领加强大学文化建设顶层设计。要构筑和完善具有学校特色的文化平台，凝练特色，打造和提升一批具有学校特色的文化品牌，增强全校师生的文化认同和文化自信。加强基层文化建设，将大学文化建设具体到基层工作当中，促使大学文化建设能够在基层落地生根、开花结果，使大学文化有支撑、有触感、有黏性。"③

### （六）保障高等学校办学自主权的原则

随着社会主义市场经济体制的建立和完善，我国高等学校与外部的关系发生了显著变化，高等学校与社会的联系更加紧密。高等学校要想更好地发展，得到更多的社会投资与支持，就必须面向社会、满足社会的需求。这就要求高等学校成为具有自身利益要求的独立实体，拥有自主办学的权利，自我管理、自我发展。正如习近平总书记指出的那样，"办好中国的世界一流大学，必须有中国特色。没有特色，跟在他人后

---

① 白毅. 我国高质量高等教育公平实现模式研究［J］. 中国成人教育，2018（2）：32-34.
② 段斌斌.《高等教育法》实施二十周年：成就、问题与改进［J］. 高等教育研究，2020，41（2）：26-35.
③ 陈聪，黎俊玲. 新时代高等教育内涵式发展的逻辑与路径［J］. 武汉理工大学学报（社会科学版），2018，31（4）：176-181.

面亦步亦趋，依样画葫芦，是不可能办成功的。"①《高等教育法》总则部分规定了高等学校面向社会，依法自主办学，实行民主管理原则，在"高等学校的组织与活动"一章中具体规定了高等学校办学自主权的具体内容，它们都是对此原则的具体化。

### （七）鼓励高等学校开展交流与协作原则

这一原则包括两方面内容：第一，国家鼓励高校之间、高校与科研机构以及企事业组织之间开展协作，实行优势互补，提高教育资源的使用效益。第二，国家鼓励和支持高等教育事业的国际交流与合作，这是世界各国高等教育的一条普遍原则。

## 三、高等教育管理体制

依照高等教育管理体制改革的方向，《高等教育法》第十三条规定："国务院统一领导和管理全国高等教育事业。省、自治区、直辖市人民政府统筹协调本行政区域内的高等教育事业，管理主要为地方培养人才和国务院授权管理的高等学校。"此外，《高等教育法》第十四条对国务院教育行政部门与国务院其他部门的高等教育管理权限作出了原则性规定。

# 第二节　高等教育基本制度

高等教育基本制度，是指法律规定的高等教育活动的基本运行规则和制度分类。《高等教育法》第二章规定了高等教育基本制度。

## 一、高等学校的学制

学制，又称学校教育制度，是教育制度的主要组成部分。学制规定了各级各类学校的性质、任务、入学条件、学习年限以及之间的关系与联系等。它不仅要符合教育的客观规律，还要同它所处的生产力发展水平和经济发展要求相协调。

### （一）高等教育的类型及实施机构

《高等教育法》第十五条第一款规定："高等教育包括学历教育和非学历教育。"学历，即学习的经历、历程，一般指曾在哪些学校肄业或毕业。学历教育就是学习过程结束后能够获得国家认可的毕业证书等学历证明的教育，而非学历教育则不能获得此类学历证明。高等学历教育分为专科教育、本科教育和研究生教育。研究生教育又分为硕士研究生教育和博士研究生教育。非学历教育没有严格的层次划分。

高等教育由高等学校和其他高等教育机构实施。大学和独立设置的学院主要实施本科及本科以上教育，其中，实施硕士、博士研究生教育的大学或独立设置的学院，须经国务院及国务院教育行政部门批准。高等专科学校实施专科教育。经国务院教育行政部门批准，科研机构也可承担研究生教育的工作。其他高等教育机构实施非学历教育。

---

① 习近平. 青年要自觉践行社会主义核心价值观：在北京大学师生座谈会上的讲话［N/OL］. （2014-05-05）［2021-01-05］. http://www.xinhuanet.com//politics/2014-05/05/c_1110528066.htm.

## （二）高等学历教育的学业标准

如前所述，高等学历教育分为专科、本科、研究生三个层次，《高等教育法》第十六条将不同层次的学历教育的不同学业标准规定如下。

（1）专科教育应当使学生掌握本专业必备的基础理论、专门知识，具有从事本专业实际工作的基本技能和初步能力。

（2）本科教育应当使学生比较系统地掌握本学科、专业必需的基础理论、基本知识，掌握本专业必要的基本技能、方法和相关知识，具有从事本专业实际工作和研究工作的初步能力。

（3）硕士研究生教育应当使学生掌握本学科坚实的基础理论、系统的专业知识，掌握相应的技能、方法和相关知识，具有从事本专业实际工作和科学研究工作的能力。博士研究生教育应当使学生掌握本学科坚实宽广的基础理论、系统深入的专业知识、相应的技能和方法，具有独立从事本学科创造性科学研究工作和实际工作的能力。

## （三）高等学历教育的基本修业年限

《高等教育法》第十七条规定，各个层次的高等学历教育的基本修业年限为：专科教育的基本修业年限为2~3年，本科教育的基本修业年限为4~5年，硕士研究生教育的基本修业年限为2~3年，博士研究生教育的基本修业年限为3~4年。非全日制高等学历教育的修业年限应当适当延长。高等学校根据实际需要，可以对本学校的修业年限作出调整。

## （四）高等学历教育的入学条件

接受一定层次的高等学历教育需要具备相应的入学条件。由于高等学历教育在我国并不是人人都有资格接受的，因而国家将它的入学条件规定如下。

（1）高级中等教育毕业或者具有同等学力的，经考试合格，由实施相应学历教育的高等学校录取，取得专科生或者本科生入学资格。此处的"具有同等学力"是指没有取得高级中等教育毕业证书，但通过自学等方式达到了高级中等教育毕业的教育程度，或是取得了与高级中等教育毕业证书同等学力效力的其他证书。此处的考试主要指全国普通高等学校入学招生统一考试，也包括各省为职业中等学校和师范学校学生组织的省内统一考试。

（2）本科毕业或者具有同等学力的，经考试合格，由实施相应学历教育的高等学校或者经批准承担研究生教育任务的科学研究机构录取，取得硕士研究生入学资格。此处的"具有同等学力"是指获得本科毕业证书，工作3年或3年以上，修完学士学位课程，并有达到学士学位论文水平的学术论文公开发表。此处所称的考试是指全国硕士研究生入学统一考试。

（3）硕士研究生毕业或者具有同等学力的，经考试合格，由实施相应学历教育的高等学校或者经批准承担研究生教育任务的科学研究机构录取，取得博士研究生入学资格。此处的"具有同等学力"是指获得学士学位后，工作8年或8年以上，修完全部硕士学位课程，并有一定科研成果，有在国家一级刊物上公开发表的、达到硕士学位论文水平的学术论文。此处所称的考试是指各实施博士研究生学历教育的高等学校或者经批准承担博士研究生教育任务的科学研究机构自行设置的博士生入学考试。

除上述规定条件外，《高等教育法》还特别规定："允许特定学科和专业的本科毕业生直接取得博士研究生入学资格，具体办法由国务院教育行政部门规定。"

## 二、高等教育学业证书制度和学位制度

我国实行高等教育学业证书制度，《高等教育法》第二十条规定："接受高等学历教育的学生，由所在高等学校或者经批准承担研究生教育任务的科学研究机构根据其修业年限、学业成绩等，按照国家有关规定，发放相应的学历证书或者其他学业证书。接受非学历高等教育的学生，由所在高等学校或者其他高等教育机构发给相应的结业证书。结业证书应当载明修业年限和学业内容。"

我国实行学位制度，学位是国家或国家授权的教育机构授予个人的一种终身的学术符号，表明获得者取得学识及相应学习能力程度的标志。学位分为学士、硕士、博士三级。

授予学位是一项严肃的大事，有权授予学位的只能是由国务院授权的高等学校和科学研究机构。由国务院授权的高等学校授予学士学位；由国务院授权的高等学校和科学研究机构授予硕士学位、博士学位。授予学位的高等学校和科学研究机构（以下简称学位授予单位）应设立学位评定委员会，并组织有关学科的学位论文答辩委员会。学位论文答辩委员会负责审查硕士和博士学位论文，组织答辩，作出是否授予学位的决议。决议报送学位评定委员会，学位评定委员会作出是否批准的决定。学位授予单位在学位评定委员会作出授予学位的决定后，发给学位获得者相应的学位证书。

## 三、自学考试制度

高等教育自学考试制度是指考生自学高等教育层次的课程，参加国家统一的专门考试，考试合格达到高等教育专科或本科的学业标准，国家发给相应学位证书的高等教育制度。它是我国教育考试制度的重要组成部分。1977年，邓小平在《关于科学和教育工作的几点意见》中指出，"教育要走两条路，大专院校是一条腿，各种半工半读是一条腿"①，这为我国自学考试制度的发展奠定了基础。1981年我国开始正式施行对自学者举行以学历考试为主的高等教育国家考试。《高等教育法》第二十一条规定，自考学生经考试合格的，发给相应的学历证书或者其他学业证书。

# 第三节　高等学校的设立与管理

## 一、高等学校的设立

### （一）设立高等学校的基本要求

《高等教育法》第二十四条规定："设立高等学校，应当符合国家高等教育发展规划，符合国家利益和社会公共利益。"高等职业学校设立应遵循本规定，详见本书上卷第二章第一节"高等职业学校的设立及其法律地位"。设立高等职业学校必须符合以下基本要求：

---

① 邓小平.关于科学和教育工作的几点意见［J］.安徽教育，1983（8）：2-6.

1. 符合国家高等教育发展规划

国家根据经济建设、社会发展、科技进步和人才培养的要求对高等教育的整体发展速度、规模、高等学校的层次、类别、形式等结构做出相应的设计和调整。设立高校，首先必须符合国家高等教育规划。

2. 符合国家利益和社会公共利益

高校的存在与发展关系到国家的强盛、社会的文明，我国是社会主义国家，国家的利益在本质上与广大人民的利益是一致的，社会公共利益归根结底是广大人民的利益。任何组织和个人设立高等学校都必须符合国家利益和社会公共利益，不得损害国家利益和社会公共利益。

### （二）设立高等学校的基本条件

根据《教育法》第二十七条，设立高等学校必须具备下列基本条件：

（1）有组织机构和章程。

（2）有合格的教师。

（3）有符合标准的教学场所、设施和设备等。

（4）有必备的办学资金和稳定的经费来源。

### （三）设立高等学校和其他高等教育机构的程序

设立高等学校和其他高等教育机构，申请和审批是必经步骤，需向审批机关提交的材料有：①申办报告；②可行性论证材料；③章程；④依法要求提供的其他材料。

各级主管机关收到高校举办者的设立申请后，首先审查申请材料是否完备、申请内容是否明确，不完备或不具体的可要求举办者补正。申请材料齐备之后，主管机关开始对申请内容进行实质性审查。《高等教育法》第二十九条规定："审批设立高等学校，应当委托由专家组成的评议机构评议。"由此可见，各级审批主管机关需要在审批过程中委托专家评议机构评议设立申请，然后作出审批结论。

《高等教育法》第二十九条对各类高等学校和其他高等教育机构设立审批机关的规定如下：设立实施本科及以上教育的高等学校，由国务院教育行政部门审批；设立实施专科教育的高等学校，由省、自治区、直辖市人民政府审批，报国务院教育行政部门备案；设立其他高等教育机构，由省、自治区、直辖市人民政府教育行政部门审批。概括起来即教育部对本科层次及以上的高等学校设立的审批权和对专科层次的高等学校设立的备案权；省级人民政府对专科层次的高等学校和实施非学历教育的其他高等学校设立的审批权。该条不但明确了不同层次和类型的高等学校的审批权限，体现了政府宏观管理、高校自主办学的高等教育管理体制和改革方向，同时也增大了由专家组成的评议机构的主动权，可能会催生和促进具有中介机构性质的"第三方机构"的蓬勃发展。

## 二、高等学校的组织和活动

### （一）高等学校的办学自主权及相关义务

高等学校办学自主权是高等教育领域一个十分重要的问题。高等学校办学自主权的范围、内容、大小等既是高等学校自主办学的依据，也是高等教育主管机关对高等学校进行管理的界限。高等学校的办学自主权必须受到尊重和法律保护。依据《教育法》第二十九条、第三十条对学校权利与义务的规定，《高等教育法》第四章从第三十二条至第三十八条对此做出了较为全面的规定。具体权利包括：①招生权；②专业设置权；③教学权；④科学研究权；⑤对外交往权；⑥校内人事权；⑦财产权。

高等学校除根据《高等教育法》规定享有的权利外，还要遵照《教育法》第三十条中关于学校及其他教育机构权利和义务的规定，承担相应的义务，包括：遵纪守法的义务、贯彻教育方针的义务、维护师生权益的义务、提供情况的义务、合理收费的义务、接受监督的义务。关于高等职业学校权利、义务的规定及解读，详见本书上卷第二章第二节"高等职业学校的权利与义务"，这里不赘述。

### （二）高等学校的管理

1. 高等学校的行政管理

我国高等学校实行国务院统一领导，中央和省级人民政府、国务院各部委分级管理的领导体制。《高等教育法》第十三条规定："国务院统一领导和管理全国高等教育事业。省、自治区、直辖市人民政府统筹协调本行政区域内的高等教育事业，管理主要为地方培养人才和国务院授权管理的高等学校。"全国普通高校按隶属关系可分为：国家教育行政部门直属、国务院有关部委所属、省级人民政府所属三类。

2. 高等学校的内部人员和机构管理

《高等教育法》第四章以"高等学校的组织和活动"为题，对高等学校的法律地位、中心任务、自主办学权、管理体制、校长资格和职权、其他机构等作出了法律规定，为高等学校的内部管理提供了有力的法律依据。

（1）高等学校的法律地位。高等学校自批准设立之日起取得法人资格，高等学校的校长为高校的法定代表人。高等学校在民事活动中依法享有民事权利，承担民事责任。

（2）培养人才是高等学校的中心任务，即高等学校应当以培养人才为中心，开展教学、科学研究和社会服务，保证教育教学质量达到国家规定的标准；高等学校的办学水平、效益和教育质量，接受教育行政部门的监督及由其组织的评估。

（3）高校的办学自主权详见本节"二、高等学校的组织和活动"之"（一）高等学校的办学自主权及相关义务"。

（4）高等学校的内部管理体制。《高等教育法》三十九条规定，国家举办的高等学校实行中国共产党高等学校基层委员会领导下的校长负责制。中国共产党高等学校基层委员会按照中国共产党章程和有关规定，统一领导学校工作，支持校长独立负责地行使职权，其领导职责主要是：执行中国共产党的路线、方针、政策，坚持社会主义办学方向，领导学校的思想政治工作和德育工作，讨论决定学校内部组织机构的设置和内部组织机构负责人的人选，讨论决定学校的改革、发展和基本管理制度等重大事项，保证以培养人才为中心的各项任务的完成。社会力量举办的高等学校的内部管理体制按照国家有关社会力量办学的规定确定。

（5）高校的校长由符合《教育法》规定的任职条件的公民担任；高校的校长、副校长按照国家有关规定任免。高等学校的校长全面负责本学校的教学、科学研究和其他行政管理工作，有关高校校长具体职权的内容规定在《高等教育法》第四十一条中。

（6）高等学校的其他机构主要有：学术委员会和教职工代表大会等，《高等教育法》第四十二和四十三条分别是高校学术委员会和教职工代表大会的职责介绍。高等学校设立学术委员会是我国现代大学制度建设的举措之一，同时也是党委领导下的校长负责制和高校民主管理相互协调、行政权力与学术权力相互促进和高等学校自主办学的具体体现。《国家中长期教育改革和发展规划纲要（2010—2020 年）》提出，充分发挥学术委员会在学科建设、学术评价、学术发展中的重要作用。教育部 2014 年公布了《高等学校学术委员会规程》，要求健全以学术委员会为核心的学术管理体系与组织架构；并以学术委员会作为校内最高学术机构，统筹行使学术事务的决策、审议、评定和咨询等职权。"①《高等教育法》对高校学术委员会的职责从笼统规定到更为具体的规定，使得高等学校充分发挥学术委员会在学术事务的作用有了强有力的法律保障。教师为主的教职工代表大会是高校依法保障教职工参与民主管理和监督，维护教职工合法权益的组织形式。

3. 高等学校的财务管理

高等学校的财务管理工作主要包括：年度预算核定、预算管理、社会服务收入的分配与管理、学校基金、会计核算、审计等内容。

（1）高校年度教育事业费预算，由主管部门按照不同种类、不同层次学生的需要和学校所在地的不同情况，结合国家财力的可能，按"综合定额加专项补助"的办法加以核定。有关综合定额和专项补助的具体规定详见《高等学校财务管理改革实施方法》第七条和第八条。

（2）预算管理。高校内部的经费管理原则上实行"统一管理、一级核算、定额包干、节余留用"的办法。规模较大的学校，可用"两级核算"的办法。学校的后勤单位和校办工厂可实行"事业单位、企业化管理、独立核算、自负盈亏"的管理办法。

（3）社会服务收入的分配与管理。高校开展科技咨询活动，必须进行成本核算，从纯收入部分提取少量酬金，其余纳入学校基金。举办各种委托培养、干部专修、夜大、教师进修、继续教育等收入均应按规定提取少量酬金，将其大部分纳入学校基金。学校基金是高等学校资金来源的组成部分，它面向社会取之于校外。其 60% 以上用于改善办学条件、发展教育事业，剩余部分可用于教职工奖励和福利。

（4）会计核算。高等学校建立会计核算体系和投资效益分析指数体系，做到直接费用正确归属，间接费用合理分摊。开展会计信息化工作的高等学校，还应按照财政部制定的相关会计信息化工作规范执行。

（5）学校审计工作。通过对学校财务收支及其经济活动效益的监督，为教学和科研服务。高校审计工作分为国家教育行政部门审计和校内审计。

4. 高等学校的教学管理

教学工作作为高等学校的中心工作，学校的各级领导，尤其主要领导，应当把更多的精力放在教学管理工作上。提高教育质量的根本途径在于深化教学改革。② 深化教学改革要注重教学内容改革，各高校要充分利用教学上的自主权，主动地开展教学内

---

① 省教育厅政策法规与综合改革处.《中华人民共和国高等教育法》修改解读［N/OL］. 教育导报，2017-04-15（36）. http://jydb.scedumedia.com/DocumentElectronic/doc-2279. html.

② 中华人民共和国教育部高等教育司网站. 高等学校本科教学质量与教学改革工程［EB/OL］.（2012-02-21）［2021-02-20］. http://www.moe.gov.cn/s78/A08/A08_ztzl/s6288/.

容及教学方法的改革试验，大力发展计算机辅助教学、电化教学等现代化教学手段，积极运用"互联网+"教育、MOOC、微课、钉钉等网络平台授课等新型教学形式。2020年5月12日教育部"介绍各地开学复课及校园疫情防控、高校考试招生及毕业生就业等工作进展情况"的新闻发布会上，教育部认为，"停课不停教、不停学是史无前例、事无前例的大规模在线教育的一次重要实践。"① 其实为了落实《面向21世纪教育振兴行动计划》，推动现代远程教育工程进展，积极发展高等教育，教育部早在2000年便开始着手布局若干所高等学校建设网络教育学院。改革教学管理制度，建立有利于提高教师和学生的积极性、主动性和创造性，有利于优秀人才脱颖而出的灵活机制。各高校也要加强对教学过程的监督和教学质量的检查，认真开展各项教学评比工作。

5. 高等学校的科研管理

科学研究与教学工作是高校的两大主要任务。高校的科研水平在一定意义上代表了国家的整体科研水平，国家对高校的科研工作十分重视，采取了多举措保证科研工作的顺利开展②。

# 第四节 高等学校教师和学生

## 一、高等学校教师和其他教育工作者

### （一）高等学校教师和其他教育工作者的权利及其保障

高等学校教师及其他教育工作者享有法律规定的权利，履行法律规定的义务。这些权利和义务包括公民的基本权利、义务和教师作为专业人员特有的权利、义务。《高等教育法》在《宪法》和《教育法》的基础上进一步对高等学校教师的权利保障作出了规定，其中第五十一条规定："高等学校应当为教师参加培训、开展科学研究和进行学术交流提供便利条件。高等学校应当对教师、管理人员和教学辅助人员及其他专业技术人员的思想政治表现、职业道德、业务水平和工作实绩进行考核，考核结果作为聘任或者解聘、晋升、奖励或者处分的依据。"

《高等教育法》还对教师及其他教育工作者规定了一项基本义务，"高等学校的教师、管理人员和教学辅助人员及其他专业技术人员，应当以教学和培养人才为中心做好本职工作"。这表明任何一所高等学校，无论其职能是以教学为主、或教学与科研兼具，还是偏重社会服务，高校最基本的职能——培养高级专门人才是不能忽视的。任何高校的教师及其他教育工作者，都应以教学和培养人才为中心做好本职工作，以求精益求精。

### （二）高等学校教师资格制度

《高等教育法》规定高等学校实行教师资格制度。高等学校教师资格的条件、教师

---

① 教育部. 介绍各地开学复课及校园疫情防控、高校考试招生及毕业生就业等工作进展情况 [EB/OL].（2020-05-12）[2021-02-20]. http://www.gov.cn/xinwen/2020-05/12/content_5511081.htm, 2020-05-12.

② 郑良信. 教育法学通论 [M]. 南宁：广西教育出版社, 2000.

资格考试及资格认定，依照《教师资格条例》规定的程序进行。详见本书上卷第三章第三节"教师资格制度"，这里不赘述。

### （三）教师职务制度

《高等教育法》规定高等学校实行教师职务制度。高等学校教师职务设为四级：助教、讲师、副教授、教授。他们是根据学校所承担的教学、科研等任务的需要而设置的。根据《高等教育法》的规定高等学校教师职务的基本任职条件，包括如下方面：（1）取得高等学校教师资格，这是最基本的任职条件；（2）系统地掌握本学科的基础理论，这是对教师知识基础、理论水平的要求；（3）具备相应职务的教育教学能力和科学研究能力，这是对教师教学和科研两方面能力的要求，职务级别越高，相应的能力要求也就越高；（4）承担相应职务的课程和规定课时的教学任务，这是对教师教学职责的要求。教师职务不同，教学任务的职责也不相同，例如：助教主要承担课程的辅导、答疑、批改作业、辅导课、实验课、实习课、组织课堂讨论等工作；讲师要担任一门或一门以上课程的讲授工作；副教授和教授需担任一门主干基础课或两门及以上课程的讲授工作。

由于教授和副教授是高校教学和科研工作的主要指导者和带头人，他们的教学、科研水平影响着一门学科、一个系甚至一所学校的教育质量和声望，因此国家对他们的任职条件做了额外要求。《高等教育法》第四十七条第三款规定："教授、副教授除应当具备以上基本任职条件外，还应当对本学科具有系统而坚实的基础理论和比较丰富的教学、科学研究经验，教学成绩显著，论文或者著作达到较高水平或者有突出的教学、科学研究成果。"

### （四）教师聘任制

高等学校教师聘任制是指高等学校与教师在平等自愿的基础上，由高等学校根据教育教学需要设置一定的工作岗位，按照教师职务的职责、条件和任期，聘请具有任职条件的教师担任相应职务的一项制度。它是适应社会主义市场经济的发展而在教师任用制度方面进行的一项重大改革。《高等教育法》第四十八条规定："高等学校实行教师聘任制。教师经评定具备任职条件的，由高等学校按照教师职务的职责、条件和任期聘任。高等学校的教师的聘任，应当遵循双方平等自愿的原则，由高等学校校长与受聘教师签订聘任合同。"

根据《高等教育法》和其他相关法律的规定，签订教师聘任合同必须遵守下列原则。

1. 合法原则

依法签订教师聘任合同，不得违反法律法规的规定，必须符合三项要求：（1）当事人必须具备法定资格。一方当事人是依法成立的公立高等学校或社会力量举办的高等学校，另一方当事人必须是符合《高等教育法》第四十七条规定的基本任职条件和由国务院制定的有关教师职务的行政法规的受聘教师。（2）聘任合同内容合法。教师聘任合同内容可包括聘任合同期限、工作内容、条件、报酬、纪律及违反聘任合同的责任等，合同内容可分为必备要素和其他协议补充内容，无论如何，各项条款都不得违反法律法规的规定。（3）聘任合同形式合法。教师聘任合同以书面形式订立，只有依法订立的聘任合同才能得到国家承认，并受法律保护。

## 2. 平等自愿的原则

受聘教师与高校双方法律地位平等，出于双方当事人的意志，不受对方或任何第三方意志的干涉，受聘教师与高校依法对合同各项条款在充分表达自己的意思基础上，经过平等协商，取得一致意见而签订教师聘任合同。

### （五）新时代对高校教师的要求——践行"四有教师"

新时代对高校教师提出了新的时代要求，高校教师应当承担起应有的责任和义务，担负起立德树人的重任，为高校人才培养目标的顺利实施做出应有的贡献。教育之路，教师为基。因此，教师的综合素质影响着一个国家的发展。习总书记提出了"四有教师"①，即有理想信念、有道德情操、有仁爱之心、有扎实学识。"四有教师"既是对我国优秀历史的教师文化的呼应，也是对新时代教师的必然要求。这给了我们最通俗易懂的评价依据。以《高等教育法》等教育法律法规为指引，各个高校教师以"四有教师"为标准找差距，逐步落实"四有教师"的要求，才能真正实现教育的法治要求，保证教育教学质量的提高。

## 二、高等学校的学生

### （一）高等学校学生的权利与义务

高等学校的学生和其他层次学校的学生一样，以学习为主要任务，享有《教育法》规定的基本权利和义务。他们既是学校和教师施教的对象，又是学习活动的主体。高校教师只有详细了解学生的地位、权利与义务，才能正确地行使自己的权利和履行自己的义务。

#### 1. 高等学校学生的权利

高等学校学生的权利两部分组成：其一，作为学生享有与其他层次学生一样的基本权利。《教育法》所规定的基本权利有：参加教育教学活动权；获得奖学金权，包括奖学金、贷学金和助学金；获得公正评价权；获得学业证书、学位证书权；申诉、起诉及法律法规规定的其他权利。其二，高等学校的学生，还同时享有由《高等教育法》规定的权利。《高等教育法》明确规定，高等学校学生的合法权益，受法律保护。该法第五十七条规定："高等学校的学生，可以在校内组织学生团体。"这是高校学生享有的另一项权利，但高校学生组织的学生团体必须在法律、法规规定的范围内活动，并且服从学校的领导和管理。

#### 2. 高等学校学生的义务

高等学校的学生应当履行基本的义务，根据《教育法》第四十四条和《高等教育法》第五十三条的规定，包括如下方面：遵守法律、法规，遵守学生行为规范和学校的各项管理制度，尊敬师长、刻苦学习，增强体质，树立爱国主义、集体主义和社会主义思想，努力学习马克思列宁主义、毛泽东思想、邓小平理论、"三个代表"重要思想、科学发展观和习近平新时代中国特色社会主义思想，具有良好的思想品德，掌握较高的科学文化知识和专业技能。

---

① 习近平. 做党和人民满意的好老师——同北京师范大学师生代表座谈时的讲话［N］. 人民日报，2014-09-10（2）.

此外，根据《高等教育法》的有关规定，高校学生还应履行按照国家规定缴纳学费的义务。高等教育属于非义务教育，高校学生有义务按照国家规定缴纳学费。当然，对于家庭经济特别困难的学生，国家设有专门的奖学金、助学金和贷学金，符合相应条件的经济困难学生可以申请并获得相应的资助。

### （二）对家庭经济困难学生的特别帮助

高等学校全面实行收费制后，可能会导致一部分家庭经济特别困难的学生因交不起学费而影响入学。《高等教育法》总则部分规定："公民依法享有接受高等教育的权利。"为了避免任何一个有资格和能力接受高等教育的学生因家庭经济困难而不能享有和行使该项权利，该法第九条第二款明确规定："国家采取措施，帮助少数民族学生和经济困难的学生接受高等教育。"为落实这一原则性规定，该法在"高等学校的学生"一章中作了如下具体规定：

1. 家庭经济困难的学生可以申请补助或者减免学费

家庭经济困难的学生可以依据《高等教育法》的规定，向被录取或所在的高等学校申请补助或者申请减免部分或全部学费。高等学校也可以对家庭经济特别困难的学生主动作出补助或者减免学费。

2. 国家设立高等学校勤工助学基金和贷学金

高等学校专门设立勤工助学基金，使每一个参加勤工俭学的学生都可以获得一定的报酬。国家还实行贷学金制度，通过金融机构或设立的专门教育金融机构向家庭经济困难的学生提供优惠政策，帮助其解决上学期间的部分费用，待其毕业后在一定期限内逐步偿还贷款。贷学金制度可以保证家庭经济困难的学生在接受高等教育期间的基本学习、生活费用，有利于其安心学习并珍惜来之不易的学习机会。

《高等教育法》还规定，高校学生在课余时间可以参加社会服务和勤工助学活动；高校应当对学生的社会服务和勤工助学活动给予鼓励和支持，并进行引导和管理。这些规定为家庭经济困难的学生从事社会服务和勤工助学活动提供了法律依据。

3. 国家鼓励高等学校、企业事业组织、社会团体及其他社会组织和个人设立助学金

国家除设立高校学生勤工助学基金外，还鼓励高等学校、企事业组织、社会团体及其他社会组织和个人设立各种形式的助学金，包括勤工助学性质的助学金，针对某些特别专业、特别人群的助学金等各种形式。目前已有一些高校将校内服务岗位用于学生的勤工助学职位；也有一部分企事业组织设立勤工助学奖金，学生可以通过提供一定的技术及其他服务获得助学金。还有一些企事业组织、团体及个人设立专项助学金，对家庭经济困难的学生或毕业后到特定地区、行业、单位工作的学生等提供资助。总之，只要是合法设立助学金的，国家都会鼓励其开展。

4. 奖学金制度

奖学金制度是对一定的高校学生进行奖励的制度，同时也是为家庭经济困难的学生提供资助的一种方式。国家设立奖学金，并鼓励高校、企事业单位、社会团体及其他社会组织和个人按照国家有关规定设立各种形式的奖学金，对品学兼优的学生、国家规定的专业的学生以及到国家规定的地区工作的学生给予奖励，为此国家还专门制定发布了《普通高等学校本、专科学生实行奖学金制度的办法》。

### （三）有关高等学校学生毕业的规定

《高等教育法》第五十八条规定："高等学校的学生思想品德合格，在规定的修业年限内学完规定的课程，成绩合格或修满相应的学分，准予毕业。"根据本条规定，高校学生毕业须符合以下要求：（1）思想品德合格。（2）在规定的修业年限内学完规定的课程。按照高等教育的学制，专科教育的修业年限为三年；大学本科教育的修业年限为四至五年，硕士研究生教育的修业年限为二至三年，博士研究生教育的修业年限为三至四年。高校学生必须在以上规定年限内修完规定课程。（3）成绩合格或者修满相应的学分。当前，有的高校采用学分制，有的高校采用百分制或等级制，因而相应地要求学生修满学分或者成绩合格。只有同时符合以上三方面要求，才允许毕业。符合学位授予条件者，学位授予单位应当颁发学位证书。

在我国高校毕业生自主择业的就业制度背景下，要求高校在毕业生工作方面作出更多的指导和服务工作，因此，《高等教育法》第五十九条第一款规定："高等学校应当为毕业生、结业生提供就业指导和服务。"同时，国家还鼓励高等学校毕业生到边远、艰苦地区工作，高等学校应当在毕业生就业指导中贯彻、落实这一政策。

# 第五节　高等教育投入和条件保障

《高等教育法》第七章共六个条文规定了"高等教育投入和条件保障"，明确了高等教育的投资体制和各相关主体的条件保障责任，保证有充足的教育经费，并鼓励企事业单位向高等教育投入经费。同时，该法还对高等学校筹措办学资金、经费管理等作出了详细说明。《高等教育法》第六十条规定，国家鼓励企业事业组织、社会团体及其他社会组织和个人向高等教育投入。建立多渠道投资办学体制，不但解决了经费难题，而且引入了竞争机制，打破了单一的国家财政拨款的僵化体制，能够激发高等学校的办学活力，提高办学质量。《高等教育法》进一步细化了办学经费多元筹措机制，明确举办者是高校办学经费的主要投入者，学生等受教育者要通过学费等合理分担办学成本，这样的规定更加适合新时期我国高校的经费体制。为了推动民办高等教育的发展，探索营利性和非营利性民办高校的分类管理，2015年《高等教育法》修订时，在设立高校的目的条款中删除了"不得以营利为目的"的规定，为吸引民间资本投资高等教育事业也提供了法律保障。为保障高校办学经费的来源，法律规定高等学校的办学者不得抽回其投入的办学资金，并对高等学校进口图书资料、教学科研设备以及校办产业实行优惠政策。《高等教育法》第六十二条对规范使用高校资金经费使用作了明确规定，高校收取学费应当符合国家的法律规定，不得挪用。《高等教育法》第六十五条规定高校的财务活动应依法接受监督。

切实提高高等教育投入和条件保障，有助于营造新时代高等教育事业发展的良好环境。注重开源节流，珍惜每一分教育经费，切实把钱用在刀刃上；既要量力而行、量入为出，又要有重点、提效益，更多向边远、贫困、民族地区倾斜，向贫困学生倾斜，全面提高高等教育经费的精细化管理水平和使用效益。完善教育信息化基础设施，构建人人、时时、处处可学的网络化学习环境，大力推进学习型社会建设。要以加强督导抓落实，坚持督政与督学并重、监督与指导并重，强化督导结果运用，坚决防止形式主义，切实将党的十九大对教育工作的各项决策部署落到实处。要增强忧患意识，筑牢意识形态安全底线，做好高校安全工作，妥善处理敏感事项，主动回应群众期盼，营造教育改革发展的良好环境。①

（本章撰稿：刘永红、秦瑶）

## 复习思考题

1. 简述我国高等教育的方针及任务。
2. 简述我国高等学校教师聘任制所遵循的原则。
3. 结合实际谈谈如何尽快成长为新时代"四有好老师"。

---

① 刘延东. 深入学习贯彻党的十九大精神 全面开创教育改革发展新局面［N/OL］.（2018-03-15）［2021-02-01］. http://www.qstheory.cn/dukan/qs/2018-03/15/c_1122534655.htm.

# 第八章 《中华人民共和国职业教育法修订草案（征求意见稿）》解读

【内容摘要】《中华人民共和国职业教育法修订草案（征求意见稿）》（以下简称《职业教育法修订草案》）于 2019 年 10 月向社会公开征求意见。这是我国在经济社会及职业教育改革发展面临新形势、新要求的背景下，对 1996 年颁布的《中华人民共和国职业教育法》（以下简称《职业教育法》）进行的重大修订。《职业教育法》修订必将为我国职业教育的高质量发展提供强大的法制保障。本章共分为两节，第一节对《职业教育法》修订的缘由、主要内容创新、意义等作了介绍；第二节对《中华人民共和国职业教育法修订草案（征求意见稿）》各重要条款进行解读。期望读者通过本章的学习，能够准确认识职业教育法修订的重要意义，深入了解《中华人民共和国职业教育法修订草案（征求意见稿）》主要内容，做一个懂职业教育法、按职业教育法办事的职业教育人。

## 第一节 《中华人民共和国职业教育法修订草案（征求意见稿）》的内容及意义

### 一、《职业教育法》修订的缘由

我国现行的《中华人民共和国职业教育法》于 1996 年 5 月 1 日由全国人大常委会颁布，1996 年 9 月 1 日正式实施。这是我国第一部职业教育专门法。该法的施行，对我国职业教育的发展发挥了巨大的促进作用。但随着国家经济结构调整和产业不断转型升级，经济社会对职业教育的要求也发生巨大的变化，现行的《职业教育法》与迅速发展的世界上最大规模的职业教育相比，篇幅上过于单薄，内容上明显滞后，指导上渐趋无力。为此，2008 年，教育部将修订《职业教育法》工作提上日程。2019 年 12 月 5 日，教育部在官网上发布关于《中华人民共和国职业教育法修订草案（征求意见稿）》公开征求意见的公告。这表明，我国职业教育修法工作取得实质性进展。

与现行的《职业教育法》相比，《职业教育法修订草案》的内容更加丰富。采用表格的形式，将二者之间变化情况进行对照，应该是掌握《职业教育法修订草案》的具体内容和理解其意义的有效办法。表 8-1 为《职业教育法》和《职业教育法修订草案》的比较。

表 8-1　《职业教育法》和《职业教育法修订草案》的比较

| 现行《职业教育法》 | 《职业教育法修订草案》 |
| --- | --- |
| 第一章　总则 | 第一章　总则 |
| 第一条　为了实施科教兴国战略，发展职业教育，提高劳动者素质，促进社会主义现代化建设，根据教育法和劳动法，制定本法。 | 第一条　为了保障公民接受职业教育的权利，实施科教兴国和创新驱动发展战略，大力发展职业教育，建设教育强国和人力资源强国，促进社会主义现代化建设，根据宪法、教育法和劳动法，制定本法。 |
| 第二条　本法适用于各级各类职业学校教育和各种形式的职业培训。国家机关实施的对国家机关工作人员的专门培训由法律、行政法规另行规定。 | 第二条　本法所称职业教育，是指为了使受教育者具备从事某种职业或者职业发展所需要的职业道德、专业知识、技术技能和能力素质而实施的教育活动，包括各级各类职业学校教育和各种形式的职业培训。国家机关实施的对国家机关工作人员的专门培训由法律、行政法规另行规定。 |
| 第三条　职业教育是国家教育事业的重要组成部分，是促进经济、社会发展和劳动就业的重要途径。国家发展职业教育，推进职业教育改革，提高职业教育质量，建立、健全适应社会主义市场经济和社会进步需要的职业教育制度。 | 第三条　职业教育是国民教育体系和人力资源开发的重要组成部分，是培养多样化人才、传承技术技能、促进就业创业，推动经济社会发展的重要途径，与普通教育是不同教育类型，具有同等重要地位。国家发展职业教育，推进职业教育改革，提高职业教育质量，建立、健全适应社会主义市场经济和社会进步需要，符合技术技能人才成长规律的职业教育制度体系。 |
| 第四条　实施职业教育必须贯彻国家教育方针，对受教育者进行思想政治教育和职业道德教育，传授职业知识，培养职业技能，进行职业指导，全面提高受教育者的素质。 | 第四条　实施职业教育必须坚持中国共产党的全面领导，坚持社会主义办学方向，贯彻国家教育方针，以立德树人为根本，以服务发展为宗旨，以促进就业为导向，坚持产教融合、校企合作、工学结合、知行合一，培育工匠精神，进行职业指导，全面提高受教育者的素质。 |
| 第五条　公民有依法接受职业教育的权利。 | 第五条　公民有依法接受职业教育的权利。公民从事特定职业有接受相应职业教育的义务。 |
| 第六条　各级人民政府应当将发展职业教育纳入国民经济和社会发展规划。行业组织和企业、事业组织应当依法履行实施职业教育的义务。 | 第六条　各级人民政府应当将发展职业教育纳入国民经济和社会发展规划，与产业结构调整、发展方式转变和技术升级整体规划、统筹实施。政府行业主管部门、行业组织和企业、事业组织应当参与、支持和开展职业教育，依法履行实施职业教育的义务。 |
| 第七条　国家采取措施，发展农村职业教育，扶持少数民族地区、边远贫困地区职业教育的发展。国家采取措施，帮助妇女接受职业教育，组织失业人员接受各种形式的职业教育，扶持残疾人职业教育的发展。 | 第七条　国家鼓励发展多层次的职业教育，推进多元办学，发挥企业重要办学主体作用，支持社会各种主体广泛参与职业教育。国家采取措施，发展农村职业教育，扶持少数民族地区、贫困地区职业教育的发展；帮助妇女接受职业教育，组织各类转岗、再就业和失业人员等接受各种形式的职业教育，扶持残疾人职业教育的发展。 |

表8-1(续)

| 现行《职业教育法》 | 《职业教育法修订草案》 |
|---|---|
| 第八条 实施职业教育应当根据实际需要，同国家制定的职业分类和职业等级标准相适应，实行学历证书、培训证书和职业资格证书制度。<br>国家实行劳动者在就业前或者上岗前接受必要的职业教育的制度。 | 第八条 实施职业教育应当根据经济和社会需要，结合职业分类、职业标准等，实行学历证书、培训证书、职业资格证书以及体现职业技能等级的证书制度。<br>国家实行劳动者在就业前或者上岗前接受必要的职业教育的制度。 |
| 第九条 国家鼓励并组织职业教育的科学研究。 | 移至第十七条第一款 |
| 第十条 国家对在职业教育中作出显著成绩的单位和个人给予奖励。 | 第九条 国家采取措施，提高技术技能人才的社会地位和待遇，弘扬劳动光荣、技能宝贵、创造伟大的时代风尚。<br>国家对在职业教育工作中作出显著成绩的单位和个人给予奖励。<br>每年5月的第2周为职业教育活动周。 |
| 第十一条 国务院教育行政部门负责职业教育工作的统筹规划、综合协调、宏观管理。<br>国务院教育行政部门、劳动行政部门和其他有关部门在国务院规定的职责范围内，分别负责有关的职业教育工作。<br>县级以上地方各级人民政府应当加强对本行政区域内职业教育工作的领导、统筹协调和督导评估。 | 第十条 职业教育实行在国务院领导下，分级管理、地方为主、政府统筹、行业指导、社会参与的管理体制。<br>建立国务院职业教育工作部际联席会议制度，加强对职业教育工作的领导，统筹全国职业教育工作，部署职业教育改革创新重大事项。<br>国务院教育行政部门负责职业教育工作的统筹规划、综合协调、宏观管理。国务院教育行政部门、人力资源社会保障部门和其他有关部门在国务院规定的职责范围内，分别负责有关的职业教育工作。<br>省、自治区、直辖市人民政府领导区域内职业教育工作，确定省级以下地方各级人民政府管理职责，统筹职业教育资源，加强协调管理，组织开展督导评估。 |
| （新增） | 第十一条 国家鼓励职业教育领域的国际交流与合作，支持引进境外优质职业教育资源，鼓励招收职业教育类别留学生，支持职业教育机构赴境外办学，鼓励开展多种形式的职业教育资格资历互认。 |
| 第二章 职业教育体系 | 第二章 职业教育体系 |
| 第十二条 国家根据不同地区的经济发展水平和教育普及程度，实施以初中后为重点的不同阶段的教育分流，建立、健全职业学校教育与职业培训并举，并与其他教育相互沟通、协调发展的职业教育体系。 | 第十二条 国家建立健全适应经济社会发展需要，产教深度融合，职业学校教育和职业培训并重，职业教育与普通教育相互沟通，初级、中级、高级职业教育有效衔接，体现终身学习理念的现代职业教育体系。<br>国家建立国家资历框架制度，建立职业教育国家学分银行，推进职业教育各类学习成果的认定、积累和转换。<br>国家根据不同地区的经济发展水平和教育普及程度，在义务教育后的不同阶段实施职业教育与普通教育分类发展，优化教育结构，科学配置职业教育资源。<br>国家促进军民职业教育融合发展，将军队职业资格、职业技能等级纳入国家职业资格认证和职业技能等级评价体系。 |

表8-1(续)

| 现行《职业教育法》 | 《职业教育法修订草案》 |
|---|---|
| 第十三条　职业学校教育分为初等、中等、高等职业学校教育。<br>初等、中等职业学校教育分别由初等、中等职业学校实施；高等职业学校教育根据需要和条件由高等职业学校实施，或者由普通高等学校实施。<br>其他学校按照教育行政部门的统筹规划，可以实施同层次的职业学校教育。 | 第十三条　职业学校教育是学校教育制度的重要类型，分为中等、高等职业学校教育。<br>中等职业学校教育是中等教育的重要部分，由中等职业学校实施；高等职业学校教育是高等教育的重要部分，由专科、本科层次的职业高等学校和其他普通高等学校实施。符合条件的技师学院，依法经审批，可以设置为相应层次的职业高等学校，同时可以保留技师学院名称和功能。<br>其他学校、教育机构或者经过认定的企业、行业组织按照教育行政部门的统筹规划，可以实施相应层次的职业学校教育或者提供纳入培养方案的学分课程。 |
| 第十四条　职业培训包括从业前培训、转业培训、学徒培训、在岗培训、转岗培训及其他职业性培训，可以根据实际情况分为初级、中级、高级职业培训。<br>职业培训分别由相应的职业培训机构、职业学校实施。<br>其他学校或者教育机构可以根据办学能力，开展面向社会的、多种形式的职业培训。 | 第十四条　职业培训包括从业前培训、转业培训、学徒培训、在岗培训、转岗培训及其他职业性培训，根据情况分为初级、中级、高级职业培训。<br>职业培训分别由相应的职业培训机构、职业学校实施。<br>其他学校或者教育机构、企业、社会组织可以根据办学能力、社会需求，开展面向社会的、多种形式的职业培训。 |
| 第十五条　残疾人职业教育除由残疾人教育机构实施外，各级各类职业学校和职业培训机构及其他教育机构应当按照国家有关规定接纳残疾学生。 | 第十五条　残疾人职业教育除由残疾人教育机构实施外，各级各类职业学校和职业培训机构及其他教育机构应当按照国家有关规定接纳残疾学生。 |
| 第十六条　普通中学可以因地制宜地开设职业教育的课程，或者根据实际需要适当增加职业教育的教学内容。 | 第十六条　各级人民政府教育行政部门应当支持和鼓励普通中小学根据实际需要增加职业教育的教学内容，开展职业启蒙教育，组织职业学校、职业培训机构、企业和行业组织等为普通中小学开展职业启蒙、职业认知、职业体验与劳动技术教育提供条件和支持。 |
| （原第九条、第三十八条） | 第十七条　国家鼓励和支持开展职业教育的科学研究、教材和教学资源开发，推进职业教育资源跨区域、跨行业、跨部门共建共享。国家逐步建立反映职业教育特点和功能的统计和信息管理体系。<br>建立国家职业教育指导咨询委员会，提供职业教育政策咨询建议，协助推进职业教育重大改革，指导开展职业教育考核、评价。<br>县级以上各级人民政府和有关部门应当建立、健全职业教育服务体系，组织或者鼓励行业、企业、学校等开展多种形式的职业技能竞赛活动。 |
| 第三章　职业教育的实施 | 第三章　职业教育的实施 |
| 第十七条　县级以上地方各级人民政府应当举办发挥骨干和示范作用的职业学校、职业培训机构，对农村、企业、事业组织、社会团体、其他社会组织及公民个人依法举办的职业学校和职业培训机构给予指导和扶持。 | 第十八条　县级以上地方各级人民政府应当举办、参与举办发挥骨干和示范作用的职业学校和职业培训机构；对社会力量依法举办的职业学校和职业培训机构给予指导和支持。<br>国家根据产业布局和行业发展需要，重点支持建设高水平职业高等学校。 |

表8-1(续)

| 现行《职业教育法》 | 《职业教育法修订草案》 |
|---|---|
| 第十八条 县级人民政府应当适应农村经济、科学技术、教育统筹发展的需要，举办多种形式的职业教育，开展实用技术的培训，促进农村职业教育的发展。 | 第十九条 县级人民政府根据县域经济社会发展的需要，设立职业教育中心学校，开展多种形式的职业教育，实施实用技术培训，根据授权开展职业教育公共管理和服务，推动县域职业教育发展等职能。 |
| 第十九条 政府主管部门、行业组织应当举办或者联合举办职业学校、职业培训机构，组织、协调、指导本行业的企业、事业组织举办职业学校、职业培训机构。<br>国家鼓励运用现代化教学手段，发展职业教育。 | 第二十条 政府行业主管部门、行业组织可以根据需要，举办或者联合举办职业学校、职业培训机构，参与或者根据授权制定本行业职业教育相关标准，开展人才需求预测、职业生涯发展研究，组织、协调、指导本行业的企业、事业组织举办职业学校、职业培训机构。<br>经教育行政部门授权，政府行业主管部门、行业组织可以组织或参与组建全国性、地方性行业职业教育教学指导机构。教育行政部门应当指导、支持行业职业教育教学指导机构开展工作。 |
| 第二十条第二款 企业可以单独举办或者联合举办职业学校、职业培训机构，也可以委托学校、职业培训机构对本单位的职工和准备录用的人员实施职业教育。 | 第二十一条 鼓励有条件的企业根据自身生产经营需求，利用资本、技术、知识、设施、设备和管理等要素，单独举办或者联合举办职业学校、职业培训机构。<br>企业举办职业教育符合条件的，可以按投资额一定比例抵免教育费附加和地方教育附加。 |
| 第二十条第一款、第三款 企业应当根据本单位的实际，有计划地对本单位的职工和准备录用的人员实施职业教育。<br>从事技术工种的职工，上岗前必须经过培训；从事特种作业的职工必须经过培训，并取得特种作业资格。 | 第二十二条 企业应当按照国家有关规定实行就业准入和培训上岗制度，根据本单位实际，有计划地对本单位的职工和准备录用的人员实施职业教育。<br>企业聘用从事技术工种的职工，上岗前必须经过培训；聘用从事涉及公共安全、人身健康、生命财产安全等特殊工种或特种作业的职工，必须经过培训，并依法取得职业资格或特种作业资格。<br>企业开展职业教育的情况应当纳入企业社会责任报告。 |
| （新增） | 第二十三条 国家建立产教融合型企业认定制度。对深度参与产教融合、校企合作，在职业学校办学和深化改革中发挥重要主体作用，行为规范、成效显著，创造较大社会价值，在提升技术技能人才培养质量、增强吸引力和竞争力方面，具有较强带动引领示范效应的企业，予以相应奖励。<br>企业依法履行职业教育义务，符合前款条件的，可以认定为产教融合型企业。各级人民政府对产教融合型企业可以给予适当补贴或者政策优惠。产教融合型企业认定和支持的具体办法，由国务院教育行政部门会同有关部门制定。 |
| 第二十一条 国家鼓励事业组织、社会团体、其他社会组织及公民个人按照国家有关规定举办职业学校、职业培训机构。<br>境外的组织和个人在中国境内举办职业学校、职业培训机构的办法，由国务院规定。 | 第二十四条 国家鼓励依法举办民办职业学校、职业培训机构。<br>地方各级人民政府可以采取政府补贴、购买服务、提供助学贷款、建立奖励基金以及捐资激励等措施，支持民办职业学校和职业培训机构的发展，可以允许民办职业学校与公办职业学校相互委托管理。<br>境外职业教育机构、行业协会或者有职业教育资源的企业可以依法在中国境内独立或者合作举办职业学校，境外投资者可以依法在中国境内举办职业培训机构。 |

表8-1(续)

| 现行《职业教育法》 | 《职业教育法修订草案》 |
|---|---|
| 第二十二条　联合举办职业学校、职业培训机构，举办者应当签订联合办学合同。<br>政府主管部门、行业组织、企业事业组织委托学校、职业培训机构实施职业教育的，应当签订委托合同。 | 第二十五条　地方各级人民政府及行业主管部门可以依法支持社会力量、民间资金参与举办股份制、混合所有制职业学校、职业培训机构。参与办学的举办者应当签订联合办学合同，约定各方权利义务。<br>政府主管部门、行业组织、企业事业组织委托学校、职业培训机构实施职业教育的，应当签订委托合同。 |
| 第二十三条　职业学校、职业培训机构实施职业教育应当实行产教结合，为本地区经济建设服务，与企业密切联系，培养实用人才和熟练劳动者。<br>职业学校、职业培训机构可以举办与职业教育有关的企业或者实习场所。 | 移至第三十条、第三十六条 |
| （原第三十七条第一款） | 第二十六条　国务院教育行政部门应当会同有关部门、行业组织加强职业教育产教融合实习实训基地建设。<br>鼓励地方人民政府、政府行业主管部门、行业组织、企业根据区域或行业职业教育的需要建设高水平、专业化、开放共享的产教融合实训基地，为职业学校、职业培训机构开展实习实训和企业开展培训提供条件和支持。 |
| （新增） | 第二十七条　国家推行学徒制度，鼓励有技术技能人才培养能力的企业设立学徒岗位；有条件的企业可以与职业学校联合招收学员（学徒），以工学结合的方式进行培养。 |
| （原第十九条第二款） | 第二十八条　国家鼓励与支持运用现代化教学手段、互联网和信息技术，开发职业教育网络学习资源，创新教学方式、学校治理方式，推动职业教育信息化建设与融合应用。 |
|  | 第四章　职业学校和职业培训机构 |
| 第二十四条　第一款 职业学校的设立，必须符合下列基本条件：<br>（一）有组织机构和章程；<br>（二）有合格的教师；<br>（三）有符合规定标准的教学场所、与职业教育相适应的设施、设备；<br>（四）有必备的办学资金和稳定的经费来源。 | 第二十九条　职业学校的设立，应当符合下列基本条件：<br>（一）有组织机构和章程；<br>（二）有合格的教师；<br>（三）有符合规定标准的教学场所、与所实施职业教育相适应的设施、设备以及实习实训场所等；<br>（四）有必备的办学资金和与办学规模相适应的稳定经费来源；<br>（五）与行业、企业建立密切、稳定合作关系。<br>设立中等职业学校由县级以上地方人民政府或者教育行政部门按照规定的权限审批；设立专科层次的职业教育的学校，由省、自治区、直辖市人民政府审批；设立实施本科层次职业教育的学校，由国务院教育行政部门审批。 |

表8-1(续)

| 现行《职业教育法》 | 《职业教育法修订草案》 |
|---|---|
| 第二十四条 第二款 职业培训机构的设立,必须符合下列基本条件:<br>(一)有组织机构和管理制度;<br>(二)有与培训任务相适应的教师和管理人员;<br>(三)有与进行培训相适应的场所、设施、设备;<br>(四)有相应的经费。<br>职业学校和职业培训机构的设立、变更和终止,应当按照国家有关规定执行。 | 第三十条 职业培训机构的设立,必须符合下列基本条件:<br>(一)有组织机构和管理制度;<br>(二)有与培训任务相适应的教师和管理人员;<br>(三)有与进行培训相适应的场所、设施、设备;<br>(四)有相应的经费。<br>职业培训机构的设立、变更和终止,应当按照国家有关规定执行。 |
| (新增) | 第三十一条 国务院教育行政部门组织制订、修订职业学校专业目录,建设职业教育教学标准体系,宏观管理指导职业教育教材建设,组织开发职业教育国家规划教材,会同有关部门定期组织开展全国性的职业学校技能竞赛活动。<br>省级人民政府教育行政部门应当会同其他有关部门、行业组织,优化职业学校区域布局,指导职业学校科学合理设置、调整专业,建立办学规模、专业动态调整和预警机制。 |
| (新增) | 第三十二条 公办职业学校实行中国共产党基层组织领导下的校长负责制。中国共产党学校基层党组织按照中国共产党章程和有关规定,统一领导学校工作,支持校长独立负责地行使职权。<br>校长是职业学校的法定代表人,全面负责本学校教学、科学研究和其他行政管理工作。校长通过校长办公会或者校务会议行使职权。<br>职业学校应当设立理事会,理事会成员由行业、企业、社区、校友等方面代表组成,作为咨询、协商、审议与监督机构,参与学校管理、支持学校发展。 |
| (新增) | 第三十三条 职业学校依法自主管理。<br>职业学校应当按照国家有关规定,根据主管部门核定的办学规模招收学生,根据产业需求,依法自主设置专业,基于国家教学标准和职业标准制订人才培养方案,自主选用或者编写专业课程教材;根据培养技术技能人才的需要,设置教学过程和学习制度。在基本学制基础上,可以适当调整修业年限,实行弹性学习制度,经批准,可以实行中等、高等学校职业教育的贯通培养。<br>职业高等学校可以按照国家规定,采取文化素质与职业技能相结合的考核方式招收学生;对有突出贡献的高级技能型人才,经考核合格,可以破格录取,具体办法由国务院教育行政部门制定。 |

表8-1(续)

| 现行《职业教育法》 | 《职业教育法修订草案》 |
|---|---|
| （原第二十三条） | 第三十四条　职业学校、职业培训机构实施职业教育应当注重产教融合，实行校企合作。<br>职业学校、职业培训机构可以举办或者与行业企业共同举办与职业教育相关的企业，或者通过共同举办职业教育机构或者项目、组建职业教育集团等多种形式，与行业组织、企业、事业组织等开展合作；在招生就业、培养方案制定、师资队伍建设、专业建设、实习实训基地建设、教学改革、质量评价、科学研究、技术服务、科研成果转化等方面，应当与相关行业、企业、事业组织等建立合作机制。开展校企合作，应当签订协议明确双方权利义务。<br>职业学校、职业培训机构可以从校企合作中以提供教育培训服务等方式获得报酬，并自主制订分配办法。 |
| （新增） | 第三十五条　职业学校、职业培训机构应当建立健全教育质量的评价与保障制度，吸纳行业、企业参与评价，并及时公开相关信息，接受社会监督。<br>县级以上人民政府教育行政部门应当建立适应职业教育特点的质量评价体系，组织或者委托行业、企业和第三方专业机构，对职业学校的办学水平、质量和效益进行评估，并将评估结果及时公开。<br>具备条件的行业组织、职业教育研究机构等第三方专业机构可以依法对职业学校教育教学质量开展评价、认证。<br>具备条件的机构，可以根据职业技能标准研发职业技能等级标准，实施职业技能等级考核、评价。 |
| （原第二十三条第二款、原第三十三条） | 第三十六条　职业学校、职业培训机构以实习实训为目的举办企业和从事社会服务、经营活动取得的收入应当主要用于改善办学条件，并可提取一定比例支付教师、企业专家、外聘人员和受教育者的劳动津贴。<br>职业学校实施前款规定的社会服务、经营活动收入和开展实习实训、技术开发转让、技术服务以及培训服务的收入，按照国家有关规定享受税收减免。 |
| （原第三十二条第一款） | 第三十七条　高等职业学校按照国家规定的收费标准和办法，收取学费和其他必要费用。中等职业学校按国务院制定的具体办法免收学费，享受财政经费补贴。<br>职业学校和职业培训机构面向社会开展的各种培训，按照国家相关规定收取费用。 |
| | 第五章　职业教育的教师与受教育者 |
| （原第三十六条第一款） | 第三十八条　国家适应现代职业教育发展要求，健全完善职业学校教师职务系列和职务（职称）晋升制度，保障职业学校教师的权利，不断提高其专业素质与社会地位。<br>县级以上各级人民政府和有关部门应当将职业学校教师的培养和培训工作纳入教师队伍建设规划，完善职业学校教师培养体系和继续教育制度，保证职业学校教师队伍适应职业教育发展的需要。 |

表8-1(续)

| 现行《职业教育法》 | 《职业教育法修订草案》 |
|---|---|
| （新增） | 第三十九条　国家建立职业教育教师培养培训体系。<br>国家设立职业教育教师培养培训基地，加强专业化教师培养培训；鼓励、支持地方人民政府设立专门的职业技术师范学院，鼓励高等学校设立职业教育教师教育专业；鼓励行业企业共同参与职业教育教师培养和培训。<br>产教融合型企业、规模以上企业应当安排一定比例的岗位，接纳职业学校、职业培训机构教师实践。 |
| （原第三十六条第二款） | 第四十条　职业学校的专业教师应当具有一定年限的相应工作经历或者实践经验，达到相应的技术技能水平。<br>具备条件的企业经营管理和专业技术人员、有专业知识或者特殊技能的人员，经过相应的教育教学能力培训，取得教师资格，可以担任职业学校、职业培训机构的专业教师，并根据其技术职务转聘为相应的教师职务。取得职业学校实习指导教师资格可以视情况降低学历要求。<br>职业学校专业教师聘任、考核、晋职、待遇的专门办法，由国务院教育行政部门会同有关部门制定。 |
| （新增） | 第四十一条　国家制定职业学校教职工配备基本标准。省、自治区、直辖市应当根据基本标准，制定本地区职业学校教职工配备标准。<br>县级以上地方人民政府应当根据教职工配备标准、办学规模等，核定公办职业学校教职工编制，其中有一定比例编制，可以用于支持职业学校面向社会和企业自主聘用专业技术人员、有特殊技能人才担任专兼职教师。 |
| （新增） | 第四十二条　国家建立技术技能大师制度。<br>技术技能大师可以在职业学校专职或兼职担任高级职务专业教师，建立工作室等，参与人才培养、重大工程联合攻关等工作。 |
| （新增） | 第四十三条　职业学校学生应当全面完成规定的学习任务，按要求参加实习、实训。<br>职业学校学生在升学、就业、职业发展等方面与同层次普通学校学生享有平等机会。<br>各级人民政府应当创造公平就业环境。用人单位不得设置妨碍职业学校毕业学生平等就业、公平竞争的录用条件。 |
| （原第三十七条第二款） | 第四十四条　企业、事业组织应当安排实习岗位，接纳职业学校和职业培训机构的学生实习，并保障学生在实习期间享有休息休假、获得劳动安全卫生保护、接受职业技能指导等权利，对上岗实习的，应当签订实习协议，给予适当的劳动报酬。<br>学校应当加强对实习实训学生的指导，协助安排与学生所学专业相匹配的实习实训岗位。学校和企业、事业组织不得安排学生从事与所学专业无关的实习实训。<br>国家建立健全职业学校学生实习安全风险管理制度。职业学校组织学生参加实习实训，应当为学生购买实习责任保险，费用纳入学校预算予以保障。 |

表8-1(续)

| 现行《职业教育法》 | 《职业教育法修订草案》 |
|---|---|
| 第二十五条 接受职业学校教育的学生,经学校考核合格,按照国家有关规定,发给学历证书。接受职业培训的学生,经培训的职业学校或者职业培训机构考核合格,按照国家有关规定,发给培训证书。<br>学历证书、培训证书按照国家有关规定,作为职业学校、职业培训机构的毕业生、结业生从业的凭证。 | 第四十五条 接受职业学校教育的学生,达到相应学业要求,经学校考核合格,发给相应的学业证书,符合条件的,取得相应的职业资格证书和体现职业技能等级的证书。接受职业培训的学员,经培训的职业学校或者职业培训机构考核合格,取得培训证书、相应的职业资格证书和体现职业技能等级的证书。<br>职业学校学业证书、培训证书和体现职业技能等级的证书按照国家有关规定,作为受教育者从业的凭证。<br>有关职业培训经历、体现职业技能等级的证书及其他学习成果,经职业学校认定,可以转化为相应的学历教育学分,达到相应职业学校学业要求的培训学员,可以获得相应的学业证书。 |
| (原第三十二条第二款) | 第四十六条 国家建立对职业学校学生的奖励和资助制度,对学习成绩优秀的学生进行奖励,对艰苦、特殊行业专业学生和家庭经济困难学生、残疾学生提供资助,并根据经济社会发展情况适时调整资助标准。<br>国家支持企业、事业组织、社会组织及公民个人按照国家有关规定设立职业教育奖学金、助学金,奖励学习成绩优秀的学生或者资助经济困难的学生。<br>职业学校应当按照国家有关规定从事业收入中划出一定比例的学生奖助基金,用于奖励和资助学生。 |
| 第四章 职业教育的保障条件 | 第六章 职业教育的保障 |
| 第二十六条 国家鼓励通过多种渠道依法筹集发展职业教育的资金。 | 第四十七条 国家鼓励通过多种渠道依法筹集发展职业教育的资金。 |
| 第二十七条 省、自治区、直辖市人民政府应当制定本地区职业学校学生人数平均经费标准;国务院有关部门应当会同国务院财政部门制定本部门职业学校学生人数平均经费标准。职业学校举办者应当按照学生人数平均经费标准足额拨付职业教育经费。<br>各级人民政府、国务院有关部门用于举办职业学校和职业培训机构的财政性经费应当逐步增长。<br>任何组织和个人不得挪用、克扣职业教育的经费。 | 第四十八条 各级人民政府应当建立与职业教育办学规模、培养成本和办学质量相适应的财政投入制度,提高资金使用效益。<br>省、自治区、直辖市人民政府应当制定本地区职业学校生均经费标准或者公用经费标准。职业学校举办者应当按时、足额拨付经费,不断改善办学条件。<br>民办职业学校举办者应当参照同层次职业学校生均经费标准,以多种渠道筹措经费。地方人民政府按照管理权限,可以按照当地公办职业学校标准或者一定比例,向企业举办的职业学校和其他非营利性民办职业学校拨付生均经费。<br>财政专项安排、社会捐赠指定用于职业教育的经费,任何组织和个人不得挪用、克扣。 |
| 第二十八条 企业应当承担对本单位的职工和准备录用的人员进行职业教育的费用,具体办法由国务院有关部门会同国务院财政部门或者由省、自治区、直辖市人民政府依法规定。 | 第四十九条 企业应当根据国务院或者地方人民政府规定的标准,按照职工工资总额的一定比例足额提取教育培训经费,用于对本单位的职工和准备录用的人员进行职业教育,也可以用于举办职业教育机构。<br>企业设立具备生产与教学功能的产教融合实训基地所发生的费用,可以参照职业学校享受相应的优惠。 |
| 第二十九条 企业未按本法第二十条的规定实施职业教育的,县级以上地方人民政府应当责令改正;拒不改正的,可以收取企业应当承担的职业教育经费,用于本地区的职业教育。 | 移至第五十五条 |

表8-1(续)

| 现行《职业教育法》 | 《职业教育法修订草案》 |
|---|---|
| 第三十条 省、自治区、直辖市人民政府按照教育法的有关规定决定开征的用于教育的地方附加费，可以专项或者安排一定比例用于职业教育。 | 第五十条 省、自治区、直辖市人民政府按照教育法的有关规定决定开征的用于教育的地方附加费，应当专项或者安排一定比例用于职业教育。 |
| 第三十一条 各级人民政府可以将农村科学技术开发、技术推广的经费，适当用于农村职业培训。 | 第五十一条 地方各级人民政府安排地方教育附加费、就业、扶贫和移民安置资金以及科学技术开发、技术推广等方面的经费，应当将其中可用于职业教育的资金统筹使用，加强全过程预算绩效管理，提高资金使用效益。 |
| 第三十二条 职业学校、职业培训机构可以对接受中等、高等职业学校教育和职业培训的学生适当收取学费，对经济困难的学生和残疾学生应当酌情减免。收费办法由省、自治区、直辖市人民政府规定。<br>国家支持企业、事业组织、社会团体、其他社会组织及公民个人按照国家有关规定设立职业教育奖学金、贷学金，奖励学习成绩优秀的学生或者资助经济困难的学生。 | （移至第三十七条、第四十六条） |
| 第三十三条 职业学校、职业培训机构举办企业和从事社会服务的收入应当主要用于发展职业教育。 | （移至第三十六条） |
| 第三十四条 国家鼓励金融机构运用信贷手段，扶持发展职业教育。 | 第五十二条 国家鼓励金融机构运用信贷等手段，扶持发展职业教育。 |
| 第三十五条 国家鼓励企业、事业组织、社会团体、其他社会组织及公民个人对职业教育捐资助学，鼓励境外的组织和个人对职业教育提供资助和捐赠。提供的资助和捐赠，必须用于职业教育。 | 第五十三条 国家鼓励企业、事业组织、社会组织及公民个人对职业教育捐资助学，鼓励境外的组织和个人对职业教育提供资助和捐赠。提供的资助和捐赠，必须用于职业教育。 |
| 第三十六条 县级以上各级人民政府和有关部门应当将职业教育教师的培养和培训工作纳入教师队伍建设规划，保证职业教育教师队伍适应职业教育发展的需要。<br>职业学校和职业培训机构可以聘请专业技术人员、有特殊技能的人员和其他教育机构的教师担任兼职教师。有关部门和单位应当提供方便。 | （移至第三十八条、第四十条） |

表8-1（续）

| 现行《职业教育法》 | 《职业教育法修订草案》 |
|---|---|
| 第三十七条　国务院有关部门、县级以上地方各级人民政府以及举办职业学校、职业培训机构的组织、公民个人，应当加强职业教育生产实习基地的建设。<br>企业、事业组织应当接纳职业学校和职业培训机构的学生和教师实习；对上岗实习的，应当给予适当的劳动报酬。 | （移至第二十六条、第四十四条） |
| 第三十八条　县级以上各级人民政府和有关部门应当建立、健全职业教育服务体系，加强职业教育教材的编辑、出版和发行工作。 | （移至第十七条） |
|  | 第七章　法律责任 |
| （新增） | 第五十四条　县级以上地方人民政府及其相关部门违反本法规定，未按照预算核拨职业教育经费，或者挪用职业教育专项经费的，由上级人民政府责令限期改正；逾期未改正的，对直接负责的主管人员和其他责任人员依法给予处分。 |
| （原第二十九条） | 第五十五条　企业违反本法规定，不履行实施职业教育职责的，由县级以上地方人民政府或者教育、人力资源社会保障部门责令改正；拒不改正的，可以收取企业应当承担的职业教育经费，用于企业或者本地区的职业教育；情节严重的，给予承担职业教育经费1倍以上3倍以下罚款，拒不执行的，可以申请人民法院强制执行。<br>企业违反本法第二十二条之规定，聘用未经过职业教育取得相应职业资格的不合格职工，由地方人民政府人力资源社会保障部门依法责令改正，并可处以每人次1万元以下的罚款。造成重大损失的依法承担责任。 |
| （新增） | 第五十六条　职业学校违反本法规定职责，由教育行政部门或者有关部门责令改正；违规招生、教育教学质量低下、管理混乱，造成严重后果和重大社会影响的，应当责令暂停招生、限期整顿；逾期未改正的，撤销办学许可证。<br>职业培训机构违反法律规定和培训合同约定，侵犯受教育者合法权益的，由人力资源社会保障部门或者有关部门责令改正、依法查处。<br>实施职业教育质量评价、认证的机构，在评价、认证过程中弄虚作假、徇私舞弊，或者违规开展培训、收取费用的，校企合作中侵犯受教育者合法权益的，由主管部门责令改正，情节严重的，可以实行行业禁入；有违法所得的，没收违法所得，并可处以1万元以上、20万元以下罚款；构成犯罪的，由司法机关依法追究刑事责任。 |
| （新增） | 第五十七条　接收职业教育受教育者实习实训的用人单位未能履行其教育教学和安全管理责任，侵害受教育者人身、财产权利的，应当依据侵权责任法和相关法律规定，承担相应责任。 |

表8-1(续)

| 现行《职业教育法》 | 《职业教育法修订草案》 |
|---|---|
| 第三十九条 在职业教育活动中违反教育法规定的，应当依照教育法的有关规定给予处罚。 | 第五十八条 在职业教育活动中违反教育法、劳动法、高等教育法、民办教育促进法、教师法、价格法、广告法等法律规定的，依照有关法律的规定给予处罚，并加入信用记录，按照国家有关规定纳入信用信息系统。 |
| 第五章 附则 | 第八章 附则 |
| （新增） | 第五十九条 本法所称公办职业学校，是指由各级政府及其有关部门举办，或者由国有企业、事业单位举办但是以财政性拨款为主要经费来源的职业学校。 |
| 第四十条 本法自 1996 年 9 月 1 日起施行。 | 第六十条 本法自 20XX 年 X 月 X 日起施行。 |

### 三、《职业教育法修订草案》内容创新摘要

与现行的《职业教育法》相比，《职业教育法修订草案》有许多创新。现将其主要的创新内容摘要列举如下：

（1）第一次从法律上界定职业教育的概念。职业教育是指为了使受教育者具备从事某种职业或者职业发展所需要的职业道德、专业知识、技术技能和能力素质而实施的教育活动，包括各级各类职业学校教育和各种形式的职业培训。

（2）第一次从法律上界定职业教育的性质。职业教育是国民教育体系和人力资源开发的重要组成部分。

（3）第一次从法律上界定职业教育与普通教育的区别。职业教育与普通教育是不同的教育类型，具有同等重要地位。

（4）第一次从法律上规定：国家建立、健全适应社会主义市场经济和社会进步需要，符合技术技能人才成长规律的职业教育制度体系。

（5）第一次从法律上规定职业教育与中国共产党的关系。实施职业教育必须坚持中国共产党的全面领导。

（6）第一次从法律上规定职业教育"三以一坚持"工作方针：以立德树人为根本，以服务发展为宗旨，以促进就业为导向，坚持产教融合、校企合作、工学结合。

（7）第一次从法律上提出国家实行职业技能等级的证书制度。

（8）第一次从法律上规定：每年 5 月的第 2 周为职业教育活动周。

（9）第一次从法律上规定：职业教育实行在国务院领导下，分级管理、地方为主、政府统筹、行业指导、社会参与的管理体制。

（10）第一次从法律上规定：建立国务院职业教育工作部际联席会议制度，加强对职业教育工作的领导，统筹全国职业教育工作，部署职业教育改革创新重大事项。

（11）第一次从法律上规定：国家建立国家资历框架制度，建立职业教育国家学分银行，推进职业教育各类学习成果的认定、积累和转换。

（12）第一次从法律上规定：高等职业学校教育包括本科层次。高等职业学校教育是高等教育的重要部分，由专科、本科层次的职业高等学校和其他普通高等学校实施。

（13）第一次从法律上规定：符合条件的技师学院，依法经审批，可以设置为相应

层次的职业高等学校，同时可以保留技师学院名称和功能。

（14）第一次从法律上规定：建立国家职业教育指导咨询委员会，提供职业教育政策咨询建议，协助推进职业教育重大改革，指导开展职业教育考核、评价。

（15）第一次从法律上规定：县级人民政府要设立职业教育中心学校。

（16）第一次从法律上规定：国家建立产教融合型企业认定制度。

（17）第一次从法律上规定：地方各级人民政府可以采取政府补贴、购买服务、提供助学贷款、建立奖励基金以及捐资激励等措施，支持民办职业学校和职业培训机构的发展，可以允许民办职业学校与公办职业学校相互委托管理。

（18）第一次从法律上规定：鼓励地方人民政府、政府行业主管部门、行业组织、企业根据区域或行业职业教育的需要建设高水平、专业化、开放共享的产教融合实训基地，为职业学校、职业培训机构开展实习实训和企业开展培训提供条件和支持。

（19）第一次从法律上规定：国家推行学徒制度。

（20）第一次从法律上规定：职业学校依法自主管理。

（21）第一次从法律上规定：职业学校、职业培训机构实施职业教育应当注重产教融合，实行校企合作。

（22）第一次从法律上规定：具备条件的行业组织、职业教育研究机构等第三方专业机构可以依法对职业学校教育教学质量开展评价、认证。

（23）第一次从法律上规定：国家建立职业教育教师培养培训体系。

（24）第一次从法律上规定：国家制定职业学校教职工配备基本标准。

（25）第一次从法律上规定：国家建立技术技能大师制度。

（26）第一次从法律上规定：职业学校学生应当全面完成规定的学习任务，按要求参加实习、实训。

（27）第一次从法律上规定：各级人民政府应当建立与职业教育办学规模、培养成本和办学质量相适应的财政投入制度。

（28）第一次从法律上规定：企业设立具备生产与教学功能的产教融合实训基地所发生的费用，可以参照职业学校享受相应的优惠。

## 四、《职业教育法修订草案》的意义

征求意见之后，按照立法规定程序，终将出台新的《中华人民共和国职业教育法》。因此，《职业教育法修订草案》意义重大。

### （一）《职业教育法修订草案》必将促进中国特色职业教育法律体系的建构

如上所述，与现行的《职业教育法》相比，《职业教育法修订草案》内容至少有28个第一次，即28个创新，可谓国家职业教育法律的批量性创新。需要指出的是，《职业教育法修订草案》的批量性创新条款和其他相关内容均归纳、总结、提炼于我国职业学校长期的本土性改革实践和各级政府职业教育政策供给的状况。以职业学校长期实践和各级政府政策不断改进为基础，以批量性创新为显著特点产生的新的《职业教育法修订草案》，不仅将体现国家新发展阶段职业教育最新最高的法律水平，而且必然地通过连结国家职业教育领域的相关法规、规章，形成独立于世界职业教育法律体系框架的中国特色职业教育法律体系。从这个角度看，《职业教育法修订草案》具有深刻的现实意义和深远的历史意义。

### （二）《职业教育法修订草案》必将明显改变我国社会各界对职业教育的认识

长期以来，我国社会各界程度不同地存在职业教育是末流教育、边缘化教育的不正确认识，许多家长不愿意将子女送入职业学校学习，职业教育的投入没有体现国家关于职业教育与普通教育同等重要的意见。随着党中央、国务院高度重视职业教育逐渐产生影响和市场发展对职业教育数量需求加大、质量要求提高，这种不正确认识虽然有所改进，但进步缓慢。《职业教育法修订草案》的一系列创新性法律规定，必将在很大程度上强化职业教育法执行的强制性，必将促进《职业教育法修订草案》的法律规定得到大面积的落实，而大面积落实的结果又必将明显改变社会各界对于职业教育地位和作用的不正确认识，从而逐步提高职业教育的社会地位和影响力。

### （三）《职业教育法修订草案》必将有效促进职业教育高质量发展

首先，《职业教育法修订草案》的目的就是要大力发展高质量职业教育，因此，《职业教育法修订草案》出台的本身就会对职业教育高质量产生积极的社会影响；其次，现行的《职业教育法》共 5 章 40 条。《职业教育法修订草案》共 8 章 60 条，增加 3 章 20 条。其中，修订了 41 条，新增 15 条。修订的也好，新增的也罢，都是从"四面八方"支持职业教育，促进职业教育，比如"三以一坚持"工作方针、职业技能等级的证书制度、国家资历框架制度、职业学校依法自主管理、实行校企合作制度、职业教育教师培养培训体系建设与实施、建立与职业教育办学规模、培养成本和办学质量相适应的财政投入制度等，都会对职业学校高质量发展产生正面促进作用；再次，《职业教育法修订草案》的出台，就意味着我国职业教育依法办学进入一个新的阶段，所有职业学校必须按照《职业教育法修订草案》的规定要求规范办学行为，提高办学水平。可以预见，随着《职业教育法修订草案》的颁布实施，我国职业教育必将迎来高质量发展时代。

## 第二节　《中华人民共和国职业教育法修订草案（征求意见稿）》解读

为获得更好的学习效果，本节采取字体有别、加框展示、解读内容与被解读条（款）紧贴的方式进行《中华人民共和国职业教育法修订草案（征求意见稿）》的解读。

### 一、总则条款解读

第一条　为了保障公民接受职业教育的权利，实施科教兴国和创新驱动发展战略，大力发展职业教育，建设教育强国和人力资源强国，促进社会主义现代化建设，根据宪法、教育法和劳动法，制定本法。

第二条　本法所称职业教育，是指为了使受教育者具备从事某种职业或者职业发展所需要的职业道德、专业知识、技术技能和能力素质而实施的教育活动，包括各级各类职业学校教育和各种形式的职业培训。

> 解读：
> 1. 这是国家从法律层面第一次明确界定职业教育的概念。需要关注的是：概念强调了技术技能这个要素。
> 2. 本法明确：我国职业教育包括学校的学制教育和各类职业培训。

国家机关实施的对国家机关工作人员的专门培训由法律、行政法规另行规定。

第三条　职业教育是国民教育体系和人力资源开发的重要组成部分，是培养多样化人才、传承技术技能、促进就业创业，推动经济社会发展的重要途径，与普通教育是不同教育类型，具有同等重要地位。

国家发展职业教育，推进职业教育改革，提高职业教育质量，建立、健全适应社会主义市场经济和社会进步需要，符合技术技能人才成长规律的职业教育制度体系。

> 解读：
> 1. "职业教育是国民教育体系和人力资源开发的重要组成部分，是培养多样化人才、传承技术技能、促进就业创业，推动经济社会发展的重要途径"。这是国家从法律角度对职业教育的性质作出明确的规定。其意义在于：界定了职业教育与国民教育、人力资源开发三者之间的关系。其中，把职业教育定位为国民教育体系的重要组成部分，意义在于强调职业教育的教育属性；把职业教育定位为人力资源开发的重要组成部分，意义在于强调职业教育的职业属性。职业教育既是教育的，也是职业的，是教育性与职业性的叠加，体现职业教育的跨界特点。这也是国家从法律角度，第一次对我国职业教育的性质作出权威的规定，具有深远的历史和现实意义。
> 2. "与普通教育是不同教育类型，具有同等重要地位"。这是国家对职业教育与普通教育关系的规定。其意义在于彻底改变以往把职业教育视为普通教育的一个层次的看法，不仅将职业教育与普通教育并列对待，而且明确认定其作用是与普通教育具有同等重要地位。这一新定义，是国家对职业教育地位的提升，是国家办职业教育意志的新指向，是国家对全国人力资源市场的新要求。这对从事职业教育工作的人而言，是巨大的鼓舞。

第四条　实施职业教育必须坚持中国共产党的全面领导，坚持社会主义办学方向，贯彻国家教育方针，以立德树人为根本，以服务发展为宗旨，以促进就业为导向，坚持产教融合、校企合作、工学结合、知行合一，培育工匠精神，进行职业指导，全面提高受教育者的素质。

> 解读：
> 1. "必须坚持中国共产党的全面领导"。这规定了中国共产党与职业教育工作的关系：党必须领导职业教育，职业教育不能脱离党的领导。
> 2. "以立德树人为根本，以服务发展为宗旨，以促进就业为导向"三句简明扼要地解决了全国职业学校需要统一的办学三大问题：办学的根本、宗旨、导向。
> 3. "坚持产教融合、校企合作、工学结合、知行合一，培育工匠精神，进行职业指导，全面提高受教育者的素质"。我们可以将之理解为职业学校办学原则性要求。其中，"产教融合、校企合作、工学结合"可简称为"三合"。
> 产教融合的相关主体是政府、企业、学校、行业、社会。
> 校企合作的相关主体是学校、企业、政府、行业。
> 工学结合的主体是教师与学生。
> 产教融合，指产业与教育的结合（宏观）。产教融合主要作用于学校层面。
> 校企合作，指学校与企业的结合（中观）。校企合作主要作用于专业层面。
> 工学结合，指工作与学习的结合（微观），作用于教学层面。
> 产教融合对职业教育办学方向发挥根本性作用。
> 校企合作对职业教育办学制度发挥关键性作用。
> 工学结合对职业教育办学质量发挥决定性作用。
> 产教融合包括校企合作和工学结合，但侧重于办学方向的把握。
> 校企合作体现产教融合和工学结合，但侧重于办学制度的建设。
> 工学结合落实产教融合和校企合作，但侧重于办学质量的提高。

第五条　公民有依法接受职业教育的权利。公民从事特定职业有接受相应职业教育的义务。

第六条　各级人民政府应当将发展职业教育纳入国民经济和社会发展规划，与产业结构调整、发展方式转变和技术升级整体规划、统筹实施。

政府行业主管部门、行业组织和企业、事业组织应当参与、支持和开展职业教育，依法履行实施职业教育的义务。

第七条　国家鼓励发展多层次的职业教育，推进多元办学，发挥企业重要办学主体作用，支持社会各种主体广泛参与职业教育。

> 解读：
> 1. 强调职业教育要多层次办学，形成相对独立的体系。
> 2. 推进多元办学，除了政府举办职业学校外，鼓励企业参与举办职业教育；鼓励社会力量投资举办民办、混合办职业学校，实现政府举办为主向政府统筹管理、社会多元办学的格局转变的目标。

国家采取措施，发展农村职业教育，扶持少数民族地区、贫困地区职业教育的发展；帮助妇女接受职业教育，组织各类转岗、再就业和失业人员等接受各种形式的职业教育，扶持残疾人职业教育的发展。

第八条　实施职业教育应当根据经济和社会需要，结合职业分类、职业标准等，实行学历证书、培训证书、职业资格证书以及体现职业技能等级的证书制度。

国家实行劳动者在就业前或者上岗前接受必要的职业教育的制度。

> 解读：
> 1. 相关概念认识
> （1）什么叫职业分类？职业分类，是指按一定的规则、标准及方法，按照职业的性质和特点，把一般特征和本质特征相同或相似的社会职业，分成并统一归纳到一定类别系统中去的过程。截至2015年，我国职业分8个大类，75个种类，434个小类，1 481个职业。职业的分布有以下三个特点。
> 第一，技术型和技能型职业占主导。占实际职业总量的60.88%的职业分布在"生产、运输设备操作人员及有关人员"这一大类，它们分属我国工业生产的各个主要领域。从这类职业的工作内容分析，其特点是以技术型和技能型操作为主。
> 第二，第三产业职业比重较小，仅占实际职业总量的8%左右。三大产业中的职业分布，以第二产业的职业比重最大。
> 第三，知识型与高新技术型职业较少。现有职业结构中，属于知识型与高新技术型的职业数量不超过总量的3%。
> （2）什么叫职业标准？这里的职业标准即职业技能标准，指在职业分类的基础上，通过科学地划分工种，对工种进行分析和评价，根据各工种对知识和技能水平的要求，对其进行概括和描述从而形成的职业技能准则。
> （3）什么叫学历证书？学历证书是学制系统内实施学历教育的学校或者其他教育机构，对完成了学制系统内一定教育阶段的学习任务的受教育者所颁发的文凭。
> （4）什么叫培训证书？这里的培训证书即职业技能培训证书，指受培训者接受具有职业技能培训资质机构组织的培训和相应的考试所获得的证书，叫培训证书。该证书既可以作为培训学员从业的凭证；也可作为申请职业技能鉴定或职业技能等级认定时，接受过相关职业技能培训的证明。
> （5）什么叫职业资格证书？职业资格证书是我国准入类职业资格评价的产物，指政府认定的考核鉴定机构，按照国家制定的职业技能标准或任职资格条件，对准入类工种的劳动者的技能水平进行客观公正、科学规范的评价，对合格者授予的相应等级的国家职业资格证书。
> （6）什么叫职业技能等级证书？职业技能等级证书是我国水平评价类职业技能等级评价的产物，指政府备案的考核鉴定机构，按照国家制定的职业技能标准，对水平评价类工种的劳动者的技能水平进行客观公正、科学规范的评价，对合格者授予的相应等级的职业技能等级证书。

> 2. 四种证书的认识
> "实行学历证书、培训证书、职业资格证书以及体现职业技能等级的证书制度"，国家要求全国所有职业学校都要推行四种制度：学历证书制度、培训证书制度、职业资格证书制度、职业技能等级证书制度。由于职业资格证书制度、职业技能等级证书制度虽然分属准入类和水平评价类，但都属职业技能水平等级认定，我们可将它们可以视为两种业务一类制度。
> 3. 两类"双证书"的认识
> 由于我国准入类职业资格少（目前只批准 8 个），所以，获毕业证+职业资格证的很少，绝大多数职业学校学生所学专业对应非准入类职业资格，须接受职业技能等级认定，获毕业证+职业技能等级证毕业。因此，职业学校在相当长时期内存在两类"双证书"：所学专业对应准入类职业资格的学生，须持毕业证+职业资格证毕业；所学专业对应非准入类职业资格的学生，须持毕业证+职业技能等级证毕业。

第九条　国家采取措施，提高技术技能人才的社会地位和待遇，弘扬劳动光荣、技能宝贵、创造伟大的时代风尚。

国家对在职业教育工作中作出显著成绩的单位和个人给予奖励。

每年 5 月的第 2 周为职业教育活动周。

第十条　职业教育实行在国务院领导下，分级管理、地方为主、政府统筹、行业指导、社会参与的管理体制。

建立国务院职业教育工作部际联席会议制度，加强对职业教育工作的领导，统筹全国职业教育工作，部署职业教育改革创新重大事项。

国务院教育行政部门负责职业教育工作的统筹规划、综合协调、宏观管理。国务院教育行政部门、人力资源社会保障部门和其他有关部门在国务院规定的职责范围内，分别负责有关的职业教育工作。

省、自治区、直辖市人民政府领导区域内职业教育工作，确定省级以下地方各级人民政府管理职责，统筹职业教育资源，加强协调管理，组织开展督导评估。

> 解读：
> 1. "实行在国务院领导下，分级管理、地方为主、政府统筹、行业指导、社会参与的管理体制"。——国家规定了职业教育管理体制。关键词是：地方为主。
> 2. "建立国务院职业教育工作部际联席会议制度"。——国家建立职业教育工作协调机制。关键词是：部际。
> 3. "国务院教育行政部门、人力资源社会保障部门和其他有关部门在国务院规定的职责范围内，分别负责有关的职业教育工作"。这明确规定了教育部、人力资源和社会保障部职业教育业务管理的分工：教育部管理职业院校；人社部管理技工院校。两类学校统称为职业学校。
> 4. "省、自治区、直辖市人民政府领导区域内职业教育工作"。这明确了省级政府的职业教育责任——强化职业教育省级统筹制度，是对职业教育管理体制中"地方为主"规定的具体落实。

第十一条　国家鼓励职业教育领域的国际交流与合作，支持引进境外优质职业教育资源，鼓励招收职业教育类别留学生，支持职业教育机构赴境外办学，鼓励开展多种形式的职业教育资格资历互认。

## 二、职业教育体系条款解读

第十二条　国家建立健全适应经济社会发展需要，产教深度融合，职业学校教育和职业培训并重，职业教育与普通教育相互沟通，初级、中级、高级职业教育有效衔接，体现终身学习理念的现代职业教育体系。

解读：

1. "建立健全适应经济社会发展需要，产教深度融合，职业学校教育和职业培训并重，职业教育与普通教育相互沟通，初级、中级、高级职业教育有效衔接，体现终身学习理念的现代职业教育体系"。这个体系由 6 个要素构成，其关键词是：职业学校教育和职业培训并重。

2. "职业学校教育和职业培训并重"的理解。这里的"职业培训"主要指职业技能培训。职业学校教育与职业培训二者有同有异，具体如下。

（1）二者同之处主要表现为：都要以就业为导向，都要以培养高素质劳动者和技术技能人才为目标；都属于国家人力资源开发系统的重要组成部分。

（2）二者异之处主要表现为以下几点。

一是性质不同。职业学校教育是国民教育和人力资源开发的重要组成部分，职业培训是人力资源开发的重要组成部分，属于非学历的技术技能培养。

二是功能不同。职业学校教育兼具准职业人培养功能和专业深造功能；职业培训则兼具受训者就业功能和技术技能提升功能。

三是对象身份不同。职业学校教育对象主要是校内学生；职业培训主要对象是校外劳动者——愿意参加就业技能培训、岗位技能提升培训、就业创业培训的学员。

四是双证书要求不同。职业学校教育要求实行毕业证书与职业资格证书或职业技能等级证书兼具，职业培训没有双证书制度的强制性要求。

五是学习制度不同。职业学校教育的时间是全日制的；职业培训时间是碎片化的长短期不一的。

可以说，职业学校教育与职业培训二者之间，既有亦此亦彼的模糊地带，又有非此即彼的本质区分。

国家建立国家资历框架制度，建立职业教育国家学分银行，推进职业教育各类学习成果的认定、积累和转换。

解读：

1. 国家资历框架的理解。资历框架建设是国际惯例。一般由国家牵头进行。通过建立国家资历框架认证平台，建设由国家学习成果转化管理网和学习成果认证服务体系等基础设施组成的国家资历框架体系。其核心内容是同层次或不同层次学校之间，学校与行业、企业、培训机构之间学习者的学习成果可以互认。这是职业教育立交桥建设工程，意义重大。

2. 国家资历框架构建难度的认识。如，"各类学习成果的认定、积累和转换"就有难度，以学历证书和职业技能等级证书为例，实现学历证书和职业技能等级证书互通衔接无疑是职业教育改革发展的创新举措，但资历互通衔接与现行政策之间有冲突、资历互通衔接与政府相关部门职能之间有矛盾、资历互通衔接与各利益相关方之间会有利益纠结、资历互通衔接与用人单位认可之间也存在问题。这些问题不解决，学历证书和职业技能等级证书互通衔接就比较困难。

3. 资历框架的意义。国家资历框架构建尽管难度不小，但十分需要，必须克服困难努力建设。国家资历框架构建的好处是：长期以来，全国各成体系、各自运行的职业资格、专业技术职称、学历体系三者之间，可以通过资历框架中的学习者个人帐号，学分累计以及相关认证等制度，实现水平的参照和资格的贯通。比如，高中毕业生进入技师学院学习三年，在学生人人拥有国家统一的学习者个人帐号，且教学内容、教学标准、评价标准等基本一致的前提下，所学学分可以互认，毕业时可以获得以前拿不到的大专毕业证书。

国家根据不同地区的经济发展水平和教育普及程度，在义务教育后的不同阶段实施职业教育与普通教育分类发展，优化教育结构，科学配置职业教育资源。

解读：

关于"义务教育后的不同阶段实施职业教育与普通教育分类发展，优化教育结构，科学配置职业教育资源"的理解如下。这是国家从宏观角度进一步强化职业教育是与普通教育不同的教育类型。二者之间虽然都具教育性特点，但区别是客观存在的，必须分类型地配置政策等方面资源，促进职业教育健康发展。

国家促进军民职业教育融合发展，将军队职业资格、职业技能等级纳入国家职业资格认证和职业技能等级评价体系。

第十三条　职业学校教育是学校教育制度的重要类型，分为中等、高等职业学校教育。

中等职业学校教育是中等教育的重要部分，由中等职业学校实施；高等职业学校教育是高等教育的重要部分，由专科、本科层次的职业高等学校和其他普通高等学校实施。符合条件的技师学院，依法经审批，可以设置为相应层次的职业高等学校，同时可以保留技师学院名称和功能。

其他学校、教育机构或者经过认定的企业、行业组织按照教育行政部门的统筹规划，可以实施相应层次的职业学校教育或者提供纳入培养方案的学分课程。

> 解读：
> 　1. 国家将职业教育"分为中等、高等职业学校教育。中等职业学校教育是中等教育的重要部分，由中等职业学校实施；高等职业学校教育是高等教育的重要部分，由专科、本科层次的职业高等学校和其他普通高等学校实施"。这明确规定了现代职业教育的体系框架，意在打通职业学校教育发展通道，向上包括专科、本科教育层次的职业高等学校，向下融入义务教育，加强职业启蒙、职业认知、职业体验与劳动技术教育。
> 　2. "符合条件的技师学院，依法经审批，可以设置为相应层次的职业高等学校，同时可以保留技师学院名称和功能"。把符合条件的技师学院纳入高等学校序列是国务院认可技工院校办学质量的体现，是国家优化职业教育结构的一个举措。但要防止技师学院纳入高等学校序列后出现培养模式变化，高技能人才培养阵地瓦解，高技能人才培养质量削弱的可能。

第十四条　职业培训包括从业前培训、转业培训、学徒培训、在岗培训、转岗培训及其他职业性培训，根据情况分为初级、中级、高级职业培训。

职业培训分别由相应的职业培训机构、职业学校实施。

其他学校或者教育机构、企业、社会组织可以根据办学能力、社会需求，开展面向社会的、多种形式的职业培训。

> 解读：
> 　1. "职业培训包括从业前培训、转业培训、学徒培训、在岗培训、转岗培训及其他职业性培训，根据情况分为初级、中级、高级职业培训。"这明确了职业培训的类型和层次。
> 　2. "职业培训分别由相应的职业培训机构、职业学校实施。"这是职业学校开展职业培训最直接的法律依据。换言之，职业学校必须依法开展职业培训。职业培训也是职业学校必须履行的一项职能。

第十五条　残疾人职业教育除由残疾人教育机构实施外，各级各类职业学校和职业培训机构及其他教育机构应当按照国家有关规定接纳残疾学生。

第十六条　各级人民政府教育行政部门应当支持和鼓励普通中小学根据实际需要增加职业教育的教学内容，开展职业启蒙教育，组织职业学校、职业培训机构、企业和行业组织等为普通中小学开展职业启蒙、职业认知、职业体验与劳动技术教育提供条件和支持。

> 解读：
> 　中小学"增加职业教育的教学内容，开展职业启蒙教育"，既是国际惯例，又是我国改革普通教育形态、逐步实现普通教育与职业教育相互融通的措施之一，具有鲜明的时代特征和重大的历史意义。

第十七条　国家鼓励和支持开展职业教育的科学研究、教材和教学资源开发，推进职业教育资源跨区域、跨行业、跨部门共建共享。国家逐步建立反映职业教育特点和功能的统计和信息管理体系。

建立国家职业教育指导咨询委员会，提供职业教育政策咨询建议，协助推进职业教育重大改革，指导开展职业教育考核、评价。

县级以上各级人民政府和有关部门应当建立、健全职业教育服务体系，组织或者鼓励行业、企业、学校等开展多种形式的职业技能竞赛活动。

解读：
1. 统计和信息管理体系的认识。"建立反映职业教育特点和功能的统计和信息管理体系"，既是建立健全我国独立的现代职业教育体系的重要组成部分，又是加强我国职业学校治理体系建设的有效措施。
2. 建立国家职业教育指导咨询委员会的意义。国家职业教育指导咨询委员会的职责是："提供职业教育政策咨询建议，协助推进职业教育重大改革，指导开展职业教育考核、评价"。其功能属智囊机构+指导性机构性质，是国家健全职业教育支持体系的有效措施。
3. 技能竞赛工作的认识。"组织或者鼓励行业、企业、学校等开展多种形式的职业技能竞赛活动"。组织或者鼓励的主体是县级以上各级人民政府和有关部门。这就明确了职业学校开展技能竞赛工作的法律依据。换言之，职业学校依法开展技能竞赛有了国家法律的依据。

## 三、职业教育的实施条款解读

第十八条　县级以上地方各级人民政府应当举办、参与举办发挥骨干和示范作用的职业学校和职业培训机构；对社会力量依法举办的职业学校和职业培训机构给予指导和支持。

解读：
1. 规定：政府举办的职业学校和职业培训机构必须是能"发挥骨干和示范作用的"。
2. 规定：对社会力量依法举办的职业学校和职业培训机构，政府必须支持。

国家根据产业布局和行业发展需要，重点支持建设高水平职业高等学校。

第十九条　县级人民政府根据县域经济社会发展的需要，设立职业教育中心学校，开展多种形式的职业教育，实施实用技术培训，根据授权开展职业教育公共管理和服务，推动县域职业教育发展等职能。

解读：
国家法律明确规定：不仅各县都要设立职业教育中心学校，而且明确了职业教育中心学校的办学职能：学制教育、技术培训、公共管理和服务。

第二十条　政府行业主管部门、行业组织可以根据需要，举办或者联合举办职业学校、职业培训机构，参与或者根据授权制定本行业职业教育相关标准，开展人才需求预测、职业生涯发展研究，组织、协调、指导本行业的企业、事业组织举办职业学校、职业培训机构。

经教育行政部门授权，政府行业主管部门、行业组织可以组织或参与组建全国性、地方性行业职业教育教学指导机构。教育行政部门应当指导、支持行业职业教育教学指导机构开展工作。

解读：
本款规定教育行政部门在制定本行业职业教育相关标准、组建职业教育教学指导机构方面的职责。

第二十一条　鼓励有条件的企业根据自身生产经营需求，利用资本、技术、知识、设施、设备和管理等要素，单独举办或者联合举办职业学校、职业培训机构。

企业举办职业教育符合条件的，可以按投资额一定比例抵免教育费附加和地方教育附加。

第二十二条　企业应当按照国家有关规定实行就业准入和培训上岗制度，根据本单位实际，有计划地对本单位的职工和准备录用的人员实施职业教育。

企业聘用从事技术工种的职工，上岗前必须经过培训；聘用从事涉及公共安全、人身健康、生命财产安全等特殊工种或特种作业的职工，必须经过培训，并依法取得职业资格或特种作业资格。

企业开展职业教育的情况应当纳入企业社会责任报告。

第二十三条　国家建立产教融合型企业认定制度。对深度参与产教融合、校企合作，在职业学校办学和深化改革中发挥重要主体作用，行为规范、成效显著，创造较大社会价值，在提升技术技能人才培养质量、增强吸引力和竞争力方面，具有较强带动引领示范效应的企业，予以相应奖励。

企业依法履行职业教育义务，符合前款条件的，可以认定为产教融合型企业。各级人民政府对产教融合型企业可以给予适当补贴或者政策优惠。产教融合型企业认定和支持的具体办法，由国务院教育行政部门会同有关部门制定。

> 解读：
> 　　第二十一条、第二十二条、第二十三条的内容都与企业有关，旨在解决企业参与职业教育积极性不足问题，强化企业参与职业教育的权利和义务。
> 　　实践证明：一方面，没有企业的合作，职业学校很难培养出适应市场需求的技术技能人才；另一方面，企业一方要认识到国家创造了一系列条件，提供了社会力量办企业的基础，企业要反过来服务国家、服务社会，履行一定的社会责任，包括支持或与职业学校共同开展人才培养。为此，国家从政策层面多年、多次要求由企业与学校合作开展职业教育：
> 　　1. 2002 年 8 月 24 日《国务院关于大力推进职业教育改革与发展的决定》（国发〔2002〕16 号）提出要充分依靠企业举办职业教育，并对如何"依靠"做出了具体部署。
> 　　2. 2005 年 10 月 28 日《国务院关于大力发展职业教育的决定》（国发〔2005〕35 号）又提出了依靠行业企业发展职业教育，推动职业学校与企业的密切结合，并对如何"密切结合"进行了具体安排。
> 　　3. 2014 年 5 月 2 日《国务院关于加快发展现代职业教育的决定》（国发〔2014〕19 号）再次提出要健全企业参与制度，鼓励行业和企业举办或参与举办职业教育，发挥企业重要办学主体作用，并有具体政策。
> 　　4. 2017 年 12 月 5 日《国务院办公厅关于深化产教融合的若干意见》（国办发〔2017〕95 号）第四次提出深化产教融合的主要目标是逐步提高行业企业参与办学程度，并安排专节就如何"强化企业重要主体作用"进行了部署。
> 　　国务院从"充分依靠"到"密切结合"，从"发挥企业重要办学主体作用"到"强化企业重要主体作用"，这么多年过去了，主动发挥办学主体作用的企业不是没有，但占比不高，总量不多。原因在于企业与学校的单位属性、设办目标、业务功能、社会分工等各不相同。市场经济条件下，多数企业全神贯注于主业经营还未必能保证自身的生存和发展，一般没有时间主动去参与职业教育。要想让企业积极主动地参与办学，至少需要具备三个要素：政府出台实惠政策让企业感到校企合作培养不仅没有影响其经营，还可得到好处；学校具备合作资格，能让企业得到好处；学生素质过得去，能使企业聘到优秀毕业生来企业就业。
> 　　为此，国家一方面规定职业学校要提高办学质量；另一方面，需要通过法律规定来推进企业参与合作培养。

第二十四条　国家鼓励依法举办民办职业学校、职业培训机构。

地方各级人民政府可以采取政府补贴、购买服务、提供助学贷款、建立奖励基金以及捐资激励等措施，支持民办职业学校和职业培训机构的发展，可以允许民办职业学校与公办职业学校相互委托管理。

境外职业教育机构、行业协会或者有职业教育资源的企业可以依法在中国境内独立或者合作举办职业学校，境外投资者可以依法在中国境内举办职业培训机构。

第二十五条　地方各级人民政府及行业主管部门可以依法支持社会力量、民间资金参与举办股份制、混合所有制职业学校、职业培训机构。参与办学的举办者应当签订联合办学合同，约定各方权利义务。

政府主管部门、行业组织、企业事业组织委托学校、职业培训机构实施职业教育的，应当签订委托合同。

> 解读：
> 1. 第二十四条、第二十五条均涉及民办职业学校、职业培训机构。不仅篇幅比1996年版《职业教育法》大，更重要的是国家鼓励社会力量参与职业教育办学的态度更明确，支持力度也更大。
> 2. "地方各级人民政府可以采取政府补贴、购买服务、提供助学贷款、建立奖励基金以及捐资激励等措施，支持民办职业学校和职业培训机构的发展，可以允许民办职业学校与公办职业学校相互委托管理"。这是国家从"两个可以"、六个方面旗帜鲜明、具体明确地支持社会力量举办职业教育。
> 3. "股份制、混合所有制"是新的办学形式。这是国家创新社会力量举办职业教育的形式。

第二十六条　国务院教育行政部门应当会同有关部门、行业组织加强职业教育产教融合实习实训基地建设。

鼓励地方人民政府、政府行业主管部门、行业组织、企业根据区域或行业职业教育的需要建设高水平、专业化、开放共享的产教融合实训基地，为职业学校、职业培训机构开展实习实训和企业开展培训提供条件和支持。

> 解读：
> 1. 职业教育产教融合实习实训基地是个新事物，指校企双方共建两类基地：产教融合实训基地、产教融合实习基地。实训基地在学校内；实习基地在企业内或产业园区内。
> 2. 两类基地在的实训基地须是开放的、可以共享的。

第二十七条　国家推行学徒制度，鼓励有技术技能人才培养能力的企业设立学徒岗位；有条件的企业可以与职业学校联合招收学员（学徒），以工学结合的方式进行培养。

> 解读：
> 1. 学徒制度概念的认识
> （1）传统学徒制度。传统学徒制度是指在手工作坊或店铺的工作场所，通过2~3年时间，按师傅指导学徒学习技术技能活动方式，使学徒获得职业知识或技术技能的职业训练模式。
> （2）现代学徒制度。2014年8月，教育部出台《关于开展现代学徒制试点工作的意见》（教职成〔2014〕9号），要求按照"招生即招工、入校即入厂、校企联合培养"的模式培养现代学徒。
> （3）企业新型学徒制。2015年8月，人力资源和社会保障部、财政部联合发出《关于开展企业新型学徒制试点工作的通知》（人社厅发〔2015〕127号），要求按照"招工即招生、入企即入校、企校双师联合培养"的模式培养企业新型学徒。
> 2. 学徒制度的理解
> （1）学徒身份的理解。学徒有三重身份：第一身份是企业员工；第二身份是企业员工中的技术工人；第三身份是特殊学习者。
> （2）学徒活动空间的理解。学徒的三种身份使得这类人的活动空间以企业为主、学校等活动空间为辅。

> 可以说，学徒是企业技术工人队伍中的资历最浅、技术最弱、层次最低的员工，但又是企业技术工人队伍不可或缺的新生力量和基础力量。今天，某人是这个企业的学徒，将来可能成为这个企业不可或缺的高技能人才。推行学徒制的实质是建设中国企业技术工人队伍，培养和壮大中国工人阶级。
>
> 3. 学徒制度的特点
>
> （1）企业为主、学校为辅。这是契合学徒制运行规律的职责分工。主次若不分，后果必不堪。
>
> （2）政府引导、政策支持。推行学徒制度是企业技能人才队伍建设的重要举措，而加强企业技能人才队伍建设是增强企业核心竞争力、推动产业转型升级的必然要求，是国家稳定就业、化解就业结构性矛盾的重要措施，也是深入实施人才强国战略和创新驱动发展战略的重要内容，因此，政府要在资金等方面加大政策供给，通过政府推动，提高企业开展学徒培养的积极性。
>
> （3）企校双师合作、工学交替培养。校企双方指派合格教师（师傅），形成两类导师，在工学交替的制度下，两类导师既分工又合作完成培养任务。这是学徒制培养的国际惯例。
>
> （4）技能为主、知识为辅、德技并修。学徒制培养肯定要紧贴企业工作岗位技能要求，以技能训练为主，但也要学知识，兼顾职业道德、工匠精神等要素的培育，为此，应该建立由通用素质类+专业基础类+技术技能类三类教材组成的学徒制度教学资源体系。
>
> （5）中级技工培养为主，高级技工培养为辅。学徒制的主要对象是新员工、转岗员工，其中以新入职员工为主。从质量保证和学徒制生命力的角度看，学徒制度培养层次应以中级技工为主。在2~3年时间里，能够完成中级技工的学习任务、工作任务就很不错了。
>
> （6）学分管理、书证融通。在学徒领域推行"学分管理和书证融通"，其实质是创造一种新的技能人才培养形式。这种形式，也是一种更高层次、更有价值的内容。它使得我国职业教育、技工教育形成全日制教育与非全日制教育并举，院校为主的技能人才培养方式与企业为主的技能人才培养方式共进的局面。

　　第二十八条　国家鼓励与支持运用现代化教学手段、互联网和信息技术，开发职业教育网络学习资源，创新教学方式、学校治理方式，推动职业教育信息化建设与融合应用。

## 四、职业学校和职业培训机构条款解读

　　第二十九条　职业学校的设立，应当符合下列基本条件。

　　（1）有组织机构和章程。

　　（2）有合格的教师。

　　（3）有符合规定标准的教学场所、与所实施职业教育相适应的设施、设备以及实习实训场所等。

　　（4）有必备的办学资金和与办学规模相适应的稳定经费来源。

　　（5）与行业、企业建立密切、稳定合作关系。

　　设立中等职业学校由县级以上地方人民政府或者教育行政部门按照规定的权限审批；设立专科层次的职业教育的学校，由省、自治区、直辖市人民政府审批；设立实施本科层次职业教育的学校，由国务院教育行政部门审批。

> 解读：
>
> 　1. 本款的侧重点是规定中职学校、高职学校、职业教育本科院校的审批权限。
>
> 　2. 本款的突破点是设立职业教育本科层次的学校。这是"职业教育与普通教育是两种不同教育类型，具有同等重要地位"的体现，也是培养经济社会发展需要的高层次应用型人才的必要途径。
>
> 　3. 无论是中职学校、高职学校，还是本科职业学校，都应按照"专业设置与产业需求对接、课程内容与职业标准对接、教学过程与生产过程对接"的要求构建不同层次的培养模式，创设与产业需求相适应的专业群，通过校企合作，搭建与市场标准相适应的课程体系，培养能够实现教学过程与工作过程对接的师资队伍，开展教学过程与工作过程对接的教学。任何层次的职业学校，只要做到"三个对接"，办学质量才能得到提高。

第三十条　职业培训机构的设立，必须符合下列基本条件：

（一）有组织机构和管理制度；

（二）有与培训任务相适应的教师和管理人员；

（三）有与进行培训相适应的场所、设施、设备；

（四）有相应的经费。

职业培训机构的设立、变更和终止，应当按照国家有关规定执行。

第三十一条　国务院教育行政部门组织制订、修订职业学校专业目录，建设职业教育教学标准体系，宏观管理指导职业教育教材建设，组织开发职业教育国家规划教材，会同有关部门定期组织开展全国性的职业学校技能竞赛活动。

> 解读：
> 　　1. 建设职业教育教学标准体系的认识。建设职业教育教学标准体系的目的在于规范教育教学行为和稳定教育教学质量。当然，职业教育教学标准不是一成不变的。职业教育领域的标准与其他事物相比，其鲜明的特点是阶段性变动。既不能没有标准，也不能总是这个标准。职业教育的所有标准应该是职业标准＋教育元素。职业标准变了，职业教育的标准也应跟着变。职业教育标准只能在阶段性的持续更新中保持相对的稳定和有效。
> 　　2. 定期组织开展全国性的职业学校技能竞赛活动的认识。"定期组织开展"说明此项工作具有常态化、制度性特点，应当列入职业学校工作计划之中。

省级人民政府教育行政部门应当会同其他有关部门、行业组织，优化职业学校区域布局，指导职业学校科学合理设置、调整专业，建立办学规模、专业动态调整和预警机制。

> 解读：
> 　　本款的关键词是设置、调整专业。
> 　　1. 设置专业的认识
> 　　（1）专业设置的要求。专业建设包括三个阶段：专业设置、专业发展、专业调整。2014 年国务院《关于加快发展现代职业教育的决定》和 2019 年国务院《国家职业教育改革实施方案》分别提出"三个对接"要求：专业设置与产业需求对接，课程内容与职业标准对接，教学过程与生产过程对接。其中，第一个对接即指专业设置。第二、第三个对接均为专业发展的重要内容。
> 　　（2）专业设置与专业发展、专业调整的关系。从结构形态的角度看，专业设置是专业发展和专业调整的基础。没有专业设置，就没有专业发展，更不存在专业调整。从专业内容的角度看，专业设置环节的结束意味着该专业已经具备基本条件且开始运行，其中，人才培养方案的制定、课程体系框架的构建、教师队伍的形成三者是重点。当然，实践中，这三个方面内容不可能静止不变。随经济社会人才需求变化而作出相应调整是常态。
> 　　（3）我国专业设置制度改革简况。中华人民共和国成立至中国特色社会主义市场经济体制改革前的几十年时间里，我国学习苏联，实行计划经济体制。与之相适应，教育领域实行计划教育体制。计划教育体制的特点是计划性。全国非义务教育学校的专业设置实行政府审批制度。新生入学"按计划统招"，学生毕业"按计划统配"。学校无权自主设置专业；学校专业一旦设置就长期不变，课程和教材也相应地基本不变。国家实行社会主义市场经济体制改革之后，计划教育体制虽有缓慢调整，但专业设置由政府审批的规定几乎没有改变。不少学校的专业、课程、教材滞后于市场的需求，"学非所用"与"供不适用"并存问题普遍存在。为扭转这一局面，2014 年 5 月 2 日，国务院出台《关于加快发展现代职业教育的决定》，提出"扩大职业学校在专业设置和调整、人事管理、教师评聘、收入分配等方面的办学自主权"。
> 　　2. 调整专业的认识
> 　　（1）专业调整的概念。所谓专业调整，是指学校根据专业培养目标、市场需求、课程内容、教学水平、求学人数、毕业生就业质量等要素变化状况，以专业发展与市场需求对接为指向，对专业作出的新安排。
> 　　（2）专业调整的必要性。学校专业因为市场需求而问世，由于市场需求而发展，伴随市场需求消失而关停。相对于变动不居的市场需求，学校专业建设的"脚步"往往滞后于市场需求的发展。因此，学校专业需要根据市场需求变化而进行阶段性的调整。这是学校专业建设与市场需求之间的规律性表现。违背这一规律，专业该调整而不调整或迟调整必然导致三种情况：

一是毕业生不易就业——给社会造成职业学校不职业的信誉危机；

二是学生被作为普工安排就业——给社会造成职业学校学生没特长的特色危机；

三是就业不稳定——给社会造成学生老被"炒鱿鱼"的质量危机。信誉危机、特色危机、质量危机积淀与综合的结果是学校生存危机。

**第三十二条** 公办职业学校实行中国共产党基层组织领导下的校长负责制。中国共产党学校基层党组织按照中国共产党章程和有关规定，统一领导学校工作，支持校长独立负责地行使职权。

解读：

党组织统一领导学校工作。这是国家从法律角度明确职业教育领域党的地位和作用。应该认识到：公办、民办都要"党办"。

校长是职业学校的法定代表人，全面负责本学校教学、科学研究和其他行政管理工作。校长通过校长办公会或者校务会议行使职权。

职业学校应当设立理事会，理事会成员由行业、企业、社区、校友等方面代表组成，作为咨询、协商、审议与监督机构，参与学校管理、支持学校发展。

**第三十三条** 职业学校依法自主管理。

职业学校应当按照国家有关规定，根据主管部门核定的办学规模招收学生，根据产业需求，依法自主设置专业，基于国家教学标准和职业标准制订人才培养方案，自主选用或者编写专业课程教材；根据培养技术技能人才的需要，设置教学过程和学习制度。在基本学制基础上，可以适当调整修业年限，实行弹性学习制度，经批准，可以实行中等、高等学校职业教育的贯通培养。

职业高等学校可以按照国家规定，采取文化素质与职业技能相结合的考核方式招收学生；对有突出贡献的高级技能型人才，经考核合格，可以破格录取，具体办法由国务院教育行政部门制定。

解读：

本条明确了自主管理的内容：依规招生；自设专业；自制人才培养方案；自编专业课程教材；自设教学过程和学习制度；自调修业年限；依规实行中等、高等学校职业教育的贯通培养。

**第三十四条** 职业学校、职业培训机构实施职业教育应当注重产教融合，实行校企合作。

职业学校、职业培训机构可以举办或者与行业企业共同举办与职业教育相关的企业，或者通过共同举办职业教育机构或者项目、组建职业教育集团等多种形式，与行业组织、企业、事业组织等开展合作；在招生就业、培养方案制定、师资队伍建设、专业建设、实习实训基地建设、教学改革、质量评价、科学研究、技术服务、科研成果转化等方面，应当与相关行业、企业、事业组织等建立合作机制。开展校企合作，应当签订协议明确双方权利义务。

职业学校、职业培训机构可以从校企合作中以提供教育培训服务等方式获得报酬，并自主制订分配办法。

　　**第三十五条**　职业学校、职业培训机构应当建立健全教育质量的评价与保障制度，吸纳行业、企业参与评价，并及时公开相关信息，接受社会监督。

　　县级以上人民政府教育行政部门应当建立适应职业教育特点的质量评价体系，组织或者委托行业、企业和第三方专业机构，对职业学校的办学水平、质量和效益进行评估，并将评估结果及时公开。

　　具备条件的行业组织、职业教育研究机构等第三方专业机构可以依法对职业学校教育教学质量开展评价、认证。

　　具备条件的机构，可以根据职业技能标准研发职业技能等级标准，实施职业技能等级考核、评价。

> 由于第二方的两个主体均是学校的服务对象，因此，评价学校培养质量好与否，具有权威性。第三方评价机构是独立第三方，与被评价的学校无直接经济利益关系。其经济效益通过竞争，购买和实施评价服务而实现，评价结果既科学、客观、公正，又具有权威性。
>
> 第一方提供的教育服务是否达到第二方的质量要求，不能由第一方——学校说了算，要由其服务对象——学生和用人单位（第二方）说了算。但是，第二方怎样客观、公正地"说了算"，需要由与第一方、第二方无直接经济利益关系的第三方机构根据科学的程序，采用公正的方法进行有效的评价。
>
> 第三方评价机构也是一种评价主体——是第一、第二双方主体行为的评价主体。第二方评价既是基础性评价，又是决定性评价；第三方评价既是结果性评价，也是关键性评价。第三方评价建立在第二方评价的基础上。没有第二方评价，就没有第三方评价。无视第二方评价的评价是无价值的评价。

第三十六条　职业学校、职业培训机构以实习实训为目的举办企业和从事社会服务、经营活动取得的收入应当主要用于改善办学条件，并可提取一定比例支付教师、企业专家、外聘人员和受教育者的劳动津贴。

职业学校实施前款规定的社会服务、经营活动收入和开展实习实训、技术开发转让、技术服务以及培训服务的收入，按照国家有关规定享受税收减免。

> 解读：
> 1. 职业学校、职业培训机构的三类收入（举办以实习实训为目的的企业、从事社会服务、从事经营活动）可对四类人员（教师、企业专家、外聘人员、受教育者）按一定比例发劳动津贴。这一规定的意义之一是：将公办职业学校与行政性事业单位的工资收入规定区别开来，体现职业教育规律。
> 2. 职业学校、职业培训机构中的职业学校，开展的实习实训、职业培训、社会服务等收入享受税收减免。这一利好规定，适用于包括民办职业学校在内的所有职业学校。

第三十七条　高等职业学校按照国家规定的收费标准和办法，收取学费和其他必要费用。中等职业学校按国务院制定的具体办法免收学费，享受财政经费补贴。

职业学校和职业培训机构面向社会开展的各种培训，按照国家相关规定收取费用。

> 解读：
> 1. 明确中职学校和高职学校不同的学费收费规定。
> 2. 明确职业学校和职业培训机构的职业培训收费规定。

## 五、职业教育的教师与受教育者条款解读

第三十八条　国家适应现代职业教育发展要求，健全完善职业学校教师职务系列和职务（职称）晋升制度，保障职业学校教师的权利，不断提高其专业素质与社会地位。

县级以上各级人民政府和有关部门应当将职业学校教师的培养和培训工作纳入教师队伍建设规划，完善职业学校教师培养体系和继续教育制度，保证职业学校教师队伍适应职业教育发展的需要。

> 解读：
> 本条对职业学校教师队伍建设工作的相关制度作出具体规定。

第三十九条　国家建立职业教育教师培养培训体系。

国家设立职业教育教师培养培训基地，加强专业化教师培养培训；鼓励、支持地方人民政府设立专门的职业技术师范学院，鼓励高等学校设立职业教育教师教育专业；鼓励行业企业共同参与职业教育教师培养和培训。

产教融合型企业、规模以上企业应当安排一定比例的岗位，接纳职业学校、职业培训机构教师实践。

> 解读：
> 　1. 职业教育教师培养培训体系包括四个层次：国家设立职业教育教师培养培训基地、地方政府设立职业技术师范学院、高等学校设立职业教育教师教育专业、企业接纳职业学校、职业培训机构教师实践。
> 　2. 从国家、地方政府、院校、企业四个方面入手，建立职业教育教师培养培训体系，解决职业学校教师队伍规模和质量问题。

第四十条　职业学校的专业教师应当具有一定年限的相应工作经历或者实践经验，达到相应的技术技能水平。

具备条件的企业经营管理和专业技术人员、有专业知识或者特殊技能的人员，经过相应的教育教学能力培训，取得教师资格，可以担任职业学校、职业培训机构的专业教师，并根据其技术职务转聘为相应的教师职务。取得职业学校实习指导教师资格可以视情况降低学历要求。

职业学校专业教师聘任、考核、晋职、待遇的专门办法，由国务院教育行政部门会同有关部门制定。

> 解读：
> 　1. 本条第一款对职业学校专业教师条件作出规定：第一，要具备教学技能；第二，要具有工作经历或者实践经验；第三，还要拥有与所教专业相应的技术技能水平。要求职业学校的专业教师既要具备相应的教育技能，又具备相应的专业技术。
> 　2. 本条第二款涉及职业学校教师结构优化问题。

第四十一条　国家制定职业学校教职工配备基本标准、省、自治区、直辖市应当根据基本标准，制定本地区职业学校教职工配备标准。

县级以上地方人民政府应当根据教职工配备标准、办学规模等，核定公办职业学校教职工编制，其中有一定比例编制，可以用于支持职业学校面向社会和企业自主聘用专业技术人员、有特殊技能人才担任专兼职教师。

> 解读：
> 　1. 本条第一款规定职业学校教职工配备的两个标准：国家层面的基本标准；地方省级政府根据国家基本标准确定配备标准。
> 　2. 本条第二款规定公办职业学校教职工编制使用的要求。

第四十二条　国家建立技术技能大师制度。

技术技能大师可以在职业学校专职或兼职担任高级职务专业教师，建立工作室等，参与人才培养、重大工程联合攻关等工作。

> 解读：
> 　1. 技术技能大师可成为职业学校教师。这是我国法律创新。
> 　2. 规定技术技能大师参与职业教育的主要任务。

第四十三条 职业学校学生应当全面完成规定的学习任务，按要求参加实习、实训。

职业学校学生在升学、就业、职业发展等方面与同层次普通学校学生享有平等机会。

各级人民政府应当创造公平就业环境。用人单位不得设置妨碍职业学校毕业学生平等就业、公平竞争的录用条件。

> 解读：
> 本条第一款规定职业学校学生的义务。
> 本条第二款规定职业学校学生与同层次普通学校学生平等的法律地位。
> 本条第三款就职业学校毕业学生平等就业问题对地方政府提出法律要求。

第四十四条 企业、事业组织应当安排实习岗位，接纳职业学校和职业培训机构的学生实习，并保障学生在实习期间享有休息休假、获得劳动安全卫生保护、接受职业技能指导等权利，对上岗实习的，应当签订实习协议，给予适当的劳动报酬。

学校应当加强对实习实训学生的指导，协助安排与学生所学专业相匹配的实习实训岗位。学校和企业、事业组织不得安排学生从事与所学专业无关的实习实训。

国家建立健全职业学校学生实习安全风险管理制度。职业学校组织学生参加实习实训，应当为学生购买实习责任保险，费用纳入学校预算予以保障。

> 解读：
> 1. 实习是指职业学校学生按照专业培养目标要求和人才培养方案安排，由职业学校安排到企（事）业等单位进行专业技能培养的实践性教育教学活动。
> 2. 本条从实习单位、学校、政府三个机构主体对学生实习事务作出专门规定。

第四十五条 接受职业学校教育的学生，达到相应学业要求，经学校考核合格，发给相应的学业证书，符合条件的，取得相应的职业资格证书和体现职业技能等级的证书。接受职业培训的学员，经培训的职业学校或者职业培训机构考核合格，取得培训证书、相应的职业资格证书和体现职业技能等级的证书。

职业学校学业证书、培训证书和体现职业技能等级的证书按照国家有关规定，作为受教育者从业的凭证。

有关职业培训经历、体现职业技能等级的证书及其他学习成果，经职业学校认定，可以转化为相应的学历教育学分，达到相应职业学校学业要求的培训学员，可以获得相应的学业证书。

> 解读：
> 1. 本条落实本法规定的四类证书：学业证书、培训证书、职业资格证书、职业技能等级证书。
> 2. 本条末款涉及不同领域学习成果转化问题，也是本法的一个创新。

第四十六条 国家建立对职业学校学生的奖励和资助制度，对学习成绩优秀的学生进行奖励，对艰苦、特殊行业专业学生和家庭经济困难学生、残疾学生提供资助，并根据经济社会发展情况适时调整资助标准。

国家支持企业、事业组织、社会组织及公民个人按照国家有关规定设立职业教育奖学金、助学金，奖励学习成绩优秀的学生或者资助经济困难的学生。

职业学校应当按照国家有关规定从事业收入中划出一定比例的学生奖助基金，用于奖励和资助学生。

## 六、职业教育的保障条款解读

第四十七条　国家鼓励通过多种渠道依法筹集发展职业教育的资金。

第四十八条　各级人民政府应当建立与职业教育办学规模、培养成本和办学质量相适应的财政投入制度，提高资金使用效益。

省、自治区、直辖市人民政府应当制定本地区职业学校生均经费标准或者公用经费标准。职业学校举办者应当按时、足额拨付经费，不断改善办学条件。

民办职业学校举办者应当参照同层次职业学校生均经费标准，以多种渠道筹措经费。地方人民政府按照管理权限，可以按照当地公办职业学校标准或者一定比例，向企业举办的职业学校和其他非营利性民办职业学校拨付生均经费。

财政专项安排、社会捐赠指定用于职业教育的经费，任何组织和个人不得挪用、克扣。

> 解读：
> 1. 本条第一款创新之处在于："建立与职业教育办学规模、培养成本和办学质量相适应的财政投入制度"意味着国家已经从职业学校的"入口"与"出口"两个方面考虑办学资金问题。这是一个大进步，即兼顾招生与培养质量。
> 建议：
> （1）"入口"与"出口"资金投入比例建议：按年度计，新生人数与毕业人数分别占年度生均经费数的40%和60%。
> （2）培养成本投入的建议：实际运行中，培养成本投入应考虑办学层次和培养难度的因素。
> 培养层次方面，职业院校分中等职业学校、高等职业学校、本科层次职业院校；技工院校分普通技工学校、高级技工学校、技师学院三个办学层次。
> 培养难度方面，以技工教育为例，技工院校高级技工培养难度大于中级技工，培养成本高于中级技工，故高级技工班人数应计入大专职业技术学院生均经费标准；技工院校技师培养难度大于高级技工，培养成本也高于高级技工，故技师班人数可按与应用类本科学院相当的生均经费标准预算。
> 2. 本条第三款创新之处在于：地方人民政府可以按照当地公办职业学校标准或者一定比例，向企业举办的职业学校和其他非营利性民办职业学校拨付生均经费。这对民办职业教育发展具有极大的促进作用。

第四十九条　企业应当根据国务院或者地方人民政府规定的标准，按照职工工资总额的一定比例足额提取教育培训经费，用于对本单位的职工和准备录用的人员进行职业教育，也可以用于举办职业教育机构。

企业设立具备生产与教学功能的产教融合实训基地所发生的费用，可以参照职业学校享受相应的优惠。

> 解读：
> 本条第一款是对企业教育培训经费收取和使用的规定。本条第二款是对企业设立产教融合实训基地的激励。两个条款对促进企业参与培养技术技能人才都会产生积极的促进作用。

第五十条　省、自治区、直辖市人民政府按照教育法的有关规定决定开征的用于教育的地方附加费，应当专项或者安排一定比例用于职业教育。

第五十一条　地方各级人民政府安排地方教育附加费、就业、扶贫和移民安置资金以及科学技术开发、技术推广等方面的经费，应当将其中可用于职业教育的资金统筹使用，加强全过程预算绩效管理，提高资金使用效益。

第五十二条　国家鼓励金融机构运用信贷等手段，扶持发展职业教育。

第五十三条　国家鼓励企业、事业组织、社会组织及公民个人对职业教育捐资助学，鼓励境外的组织和个人对职业教育提供资助和捐赠。提供的资助和捐赠，必须用于职业教育。

> 解读：
> 　　第五十条至第五十三条均涉及办学资金问题，是国家从多个方面筹措资金促进职业教育发展。相关措施均具有创新性。

## 七、法律责任条款解读

第五十四条　县级以上地方人民政府及其相关部门违反本法规定，未按照预算核拨职业教育经费，或者挪用职业教育专项经费的，由上级人民政府责令限期改正；逾期未改正的，对直接负责的主管人员和其他责任人员依法给予处分。

第五十五条　企业违反本法规定，不履行实施职业教育职责的，由县级以上地方人民政府或者教育、人力资源社会保障部门责令改正；拒不改正的，可以收取企业应当承担的职业教育经费，用于企业或者本地区的职业教育；情节严重的，给予承担职业教育经费1倍以上3倍以下罚款，拒不执行的，可以申请人民法院强制执行。

企业违反本法第二十二条之规定，聘用未经过职业教育取得相应职业资格的不合格职工，由地方人民政府人力资源社会保障部门依法责令改正，并可处以每人次1万元以下的罚款。造成重大损失的依法承担责任。

第五十六条　职业学校违反本法规定职责，由教育行政部门或者有关部门责令改正；违规招生、教育教学质量低下、管理混乱，造成严重后果和重大社会影响的，应当责令暂停招生、限期整顿；逾期未改正的，撤销办学许可证。

职业培训机构违反法律规定和培训合同约定，侵犯受教育者合法权益的，由人力资源和社会保障部或者有关部门责令改正、依法查处。

实施职业教育质量评价、认证的机构，在评价、认证过程中弄虚作假、徇私舞弊，或者违规开展培训、收取费用的，校企合作中侵犯受教育者合法权益的，由主管部门责令改正，情节严重的，可以实行行业禁入；有违法所得的，没收违法所得，并可处以1万元以上、20万元以下罚款；构成犯罪的，由司法机关依法追究刑事责任。

第五十七条　接收职业教育受教育者实习实训的用人单位未能履行其教育教学和安全管理责任，侵害受教育者人身、财产权利的，应当依据侵权责任法和相关法律规定，承担相应责任。

第五十八条　在职业教育活动中违反教育法、劳动法、高等教育法、民办教育促进法、教师法、价格法、广告法等法律规定的，依照有关法律的规定给予处罚，并加入信用记录，按照国家有关规定纳入信用信息系统。

## 八、附则

第五十九条　本法所称公办职业学校，是指由各级政府及其有关部门举办，或者由国有企业、事业单位举办但是以财政性拨款为主要经费来源的职业学校。

第六十条　本法自 20XX 年 X 月 X 日起施行。

（本章撰稿：黄景容）

## 复习思考题

1. 有人认为，我国实行的学历证书、培训证书、职业资格证书、职业技能等级证书四项制度中，只有学历证书制度是强制性的，其他三种都是非强制性的。请你回答：这种看法对不对？为什么？

2. 在《职业教育法修订草案》征求意见过程中，有人对"实行在国务院领导下，分级管理、地方为主、政府统筹行业指导、社会参与的管理体制"这一条款有异议，认为"地方为主"的提法不妥，是国家把职业教育的责任推给了地方。请谈谈你的看法。

3. 对于校企合作，有些企业不愿意，理由是：企业属经济基础，学校属上层建筑；企业追求经济效益，学校追求社会效益；企业是用人单位，学校是育人单位，二者的性质、功能、目标、社会分工都不同，凭什么企业要与职业学校合作办学？请从赞成和不赞成两个角度谈谈你的具体意见。

# 第九章

# 《中华人民共和国民办教育促进法》 解读

【内容摘要】民办高校是我国高等教育体系的重要组成部分，也是高等教育体制改革的重要成果，它能够有效增强高等教育的办学活力，满足数以百万计民众接受高等教育的愿望和为社会经济发展造就数以千万计的高级专门人才的需要。《中华人民共和国民办教育促进法》是民办高校存在的依据，也是民办高等教育向规范化、制度化迈进的重要保障。本章主要阐明了民办高校及法律制度概述；民办高校设立的条件、程序与法律地位；民办高校分类管理、扶持与监督；民办高校内部治理。通过学习本章，使广大学员了解民办高校法律制度的相关知识，明确民办高校的法律地位，掌握民办高校的内部治理机制，促进民办高等教育持续健康快速发展。

## 第一节　民办高校及法律制度概述

### 一、民办高校的定义

关于民办高校的定义，众说纷纭。学界对民办高校的定义判断标准主要集中在三个方面：一是办学经费是否来源于私人或民间法人（非国家财政性经费）；二是办学主体是否为国家机构以外的社会组织或个人；三是是否实施高等学历教育，即为高中后学历教育①。那些社会举办的高中后的职业培训机构严格来说还不能算是民办高校，因为它不符合"大学"或"高校"的基本要件。

《中华人民共和国民办教育促进法》第二条对民办学校的规定："国家机构以外的社会组织或者个人，利用非国家财政性经费，面向社会举办学校及其他教育机构的活动，适用本法。"根据这一内涵和特征相关规定，综合各方观点，我们认为，民办高校是指国家机构以外的社会组织或个人，主要利用非国家财政性经费，面向社会举办，民间负责经营，并得到教育行政部门批准的具有独立颁发高等教育学历文凭资格的高

---

① 罗先锋. 我国非营利性民办高校发展研究［D］. 厦门：厦门大学，2018.

中后学历的教育机构①。

## 二、民办高校的发展历程②

自 1949 年 10 月中华人民共和国成立以来，民办高等教育走过了从小变无、从无到有、从少变多、从弱到强的曲折发展历程，并先后经历了接管改造阶段（1949—1977年）、恢复发展阶段（1978—1992 年）、探索发展阶段（1993—2001 年）、规范发展阶段（2002—2015 年）、分类发展阶段（2016 年至今）五个历史时期。如今，民办高校已发展成为我国高等教育的重要组成部分。

## 三、民办高校的发展现状

2020 年 5 月，教育部发布的《2019 年全国教育事业发展统计公报》中指出，全国各类高等教育在学总规模为 4 002 万人，高等教育毛入学率为 51.6%。全国共有普通高等学校 2 688 所（含独立学院 257 所），比上年增加 25 所，增长 0.94%。其中，本科院校 1 265 所，比上年增加 20 所；高职（专科）院校 1 423 所，比上年增加 5 所。全国共有成人高等学校 268 所，比上年减少 9 所；研究生培养机构 828 个，其中，普通高等学校 593 个，科研机构 235 个。普通高等学校校均规模为 11 260 人，其中，本科院校 15 179 人，高职（专科）院校 7 776 人。

全国共有各级各类民办学校 19.15 万所，其中民办高等学校 757 所（含独立学院 257 所，成人高校 1 所），比上年增加 7 所。普通本专科招生 219.69 万人，比上年增加 35.75 万人，增长 19.43%；在校生 708.83 万人，比上年增加 59.23 万人，增长 9.12%。硕士研究生招生 876 人，在学 1 865 人。可见，无论是学校数量还是在校生数量，民办高校都成为我国高等教育不可或缺的一支重要力量。

## 四、民办高校发展的意义③

民办高校已成为我国高等教育体系的重要组成部分，不仅满足了数以百万计的民众接受高等教育的愿望，而且为社会培养了数以千万计的高级专门人才，促进了国家经济社会发展。《中华人民共和国民办教育促进法》第三条指出："民办教育事业属于公益性事业，是社会主义教育事业的组成部分。"发展民办高等学校，是国家高等教育发展的重要决策，是高等教育体制改革的重要成果，它新增和丰富了高等教育资源、拓宽了高等教育资金来源渠、增强了高等教育的办学活力，意义重大。

## 五、民办高校相关法律制度

法律制度是民办高等教育健康发展的重要保证。《中华人民共和国教育法》（以下简称《教育法》）《中华人民共和国教师法》《中华人民共和国高等教育法》（以下简称《高等教育法》）《中华人民共和国职业教育法》《普通本科学校设置暂行规定》

---

① 徐绪卿. 我国民办高校治理及机制创新研究［M］. 北京：中国社会科学出版社，2017：20-22.
② 沈新建. 新中国 70 年我国民办高等教育发展演进路径［N］. 中国社会科学报，2020-01-02（04）.
③ 徐绪卿. 我国民办高校治理及机制创新研究［M］. 北京：中国社会科学出版社，2017：211-214.

（教发〔2006〕18 号）《高等职业学校设置标准（暂行）》（教发〔2000〕41 号）等法律法规，其基本原则同样适用民办高校，此外，还有专门规范我国民办高等教育的法律法规和政策，如 2003 年颁布实施的《中华人民共和国民办教育促进法》（以下简称《民办教育促进法》），2018 年 12 月 29 日，第十三届全国人民代表大会常务委员会第七次会议审议通过了该法修正案，此次修法突出了党的领导和分类管理；2004 年 3 月，颁布实施《中华人民共和国民办教育促进法实施条例》（国务院令第 399 号）；2007 年 2 月，教育部颁布实施《民办高等学校办学管理若干规定》（教育部令第 25 号）；2008 年 2 月，教育部颁布实施《独立学院设置与管理办法》（教育部令第 26 号）；2016 年 12 月，中共中央办公厅印发《关于加强民办学校党的建设工作的意见（试行）》的通知（中办发〔2016〕78 号），对民办学校党的建设做出新的部署；国务院印发《关于鼓励社会力量兴办教育促进民办教育健康发展的若干意见》（国发〔2016〕81 号），对民办教育改革发展做出全面部署；2016 年 12 月，教育部、人力资源和社会保障部、民政部、中央编办、工商总局印发了《民办学校分类登记实施细则》的通知（教发〔2016〕19 号），教育部、人力资源和社会保障部、原工商管理总局印发了《营利性民办学校监督管理实施细则》的通知（教发〔2016〕20 号）。2021 年 4 月国务院颁布《中华人民共和国民办教育促进法实施条例》（国务院令第 741 号）。这些法律法规以及相关政策，构成了保障和规范我国民办高等教育发展的系列法律制度。

## 第二节　民办高校设立的条件、程序与法律地位

### 一、民办高校设立的基本条件

民办高校是实施教育教学活动的机构，其设立时必须具备一定的人力、物力和财力条件，以保证学校建立后能够顺利开展教育教学工作。我国对民办高校设立的条件有明确的法律规定。《教育法》第二十七条规定："设立学校及其他教育机构，必须具备下列基本条件：①有组织机构和章程；②有合格的教师；③有符合规定标准的教学场所及设施、设备等；④有必备的办学资金和稳定的经费来源。"《民办教育促进法》第十一条规定："设立民办学校应当符合当地教育发展的需求，具备教育法和其他有关法律、法规规定的条件。民办学校的设置标准参照同级同类公办学校的设置标准执行。"该法第十五条规定："申请正式设立民办学校的，举办者应当向审批机关提交下列材料：①筹设批准书；②筹设情况报告；③学校章程、首届学校理事会、董事会或者其他决策机构组成人员名单；④学校资产的有效证明文件；⑤校长、教师、财会人员的资格证明文件。"《民办高等学校办学管理若干规定》第五条规定："民办高校的办学条件必须符合国家规定的设置标准和普通高等学校基本办学条件指标的要求。民办高校设置本、专科专业，按照国家有关规定执行。"综合本章前述系列法律法规制度，民办高校的设立应符合下列要求。

#### （一）具备法人资格和法人条件

《民办教育促进法》第十条规定："举办民办学校的社会组织，应当具有法人资格。

举办民办学校的个人，应当具有政治权利和完全民事行为能力。民办学校应当具备法人条件。"

### （二）有组织机构

学校的组织机构是实现办学目的的有机统一体。《民办教育促进法》第二十条规定："民办学校应当设立学校理事会、董事会或者其他形式的决策机构并建立相应的监督机制。民办学校的举办者根据学校章程规定的权限和程序参与学校的办学和管理。"

### （三）有学校章程

高校章程是保证学校正常运行的基本文件，是高校存在和活动的基本依据和准则，是学校的"基本法"。2021年4月公布的《中华人民共和国民办教育促进法实施条例（送审稿）》第十九条规定："民办学校的章程应当规定下列主要事项：①学校的名称、住所、办学地点、法人属性；②举办者的权利义务，举办者变更、权益转让的办法；③办学宗旨、发展定位、层次类型、规模、形式等；④学校开办资金、注册资本以及资产的来源、性质等；⑤理事会、董事会或者其他形式决策机构和监督机构的产生方法、人员构成、任期、议事规则等；⑥学校党组织负责人或者代表进入学校决策机构和监督机构的程序；⑦学校的法定代表人；⑧学校自行终止的事由，剩余资产处置的办法与程序；⑨章程修改程序。民办学校应当将章程向社会公示，修订章程应当事先公告，征求利益相关方意见。完成修订后，报审批机关备案或者核准。"学校制定章程，是教育现代化的必然要求，是依法治校的需要，是民办高校办学发展自我约束机制的保障。

### （四）有合格的教师

教师是学校教育教学活动的主体，申请设立的学校要有稳定的教师来源，并能够通过聘任专职、兼职教师，建立一支数量和质量都合乎《教师法》及国家其他有关规定的教师队伍。《教师法》第十条规定："国家实行教师资格制度。"《民办教育促进法》第二十九条规定："民办学校聘任的教师，应当具有国家规定的任教资格。"2021年4月公布的《中华人民共和国民办教育促进法实施条例（送审稿）》第三十三条指出："民办学校聘任的教师或者教学人员应当具备相应的教师资格或者其他相应的专业资格、资质。民办学校应当有一定数量的专任教师；其中，实施学前教育、学历教育的民办学校应按国家有关规定配备专任教师。鼓励民办学校创新教师聘任方式，利用信息技术等手段提高教学效率和水平。"高校承担教育教学任务的人员必须具备研究生或者大学本科毕业学历，并取得相应的教师资格证书。教育部关于《普通本科学校设置暂行规定》和《高等职业学校设置标准（暂行）》，对高校设置的教师学历、生师比、教师数量都有明确规定和要求。

### （五）有符合规定标准的教学场所及设施、设备等

这是办学必须具备的物质条件，是教育教学的必要保障。否则，教育教学活动就无法开展，教育质量更无法保证。申请设立的民办高校，应根据其性质、层次和规划的不同要求，有相应的校舍、场地、教学仪器、设备、图书资料等，并且要符合"规定标准"。教育部在《普通本科学校设置暂行规定》的和《高等职业学校设置标准（暂行）》对土地、建筑面积额、仪器设备、图书数量和实习实训场所、经费来源有明确规定。这其中既有保证教育教学正常进行的必要物质标准，也有涉及学校卫生、安

全等方面的具体要求。

### （六）有必备的办学资金和稳定的经费来源

拟设立的民办高校除了要有必要的物质条件外，还需要不断投入流动资金，以保证教育教学活动的正常运转。教育部在《普通本科学校设置暂行规定》的"设置标准"中关于"办学经费"明确要求："普通本科学校所需基本建设投资和教育事业费，须有稳定、可靠的来源和切实的保证。"教育部《高等职业学校设置标准（暂行）》第六条规定："设置高等职业学校所需基本建设投资和正常教学等各项工作所需的经费，须有稳定、可靠的来源和切实的保证。"因此，拟设立的民办高校及举办者必须根据所办机构的要求搞好办学经费的收支预算，保证通过合法渠道筹集到设立学校所必需的启动资金，并确保学校设立后，有稳定的经费来源。

### （七）具有较强的教学、科研能力

《高等教育法》第二十五条、教育部《普通本科学校设置暂行规定》"设置标准"中对于"教学与科研水平"都有明确要求，大学或者独立设置的学院还应当具有较强的教学、科学研究力量，较高的教学、科学研究水平和相应规模，能够实施本科及本科以上教育。大学还必须设有三个以上国家规定的学科门类为主要学科。

## 二、民办高校设立的基本程序

学校的设立不仅有实体规范，也有程序规范。学校设立的基本程序既是法人成立的形式要件，也是国家及其主管机构对学校法人进行管理和监督的关键。《教育法》第二十八条规定："学校及其他教育机构的设立、变更和终止，应当按照国家有关规定办理审核、批准、注册或者备案手续。"

《民办教育促进法》有关条款的规定，举办实施学历教育、学前教育、自学考试助学及其他文化教育的民办学校，由县级以上人民政府教育行政部门按照国家规定的权限审批。民办学校设立分为以下几个阶段：一是申请筹设。审批机关应当自受理筹设民办学校的申请之日起三十日内以书面形式做出是否同意的决定。同意筹设的，发给筹设批准书。不同意筹设的，应当说明理由。筹设期不得超过三年。超过三年的，举办者应当重新申报。二是申请正式设立。具备办学条件，达到设置标准的，可以直接申请正式设立。申请正式设立民办学校的，审批机关应当自受理之日起三个月内以书面形式做出是否批准的决定，并送达申请人；其中申请正式设立民办高等学校的，审批机关也可以自受理之日起六个月内以书面形式做出是否批准的决定，并送达申请人。三是审批机关对批准正式设立的民办学校发给办学许可证。

《高等教育法》第二十九条规定："设立实施本科及以上教育的高等学校，由国务院教育行政部门审批；设立实施专科教育的高等学校，由省、自治区、直辖市人民政府审批，报国务院教育行政部门备案；设立其他高等教育机构，由省、自治区、直辖市人民政府教育行政部门审批。审批设立高等学校和其他高等教育机构应当遵守国家有关规定。审批设立高等学校，应当委托由专家组成的评议机构评议。高等学校和其他高等教育机构分立、合并、终止，变更名称、类别和其他重要事项，由本条第一款规定的审批机关审批；修改章程，应当根据管理权限，报国务院教育行政部门或者省、自治区、直辖市人民政府教育行政部门核准。"

教育部《普通本科学校设置暂行规定》《高等职业学校设置标准（暂行）》对高校的审批程序也做了相应规定。教育部《民办高等学校办学管理若干规定》第八条规定："民办高校符合举办者、学校名称、办学地址和办学层次变更条件的，按照民办教育促进法规定的程序，报审批机关批准。民办高校应当按照办学许可证核定的学校名称、办学地点、办学类型、办学层次组织招生工作，开展教育教学活动。民办高校不得在办学许可证核定的办学地点之外办学。不得设立分支机构。不得出租、出借办学许可证。"

## 三、民办高校的法律地位

高校的法律地位，是指其作为实施教育教学活动的组织机构，在法律上享有的权利能力和行为能力，并以此在具体的法律关系中取得的主体资格[①]。

《民办教育促进法》第五条规定："民办学校与公办学校具有同等的法律地位，国家保障民办学校的办学自主权。国家保障民办学校举办者、校长、教职工和受教育者的合法权益。"

### （一）民办高校的权利

国家保护学校及其他教育机构的合法权益不受侵犯。《教育法》第二十九条对学校及其他教育机构可行使的权利作了九个方面的规定，这也是民办高校及其他高等教育机构的基本权利：①按照章程自主管理；②组织实施教育教学活动；③招收学生或者其他受教育者；④对受教育者进行学籍管理，实施奖励或者处分；⑤对受教育者颁发相应的学业证书；⑥聘任教师及其他职工，实施奖励或者处分；⑦管理、使用本单位的设施和经费；⑧拒绝任何组织和个人对教育教学活动的非法干涉；⑨法律、法规规定的其他权利。

### （二）民办高校的办学自主权

高等学校的办学自主权是指高等学校依法自主决定学校事务的权利。《高等教育法》第十一条规定："高等学校应当面向社会，依法自主办学，实行民主管理。"高等学校办学自主权的大小，体现的是高等学校和政府、社会的关系。扩大高等学校的办学自主权是多年来高等教育改革的一项重要内容。高等学校的办学自主权主要包括以下方面：①制定招生方案和调节系科招生比例的自主权；②设置和调整学科、专业的自主权；③制订教学计划、选编教材、组织实施教学活动的自主权；④科学研究、技术开发和社会服务的自主权；⑤依法开展对外科学技术文化交流与合作的自主权；⑥按照国家有关规定具有校内人事权；⑦学校财产依法自主管理和使用权；⑧对内部人员和组织依法自主进行管理与考核。此外，《民办教育促进法》第三十六条、第三十七条还规定："民办学校对举办者投入民办学校的资产、国有资产、受赠的财产以及办学积累，享有法人财产权。""民办学校存续期间，所有资产由民办学校依法管理和使用，任何组织和个人不得侵占。任何组织和个人都不得违反法律、法规向民办教育机构收取任何费用。"

———————————
① 崔明石，赵丹红，宋雨泽. 高等教育法规概论［M］. 北京：高等教育出版社，2019：96-97.

### （三）民办高校的义务

权利与义务是相互对应的。学校及其他教育机构在享有以上权利的同时，也必然要承担起相应的义务。《民办教育促进法》第四条规定："民办学校应当遵守法律、法规，贯彻国家的教育方针，保证教育质量，致力于培养社会主义建设事业的各类人才。民办学校应当贯彻教育与宗教相分离的原则。任何组织和个人不得利用宗教进行妨碍国家教育制度的活动。"

《教育法》第三十条对学校及其他教育机构应履行的义务作了六个方面的规定：①遵守法律、法规；②贯彻国家的教育方针，执行国家教育教学标准，保证教育教学质量；③维护受教育者、教师及其他职工的合法权益；④以适当方式为受教育者及其监护人了解受教育者的学业成绩及其他有关情况提供便利；⑤遵照国家有关规定收取费用并公开收费项目；⑥依法接受监督。除上述义务以外，《高等教育法》第三十一条规定："高等学校应当以培养人才为中心，开展教学、科学研究和社会服务，保证教育教学质量达到国家规定的标准。"这是《高等教育法》对高等学校义务所做的原则性规定。《高等教育法》第八条还规定："国家根据少数民族的特点和需要，帮助和支持少数民族地区发展高等教育事业，为少数民族培养高级专门人才。"这是国家基于少数民族地区经济发展人才匮乏的现实，给高校在人才培养上提出的义务。

### （四）民办高校师生平等的法律地位

"民办学校与公办学校具有同等的法律地位"，按照法律法规有关规定，这种平等还反映在落实学生与教师同等法律地位方面。学生方面：一是落实同等权利，民办学校学生在评奖评优、升学就业、社会优待、医疗保险等方面与同级同类公办学校学生享有同等权利；二是同等资助，民办学校学生与公办学校学生按规定同等享受助学贷款、奖助学金等国家资助政策，各级人民政府应建立健全民办学校助学贷款业务扶持制度，提高民办学校家庭经济困难学生获得资助的比例；三是获得社会奖助学金，落实鼓励捐资助学的相关优惠政策措施，积极引导和鼓励企事业单位、社会组织和个人面向民办学校设立奖助学金，加大资助力度。教师方面：一是落实同等权利，民办学校教师在资格认定、职务评聘、培养培训、评优表彰等方面与公办学校教师享有同等权利，非营利性民办学校教师享受当地公办学校同等的人才引进政策；二是健全社会保障机制，完善学校、个人、政府合理分担的民办学校教职工社会保障机制；三是维护合法权益，完善民办学校师生争议处理机制，维护师生的合法权益。

# 第三节　民办高校分类管理、扶持与监督

## 一、民办高校分类管理

民办高校分类管理，是指对民办高校的法人属性按照营利性和非营利性进行分类，并对此采取不同的登记办法、扶持力度及退出机制等。营利性办学的民办高校，其举办者可以通过办学来进行盈利，对办学的资金结余进行分配，获取相应收益。而非营利性办学的民办高校，其举办者则不可以通过办学来实施盈利行为，不得取得经营收

益，办学的剩余资金需要全部再用于学校的改革发展中。据此，我们认为，所谓非营利性民办高校是指由民间力量捐资或出资兴办的，不以营利为目的、不求经济回报，其办学积累和剩余全部用于该校发展，并以培养人才为最终目的高等教育机构①。营利性与非营利性民办高校分类管理，是突破长期制约民办高等教育发展制度和政策瓶颈的根本手段，也是新时期民办高校可持续健康发展的迫切要求。本书所指民办高校是指"非营利性民办高校"。

### （一）民办教育分类管理法律制度

《国家中长期教育改革和发展规划纲要（2010—2020 年）》提出："完善体制和政策，鼓励社会力量兴办教育，不断扩大社会资源对教育的投入"；"民办教育是教育事业发展的重要增长点和促进教育改革的重要力量"；"依法管理民办教育。教育行政部门要切实加强民办教育的统筹、规划和管理工作"；"积极探索营利性和非营利性民办学校分类管理"。2015 年 12 月 27 日，十二届全国人民代表大会常务委员会第十八次会议通过《关于修改〈中华人民共和国教育法〉的决定和〈关于修改中华人民共和国高等教育法〉的决定》，删除了原《教育法》和原《高等教育法》中"不得以营利为目的举办学校及其他教育机构"的规定，并且规定"以财政性经费、捐赠资产举办或者参与举办的学校及其他教育机构不得设立为营利性组织"。由此从立法的顶层设计上，突破了营利性办学的限制，为民办高校按照营利性与非营利性分类提供了立法依据。

2016 年 4 月 19 日，中央全面深化改革领导小组第二十三次会议上，习近平总书记主持并审议通过了《关于加强民办学校党的建设工作的意见（试行）》《民办学校分类登记实施细则》和《营利性民办学校监督管理实施细则》三个文件。2016 年 11 月 8 日，《全国人民代表大会常务委员会关于修改〈中华人民共和国民办教育促进法〉的决定》发布。允许举办实施学前教育、高中阶段教育、高等教育以及非学历教育的营利性民办学校。这是第一次在法律上明确可以举办营利性民办学校，也在法律上促进了营利性与非营利性民办高校两大阵营的形成。

2016 年 12 月 30 日，教育部等五部门联合相关部委颁布了《民办学校分类登记实施细则》，明确存量民办高校选择非营利性办学到民政部（事业单位登记管理机关）登记，选择营利性办学的民办高校到工商行政管理部门办理登记；对于《民办教育促进法修改决定》施行后新设立的民办高校，在设立审批阶段就落实分类管理的改革精神，推动具有营利倾向的民办高校到市场监管部门进行企业登记，如此切实维护了民政部门登记的民办高校的非营利性属性。

2017 年 1 月 18 日，国家层面又出台了配套的《国务院关于鼓励社会力量兴办教育促进民办教育健康发展的若干意见》作为新修订的《民办教育促进法》的具体指导，明确了营利性和非营利性民办学校分类扶持政策。

新修订的《民办教育促进法》最为核心的问题是对民办学校实施分类管理改革，将民办学校分为非营利性与营利性学校进行分类登记、分类管理和差别化扶持。该法第十九条规定："民办学校的举办者可以自主选择设立非营利性或者营利性民办学校"；"非营利性民办学校的举办者不得取得办学收益，学校的办学结余全部用于办学"；"营

---

① 何国伟. 我国非营利性民办高校公共财政资助问题研究［M］. 重庆：西南大学出版社，2016：27-28.

利性民办学校的举办者可以取得办学收益，学校的办学结余依照公司法等有关法律、行政法规的规定处理"。可见营利性民办高校与非营利性民办高校的根本区别在于，学校存续期间举办者能否取得办学收益以及学校终止时能否获取办学结余。举办者或者出资者不取得办学收益，不分配办学结余的都是非营利性民办高校，否则为营利性民办高校。将分类管理政策上升至法律层面，确立了民办高校营利性与非营利性分类管理的法律依据，民办高校非营利性办学进入了法制化建设轨道。

除了清晰界定"非营利性"含义外，《民办教育促进法》还通过一些条款来确保非营利性民办学校的非营利性定位。一是非营利性民办高校法人财产权规则。《民办教育促进法》第三十六条规定："民办学校对举办者投入民办学校的资产、国有资产、受赠的财产以及办学积累，享有法人财产权。"此法律条文保护了学校法人财产权，避免了任何单位或个人因为出资而拥有非营利组织的所有权，非营利性民办学校拥有财产所有权。二是资产不得侵占规则。《民办教育促进法》第三十七规定："民办学校存续期间，所有资产由民办学校依法管理和使用，任何组织和个人不得侵占。"该条法律从资产的使用方面保障了法人财产权的完整性，只能用于学校办学，保障了非营利民办学校财产的使用权。三是剩余财产的处置规则。《民办教育促进法》第五十九条规定："非营利性民办学校清偿上述债务后的剩余财产继续用于其他非营利性学校办学。"

### （二）民办教育分类管理的目的

一是理顺民办教育管理体制。把民办学校登记为营利性法人或非营利性法人，以此为基础对两类学校建立不同的管理体制。从法律表述上看，政府对营利性民办学校采取对待企业、商业机构的管理方式进行管理，对非营利性民办学校按照公办学校的管理方式进行管理。正如时任教育部政策法规司司长孙霄兵所说"让不同的学校各走各的路"[①]。二是有利于突破民办教育发展瓶颈。实行分类管理，使民办学校的法人属性、产权归属等方面存在的问题和矛盾，在法律层面得以澄清和解决。三是便于政府财政资助民办学校办学。实行分类管理后，按照《民办教育促进法》第七章"扶持与奖励"所列条款，其有利于按照民办学校的法人属性，分类落实财政、税收、土地等方面的扶持政策。四是有利于拓展民办教育发展空间。非营利性民办学校可以获得政府更多扶持，提高办学质量，培育一批高水平的民办学校；营利性民办学校利用市场机制，创新教育产品，增加教育供给。五是有利于金融资本更好地进入民办教育。从"合理回报"到"分类管理"，允许办营利性民办学校，这就意味着，学校可以按照企业的方式来运作，可以上市，可以融资。这是中国教育的一个巨大突破。

### （三）民办高校分类管理的意义

民办高校分类管理在依法治教的背景下，有积极意义。民办高校营利性与非营利性分类，奠定了非营利性民办高校规范发展和大力扶持的前提基础。民办高校营利性与非营利性分类管理是党中央、国务院确定的重要改革方向，是教育领域改革的重要内容，其实质是对政府管理职能、制度体系以及高校办学模式的深层次变革，是一项系统性、复杂性、艰巨性的改革工程。建立营利性与非营利性民办高校分类管理制度，意味着民办高等教育发展进入规范期，是我国在民办高等教育领域的重要制度创新，

---

① 孙霄兵. 民办学校依法治理［J］. 中国高教研究，2015（11）：7-12.

是促进民办高等教育健康可持续发展的前置条件，是民办高等教育综合改革的突破口，是解决民办高等教育发展的必由之路，对民办高校的准入制度、产权制度、财务会计和资产管理制度、内部治理和控制制度、政府服务和监管等基本制度产生重要影响。但现实中，分类管理政策实施中出现的问题也值得我们高度重视。

## 二、民办高校扶持政策

大力扶持民办教育发展是《民办教育促进法》修订的突出亮点。《民办教育促进法》第三条规定："民办教育事业属于公益性事业，是社会主义教育事业的组成部分。国家对民办教育实行积极鼓励、大力支持、正确引导、依法管理的方针。各级人民政府应当将民办教育事业纳入国民经济和社会发展规划。""积极鼓励""大力支持"，不但延续了过去法律中强调的民办高校享有与公办高校同等的法律地位，更加细化了民办高校在财政、税收、用地、收费、奖励等方面的扶持办法，解决了过去由政策不明朗带来的民办高校扶持政策难以落地的制度性障碍。同时，建立了差别化的政策体系，对非营利性民办学校采取政府补贴、基金奖励、捐资激励等扶持措施，享受与公办学校同等的税收政策以及以划拨等方式给予其用地优惠，鼓励和支持非营利性民办学校的举办。

非营利性民办高校的支持政策分为两大类。第一类是国家政策，主要包括：一是2015年《教育法》《高等教育法》的修订。两部教育法中对"办学不得以营利为目的"的修订，为民办高校营利性与非营利性办学提供了法律基础，使得非营利性民办高校发展具有了系统的法律保护；二是《民办教育促进法修改决定》《民办学校分类管理实施细则》、国务院印发《关于鼓励社会力量兴办教育促进民办教育健康发展的若干意见》以及《民办教育促进法实施条例》的修订，具体制定了国家对非营利性民办高校的扶持制度。第二类是地方政府根据国家意见出台的配套的"关于鼓励社会力量办学，促进民办教育健康发展的实施意见"。这些扶持政策为非营利性民办高校发展提供了良好的外部环境。

扶持非营利性民办高校发展已经成为国家主动选择，成为国家意志。依据《民办教育促进法》第四十五条、第四十六条、第四十七条、第五十一条的规定，以及《国务院关于鼓励社会力量兴办教育促进民办教育健康发展的若干意见》第六条及"第四、完善扶持制度"所列条款的规定，国家对非营利性民办学校的扶持政策可以归纳为助学贷款、奖助学金、政府补贴、政府购买服务、基金奖励、捐资激励、土地划拨、税费减免等方式。①专项资金。财政扶持民办教育发展的资金要纳入预算，并向社会公开接受审计和社会监督，提高资金使用效益。②财政补贴。创新财政扶持方式。地方各级人民政府应建立健全政府补贴制度，明确补贴的项目、对象、标准、用途。③购买服务。完善政府购买服务的标准和程序，建立绩效评价制度，制定向民办学校购买就读学位、课程教材、科研成果、职业培训、政策咨询等教育服务的具体政策措施。④民办教育发展基金。地方各级人民政府可按照国家关于基金会管理的规定设立民办教育发展基金，支持成立相应的基金会，组织开展各类有利于民办教育事业发展的活动。⑤税收优惠。非营利性民办学校与公办学校享有同等待遇，按照税法规定进行免税资格认定后，免征非营利性收入的企业所得税。⑥同等资助。民办学校学生与公办学校学生按规定同等享受助学贷款、奖助学金等国家资助政策。⑦捐赠优惠。对企业支持教育事业的公益性捐赠支出，按照税法有关规定，在年度利润总额12%以内的部分，准予在计算应纳税所得额时扣除；对个人支持教育事业的公益性捐赠支出，按照税收法律法规及政策的相关规定在个人所得税前予以扣除。⑧用地优惠。非营利性民办学校享受公办学校同等政策，按划拨等方式供应土地。⑨对非营利性民办高校举办者方面进行补偿或者奖励。捐资举办的民办学校终止时，清偿后剩余财产统筹用于教育等社会事业。2016年11月7日《全国人民代表大会常务委员会关于修改〈中华人民共和国民办教育促进法〉的决定》公布前设立的民办学校，选择登记为非营利性民办学校的，终止时，民办学校的财产依法清偿后有剩余的，按照国家有关规定给予出资者相应的补偿或者奖励，其余财产继续用于其他非营利性学校办学。

其中，助学贷款、奖助学金这两种经费资助的直接受益对象是学生，是国家按照严格程序定额发放到学校，再由学校发放给学生的。所以对民办高校而言，助学贷款、奖助学金虽然具有部分地解决生源问题的溢出效果，但是没有为高校带来直接性财政收入。土地划拨、税费减免以及出租、转让的闲置国有资产是在不增加民办高校办学资金总额的基础上，以间接扶持的方式，减少民办高校财政支出。这部分财政支持已经通过其他规范的形式加以固化，民办高校只享有法律或者政府限定的权利，而没有支配权和管理权。没有支配权和管理权、没有现金流，也就意味着民办高校没有"合法化"私用的可能性。捐资激励、土地划拨、税费减免以及出租、转让的闲置国有资产四种方式属于直接的财政扶持，是作为高校的公用经费。它们直接增加高校办学资金，高校对其拥有支配权、使用权和管理权。

国家的扶持政策，使民办高校特别是非营利性民办高校获得更多的财政支持，可借助国家财政扶持资金进一步提高办学水平，建设高水平民办大学，甚至成为高水平民办高校的引领者。

### 三、民办高校监督制度

#### （一）法律法规对民办高校监管的规定

国家对民办高校的扶持是具体明确的，同时，对民办高校的监督、管理和规范也是明确且严格的。为了保证国家的教育方针和教育教学标准的实施到位，学校及其他教育机构必须接受政府及社会的各种形式的监督。《高等教育法》第四十四条规定："高等学校应当建立本学校办学水平、教育质量的评价制度，及时公开相关信息，接受社会监督。教育行政部门负责组织专家或者委托第三方专业机构对高等学校的办学水平、效益和教育质量进行评估。评估结果应当向社会公开。"《民办教育促进法》第四十一条规定："教育行政部门及有关部门依法对民办学校实行督导，建立民办学校信息公示和信用档案制度，促进提高办学质量；组织或者委托社会中介组织评估办学水平和教育质量，并将评估结果向社会公布。"该法第三十八条规定："民办学校收取费用的项目和标准根据办学成本、市场需求等因素确定，向社会公示，并接受有关主管部门的监督。"《国务院关于鼓励社会力量兴办教育促进民办教育健康发展的若干意见》专门强调了内部控制制度、审计监督制度和信息公开等方面，还专门出台了针对营利性民办学校的监督管理实施细则。同时，相关规定也加强了各监督机构对民办学校内部治理的监管力度，比如民办学校党组织按照党章开展活动，设立监督机构，董事会应包括党组织负责人、教职工代表，监事会中应当有党组织领导班子成员等。对民办学校的监管能有效化解民办高校的办学风险，提高民办高等教育发展的速度与质量。

### （二）对民办高校监管的主要措施

#### 1. 成立监督机构

依据 2021 年 4 月新修订的《中华人民共和国民办教育促进法实施条例》第二十七条和《国务院关于鼓励社会力量兴办教育促进民办教育健康发展的若干意见》第十九条的规定：民办学校应设立监督机构。成员构成应当包含党的基层组织代表，且教职工代表不少于 1/3；加强党对民办学校的领导，要落实选派党组织负责人到民办高校的督导制度；通过建立法定程序，保证党组织负责人进入董事会；保证党组织成员进入监事会，监察学校法人的财产状况、会计以及理事会运营的合理性、合法性。决策机构成员及其近亲属不得兼任、担任监督机构成员或者监事；学校关键岗位实行亲属回避制度。决策机构成员的职权依据国家有关规定和学校章程监督学校办学行为。监督机构负责人或者监事应当列席学校决策机构会议；依据学校章程规定的权限和程序与理事会或董事会共同参与学校的办学和管理。

#### 2. 强化资金监管

《国务院关于鼓励社会力量兴办教育促进民办教育健康发展的若干意见》在产权关系、资产管理制度、会计制度以及监督管理机制等方面做了具体的规定。一是要实行学校法人制度，学校享有法人财产权。民办高校举办者应依法履行出资义务，将出资用于办学的土地、校舍和其他资产足额过户到学校名下，学校存续期间，任何组织和个人不得侵占、挪用、抽逃。二是要明晰财务管理制度，依法设置会计账簿，根据资产来源不同实行分类登记入账，提高资产使用效率。三是要推进信息公开制度，将资产公布于众，主动接收社会监督。四是政府监管部门通过民办高校提交年度报告、开展年度检查加强督导。五是要规范民办高校财务审计制度，使财务审计公开、公正、公平。

#### 3. 实施审计评估

第三方审计组织对民办高校资产实施审计、开展资产清查是实现高校自主办学，政府管评分离，提高管理信度，避免管理利益化、监督虚无化的有效手段。《国务院关于鼓励社会力量兴办教育促进民办教育健康发展的若干意见》指出要积极培育民办教育行业组织，在民办学校会计核算、质量认证、教学评估工作中，发挥学校和政府之间的桥梁和纽带作用，从而实现专业的审计制度、认证制度和评估制度，实现管办评分离。构建第三方组织制度的主体是政府，实施审计和认证的主体是第三方组织。而且根据第二十八条"民办学校行政管理部门根据评估结果，对办学质量不合格的民办学校予以警告、限期整改直至取消办学资格"的规定，第三方组织的审计和认证结果成为政府管理、评价非营利性民办高校的重要依据。第三方组织在政府与非营利性民办高校之间，不是可有可无的灰色组织，而是监督与管理的关键一环。

#### 4. 加强信息公开

根据《高等学校信息公开办法》，高校信息公开是"为了保障公民、法人和其他组织依法获取高校信息"。民办高校通过信息公开，展现客观数据、客观事实，为社会搭建起了解、认识学校的平台，是改变社会认知，赢得社会尊重的最好方式。民办高校信息公开的内容必须包含：举办信息，包括举办者、出资人、出资额度；内部治理信息，如人事师资信息，包括校级领导、师资队伍结构、岗位设置；学生管理服务信息、学位学科信息、对外交流与合作信息；收费信息；招生信息；财务收支信息等。民办高校应把资产清查结果、第三方组织的审计、认证、评估结果以及政府补助、受赠资产的收支情况公开。

# 第四节　民办高校内部治理

从我国高校治理的法律框架包含的要素看，任何学校的治理结构都包括内部治理和外部治理两个方面。所谓高校内部治理，是指大学内部利益相关者之间各种权力的分配、制约及利益实现的制度规定、体制安排和机制设计，集中体现大学管理的结构、运行及其规制的主要特征和基本要求①。就民办高校治理而言，内部治理涉及民办高校的内部组织机构设计、学校内部各个利益相关者包括投资人（举办者）、董事会、党组织、校长、教师、学生、家长之间的权利、义务的分配关系等，它解决的是民办高校的内部运行机制问题，这关系到如何从激励和约束两个方面调动各方积极性，保障办学质量。我们认为，民办高校（非营利性）的内部治理，是指民办高校内部利益相关者之间各种权力的分配、制约，从而使学校各组织中的成员积极参与到学校管理中。民办高校的外部治理，主要指民办高校与社会和政府的关系处理，涉及政府和社会如何参与到民办高校的运作管理当中。鉴于本章篇幅所限，此处我们主要阐述民办高校内部治理问题。

《民办教育促进法》规定，民办高校内部治理结构主要由以董事会和校长为代表的行政管理团队、监督机制、党组织构成及治理。《国务院关于鼓励社会力量兴办教育促进民办教育健康发展的若干意见》第十九条就完善学校法人治理做出明确规定：要依法制定章程，按照章程管理学校；健全董事会（理事会）和监事（会）制度；健全党组织参与决策和监督制度；完善校长选聘制度；等等。董事会拥有决策权，校长拥有执行权，监督机构对校长和董事会的重大事项进行监督与管理，党组织是学校的政治核心，教职工代表大会和学生代表大会主要对学校各项事务进行监督。规章制度是内部治理权分配的逻辑根源。董事会、学校党组织和校长的治理，是民办高校内部治理的主体。章程是学校的根本制度，是制度建设的核心。

## 一、构建以章程为核心的民办高校内部治理制度体系

### （一）民办高校内部治理制度体系建设的意义

高校的规章制度是高校治理中各种规定、条例、章程、制度、标准、办法、守则等的总称，它是用文字形式规定治理活动的内容、程序和方法，是高校内部治理权分配的逻辑根源，是高校师生权益的法规保障，是管理人员的行为规范和准则，是民办

---

① 顾海良. 完善内部治理结构 建设现代大学制度［J］. 中国高等教育，2010（23）：18-20.

高校治理体系的重要组成部分，具有重要意义。一是现代大学制度建设的内在要求。现代大学制度的特征之一就是治理的科学化，即管理的规范化和制度化。适应中国国情和时代要求，要建设依法办学、自主管理、民主监督、社会参与的现代学校制度，构建政府、学校、社会之间新型关系。对高校而言，就是要完善中国特色现代大学制度，完善治理结构。民办高校要加强内部治理，就必须按照现代大学制度建设的要求构建制度体系，从而实现学校善治。二是维护学校秩序，提高工作效率的保障。民办高校内部的运行是一项复杂的系统工程，特别是规模较大的民办高校，其教学、科研、学生管理、校园建设、经费使用等，要实现严密而有效的组织、紧张而有序的工作，就必须有系统全面科学的制度来协调和约束。三是民办高校生存和发展的重要保证。我国民办高校总体治理水平还不高，还没有形成完善的治理体系。为了增强民办高校的核心竞争力，就必须克服家长制、家族化管理，构建严格而系统的治理制度，从而实现民主化、法制化治理，促进学校各项事业健康发展。四是实现依法办学、依法治校的需要。《民办教育促进法》提出了民办学校管理"积极鼓励、大力扶持、正确引导、依法管理"的 16 字方针，只有严格执行学校治理制度，才能使学校的教学、科研、思政、保障等各个环节的工作制度化、标准化和法制化，从而推动学校实现"依法治理"和"科学治理"。

### （二）构建以章程为核心的内部治理制度体系

章程是营利法人和非营利法人的成立要件。章程是任何种类法人的核心，在一定意义上，无章程，则无组织。大学章程是大学成为法人组织的必备条件，是大学依法治校的基本准则。2011 年 11 月 28 日，教育部第 31 号令颁布的《高等学校章程制定暂行办法》，明确要求高校要全面梳理各项规章制度，厘定学校与政府、学校与社会之间的关系，合理划分学校内部各组织的职责范围，有力推动现代大学制度建设；提出大学章程是高校依法自主办学、实施管理和履行公共职能的基本准则，也是高校内部师生员工行为的最高法规依据。因此，民办高校的内部治理制度建设就是要在大学章程这个根本制度之下，完善其根本制度、基本制度与具体制度，进而形成的一套完整的制度体系。

《高等教育法》第二十八条规定了高等学校章程的十方面必要记载事项。2016 年集中出台的民办教育系列新法新规，不但明确了民办高校章程的定位，而且对其内容的规范性上提出了要求。《国务院关于鼓励社会力量兴办教育促进民办教育健康发展的若干意见》第十九条"完善学校法人治理"的第一句就明确提出"民办学校要依法制定章程，按照章程管理学校"，并就法人治理结构提出相关要求。《民办教育促进法》第二十条规定："民办学校的举办者根据学校章程规定的权限和程序参与学校的办学和管理。"所以，民办高校不但要深刻认识章程的定位，更要围绕民办教育系列新法新规，完善章程的相关内容。一是要明确学校的办学性质；二是要明确决策机构、党组织、监督机构、校长、民主监督机构的职责和权限；三是要细化校务委员会议事规则、学术委员会议事规则、党组织监督机制等，使其具有可操作性；四是要详细规定资产管理和财务会计制度；五是要落实"民办学校的举办者依据学校章程规定的权限和程序参与学校的办学和管理"的规定，明确举办者的权利及管理规则，用章程保护举办者治权，也保护学校其他组织权力免受举办者干涉；六是作为非营利性民办高校，对于办学终止后，清偿后的剩余财产的处置也可以在章程中有具体的规定。

### （三）民办高校内部治理制度建设的主要环节

民办高校内部治理制度建设，既要要抓好对制度的内容建设，也要抓好制度制订的过程和环节。一般要经过规划、立项、起草、审议决定、公布、执行等环节。规划立项需要深入调研、充分论证；起草工作要本着严谨、负责的态度，认真学习相关法律和政策精神，全面掌握实际情况；要调动全员参与的积极性，通过座谈会、论证会等多种形式听取意见，集思广益，力求避免制度内容的偏颇错漏；审议修订是保障治理制度质量的重要举措，要按照严格的审查标准对治理制度的原则性、目的性、功用性等方面进行审核修订，如遇重大疑难问题，应当咨询有关专家，并与董事会进行沟通，充分论证后再决策；经过学校党委会、校务委员会或教代会研究；最后以规范的行文在全校范围内印发、公布和落实。有了好的制度，执行便十分重要，否则，再好的制度也是摆设。要切实做到有章必循、违章必究，制度面前人人平等。对于制度执行过程中出现的问题，要本着积极、稳妥的态度认真研究解决和完善。学校领导干部要以身作则，率先执行，同时还要建立制度执行监督、检查、考核和责任追究制，不断提高师生员工遵章守规的观念，增强治理能力和水平。

### （四）创新民办高校内部治理制度

民办高校是高等教育改革的成果，没有改革就没有民办高校。创新民办高校的内部治理制度，是高等教育改革的重要内容，也是高等教育深化改革的必然需要。民办高校不仅在筹资办学、扩大高等教育资源和适应市场需求办学方面起到改革的作用，而且还要在治理体制上勇于创新、大胆改革、敢于试验，努力提高学校治理的能力和水平，提升治理的效率和效益，为高等教育改革积累和提供经验。一是学校举办者要不断增强改革意识。因循守旧、按部就班、亦步亦趋，一味模仿公办高校的既有做法，不可能办出优秀的民办高校。只有勇于改革、大胆实践，才能办出特色，走出自己的治理之路。二是建设一支高素质、高水平的治理队伍。学校内部治理的改革和创新，关键在于校长等执行团队。以校长为首的领导层要成为治理制度创新的研究者、探索者、变革者、引领者。三是加强组织文化建设。学校文化是学校在长期的办学活动中形成的学校共同的价值观、行为方式、行为规范，是学校治理的最高层次。学校制度的形成与变化均源于学校对制定和修改制度的某种需求，这种需求正是学校价值理念的一种具体表现。抓好规章制度建设，既能促进良好组织文化的形成，增强制度的执行力，又能推动制度创新，从而不断提升办学水平。

## 二、董事会或理事会是民办高校内部治理最高决策机构

### （一）董事会或理事会是学校最高决策机构

《民办教育促进法》第二十条规定："民办学校应当设立学校理事会、董事会或者其他形式的决策机构并建立相应的监督机制。民办学校的举办者根据学校章程规定的权限和程序参与学校的办学和管理。"这一规定明确了学校理事会或董事会为学校决策机构，依法行使决策权。如果说《民办教育促进法》确立了董事会或理事会在民办高校中的领导地位，那么《中华人民共和国民办教育促进法实施条例》（以下简称《实施条例》）则为董事会或理事会提供了机制支持。《实施条例》明确强调了董事会或

理事会的职权范围，并指出了董事会的运作方式。《实施条例》第二十六条规定："民办学校的理事会、董事会或者其他形式决策机构，每年至少召开2次会议。经1/3以上组成人员提议，可以召开理事会、董事会或者其他形式决策机构临时会议。讨论下列重大事项，应当经2/3以上组成人员同意方可通过：①变更举办者；②聘任、解聘校长；③修改学校章程；④制定发展规划；⑤审核预算、决算；⑥决定学校的分立、合并、终止；⑦学校章程规定的其他重大事项。"尽管条文比较简单，但更加具体化和更具有针对性，更具实际指导意义。

### （二）董事会或理事会的作用和意义

董事会或理事会是民办高校法人治理结构的重要组织机构。从中外私立大学发展的历史和国内外私立大学发展的经验来看，董事会或理事会体制比较符合私立大学管理的特点，它能够极大地调动个人和社会组织投资高等教育的积极性，有利于提高全社会投资教育的整体能力，有利于促进整个社会对高等教育的关心与参与，形成社会化大教育格局，并从观念和政策上较好地解决资本的寻利性和高等教育的公益性之间的矛盾。同时，它有利于民办高校内部对重要问题的决策，体现举办者的权益维护，并使决策与执行相分离，集中精力履行自身的职责，形成相互监督、相互制约的内部治理机制，避免个别人或个别集团垄断学校的决策权，实现学校的民主自治；也有利于加强民办高校与社会的联系，广泛筹措办学经费，从而为民办高校持续发展提供制度保障①。

建立健全民办高校董事会或理事会，科学合理地配置民办高校管理权力，是民办高校可持续发展的重要路径。随着高等教育普及化的不断深入，高等教育资源稀缺的年代已经过去，高等教育的买方市场已经形成，以办学质量和特色为内涵建设核心的高等教育竞争愈演愈烈，民办高校可持续发展面临严峻的挑战与压力。在此背景下，民办高校科学决策、抓住机遇显得格外重要。单靠经验型、单一思维型或者家族型的决策显然难以满足民办高校可持续发展的要求。建立和完善董事会或理事会不仅是需要的，而且是必需的。民办高校的举办者必须强化认识，从学校的长远发展全局来加强民办高校的董事会或理事会建设。

### （三）董事会或理事会人数与人员结构

《民办教育促进法》第二十一条规定："学校理事会或者董事会由五人以上组成，设理事长或者董事长一人。"也就是说，民办高校董事会（或者理事会）不少于5人，其中一人为董（理）事长。相关调查发现，我国民办高校决策机构的成员一般在5～11人，其中又以7人为最多。根据国内外经验和民办高校的办学实践，参照公办高校党委常委会构成人数，民办高校董事或理事会人数以9～13人为宜。董事会（或者理事会）作为决策机构，需集思广益，人员过少不利于董事会作用的发挥，且覆盖面小，决策可能有偏颇，相关利益者的代表性难以体现，诉求也难以得到保证。当然，董事会（或者理事会）人数也不宜过多，否则会影响决策效率。确定民办高校董事会或理事会的人数，还要从学校的投资结构、学校的规模、办学的性质等综合考虑。

《民办教育促进法》第二十一条提出，民办学校理事会或者董事会由举办者或者其

---

① 杨炜长. 民办高校法人治理制度研究［M］. 长沙：国防科技大学出版社，2006：77.

代表、校长、教职工代表等人员组成。其中三分之一以上的理事或者董事应当具有五年以上教育教学经验。《国务院关于鼓励社会力量兴办教育促进民办教育健康发展的若干意见》的第十九条提出："董事会（理事会）应当优化人员构成，由举办者或者其代表、校长、党组织负责人、教职工代表等共同组成。"理事会或董事会结构的不同，反映有关各方利益在民办高校权力结构中的地位和作用也有所不同，因此董事会的结构对民办高校治理来说举足轻重。

我们认为，民办高校董事会或理事会应当至少由六部分人员组成：①举办者或其代表，其主要职责是筹措并监控学校教育经费，负责学校发展的重大事项决策，保证学校的正常运行；②校长，其主要职责是遵循教育、教学规律，依法行使职权，创造性地贯彻执行董事会决议；③党组织负责人，其主要职责是代表党组织宣传贯彻党的教育方针，保证学校正确的办学方向；④教职工代表，其主要职责是反映广大教育者的利益诉求，维护各方面的合法权益；⑤社会专业人士（含校友代表），其主要职责是反馈社会需求信息，提供决策咨询意见，并对学校改革和发展等方面的重大事项进行指导（有的社会人士是学校的出资者，或者捐赠经费和资产的，自然有权了解学校治理的相关内容）；⑥学生或家长代表，其主要职责是沟通董事会与社区、学生家长群体。

### （四）加强董事会或理事会制度建设

要更好地发挥董事会或理事会在学校发展中的作用，关键是建立完善的组织制度和运行制度，使决策方式和方法科学化，决策程序和流程规范化，实现决策机构、执行机构和监督机构相互协调有序运转。

根据相关法律规定和我国民办高校办学的实际情况，当前民办高校董事会或理事会制度建设要抓好三方面内容。一是要完善董事会或理事会章程。规范其运行程序，增强和提高会议召开程序、议事程序和决策程序的规范性、严肃性、公开性和透明度。二是确定董事会或理事会的议事规则。议事规则是董事会或理事会章程的重要内容。《中华人民共和国民办教育促进法实施条例》中，规定了例行会议和临时会议。民办学校董事会或理事会每年至少召开 2 次会议。经 1/3 以上组成人员提议，可以召开临时会议；讨论重大事项，应当经 2/3 以上组成人员同意方可通过等。在董事会或理事会中表决，应充分发表意见，按照少数服从多数的原则进行表决。三是建立回避制度。董事或理事对涉及自己相关利益的表决应当回避。同时，还要建立和健全董事会或理事会监督制度。

## 三、校长是民办高校内部治理的主要执行者

### （一）民办高校校长的职权、地位和作用

校长是大学的灵魂。民办高校校长队伍的建设，是民办高校内部治理和机制创新的关键。《高等教育法》第三十九条规定："国家举办的高等学校实行中国共产党高等学校基层委员会领导下的校长负责制。……社会力量举办的高等学校的内部管理体制按照国家有关社会力量办学的规定确定。"《民办教育促进法》第二十五条规定了校长的职权："民办学校校长负责学校的教育教学和行政管理工作，行使下列职权：①执行学校理事会、董事会或者其他形式决策机构的决定；②实施发展规划，拟订年度工作

计划、财务预算和学校规章制度；③聘任和解聘学校工作人员，实施奖惩；④组织教育教学、科学研究活动，保证教育教学质量；⑤负责学校日常管理工作；⑥学校理事会、董事会或者其他形式决策机构的其他授权。"《中华人民共和国民办教育促进法实施条例》第二十八条进一步补充规定：民办学校校长依法独立行使教育教学和行政管理职权。民办学校内部组织机构的设置方案由校长提出，报理事会、董事会或者其他形式决策机构批准。

在民办高校的治理体系中，根据校长的职权，校长的地位和作用体现在三个方面。一是具体执行董事会或者理事会的决策，在贯彻落实决策中，既要发挥组织、协调、激励的作用，也要做好战略规划、资源配置、任务分配、危机处理和运行考核等工作；二是对内负责学校的领导与管理，是学校工作的具体指挥，对学校的教学、科研、思政、稳定、后勤保障等工作负有直接责任；三是对外代表学校处理与上级部门、社会的关系，争取社会资源，优化学校外部发展环境。

### （二）民办高校校长任职条件及选任程序

校长作为民办高校行政管理工作的中心，他们的办学理念、管理经验、治理能力都深刻地影响着学校的发展，甚至决定一所学校办学的成败。《民办教育促进法》第二十四条规定："民办学校参照同级同类公办学校校长任职的条件聘任校长，年龄可以适当放宽。"《国务院关于鼓励社会力量兴办教育促进民办教育健康发展的若干意见》中提出："民办学校校长应熟悉教育及相关法律法规，具有5年以上教育管理经验和良好办学业绩，个人信用状况良好。"举办者应该高度重视校长的聘用，赋予校长应有的权利，保证学校的可持续发展。

由于民办高校校长的特殊地位和作用，应有较高的任职资格、标准和综合素质。除应具备普遍意义上的领导能力、业务能力、写作能力、表达能力外，一般还具有五个特殊治校能力。一是要有先进的办学理念。校长要遵循高等教育发展规律、要遵循高校办学治校规律，要善于把握高等教育发展政策，有较高的院校研究能力，能因时因势提出先进的符合民办高校发展要求的办学理念。二是要有战略规划能力。校长要有开阔和高远的视野，善于从宏观上把握社会发展趋势和改革动态，规划符合学校发展实际的具有前瞻性的战略决策、发展蓝图和治校方略，善于领导学校的改革和发展。三是资源整合利用能力。民办高校的资源主要是自筹，非常有限。因此，校长要有市场意识、资源意识和效益意识，他不仅要善于将校内相关教育资源加以整合利用，更重要的是要积极吸纳、开发和利用社会资源并将其转变为学校的教育资源。四是要有坚定的信念和献身精神。校长要对国家和社会负责，肩负起培养人才的历史使命；要热爱学校、热爱师生，做师生的榜样和楷模；要为出资人和决策机构负责，共担发展责任和办学风险。五是要高效率高水平管理。校长要用自己的智慧处理好各方面的关系，最大限度地调动每个人的积极性，凝聚并带领全校教职员工积极工作，做到组织最优化、效能最大化。

《国务院关于鼓励社会力量兴办教育促进民办教育健康发展的若干意见》提出："完善校长选聘机制。"民办高校由于办学层次、办学类型、办学目标、办学定位、学科设置和办学特色的差异，对校长的遴选应从实际情况出发。一般来讲要做好四个方面的工作。一是要研究制定好遴选标准，各个学校视情况而定；二是要确定校长竞聘范围，范围宜宽，并通过各种媒介向社会公开；三是学校董事会或理事会要任命成立一个遴选委员会，由学校董事会或理事会成员、教师代表、职工代表以及校友代表等组成；四是科学制定遴选程序，包括任职条件比选、工作履历审核、笔试、面试、综合评判等环节。成功的学校需要优秀的校长，而优秀的校长则需要通过完善的选拔、遴选机制选出。

### （三）支持和激励校长积极开展工作

如前所述，根据有关法律法规的要求，校长与董事会或理事会之间的关系是明晰的，校长的职权与责任也是明确的。在具体开展工作时，应做到以下几点。一是要支持校长独立开展工作。董事会（或者理事会）及学校党委、职代会都应该依法维护校长权威，支持校长独立开展工作，充分保障校长以自己独立的办学理念、卓越的学术水平和高超的管理能力，对学校进行有效的指挥，实行科学管理，以提高学校管理团队的凝聚力和对决策的执行力。二是要建立健全校长激励机制。董事会或理事会对校长要高度信任，激发校长投入学校的工作热情，给予校长较大的组织权，为校长工作创造良好的环境。要建立具有民办高校特点的校长薪酬制度，吸引和留住最优秀的人才从事校长工作。三是要建立和完善校长的考核制度。为了最大限度调动校长的工作积极性、主动性和创造性，董事会或理事会应该健全校长目标管理与绩效考核制度。四是要加强校长团队建设。一个高水平的领导班子，一支高素质的干部队伍，是民办高校内部治理的关键。董事会或理事会要建立以校长为班长的民办高校领导团队，注重团队的分工协作，调动全体领导成员的工作积极性和主动性，充分发挥民办高校办学体制和运行的优势，提升和加强学校决策的执行力。五是科学设置中层机构和加强中层干部的培养使用。中层干部在学校运行中起着承上启下、上传下达、工作落实的重要职责。校长（学校）的办学理念、董事会的重要决策能否顺利贯彻落实，关键在于各个部门和中层干部的执行情况，即"赢在中层"。因此，应建立完善中层干部的选拔、培养、考核、奖惩等一整套管理制度，坚持德才兼备，知人善任，任人唯贤。

## 四、党组织是民办高校治理的政治核心

### （一）民办高校党组织参与学校治理的依据

党的建设是我国社会主义制度下所有学校工作的重要方面，党组织治理是我国社会主义制度下所有学校治理的重要方面，是重要的治理主体，这是我国的国家性质和党的执政地位所决定的。加强党对民办高校的领导，确立民办高校党委的政治核心地位，历来受到党和国家高度重视，并制定了多项关于加强民办教育、民办学校党建工作的法律和文件。

《高等教育法》规定："国家举办的高等学校实行中国共产党高等学校基层委员会领导下的校长负责制。……社会力量举办的高等学校的内部管理体制按照国家有关社会力量办学的规定确定。"《民办教育促进法》第九条规定："民办学校中的中国共产党基层组织，按照中国共产党章程的规定开展党的活动，加强党的建设。"首次将加强民办学校中党的建设写入国家法律，使得民办高校党的建设有法可依，为民办高校党组织发挥政治核心作用，确保民办高校始终坚持社会主义办学方向提供了法理依据，赋予民办高校党组织参与学校治理的使命和任务，标志着我国民办高校党建工作进入

法治化新阶段。《国务院关于鼓励社会力量兴办教育促进民办教育健康发展的若干意见》，强调了要切实加强民办学校党的建设，完善民办学校党组织设置，理顺民办学校党组织隶属关系，健全各级党组织工作保障机制，选好配强民办学校党组织负责人。要发挥党组织的政治核心作用，牢牢把握社会主义办学方向。要加强和改进思想政治教育，培育和践行社会主义核心价值观，引导学生树立正确的世界观、人生观、价值观。

2016年4月，习近平总书记主持中央全面深化改革领导小组第二十三次会议，审议通过了《关于加强民办学校党的建设工作的意见（试行）》，强调"支持和规范民办教育发展，要坚持和加强党对民办学校的领导，设立民办学校要做到党的建设同步谋划、党的组织同步设置、党的工作同步开展，确保民办学校始终坚持社会主义办学方向"。文件从充分发挥民办学校党组织政治核心作用、推进党的组织和党的工作有效覆盖等八个方面提出了具体要求，有利于加强和改善党对民办高校的领导，是创新性地开展党建工作的重要指南。2016年12月，习近平总书记在全国高校思想政治工作会议的讲话中强调要把民办高校纳入高校思想政治工作整体布局，完善体制机制，延伸工作手臂，建立健全党组织，全面推行党组织书记选派，确保民办高校党建和思想政治工作全覆盖。2017年2月，中共中央、国务院印发了《关于加强和改进新形势下高校思想政治工作的意见》，特别强调要"高度重视民办高校、中外合作办学中党的建设和思想政治工作，探索党组织发挥政治核心作用的有效途径"。

### （二）民办高校党组织发挥政治核心作用的意义

高等学校是党和国家培养社会主义事业建设者和接班人的重要阵地，无论其办学性质是公办还是民办，都要坚持立德树人根本任务，培养德智体美劳全面发展的社会主义建设者和接班人。正如习近平总书记2016年12月在全国高校思想政治工作会议的讲话中指出"无论什么高校，在坚持正确政治方向、正确育人导向上没有例外"。民办高校党组织与公办高校党组织一样，是党的基层组织的一部分，是党在社会基层组织中的战斗堡，是党的全部工作和战斗力基础的重要组成部分，这是党章赋予民办高校党组织的重要地位。加强和改善党在民办高校的政治领导地位及其政治核心作用，充分发挥党组织的服务、保证、监督功能，是贯彻执行党的路线方针政策和促进教育事业发展的重要举措，是民办高校适应市场需要，深化改革，培养社会主义建设人才和提高办学质量与效益的需要，也是民办高校增强核心竞争力的重要内容。通过加强党对民办高校的领导、党委对政治核心作用的发挥，才能确保民办高校始终坚持社会主义办学方向，确保马克思主义理论的指导地位，提高和增强民办高校大学生的思想政治素质和其对社会主义核心价值观的认同度，形成强大的政治核心，保证学校健康可持续发展。做好党建工作对于民办高校办好社会主义的大学具有重要意义。

### （三）民办高校党组织发挥政治核心作用的内涵

中共中央办公厅印发的《关于加强民办学校党的建设工作的意见（试行）》中归纳了民办学校党组织政治核心作用的六个方面。①保证政治方向。宣传执行党的理论和路线方针政策，宣传执行党中央、上级党组织和本组织的决议，引导学校全面贯彻党的教育方针，依法办学、规范办学、诚信办学，坚决反对否定和削弱党的领导，反对西方所谓"普世价值"等错误思潮传播，反对各种腐朽价值观念。②凝聚师生员工。

把思想政治工作贯穿学校工作各方面，贯穿教育教学全过程，密切联系、热忱服务师生员工，关心和维护他们的正当权益，统一思想、凝聚人心、化解矛盾、增进感情，激发教职工主人翁意识和工作热情。③推动学校发展。支持学校董（理）事会和校长依法依章行使职权，开展工作，参与学校改革发展稳定和事关师生员工切身利益的重大事项决策，帮助学校健全章程和各项管理制度，促进学校提高教育质量、培养合格人才。④引领校园文化。坚持用社会主义核心价值观塑造校园文化，加强社会公德、职业道德、家庭美德、个人品德教育，开展精神文明创建活动，组织丰富多彩的文化活动，推动形成良好校风教风学风。⑤参与人事管理和服务。参与学校各类人才选拔、培养和管理工作，在教职工考评、职称评聘等方面提出意见建议，主动联系，关心关爱，调动他们的积极性和创造性。⑥加强自身建设。完善组织设置和工作机制，加强党组织班子成员和党务干部管理，做好发展党员和党员教育管理服务工作，严格组织生活制度，认真贯彻民主集中制，强化党组织日常监督和党员民主监督，抓好党风廉政建设。领导学校工会、共青团等群团组织和教职工大会（代表大会），做好统一战线工作。同时，还就不同类型民办学校党建工作的着力点提出指导，"民办高校党组织要突出坚持马克思主义指导地位，把握党对意识形态工作的领导权、管理权、话语权，加强对青年教师、党外知识分子和大学生的思想引导，促使他们增强政治认同，增强政治敏锐性和政治鉴别力，坚定中国特色社会主义道路自信、理论自信、制度自信、文化自信"。

### （四）民办高校党组织发挥政治核心作用的任务与路径

1. 把握好办学的发展方向

中国特色社会主义制度下的高校，无论是公办高校还是民办高校都是党领导下的高校。民办高校的党组织和党务工作者要明确自己肩负的职责，要理直气壮地开展工作。民办高校党组织发挥政治核心作用的首要任务就是要坚持教育的公益属性，把握好学校的办学方向，特别要把握好办学的政治方向、学校的发展走向、学校的舆论导向、育人的价值取向和学校的资源流向，确保学校始终把社会效益放在首位，这也是营利性民办高校党组织政治引领作用的重要内容。要积极探索党委和行政在党风廉政建设上双主体责任的实施路径。特别要帮助举办者规避办学的资金风险，防止举办者在举办其他产业中遇到风险、资金链断裂时，挪用、借用资金帮助其陷入困境的其他产业走出危机，从而影响学校发展的情况。

2. 有效参与重大问题决策

民办高校党组织参与学校重大问题的讨论，提出意见与建议，是党委充分发挥政治核心作用的重要途径之一。根据现有法律法规的规定，党委书记应成为董事会的自然董事，同时可通过法定程序进入学校行政管理机构。符合条件的学校决策机构和行政管理机构中的党员，可按照党的有关规定进入党委班子。要落实党组织领导成员交叉兼职进入决策层，直接参与学校决策和监督。民办高校党委应按照依法办学、依法治校的要求通过组织学习、开展调研、进行督察等方式，对学校的教育、教学、管理和队伍建设等方面的工作积极提出建设性的意见，认真落实党的教育方针和各项政策。党委主要领导应加强学习，熟知和研究国家对高校的方针政策，在董事会讨论重大决策时阐明意见，在重大问题上贯彻国家意志，为学校把关，以高度负责的精神，保证学校决策与国家的政治大局保持一致。要积极推动建立党组织和董事会、校长相互支持和制衡的领导体制、运行机制和沟通协商机制，发挥好桥梁纽带作用，沟通、协调董事会与学校党政、学校举办者和师生之间的关系，及时化解矛盾，形成发展合力。

3. 加强组织体系和队伍建设

依照《中国共产党章程》《中国共产党普通高等学校基层组织条例》及有关规定，根据民办高校的特点，建立健全党组织机构和组织体系。要配强党委领导班子，配备专职党建工作负责人，加快向民办高校委派党委书记并兼政府督导专员工作。党组织书记应由既懂党务又懂教学和管理的人来担任。要把党组织的活动经费列入学校年度经费预算。要按照学校党委—院（系）党总支—党支部—党小组的组织体系，建立健全民办高校基层党组织，严格落实"三会一课"制度，确保组织生活正常化。要建好党务工作部门，配备专职工作人员。为防止党建工作行政化、边缘化的倾向，应建立并严格执行党建工作的制度体系，实现党组织生活正常化、党组织工作常态化、党员作用外显化，以确保党组织有话语权、决策权和监督保证权。党委要在对干部的培养上，发挥好组织者、教育者的作用，在对干部的聘任上，发挥好考察者、推荐者的作用。要管好党员队伍，发挥党员的先锋模范作用，加强民办高校党务工作队伍建设。要加强团委、学生会、工会等群团组织建设。

4. 加强思想道德文化建设

民办高校的党组织必须牢牢把握学校发展的大局和中心来开展工作。一是要凝聚发展共识。党组织应通过思想政治工作来统一思想、凝聚共识、增进感情，把解决思想认识问题与解决实际困难问题相结合，为学校各项事业发展提供组织保障、人才保障、思想保障和文化保障。二是加强师德建设。教师是学校办学的主体，立德树人是学校的基本职责。党委要将师德建设摆在师资队伍建设的首要位置，引导教师以德立身、以德育人，加强"课程思政"和"思政课程"建设，实现全员全程全方位育人。三是加强文化建设。文化力是民办高校发展的软实力。民办高校党组织要把领导校园文化建设作为重要任务，要坚持用社会主义核心价值观引领校风教风学风建设，营造良好的育人环境，实现立德树人的办学目标。

5. 严守学校各项底线

一是要守好学校生存底线。民办高校学生学费收入是办学的主要经费，生源是学校的生存底线。要把通过提高办学质量来吸引学生作为学校保生存底线的重要工作来抓。二是要严守安全稳定底线。要建立健全校园安全稳定机制，始终将保稳定作为党组织作用发挥的底线抓紧抓好。三是要守好依法办学的底线。学校党组织要牢固树立依法治校的理念，帮助行政从民办高校自身的特点出发，依法建立健全管理规章，建立现代大学制度和法人治理结构。《民办教育促进法》从法律上规范了民办高校办学的基本方向、基本制度和基本要求，党组织有责任督促学校举办者和行政在办学过程中依法办学、依章治校，从而保证学校的健康发展。

在高校的内部治理中，作为机构架构的工会组织、教职工代表大会、学术委员会等都是学校内部治理体系的重要方面，《中华人民共和国工会法》《中华人民共和国教育法》《中华人民共和国教师法》《中华人民共和国高等教育法》《学校教职工代表大会规定》《高等学校学术委员会规程》等法律法规对工会、教代会是学术委员会的职权职责做了明确规定，这些法律法规同样也应适用于民办高校。构建中国特色民办高校法人治理结构，民办高校党组织要切实加强对工会、教代会的领导，建立和健全学术制度，充分发挥工会组织、教代会、学术委员会在民办高校内部治理中的作用，促进民办高校和谐发展。（具体内容详见上卷第二章第三节高等职业学校法制工作实施，本章不再详述）

（本章撰稿：徐远火）

## 复习思考题

1. 民办高校分类管理的目的与意义是什么？
2. 民办高校内部治理中党组织应如何发挥政治核心作用？

# 第十章 《中华人民共和国中外合作办学条例》解读

**【内容摘要】** 随着高等职业教育的蓬勃发展和教育对外开放的持续发力，通过中外合作办学，吸收、引入国外先进职业教育资源，对提高我国高等职业教育办学水平和人才培养质量，满足人们对职业教育多样化需求起着越来越重要的作用。中外合作办学已然成为我国高等职业教育走向国际化的一条重要途径。本章主要从法制角度讲述中外合作高等职业教育的内涵、中外合作高等职业教育办学机构和项目的设立、中外合作高等职业教育的组织管理和中外合作高等职业教育法制的完善四个部分内容。

## 第一节　中外合作高等职业教育的内涵

### 一、中外合作高等职业教育的含义

#### （一）中外合作办学的含义

根据 2019 年 3 月修订实施的《中华人民共和国中外合作办学条例》（以下简称《中外合作办学条例》）以及教育部教育涉外监管信息网（http://jsj.moe.gov.cn/）和教育部中外合作办学监管工作信息平台（http://www.crs.jsj.edu.cn/）上对中外合作办学的解读，我们可以将中外合作办学分为两类，即中外合作办学机构和中外合作办学项目。

1. 中外合作办学机构

《中外合作办学条例》对中外合作办学机构的界定是："外国教育机构同中国教育机构（以下简称'中外合作办学者'）在中国境内合作举办以中国公民为主要招生对象的教育机构。"

中外合作办学机构可分为具有法人资格的机构和不具有法人资格的机构。独立设置的中外合作办学机构具有独立的法人资格，如西交利物浦大学、上海纽约大学、宁波诺丁汉大学等。中外合作办学机构为设在一级大学里的二级学院则不具有独立法人资格，如上海交通大学交大密西根联合学院、电子科技大学格拉斯哥学院、吉林大学莱姆顿学院等。

2. 中外合作办学项目

中外合作办学项目在 2004 年 6 月教育部发布的《中华人民共和国中外合作办学条例实施办法》（以下简称《中外合作办学条例实施办法》）中的定义为："中国教育机构与外国教育机构以不设立教育机构的方式，在学科、专业、课程等方面，合作开展的以中国公民为主要招生对象的教育教学活动。"这是目前最多、最常见的中外合作办学方式。如北京大学与比利时弗拉瑞克商学院、英国伦敦大学学院合作举办工商管理硕士学位教育项目；复旦大学与美国圣路易斯华盛顿大学合作举办高级管理人员工商管理硕士学位教育项目；兰州大学与美国德雷塞尔大学合作举办计算机科学与技术专业本科教育项目等。

3. 中外合作办学现状

教育部"教育 2020 收官系列新闻发布会"数据，"十三五"期间，教育部共审批和备案中外合作办学机构和项目 580 个（独立法人机构 7 个，非独立法人机构 84 个，项目 489 个），其中本科以上 356 个。截至 2020 年年底，现有中外合作办学机构和项目 2 332 个。

### （二）中外合作高等职业教育的含义

1. 中外合作高等职业教育办学机构

根据《中华人民共和国高等教育法》《中外合作办学条例》和 2016 年 7 月修订实施的《中外合作职业技能培训办学管理办法》等相关规定，中外合作高等职业教育办学机构是指中外合作办学者依照《中外合作办学条例》，在中国境内合作举办的以中国公民为主要招生对象，实施高等职业教育的公益性办学机构。如，苏州百年职业学院、福州墨尔本理工职业学院、郑州亚欧交通职业学院等。

2. 中外合作高等职业教育办学项目

根据《中华人民共和国高等教育法》《中外合作办学条例实施办法》和《中外合作职业技能培训办学管理办法》等相关规定，中外合作高等职业教育办学项目是指中外合作办学者依照《中外合作办学条例》，不设立新的高等职业教育机构，而是通过与现有中国教育机构合作设置以中国公民为主要招生对象的专业（职业、工种）、课程的方式开展的高等职业教育教学活动。如，天津职业技术师范大学与爱尔兰斯莱戈理工学院合作举办电子信息工程专业本科教育项目、北京财贸职业学院与美国纽约州立大学坎顿技术学院合作举办会计专业高等专科教育项目、广东水利电力职业技术学院与澳大利亚霍姆斯格兰政府理工学院合作举办建筑工程技术专业高等专科教育项目等。

3. 中外合作高等职业教育现状

根据教育部中外合作办学监管工作信息平台数据显示，截至 2021 年 1 月，中外合作高等职业教育办学机构和项目 989 个，其中，机构 42 个，项目 947 个。全国有 21 个省（市）开设了中外合作高等职业教育办学机构，有 28 个省（市）举办了中外合作高等职业教育办学项目。机构和项目总量排在前五位的分别是江苏（217）、浙江（95）、山东（77）、河北（63）、上海（60）。中外合作高等职业教育所开设的专业主要集中于经济学类、管理类、计算机类、机械类。

## 二、中外合作高等职业教育的特征

### （一）合法性特征

根据《中外合作办学条例》，申请设立中外合作高等职业教育的教育机构应当具有法人资格。中外合作高等职业教育办学机构和项目应当依法取得行政许可，且必须遵守中国法律，符合中国的公共道德，不得损害中国的国家主权、安全和社会公共利益；必须贯彻中国的教育方针，遵守《中华人民共和国教育法》《中华人民共和国职业教育法》《中华人民共和国高等教育法》等法律和有关行政法规规定；必须接受我国教育行政主管部门的监督和管理；中外双方因合作办学事宜发生争议，只能在中国法院起诉或者在中国仲裁机构申请仲裁，双方在仲裁和诉讼中其法律地位平等。此外，中外合作办学者、中外合作办学机构的合法权益，受中国法律保护，在批准范围内从事教育教学活动时与我国其他教育机构处于平等的法律地位。

### （二）开放性特征

中外合作高等职业教育是具有法人资格的中国教育机构和外国教育机构在高等职业教育领域开展的以引进国外优质教育资源为核心的，在办学条件、培养管理、教育教学、师资队伍等方面开展的实质性合作，是职业教育对外开放的重要形式。根据第十一届全国中外合作办学年会数据显示，截至 2020 年年底，高等教育中外合作办学的合作对象涉及 36 个国家和地区，800 多所外方高校，700 多所中方高校。

### （三）多元性特征

根据《中外合作办学条例》，"中外合作办学者可以合作举办各级各类教育机构。但是，不得举办实施义务教育和实施军事、警察、政治等特殊性质教育的机构""不得进行宗教教育和开展宗教活动"。中外合作高等职业教育办学类型齐全、培养模式多样、专业设置丰富、教育理念先进：有具有法人资格的合作办学机构，也有不具法人资格的合作办学机构和合作办学项目；有实施学历教育的，也有实施非学历教育的；有颁发中外双学位的，也有颁发中方学位的，还有颁发外方学位的……呈现出多元性特征。

## 三、中外合作高等职业教育的原则

### （一）坚持社会主义办学方向原则

我国是中国共产党领导的社会主义国家，这就决定了我们的中外合作高等职业教育，必须把培养社会主义建设者和接班人作为根本任务，要坚持党对中外合作高等职业教育的领导，聚焦服务国家重大发展战略，把立德树人作为中心环节，加强对开设课程、引进教材等教育教学活动和内容的审批备案，让服务人民、奉献社会、爱岗敬业、诚实守信、办事公道成为学生终身坚守的职业信念。

### （二）坚持服务学生成长成才原则

教育的宗旨是培养人才。随着现代化智能技术在生产、生活中的广泛应用，智能制造的多学科集成对高等职业教育的人才培养目标、学科专业建设、学生学习方式等都提出了新要求。中外合作高等职业教育在积极引进国外优质教育资源的同时，必须主动回应经济社会发展对高素质复合型人才的诉求，推进交叉学科专业建设，实现优质教育资源本土化、时代化、体系化，培养学生掌握跨岗位的多层次技能和跨学科知识，由过去的掌握单一的技能向拥有多元复合技能转变，更好地应对数字化制造的挑战。

### （三）坚持公益性原则

《中外合作办学条例》明确规定："中外合作办学属于公益性事业，是中国教育事业的组成部分。""中外合作办学应当符合中国教育事业发展的需要，保证教育教学质量，致力于培养中国社会主义建设事业的各类人才。"中外合作高等职业教育是我国高等职业教育的组成部分，属于社会公益事业，不是货物贸易，不以营利为目的。

# 第二节　中外合作高等职业教育办学机构和项目的设立

为了更好地引进和利用国外优质教育资源和教育理念，有效促进中外合作高等职业教育健康有序发展，《中外合作办学条例》《中外合作办学条例实施办法》和《中外合作职业技能培训办学管理办法》等文件明确规定了中外合作高等职业教育办学机构和项目设立的条件和程序，从法律制度层面规范了中外合作高等职业教育办学机构和项目的审批与管理。

## 一、中外合作高等职业教育办学机构的设立

### （一）申请设立中外合作高等职业教育办学机构的条件

（1）申请设立中外合作高等职业教育办学机构的教育机构应当具有法人资格。

（2）中外合作高等职业教育办学机构还应当具备《中华人民共和国教育法》《中华人民共和国职业教育法》《中华人民共和国高等教育法》等法律和有关行政法规规定的基本条件，并具有法人资格。但是，外国教育机构同中国实施学历教育的高等学校设立的实施高等教育的中外合作高等职业教育办学机构，可以不具有法人资格。

（3）设立中外合作高等职业教育办学机构，参照国家举办的同级同类教育机构的设置标准执行。

（4）外国宗教组织、宗教机构、宗教院校和宗教教职人员不得在中国境内从事合作办学活动。

### （二）设立中外合作高等职业教育办学机构的一般程序

在我国，中外合作高等职业教育办学机构的设立程序，一般分为筹备设立和正式设立两个步骤。如果具备办学条件，达到设置标准的，可以直接申请正式设立。

1. 提交筹备设立申请材料

申请筹备设立中外合作高等职业教育办学机构，应当提交下列文件：

①申办报告，内容应当主要包括：中外合作办学者、拟设立中外合作高等职业教育办学机构的名称、培养目标、办学规模、办学层次、办学形式、办学条件、内部管理体制、经费筹措与管理使用等；

②合作协议，内容应当包括：合作期限、争议解决办法等；

③资产来源、资金数额及有效证明文件，并载明产权；

④属捐赠性质的校产须提交捐赠协议，载明捐赠人的姓名、所捐资产的数额、用途和管理办法及相关有效证明文件；

⑤不低于中外合作办学者资金投入 15% 的启动资金到位证明。

**2. 审批机关对筹备设立申请进行审批**

申请筹备设立中外合作高等职业教育办学机构的，审批机关应当自受理申请之日起 45 个工作日内做出是否批准的决定。批准的，发给筹备设立批准书；不批准的，应当书面说明理由。

**3. 提交正式设立申请材料**

（1）经批准筹备设立中外合作高等职业教育办学机构的，应当自批准之日起 3 年内提出正式设立申请；超过 3 年的，中外合作办学者应当重新申报。筹备设立期内，不得招生。

完成筹备设立申请正式设立的，应当提交下列文件：

①正式设立申请书；

②筹备设立批准书；

③筹备设立情况报告；

④中外合作高等职业教育办学机构的章程，首届理事会、董事会或者联合管理委员会组成人员名单；

⑤中外合作高等职业教育办学机构资产的有效证明文件；

⑥校长或者主要行政负责人、教师、财会人员的资格证明文件。

（2）如果已经具备办学条件，达到设置标准，直接申请正式设立中外合作高等职业教育办学机构的，应当提交下列文件：

①正式设立申请书；

②中外合作高等职业教育办学机构的章程，首届理事会、董事会或者联合管理委员会组成人员名单；

③中外合作高等职业教育办学机构资产的有效证明文件；

④校长或者主要行政负责人、教师、财会人员的资格证明文件。

⑤合作协议，内容应当包括：合作期限、争议解决办法等；

⑥资产来源、资金数额及有效证明文件，并载明产权；

⑦属捐赠性质的校产须提交捐赠协议，载明捐赠人的姓名、所捐资产的数额、用途和管理办法及相关有效证明文件。

**4. 审批机关对正式设立申请进行审批**

①申请正式设立实施非学历教育的中外合作高等职业教育办学机构的，审批机关应当自受理申请之日起 3 个月内做出是否批准的决定。

②申请正式设立实施学历教育的中外合作高等职业教育办学机构的，审批机关受理申请后，应当组织专家委员会评议，由专家委员会提出咨询意见，并自受理申请之日起 6 个月内做出是否批准的决定。批准的，颁发统一格式、统一编号的中外合作办学许可证；不批准的，应当书面说明理由。

**5. 取得许可**

中外合作办学许可证由国务院教育行政部门制定式样，由国务院教育行政部门和劳动行政部门按照职责分工分别组织印制；中外合作办学许可证由国务院教育行政部门统一编号。

中外合作高等职业教育办学机构取得中外合作办学许可证后，应当依照有关的法律、行政法规进行登记，登记机关应当依照有关规定即时予以办理。

### （三）中外合作高等职业教育办学机构的审批部门

申请设立实施本科以上高等学历教育的中外合作高等职业教育办学机构，由国务院教育行政部门审批；申请设立实施高等专科教育和非学历高等教育的中外合作高等职业教育办学机构，由拟设立机构所在地的省、自治区、直辖市人民政府审批；申请设立实施职业技能培训的中外高等职业教育合作办学机构，由拟设立机构所在地的省、自治区、直辖市人民政府劳动行政部门审批。

## 二、中外合作高等职业教育办学项目的举办

### （一）举办中外合作高等职业教育办学项目的条件

举办中外合作高等职业教育办学项目，应当具备下列条件：

①中外合作办学者应当具有法人资格；

②项目的办学层次和类别与中外合作办学者的办学层次和类别相适应；

③中方办学者应当具备举办所开设学科、专业、课程、工种等教育教学活动的师资、设备、设施等条件。

### （二）举办中外合作高等职业教育办学项目的一般程序

1. 提交申请材料

申请举办中外合作高等职业教育办学项目，应当由中国教育机构于每年 3 月或者 9 月提交下列申请文件：

①《中外合作办学项目申请表》；

②合作协议；

③中外合作办学者法人资格证明；

④验资证明（有资产、资金投入的）；

⑤捐赠资产协议及相关证明（有捐赠的）；

外国教育机构已在中国境内合作举办中外合作办学机构或者中外合作办学项目的，还应当提交原审批机关或者其委托的社会中介组织的评估报告。

2. 审批机关审批

审批机关应当组织专家评议。专家评议的时间不计算在审批期限内，但审批机关应当将专家评议所需时间书面告知申请人。审批机关应当按照《中华人民共和国行政许可法》规定的时限做出是否批准的决定。批准的，颁发批准书；不批准的，应当书面说明理由。

3. 颁发中外合作办学项目批准书

批准的中外合作高等职业教育办学项目，由审批机关颁发统一格式、统一编号的中外合作办学项目批准书。中外合作办学项目批准书由国务院劳动保障行政部门制定式样并统一编号。

### （三）中外合作高等职业教育办学项目的审批部门

申请举办实施本科以上高等学历教育的中外合作高等职业教育办学项目，由拟举办项目所在地的省、自治区、直辖市人民政府教育行政部门提出意见后，报国务院教育行政部门批准；申请举办实施高等专科教育和非学历高等教育的中外合作高等职业教育办学项目，报拟举办项目所在地的省、自治区、直辖市人民政府教育行政部门批准，并报国务院教育行政部门备案。

## 三、中外合作高等职业教育办学机构和项目设立的规范

《中外合作办学条例》《中外合作办学条例实施办法》和《中外合作职业技能培训办学管理办法》等文件明确规定了中外合作高等职业教育办学机构和项目设立的规范。教育部从 2004 年 9 月 1 日开始启用《中华人民共和国中外合作办学许可证》和《中华人民共和国中外合作办学项目批准书》，经过批准的中外合作高等职业教育办学机构或项目由审批机关颁发中外合作办学许可证或项目审批书，许可证和审批书是中外合作高等职业教育办学机构、项目合法办学的证明。如果是在条例、办法施行前依法设立或举办的中外合作高等职业教育办学机构或项目，还应当补办条例和办法规定的中外合作办学许可证或项目审批书。

同时，上述文件对中外合作高等职业教育办学机构和项目在设立过程中的违法违规行为的处理也做了明确规定。

# 第三节　中外合作高等职业教育的组织管理

《中外合作办学条例》确定了"扩大开放，规范办学、依法管理、促进发展"的16 字中外合作办学工作方针，规范中外合作高等职业教育办学管理对提高中外合作高等职业教育办学质量、促进中外合作高等职业教育办学可持续发展具有十分重要的作用。

## 一、中外合作高等职业教育办学机构的管理层及其职责权限

### （一）中外合作高等职业教育办学机构的管理层

1. 具有法人资格的中外合作高等职业教育办学机构的管理层

具有法人资格的中外合作高等职业教育办学机构应当设立理事会或者董事会。理事会或者董事会由 5 人以上组成，设理事长、副理事长或者董事长、副董事长各 1 人。理事会或者董事会的中方组成人员不得少于1/2。中外合作办学者一方担任理事长或者董事长的，由另一方担任副理事长或者副董事长。

中外合作高等职业教育办学机构法定代表人，由中外合作办学者协商，在理事长、董事长或者校长中确定。

2. 不具有法人资格的中外合作高等职业教育办学机构的管理层

不具有法人资格的中外合作高等职业教育办学机构应当设立联合管理委员会。联合管理委员会由 5 人以上组成，设主任、副主任各 1 人。联合管理委员会的中方组成

人员不得少于 1/2。中外合作办学者一方担任主任的，由另一方担任副主任。

3. 中外合作高等职业教育办学机构管理层的资格标准

中外合作高等职业教育办学机构的理事会、董事会或者联合管理委员会由中外合作办学者的代表、校长或者主要行政负责人、教职工代表等组成，其中 1/3 以上组成人员应当具有 5 年以上教育、教学经验。组成人员名单应当报审批机关备案。

中外合作高等职业教育办学机构的校长或者主要行政负责人，还应当具有中华人民共和国国籍，在中国境内定居，热爱祖国，品行良好，具有教育、教学经验，并具备相应的专业水平。

### （二）中外合作高等职业教育办学机构管理层的职责权限

1. 理事会、董事会或者联合管理委员会职权

中外合作高等职业教育办学机构的理事会、董事会或者联合管理委员会行使下列职权：

①改选或者补选理事会、董事会或者联合管理委员会组成人员；

②聘任、解聘校长或者主要行政负责人；

③修改章程，制定规章制度；

④制定发展规划，批准年度工作计划；

⑤筹集办学经费，审核预算、决算；

⑥决定教职工的编制定额和工资标准；

⑦决定中外合作办学机构的分立、合并、终止；

⑧章程规定的其他职权。

中外合作高等职业教育办学机构的理事会、董事会或者联合管理委员会每年至少召开一次会议。经 1/3 以上组成人员提议，可以召开理事会、董事会或者联合管理委员会临时会议。

2. 校长或者主要行政负责人职权

中外合作高等职业教育办学机构的校长或者主要行政负责人行使下列职权：

①执行理事会、董事会或者联合管理委员会的决定；

②实施发展规划，拟订年度工作计划、财务预算和规章制度；

③聘任和解聘工作人员，实施奖惩；

④组织教育教学、科学研究活动，保证教育教学质量；

⑤负责日常管理工作；

⑥章程规定的其他职权。

## 二、中外合作高等职业教育的教育教学管理规范

### （一）中外合作高等职业教育办学机构对教师、学生的组织管理

根据《中外合作办学条例》，中外合作高等职业教育办学机构应依法对教师、学生进行管理。如，中外合作高等职业教育办学机构应当依法维护教师、学生的合法权益，保障教职工的工资、福利待遇，并为教职工缴纳社会保险费。中外合作高等职业教育办学机构的教职工依法建立工会等组织，并通过教职工代表大会等形式，参与中外合作办学机构的民主管理。同时，条例对在中外合作办学聘任的外聘人员也提出了相关

要求：外方合作办学者应当从本教育机构中选派一定数量的教师到中外合作高等职业教育办学机构任教；中外合作高等职业教育办学机构聘任的外籍教师和外籍管理人员，应当具备学士以上学位和相应的职业证书，并具有 2 年以上教育、教学经验；中外合作高等职业教育办学机构的外籍人员应当遵守外国人在中国就业的有关规定。

### （二）中外合作高等职业教育的教学管理规范

教学是办学活动最关键、最核心的环节，在整个中外合作高等职业教育体系中居于中心地位。科学规范的教学管理，可以统筹教学过程各要素，发挥计划、组织、协调、控制等主要职能，使教学活动运行有序，效能提高。

根据《中外合作办学条例》和《教育部关于当前中外合作办学若干问题的意见》，加强中外合作高等职业教育的教学管理，须注意抓好以下几个环节：

1. 学科规划管理

中外合作高等职业教育应根据中外合作办学的学科专业指导目录，结合国家、地方和区域经济发展对技术技能人才的需求和自身定位、目标，制定学科专业规划，不得规划国家限制和禁止的学科和专业，并将办学类型和层次、专业设置、课程内容和招生规模等有关情况，定期向社会公布。

2. 招生录取管理

实施高等学历教育的中外合作高等职业教育办学机构和项目招收学生，纳入国家高等学校招生计划。实施其他学历教育的中外合作高等职业教育办学机构和项目招收学生，按照省、自治区、直辖市人民政府教育行政部门的规定执行。中外合作高等职业教育办学机构和项目招收境外学生，按照国家有关规定执行。

中外合作高等职业教育办学机构的招生简章和广告应当报审批机关备案。

3. 培养过程管理

中外合作高等职业教育办学机构和项目实施本科以上高等学历教育的，其教育教学计划、培养方案、学制年限的制定和执行应当符合国家的有关规定，其本科专业设置专门的专业代码；中外合作高等职业教育办学机构和项目实施外国教育机构学士学位以上学历学位教育的，其共同制订的教育教学计划和培养方案、课程设置、教学内容应当不低于外国教育机构在其所属国的标准和学术要求。中外合作高等职业教育办学机构和项目同时实施中国高等学历教育和外国学历学位教育，并颁发中国学历、学位证书和外国教育机构学历、学位证书的，其培养目标、培养要求、课程设置、教学内容等应当满足双方的学术要求。

其中，在课程设置上，中外合作高等职业教育办学机构应当按照中国对同级同类教育机构的要求开设关于宪法、法律、公民道德、国情等内容的课程。同时，国家鼓励中外合作高等职业教育办学机构和项目引进国内急需、在国际上具有先进性的课程和教材，但应当将所开设的课程和引进的教材报审批机关备案。

4. 学历认证管理

（1）中外合作高等职业教育办学机构实施学历教育的，按照国家有关规定颁发学历证书或者其他学业证书；实施非学历教育的，按照国家有关规定颁发培训证书或者结业证书。对于接受职业技能培训的学生，经政府批准的职业技能鉴定机构鉴定合格的，可以按照国家有关规定颁发相应的国家职业资格证书。

（2）中外合作高等职业教育办学机构颁发的外国教育机构的学历、学位证书，应当与该教育机构在其所属国颁发的学历、学位证书相同，并在该国获得承认。

（3）中国对中外合作高等职业教育办学机构颁发的外国教育机构的学历、学位证书的承认，依照中华人民共和国缔结或者加入的国际条约办理，或者按照国家有关规定办理。

### 三、中外合作高等职业教育活动的监督

根据《中外合作办学条例》，国务院教育行政部门或者省、自治区、直辖市人民政府教育行政部门及劳动行政部门等其他有关行政部门应当加强对中外合作高等职业教育办学机构和项目的日常监督，组织或者委托社会中介组织对中外合作高等职业教育办学机构和项目的办学水平和教育质量进行评估，并将评估结果向社会公布。

## 第四节　中外合作高等职业教育法制的完善

中外合作办学于20世纪80年起步至今，经历了从无到有，从小到大的发展历程，中外合作高等职业教育法律制度体系建设也同步经历了从无到有，不断探索，不断完善的过程。

### 一、中外合作高等职业教育的现有法律体系

1983年，中德合作南京建筑职业技术教育中心成立，这可以看作中外合作职业教育机构诞生的标志。经过几十年发展，中外合作高等职业教育的法律体系基本成型，由法律、行政法规、规章和规范性文件等共同构成。

#### （一）法律

2015年12月27日修订实施的《中华人民共和国教育法》第六十七条明确规定："国家鼓励开展教育对外交流与合作，支持学校及其他教育机构引进优质教育资源，依法开展中外合作办学，发展国际教育服务，培养国际化人才。"2021年3月24日通过的《中华人民共和国职业教育法（修订草案）》指出："国家鼓励职业教育领域的国际交流与合作，支持引进境外优质职业教育资源。""境外职业教育机构、行业协会或者有职业教育资源的企业可以依法在中国境内独立或者合作举办职业学校，境外投资者可以依法在中国境内举办职业培训机构。"2018年12月29日修订实施的《中华人民共和国高等教育法》规定："在中华人民共和国境内从事高等教育活动，适用本法。"同时修订实施的《中华人民共和国民办教育促进法》也规定："国家机构以外的社会组织或者个人，利用非国家财政性经费，面向社会举办学校及其他教育机构的活动，适用本法。"这些法律由全国人民代表大会或全国人民代表大会常务委员会制定，在效力等级上仅次于宪法，是《中外合作办学条例》的上位法和制定依据，对中外合作高等职业教育活动具有宏观上的法律指导意义。

#### （二）行政法规

由国务院颁布实施的《中外合作办学条例》明确规定："国家鼓励在高等教育、职

业教育领域开展中外合作办学，鼓励中国高等教育机构与外国知名的高等教育机构合作办学。"《中外合作办学条例》自 2003 年 3 月公布实施，并于 2013 年 7 月、2019 年 3 月进行两次修订，分为总则、设立、组织与管理、教育教学、资产与财务、变更与终止、法律责任、附则八章六十四条。这是目前为规范中外合作办学而专门制定的最系统的法律制度。《中外合作办学条例》对中外合作高等职业教育的合法、有序发展具有最直接的规范作用。

### （三）部门规章和规范性文件

《中外合作办学条例》及其实施办法施行以来，教育行政部门、劳动行政部门等有关行政部门等相继发布了一系列规章和规范性文件，对加强中外合作办学的管理工作发挥了重要作用。如 2004 年教育部出台部门规章《中华人民共和国中外合作办学条例实施办法》，之后，在 2006 年 2 月、2007 年 4 月、2012 年 3 月、2013 年 12 月相继发布了《教育部关于当前中外合作办学若干问题的意见》《教育部关于进一步规范中外合作办学秩序的通知》《教育部办公厅关于加强涉外办学规范管理的通知》《教育部关于进一步加强高等学校中外合作办学质量保障工作的意见》等规范性文件。2015 年 5 月，劳动保障部修订实施《中外合作职业技能培训办学管理办法》对中外合作职业技能培训办学活动进行规范。2020 年 6 月，《教育部等八部门关于加快和扩大新时代教育对外开放的意见》印发，对新时代教育对外开放进行了重点部署。进一步加快了建设具有国际先进水平的中国特色职业教育体系。

### （四）地方规范性文件

各地方教育行政部门也结合当地的中外合作办学发展的实际情况，出台了系列规范性文件。这些地方规范性文件对指导当地的中外合作高等职业教育同样发挥着积极的法律作用。例如，2015 年 12 月，江苏省教育厅《关于印发〈江苏高校中外合作办学高水平示范性建设工程实施方案〉的通知》指出，"高职院校积极引进外方强势专业、优秀教师和工程师、先进仪器设备和管理经验等，共建实习实训基地，鼓励中外合作开设理实一体化课程、实训课程，主动衔接'国际通用职业资格证书'。"又如，2016 年 3 月，辽宁省教育厅办公室发布《关于进一步做好本科以上层次中外合作办学有关工作的通知》；2018 年 2 月，上海市教育委员会等部门发布《关于印发〈上海市中外合作办学教育学费管理办法〉的通知》；等等。

## 二、中外合作高等职业教育法律体系的完善

健全的法律体系是中外合作高等职业教育有序发展的关键。虽然，中外合作高等职业教育立法工作已经取得阶段性成果，但是，中外合作高等职业教育发展不均衡的问题仍然存在。如，办学地域不均衡，优质教育资源引进不均衡，教学质量不均衡等。如何解决这些问题，促进中外合作高等职业教育健康发展，需要中外合作高等职业教育法律体系进一步完善。

### （一）完善宏观调控机制

政府相关部门应加强对各地中外合作高等职业教育的科学规划、合理布局，努力引导中外合作高等职业教育朝着地区分布更合理、专业设置更科学、人才培养方案更明确等目标发展，在进一步向地方和高职院校放权的过程中，加强宏观指导和管理。

同时，对合作办学准入标准、监管体系、退出机制等关系中外合作高等职业教育内涵建设的相关条款进行更为详细的规范，真正实现"优胜劣汰"。

### （二）完善优质教育资源引进机制

密切结合国家、地方和区域经济发展对技术技能人才的需求，紧盯世界前沿科技、新兴产业领域，拓展境外优质教育资源的选择空间，积极引进先进的办学模式、课程体系、一流师资和职业资格培训认证体系，大胆探索引进境外优质教育资源的有效途径，严把政治关、学术关、适用关，做好优质教育资源的消化、吸收和融合创新。

### （三）完善质量评价体系

质量建设是中外合作高等职业教育发展的核心，完善的质量保障机制是确保质量建设的根本。政府部门应协同其他相关组织建立多位一体的质量评价和监督体系，有制度、有步骤、分层次地对我国已经开办的中外合作高等职业教育办学机构和项目进行监控和评估。同时，建立透明、客观、公正的社会评价体系，发挥社会舆论监督在引领导向、凝心聚力的作用。

（本章撰稿：李智）

## 复习思考题

1. 简述中外合作办学机构和中外合作办学项目的含义。
2. 中外合作举办高等职业教育机构和项目有何现实意义？

# 下卷　政策篇

# 第十一章 | 《国家职业教育改革实施方案》 解读

【内容摘要】2019 年 2 月国务院印发《国家职业教育改革实施方案》（国发〔2019〕4 号）是为落实《中华人民共和国职业教育法》及习近平总书记关于发展职业教育系列讲话精神，结合我国经济社会发展对技术技能人才的迫切需要及职业教育事业发展的实际情况，从国家层面对职业教育改革发展进行的顶层设计，明确了国家职业教育的类型定位、发展的总体要求与目标，并围绕如何办好新时代职业教育提出了七个方面、二十项政策的措施，故又被称为"职教 20 条"。这是国务院指导教育部、人力资源和社会保障部以及省市自治区、各级地方政府，办好新时代职业教育的施工蓝图。本章结合近期国家相关部门出台的政策文件，对"职教 20 条"进行解读分析，期望通过本章的学习，促使高等职业学校新教师能更深刻理解"职教 20 条"颁布实施的重要现实意义，深刻认识职业教育的类型定位和改革发展方向，进一步把握职业教育的发展规律，自觉践行职业学校教师"立德树人""培育大国工匠"的光荣使命担当，为职业教育提质培优行动计划的实施和职业教育的高品质发展作出新的贡献。

## 第一节　《国家职业教育改革实施方案》 出台背景与意义

### 一、《国家职业教育改革实施方案》 出台背景

2019 年 2 月，国务院发布《国家职业教育改革实施方案》（以下简称《方案》）。《方案》作为贯彻落实全国教育大会精神的文件，与《加快推进教育现代化实施方案》《中国教育现代化 2035》等确定的目标相衔接，既立足当前，又着眼长远，是办好新时代职业教育的顶层设计和施工蓝图。党的十九大报告提出"完善职业教育和培训体系，深化产教融合、校企合作"，这就要求统筹职业教育与培训，使其融为一体。只有遵循职业教育自身规律，在体制机制上有重大突破，才有可能完成这个任务。

（1）党中央、国务院高度重视职业教育。党的十八大召开以来，以习近平同志为核心的党中央站在党和国家发展全局的高度，把职业教育摆在了前所未有的突出位置。

习近平总书记多次对职业教育作出重要指示，并亲自主持中央全面深化改革委员会第五次会议审议通过了《方案》。李克强总理多次对职业教育发展提出明确要求。王沪宁同志也就职业教育改革做出批示。孙春兰副总理深入调研并主持会议多方听取意见，指导《方案》编制，组织相关部门共同研究职业教育工作。

（2）职业教育具备了实施政策的基本条件。基于对职业教育的基本判断，已经具备了有利的条件和一定的基础，到了下大力气抓的时候。教育部认真贯彻落实中央领导同志关于职业教育的重要讲话和指示精神，按照"一个判断""三个转变""四个主攻方向"的要求，会同有关部门起草了《方案》。"一个判断"就是职业教育已经具备了有利的条件和一定的基础，到了下大力气抓的时候。"三个转变"是指发展模式的转变，即要从注重数量向注重质量的方向转变；从政府主办为主向政府统筹、社会多元办学的格局转变；从参照普通教育的模式向产教融合、办学特色更加鲜明的类型教育方向转变。"四个主攻方向"是指完善国家职业教育制度体系、构建职业教育国家标准、促进产教融合校企"双元"育人、建设多元办学格局。

（3）职业教育是深化教育改革的重要突破口。职业教育和普通教育是不同类型、同等重要的两类教育。职业教育发展好了，能够为学生提供多样化的成长成才路径，并有效分流高考升学的压力，避免"千军万马过独木桥"的现象，为深化教育改革创造更好的条件。当前，推动高质量发展，发展壮大实体经济，需要数量充足的技术技能人才作为支撑，职业教育肩负着传承技术技能、培养多样化人才的职能。对接市场需求、更大规模开展职业教育和培训，可以帮助学生掌握一技之长，实现更高质量、更充分的就业创业。

（4）职业教育改革需要顶层制度设计。《方案》是中央深化职业教育改革的重大制度设计，是推动职业教育基本实现现代化的关键举措。职业教育要牢牢抓住这个"前途广阔、大有可为"的政策红利期和发展机遇期，努力"下好一盘大棋"。必须深刻把握职业教育面临的形势任务，立足全局、落实政策、解决问题，做好职业教育顶层制度设计，推动新时代职业教育不断改革发展。

（5）没有职业教育现代化就没有教育现代化。2018年全国教育大会首次将教育定位为"国之大计、党之大计"，并提出坚持优先发展教育。习近平在全国教育大会上强调，坚持中国特色社会主义教育发展道路，培养德智体美劳全面发展的社会主义建设者和接班人。国务院于2019年2月印发了《中国教育现代化2035》，职业教育在我国教育现代化大格局中不可或缺，必须进行顶层设计。党的十九大报告中有两个"优先"的提法：一是教育优先，二是就业优先。职业教育既属于优先发展的教育事业，又因为是就业导向的教育，而属于教育中更加需要优先发展的事业。

（6）我国职业教育发展存在诸多短板，需要弥补。与发达国家相比，与建设现代化经济体系、建设教育强国的要求相比，我国职业教育还存在着体系建设不够完善、职业技能实训基地建设有待加强、制度标准不够健全、企业参与办学的动力不足、有利于技术技能人才成长的配套政策尚待完善、办学和人才培养质量水平参差不齐等问题。与中央的要求和经济社会发展的需要相比，我国职业教育还面临着社会认识存在偏差，技术技能人才发展的渠道窄；办学特色不鲜明，职业教育吸引力不强；对职业教育的支持力度不平衡，企业参与办学的积极性不高等问题。如果要系统解决这些问题，需要制定系统解决方案。

世界一流职业教育需要一流的职业教育理论、一流的产业支持以及一流的职业教育模式，该方案的发布对职业教育发展具有非常重要的意义，是我国建设世界一流职业教育的一项重要制度保证①。

（1）有利于职业教育理论的创新和发展。《方案》把职业教育的地位提到了空前的高度，这必将促使广大职业教育专家、学者更加系统、全面地研究职业教育理论，形成职业教育理论的研究成果，指导职业教育政策创新和发展。

（2）有利于促进职业教育与产业良性互动。在中国经济快速崛起的进程中，职业教育提供了强有力的人才和智力支撑。发达国家一流的职业教育对一流产业的形成发挥了至关重要的作用。经过几十年的发展，我国职业教育已经形成了一定的体系与规模，为今后的转型发展和职业教育现代化建设夯实了基础，也创造了重要条件。《方案》的出台会对我国职业教育大发展产生强有力的助推作用。另外，科技的发展、制造业和产业的做大做强都对职业教育大发展提出了更高和更迫切的要求，这是职业教育走向一流的巨大动力。随着我国进入新的发展阶段，产业升级和经济结构调整不断加快，各行各业对技术技能人才的需求越来越紧迫，职业教育重要地位和作用越来越凸显。

（3）有利于形成中国特色的职业教育模式。《方案》把"双元制"明确写进了文件，这必将促使这种模式在我国职业教育领域生根开花，并不断改进和优化职业教育方法。该文件还强调支持大型企业兴办职业教育，一些发达国家的产学合作模式也必然落户我国。《方案》明确强调，要完善职业教育培训体系，要进行"1+X"证书制度试点。随着《方案》的出台，经过5~10年的努力，我国会在博采众长、兼容并蓄的基础上发展创新，逐步形成具有中国特色的职业教育模式。

（4）有利于职业教育的全面改革创新和发展。从国家层面进行职业教育的顶层制度设计，并用问题导向和目标导向进行系统谋划和工作推进，将职业教育上升为国家战略，必将促进我国职业教育领域的全面改革创新和快速发展，将职业教育这一类型教育推进到新高度，与国家经济建设和发展相互适应、相互促进。

# 第二节　国家对职业教育的发展定位、要求与目标

《方案》坚持目标导向和问题导向，针对长期以来"单纯的学历教育"或"简单的技能教学"两个倾向，提出了一系列解决长期制约职业教育发展的体制机制难题的政策措施。职业教育领域要以深化改革和狠抓落实为重点，从完善现代职业教育体系、提升技术技能人才培养质量、实施好"1+X"证书制度试点工作、完善有利于职业教育发展的相关配套政策和厚植各方支持职业教育的良好环境等五方面，逐项落实《方案》提出的各项任务。

① 王升.《国家职业教育改革实施方案》的意义、特点与落实措施［J］. 石家庄职业技术学院学报，2019（3）：4.

## 一、国家对职业教育的发展定位

《国家职业教育改革实施方案》以"职业教育与普通教育是两种不同类型的教育，具有同等重要的地位"开篇，正式确定职业教育在我国教育体系中是一个单独种类的教育，既摆正了职业教育的社会地位，又明晰了职业教育和普通教育的联系与区别，指明了职业教育的发展方向。

（1）高职教育已经站在新的历史起点。伴随改革开放后经济转型升级，高职教育从无到有、从小到大、从弱到强，探索形成具有中国特色的教育模式，把一批又一批高素质技术技能人才输送到生产建设管理服务第一线，加速了中国经济社会发展进程。

（2）高职教育发展方向已经明确，实现高质量发展还要付出巨大努力。党的十九大提出"完善职业教育和培训体系"；《方案》要求，把职业教育摆在教育改革创新和经济社会发展中更加突出的位置，大幅提升新时代职业教育现代化水平；2019年4月，《实施中国特色高水平高职学校和专业建设计划的意见》提出，集中力量建设一批引领改革、支撑发展、中国特色、世界水平的高职学校和专业群。这为新时代高职教育发展提出了要求，指明了方向。我们要改革创新、攻坚克难，聚焦重点、难点和热点，破除制约事业发展的体制机制障碍，把心静下来，把劲鼓起来，把步子迈出来，打一场高职教育提质升级攻坚战。

（3）职业教育是技术技能人才的摇篮。习近平总书记指出"我国经济要靠实体经济作支撑，这就需要大量专业技术人才，需要大批大国工匠"。截至2021年5月，我国共有职业学校1.14万所，在校生3 092万人。2020年中职招生627.56万，占高中阶段教育的41.73%；高职（专科）招生524.34万，占普通本专科的54.20%。每年向社会输送毕业生1 000万人左右，培训上亿人次，职业教育占整个中、高等教育的"半壁江山"，为国家经济社会发展提供了不可或缺的人力资源支撑。自2008年以来，教育部已连续成功举办13届全国职业院校技能大赛，在社会上营造了"技能光荣、技能成才"的氛围，吸引了更多有志于成为"大国工匠"的人才。

（4）把握好职业教育正确的改革发展方向。按照"管好两端、规范中间、书证融通、办学多元"的原则，严把教学标准和毕业学生质量标准两个关口。

## 二、国家对职业教育的发展要求

《方案》指出："坚持以习近平新时代中国特色社会主义思想为指导，把职业教育摆在教育改革创新和经济社会发展中更加突出的位置。牢固树立新发展理念，服务建设现代化经济体系和实现更高质量更充分就业需要，对接科技发展趋势和市场需求，完善职业教育和培训体系，优化学校、专业布局，深化办学体制改革和育人机制改革，以促进就业和适应产业发展需求为导向，鼓励和支持社会各界特别是企业积极支持职业教育，着力培养高素质劳动者和技术技能人才。"这是国家对职业教育的发展要求，具体讲就是：

（1）坚持职业院校的正确的办学方向，把职业教育摆在教育改革创新和经济社会发展中更加突出的位置。

（2）建立健全新时代中国特色职业教育体系。牢固树立新发展理念，服务建设现代化经济体系和实现更高质量更充分就业需要，对接科技发展趋势和市场需求，完善职业教育和培训体系，优化学校、专业布局，深化办学体制改革和育人机制改革。按照《职业学校校企合作促进办法》和《关于深化产教融合的若干意见》要求，建立校企合作的基本制度框架。鼓励和支持社会各界特别是企业积极支持职业教育，着力培养高素质劳动者和技术技能人才。教育部部长陈宝生明确提出，要围绕职业教育"下一盘大棋、打一场翻身仗"，要建立健全以职业教育和普通教育"双轨"运行为标志，以纵向贯通、横向融通为核心，与经济社会发展和教育改革深化相适应的新时代中国特色职业教育体系。

（3）完善职业教育培训体系。打造一批优秀职业教育培训评价组织，落实职业院校实施学历教育与培训并举的法定职责，按照育训结合、长短结合、内外结合的要求，面向在校学生和全体社会成员开展职业培训。完善社会各行业培训体系和资历框架，为提高国民素质和建设学习型社会提供有力支撑。

（4）持续深化职业教育办学体制机制改革。开展示范性职业教育集团培育工作，对纳入地方产教融合型企业建设培育库的企业给予"金融+财政+土地+信用"组合式激励政策，鼓励地方和学校利用职业教育集团（联盟）等办学平台，积极探索产权制度改革和利益共享机制建设，开展股份制、混合所有制办学试点。

## 三、国家对职业教育的发展目标

1. 总体目标

《方案》提出经过5~10年时间，职业教育在办学格局上实现基本完成由政府举办为主向政府统筹管理、社会多元办学的格局转变，在办学追求上实现由追求规模扩张向提高质量转变，在办学模式上实现由参照普通教育办学模式向企业社会参与、专业特色鲜明的类型教育转变，从而大幅提升新时代职业教育现代化水平，为促进经济社会发展和提高国家竞争力提供优质人才资源支撑。

2. 具体目标

（1）职业院校建设基本目标：到2022年，职业院校教学条件基本达标。

（2）职业院校双高建设目标：到2022年，一大批普通本科高等学校向应用型本科转变，建设50所高水平高等职业学校和150个骨干专业（群）。

（3）中国职业教育标准建设目标：到2022年，建成覆盖大部分行业领域、具有国际先进水平的中国职业教育标准体系。

（4）职业教育产教融合目标：到2022年，企业参与职业教育的积极性有较大提升，培育数以万计的产教融合型企业，打造一批优秀职业教育培训评价组织，推动建设300个具有辐射引领作用的高水平专业化产教融合实训基地。

（5）职业院校实践性教学目标：到2022年，职业院校实践性教学课时原则上占总课时一半以上，顶岗实习时间一般为6个月。

（6）职教师资队伍建设目标：到2022年，"双师型"教师（同时具备理论教学和实践教学能力的教师）占专业课教师总数超过一半，分专业建设一批国家级职业教育教师教学创新团队。

（7）职业技能等级证书制度试点目标：从 2019 年开始，在职业院校、应用型本科高校启动"学历证书+若干职业技能等级证书"制度试点（以下称"1+X"证书制度试点）工作。

# 第三节　完善国家职业教育制度体系

## 一、健全国家职业教育制度框架

将标准化建设作为统领职业教育发展的突破口，完善职业教育体系，为服务现代制造业、现代服务业、现代农业发展和职业教育现代化提供制度保障与人才支持。

1. 完善国家职业教育制度体系，确保职业教育切实成长为类型教育

《方案》提出："职业教育与普通教育是两种不同教育类型，具有同等重要地位。"这句话传达出职业教育界过去几十年努力追求的理想，这也是现代职业教育建设的前提条件。"类型教育"的前提就是要自成体系。因此，落实职业教育类型属性的关键，就在于"完善国家职业教育制度体系"，这需要从五个角度确保落实：（1）确保职业教育体系的稳定性和政策的公平性。职业教育的招生比例要稳定，不能大起大伏，教育投入要公平；（2）构建培养技术技能人才的更多元的职业教育办学形态。打破普通教育式办学，根据具体行业产业的需要灵活设计多元学制；（3）理顺职业教育的内部衔接通道。要通过建立职业教育高考制度，把中职、高职、应用型本科自主专业硕士招生贯通起来；（4）按照职业教育的特点管理职业教育。要在运行形态及评价标准上，进一步体现出职业教育的特殊要求；（5）确立技能型人才所应享有的社会地位。这是职业教育作为类型教育的根基，其实现路径在于建立国家资历框架，通过职业教育与普通教育学习成果等量互认互换，保障技能型人才享有公平的入职待遇、社会地位。

职业教育是类型教育，本质是教育，核心是职业。只有把面向市场、服务发展、促进就业作为职业教育改革的主攻方向，职业教育才能与普通教育一起，共同构建起中国特色的教育体系，共同承担起培养一代又一代合格的社会主义建设者和接班人的历史重任。

2. 建立国家资历框架。推进学历与职业技能等级证书互通衔接

《方案》提出："推进资历框架建设，探索实现学历证书和职业技能等级证书互通衔接。"我国政策性文件中首次出现"国家资历框架"这一概念始于 2016 年颁布的《中华人民共和国国民经济和社会发展第十三个五年规划纲要》。"从 2019 年起，在有条件的地区和高校探索实施试点工作，制定符合国情的国家资历框架。"这说明职业教育在建立国家资历框架这一重大制度创新中具有重要地位，并已逐步从理念和研究层面转到研制和落实阶段。

建立国家资历框架必将加快现代职业教育体系建设进程。建立国家资历框架对加快现代职业教育体系建设意义深远：

（1）有利于完善职业教育和培训体系。职业教育包括职业学校教育和职业培训，职业学校教育的学习成果表征一般是学历文凭，职业培训的成果一般是各种资格证书

或培训证书，但二者之间缺乏融通和衔接，而国家资历框架为之提供了解决方案和路径。

（2）有利于深化产教融合、校企合作。国家资历框架中不同资历等级的通用能力标准通过知识、技能、能力三个核心要素来进行描述，能有效克服"重知识、轻能力"的弊端。技能和能力的获得需要充分发挥行业企业的育人功能与评价作用，需要健全德技并修、育训结合的育人机制，增强人才培养的针对性和实用性，这能有效推动职业院校和行业企业形成命运共同体。

（3）有利于增强职业教育吸引力。国家资历框架这一制度与机制创新，可以帮助人们转变长期以来"重学历出身，轻职业技能"的传统观念，打通技术技能人才上升成长通道。这对于在岗培训和自学提升中获得的技能给予认证认可，具有现实而长远意义。

（4）有利于建设终身学习社会。国家资历框架沟通教育系统和劳动力市场，促进各类资历互认，从而使学习者根据自身和社会需要在教育系统与劳动力市场之间合理流动和晋升，搭建起人才终身学习和职业生涯发展"立交桥"，激励人的终身学习与发展[①]。

我国国家资历框架的建设和完善是一个复杂、长期、艰巨的系统工程。这一方面需组建专门机构（如国家资历框架委员会），协调多方力量研制国家资历框架，形成建设国家资历框架的基本思路、实施蓝图和技术路线等方面的顶层设计；另一方面要发挥行业组织和企业优势，分批分步开发和制定能力标准。

3. 突出重点，落实"1+X"证书制度

"1+X"证书制度即《方案》中提到的"学历证书+若干职业技能等级证书"制度，这是备受关注的重要改革内容，同时也可能是《方案》具体实施时难度较大的内容。

开展"1+X"证书制度试点，需要构建院校内部的质量保证体系，其核心是试点环境营造和制度体系设计。首先，应梳理院校的组织机构职能，使之能满足试点方案所提的要求。院校现设组织机构的职能是否满足试点要求，应尽快梳理，并完善或建立配套制度体系，保证试点工作在院校开展；同时，由于各类专业涉及院校多个部门及部门内多个环节，试点院校应提前研究建立完善有关制度，将学校管人制度与管事流程匹配，引入信息化手段，从而提高组织体系的运行效率。

4. 健全专业设置定期评估机制和专业教学资源认证与交易机制

《方案》提出："健全专业设置定期评估机制，强化地方引导本区域职业院校优化专业设置的职责，原则上每5年修订1次职业院校专业目录，学校依据目录灵活自主设置专业，每年调整1次专业。健全专业教学资源库，建立共建共享平台的资源认证标准和交易机制，进一步扩大优质资源覆盖面。"专业设置定期评估机制和专业教学资源认证与交易机制保持职业教育的职业性，与时代发展同步，与经济社会发展同步，随着技术发展和产业升级及时动态更新。

———————————

① 王扬南. 建立国家资历框架，加快推进现代职业教育体系建设［EB/OL］.（2019-05-08）［2020-12-20］. http：www.move.gov.cn/jyb_xwfb/xw_zt/moe_357.

5. 加快推进职业教育国家"学分银行"建设，规范学习成果的认定、积累和转换

《方案》提出的"1+X"证书制度试点、职业教育国家"学分银行"建设等是立足中国国情，推进学习成果认证积累转换，是探索构建国家资历框架的基础工程。加快推进职业教育国家"学分银行"建设，探索建立职业教育个人学习账号，实现学习成果可追溯、可查询、可转换。有序开展学历证书和职业技能等级证书所体现的学习成果的认定、积累和转换，为技术技能人才持续成长拓宽通道。落实这个要求，首先应做好学习成果的认定，通过社会化机制择优遴选的"X证书"在学校网站上公布，供学习者自主选择；其次，做好学习成果的积累。要把学员所获证书的个数与等级进行登记与积累，把获取的职业技能等级证书登陆入"学分银行"相关信息系统，以便于用人单位识别和受训者就业；最后，做好学习成果的转换。对取得职业技能等级证书的社会成员，支持其根据证书等级和类别免修部分课程，在完成规定内容学习后，依法依规取得学历证书；对于本校学生，在参加相应的职业技能等级证书考试时，与培训评价组织商定将相关重叠课程计入可免试部分。

职业院校对取得若干职业技能等级证书的社会成员，支持其根据证书等级和类别免修部分课程，在完成规定内容学习后依法依规取得学历证书。对接受职业院校学历教育并取得毕业证书的学生，在参加相应的职业技能等级证书考试时，可免试部分内容。从2019年起，在有条件的地区和高校探索实施试点工作，制定符合国情的国家资历框架。

6. 建立产教融合型企业认证制度，推进校企深度合作

为推动和促进校企全面深度合作，企业依法履行实施职业教育的义务，利用资本、技术、知识、设施、设备和管理等要素参与校企合作，促进人力资源开发，《方案》明确"在开展国家产教融合建设试点基础上，建立产教融合型企业认证制度，对进入目录的产教融合型企业给予'金融+财政+土地+信用'的组合式激励，并按规定落实相关税收政策。试点企业兴办职业教育的投资符合条件的，可按投资额一定比例抵免该企业当年应缴教育费附加和地方教育附加。厚植企业承担职业教育责任的社会环境，推动职业院校和行业企业形成命运共同体"，为产教融合提供了制度支撑和保障。

7. 建立健全职业教育退出机制，探索民办职业教育负面清单制度

《方案》一方面积极推动企业和社会力量举办高质量职业教育，支持和规范社会力量兴办职业教育培训，鼓励发展股份制、混合所有制等职业院校和各类职业培训机构；同时明确建立公开透明规范的民办职业教育准入、审批制度，探索民办职业教育负面清单制度，建立健全退出机制。

据中国报告网公布的《2018年中国职业教育行业市场规模及政策利好分析》数据，职业教育受益于国家政策、市场刚性需求和互联网技术发展推动，已成为仅次于义务教育的第二大教育细分市场，发展规模为世界最大。尽管职业教育"前景广阔"，但教育部也定下了基调。那就是避免把社会资本进入职业教育办成摇钱树或者印钞机，社会资本进入职业教育仍然要坚持公益性原则。

## 二、完善应用型人才培养体系

职业教育是以就业为导向的教育，职业院校必须在坚持立德树人的前提下，把工

匠精神的培养摆到重要的位置，培养学生的自信心、职业理想、人生出彩的主动性。职业院校应该把学生的价值观聚焦到干一行爱一行、干一行专一行的执着与坚持上来，培养他们敬业守信、精益求精的精神，激励学生提升职业能力、奉献社会产业。这样，个人才会出彩，职业教育才有希望，中国高质量发展也才会真正实现。

《方案》提出："发展以职业需求为导向、以实践能力培养为重点、以产学研用结合为途径的专业学位研究生培养模式，加强专业学位硕士研究生培养。推动具备条件的普通本科高校向应用型转变，鼓励有条件的普通高校开办应用技术类型专业或课程。开展本科层次职业教育试点。"职业院校无疑要抓住机会，为那些有志于从事技能型岗位工作的青年学子打破人才上升的天花板，让他们释放个人才华，赢得新的发展机遇。实际上，《方案》指明了从中小学到硕士研究生直至终身职业教育培养体系的建设框架。

1. 面向中小学开展劳动和职业启蒙教育

《方案》提出："鼓励中等职业学校联合中小学开展劳动和职业启蒙教育，将动手实践内容纳入中小学相关课程和学生综合素质评价。"

2. 始终坚持突出中等职业教育的基础地位

《方案》要求"提高中等职业教育发展水平"。继续办好中职，把发展中等职业教育作为普及高中阶段教育和建设中国特色职业教育体系的重要基础，保持高中阶段教育职普比大体相当，使绝大多数城乡新增劳动力接受高中阶段教育。

改善中等职业学校基本办学条件。加强省级统筹，建好办好一批县域职业教育中心，重点支持集中连片特困地区每个地（市、州、盟）原则上至少建设一所符合当地经济社会发展和技术技能人才培养需要的中等职业学校。指导各地优化中等职业学校布局结构，科学配置并做大做强职业教育资源。加大对民族地区、贫困地区和残疾人职业教育的政策、金融支持力度，落实职业教育东西协作行动计划，办好内地少数民族中职班。完善招生机制，建立中等职业学校和普通高中统一招生平台，精准服务区域发展需求。积极招收初高中毕业未升学学生、退役军人、退役运动员、下岗职工、返乡农民工等接受中等职业教育；服务乡村振兴战略，为广大农村培养以新型职业农民为主体的农村实用人才。发挥中等职业学校作用，帮助部分学业困难学生按规定在职业学校完成义务教育，并接受部分职业技能学习。

3. 推进高等职业教育高质量发展

《方案》提出："把发展高等职业教育作为优化高等教育结构和培养大国工匠、能工巧匠的重要方式，使城乡新增劳动力更多接受高等教育。高等职业学校要培养服务区域发展的高素质技术技能人才，重点服务企业特别是中小微企业的技术研发和产品升级，加强社区教育和终身学习服务。建立"职教高考"制度，完善"文化素质+职业技能"的考试招生办法，提高生源质量，为学生接受高等职业教育提供多种入学方式和学习方式。在学前教育、护理、养老服务、健康服务、现代服务业等领域，扩大对初中毕业生实行中高职贯通培养的招生规模。启动实施中国特色高水平高等职业学校和专业建设计划，建设一批引领改革、支撑发展、中国特色、世界水平的高等职业学校和骨干专业（群）。根据高等学校设置制度规定，将符合条件的技师学院纳入高等学校序列。"

### 4. 加强职业本科和应用型本科高校建设

《方案》提出："推动具备条件的普通本科高校向应用型转变，鼓励有条件的普通高校开办应用技术类型专业或课程。开展本科层次职业教育试点。"职业本科和应用型本科高校建设为职业教育类型的学生的学历提升奠定了基础，也为职业教育纵向贯通建立了渠道。

2015 年 10 月，教育部、国家发展改革委、财政部出台了《关于引导部分地方普通本科高校向应用型转变的指导意见》，对高校转型改革进行了顶层设计，提出了本科高校转型发展的主要任务、配套政策和推进机制，为应用型本科高校发展指明了方向。全国绝大多数省市区出台了引导部分普通本科高校向应用型转变的文件，运用项目建设和试点遴选的方式，从简政放权、专业设置、招生计划、教师聘任等方面对试点高校给予支持，激发高校向应用型发展的内生动力与活力。各省相继在实施方案中明确提出开展本科层次职业教育试点，探索优质高职院校升格为应用型本科高校，掀起职教本科建设热潮。

### 5. 加强专业学位硕士研究生培养

《方案》提出"发展以职业需求为导向、以实践能力培养为重点、以产学研用结合为途径的专业学位研究生培养模式，加强专业学位硕士研究生培养。"专业硕士是我国研究生教育的一种形式。教育部从 2009 年起，大部分专业学位硕士开始实行全日制培养，并发放"双证"，2011 年推行将硕士研究生教育从以培养学术型人才为主向以培养应用型人才为主转变政策，实现研究生教育结构的历史性转型和战略性调整。2015 年，将专业硕士和学术性硕士的数量，控制在 1：1 的比例。专业学位（professional degree）是相对于学术性学位（academic degree）而言的学位类型，其目的是培养具有扎实理论基础，并适应特定行业或职业实际工作需要的应用型高层次专门人才。专业学位教育的突出特点是学术性与职业性紧密结合。随着我国经济社会的发展，对高层次、应用型专门人才的需求，无论是规模，还是质量都有更大的需求，有更迫切的愿望。

### 6. 开展高质量职业培训

《方案》提出："落实职业院校实施学历教育与培训并举的法定职责，按照育训结合、长短结合、内外结合的要求，面向在校学生和全体社会成员开展职业培训。"自 2019 年开始，围绕现代农业、先进制造业、现代服务业、战略性新兴产业，推动职业院校在 10 个左右技术技能人才紧缺领域大力开展职业培训。这是落实职业院校实施学历教育与培训并举的法定职责；引导行业企业深度参与技术技能人才培养培训，促进职业院校加强专业建设、深化课程改革、增强实训内容、提高师资水平，全面提升教育教学质量。各级政府要积极支持职业培训，行政部门要简政放权并履行好监管职责，相关下属机构要优化服务，对于违规收取费用的要严肃处理。畅通技术技能人才职业发展通道，鼓励其持续获得适应经济社会发展需要的职业培训证书，引导和支持企业等用人单位落实相关待遇。对取得职业技能等级证书的离校未就业高校毕业生，按规定落实职业培训补贴政策。

### 7. 建立终身学习机制

通过加快推进职业教育国家"学分银行"建设，探索建立职业教育个人学习账号，实现学习成果可追溯、可查询、可转换。有序开展学历证书和职业技能等级证书所体现的学习成果的认定、积累和转换，为技术技能人才持续成长拓宽通道。院校内培训可面向社会人群，院校外培训也可面向在校学生。各类职业技能等级证书具有同等效力，持有证书人员享受同等待遇。制定中国技能大赛、全国职业院校技能大赛、世界技能大赛获奖选手等免试入学政策，探索长学制培养高端技术技能人才。服务军民融合发展，把军队相关的职业教育纳入国家职业教育大体系，共同做好面向现役军人的教育培训，支持其在服役期间取得多类职业技能等级证书，提升技术技能水平。落实好定向培养直招士官政策，推动地方院校与军队院校有效对接，推动优质职业教育资源向军事人才培养开放，建立军地网络教育资源共享机制。制定具体政策和办法，支持适合的退役军人进入职业院校和普通本科高校接受教育和培训，鼓励支持设立退役军人教育培训集团（联盟），推动退役、培训、就业有机衔接，为促进退役军人特别是退役士兵就业创业作出贡献。

# 第四节　构建职业教育国家标准体系

职业教育作为一种教育类型，除了建立相应的职业教育体系外，还应建立和完善教育教学标准，不能继续沿用普通学历教育的方式和标准，这是职业教育的科学化、规范化发展的基础性工作。只有对照标准建设，才能避免各自为政，保证职业教育的人才培养质量。按照"管好两端、规范中间、书证融通、办学多元"的原则，严把教学标准和毕业学生质量标准两个关口。将标准化建设作为统领职业教育发展的突破口，完善职业教育体系，为服务现代制造业、现代服务业、现代农业发展和职业教育现代化提供制度保障与人才支持。职业教育国家标准主要包括教育教学标准和专业技能等级标准。

## 一、职业教育教学相关标准

教学标准是指导和管理职业院校教学工作的主要依据，是保证教育教学质量和人才培养规格的基本教学文件。党的十八大以来，教育部积极推进职业教育标准体系建设，先后发布了包括专业目录、专业教学标准、公共基础课程标准、顶岗实习标准、专业仪器设备装备规范等在内的国家教学标准，这些标准与中等职业学校设置标准、教师专业标准、校长专业标准、高等职业学校设置标准等共同组成了较为完善的国家职业教育标准体系，涵盖了学校设置、专业教学、教师队伍、学生实习等多个方面，为依法治教、规范办学奠定了基础。

职业教育教学标准建设包括以下几个方面：

（1）规范院校设置标准。按照专业设置与产业需求对接、课程内容与职业标准对接、教学过程与生产过程对接的要求，完善中等、高等职业学校设置标准，规范职业院校设置。

（2）建立职教校长标准。教育部于 2015 年印发了《普通高中校长专业标准》《中等职业学校校长专业标准》《幼儿园园长专业标准》，根据《方案》要求，将建立并实施职业院校校长专业标准，明确职业院校校长的基本素质和能力，为依法治理和规范办学提供保障。

（3）明确职教师资标准。为贯彻中共中央国务院《关于全面深化新时代教师队伍建设改革的意见》，教育部制定了《中等职业学校教师专业标准（试行）》，根据《方案》的要求，将建立健全高职院校和职教本科、应用型本科教师专业标准。其中最重要的是职教师资不仅要具有教师的基本素质和能力，还应具有相应的职业经历和行动能力，具有"双师"素质和能力。

（4）专业教学有标准。2012年教育部发布实施首批410个《高等职业学校专业教学标准（试行）》（以下简称《标准》），2016年启动专业教学标准修订工作。2019年教育部发布首批347项高等职业学校专业教学标准，其中包含农林牧渔大类、资源环境与安全大类、能源动力与材料大类、土木建筑大类等19大类别的专业教学标准。在人才培养过程中，随着社会经济的发展，专业目录也在随着经济的发展而更新，专业教学标准也必将随之调整更新，保持和行业产业的发展需要同步。

（5）课程建设有标准。2020年8月，教育部相继公布了中等职业学校公共基础课程教学标准，专业课程标准、高职院校专科和本科的相应课程标准也纳入日程，逐步开始建设。课程标准明确了学生应达到的知识、技能、能力素养等方面的学习结果，而并非仅有教学内容，利于规范、引导广大教师自觉地在课前、课中、课后不断对照课程标准"对标找差"，根据学生应该达到的学习结果来确定教学目标、设计教学过程，组织教学内容，评价学生。

（6）教学教材有标准。2019年，教育部印发《职业院校教材管理办法》和《普通高等学校教材管理办法》，将教材建设作为全面加强党的领导，落实国家事权的主要举措，对教材的管理职责、教材规划、教材编写、教材审核、出版发行、选用使用、服务与保障、评价监督等均做了明确规定。《方案》提出："健全专业教学资源库，建立共建共享平台的资源认证标准和交易机制，进一步扩大优质资源覆盖面。遴选认定一大批职业教育在线精品课程，建设一大批校企"双元"合作开发的国家规划教材，倡导使用新型活页式、工作手册式教材并配套开发信息化资源。每3年修订1次教材，其中专业教材随信息技术发展和产业升级情况及时动态更新。"

（7）实训条件建设有标准。2017—2019年，教育部公布了18个中职专业、31个高职专业、职业院校护理专业和汽车运用于维修类相关专业仪器设备装备规范。

（8）信息化建设有标准。2017年教育部发布《关于进一步推进职业教育信息化发展的指导意见》（教职成〔2017〕4号），明确到2020年，全面完成《教育信息化"十三五"规划》提出的目标任务。基础能力明显改善，落实"三通两平台"建设要求，90%以上的职业院校建成不低于《职业院校数字校园建设规范》要求的数字校园，各地普遍建立推进职业教育信息化持续健康发展的政策机制；数字教育资源更加丰富，数字教育资源基本覆盖职业院校公共基础课程和各专业领域，政府引导、市场参与的数字教育资源共建共享平台、认证标准和交易机制初步形成；应用水平显著提高，网络学习空间全面普及，线上线下混合教学模式广泛应用，自主、泛在、个性化的学习普遍开展，大数据、云计算等现代信息技术在职业院校决策、管理与服务中的应用水平普遍提升；信息素养全面提升，信息技术应用能力提升培训实现常态化，职业教育行政管理者和院（校）长的信息化领导力、保障支撑队伍的技术服务能力、教师的信息化教学能力和学生的信息素养全面提升。2020 年版《中国教育监测与评价统计指标体系》是教育部颁布的最新版教育评价文件，其中关于学校信息化建设共有 9 个指标，这将成为学校信息化建设最基本的依据。《方案》提出："适应'互联网+职业教育'发展需求，运用现代信息技术改进教学方式方法，推进虚拟工厂等网络学习空间建设和普遍应用。"

（9）顶岗实习有标准。2017—2018 年，教育部已公布了 134 个中高职专业顶岗实习标准。

（10）安全设施有标准。2019 年中华人民共和国住房和城乡建设部、中华人民共和国国家发展和改革委员会发布了《高等职业学校建设标准》，对高职院校的建设规模与项目构成、选址与校园规划、面积指标、建筑与建筑设备、主要技术经济指标做了明确规定。

职业教育教学相关标准还在持续建设中，并将随着经济的发展、产业形态的变化不断修订和完善。

## 二、职业技能等级认证标准

职业教育培养企业用得上、当地离不开的技能人才。人才技能水平如何界定？提供职业技能等级认证予以确认。为此，国家借鉴国际职业教育培训普遍做法，深化复合型技术技能人才培养培训模式改革，制订工作方案和具体管理办法，启动"1+X"证书制度试点工作。

（1）制定职业标准。人力资源和社会保障行政部门、教育行政部门在职责范围内，分别负责管理监督考核院校外、院校内职业技能等级证书的实施（技工院校内由人力资源和社会保障行政部门负责），人力资源和社会保障行政部门组织制定职业标准，国务院教育行政部门依照职业标准牵头组织开发教学等相关标准。

（2）确认职业技能等级证书的效力。各类职业技能等级证书具有同等效力，持有证书人员享受同等待遇。

（3）鼓励职业院校学生获取职业技能等级证书。试点工作要进一步发挥好学历证书作用，夯实学生可持续发展基础，鼓励职业院校学生在获得学历证书的同时，积极取得多类职业技能等级证书，拓展就业创业本领，缓解结构性就业矛盾。

（4）发挥职业院校的培训主体作用。院校内培训可面向社会人群，院校外培训也可面向在校学生。院校内实施的职业技能等级证书分为初级、中级、高级，是职业技能水平的凭证，反映职业活动和个人职业生涯发展所需要的综合能力。

（5）发挥第三方培训评价组织的作用。依据国家有关法规和职业标准、教学标准完成的职业技能培训，要更多通过职业教育培训评价组织等参与实施。

# 第五节　促进产教融合、校企"双元"育人

## 一、全面协同"双元"育人

推动校企全面协同，促进产教融合，坚持知行合一、工学结合、校企双元育人模式，探索岗、课、赛、证融合，大力推进教学模式内容方式改革。产教融合、校企合作是职业教育的办学特色，这方面如果做好了，我们就把职业教育做好了。《方案》要求厚植企业承担职业教育责任的社会环境，推动职业院校和行业企业形成命运共同体。国家在不断完善职业教育教学标准的同时，要进一步推动产教融合在职业教育过程中发挥的重要作用。

在校企合作中，职业院校应当根据自身特点和人才培养需要，主动与具备条件的企业在人才培养、技术创新、就业创业、社会服务、文化传承等方面开展合作；积极为企业提供所需的课程、师资等资源。明确校企合作中，学校可从中获得智力、专利、教育、劳务等报酬，具体分配由学校按规定自行处理。

《方案》要求企业依法履行实施职业教育的义务，利用资本、技术、知识、设施、设备和管理等要素参与校企合作，促进人力资源开发。在开展国家产教融合建设试点基础上，建立产教融合型企业认证制度，对进入目录的产教融合型企业给予"金融+财政+土地+信用"的组合式激励，并按规定落实相关税收政策。试点企业兴办职业教育的投资符合条件的，可按投资额一定比例抵免该企业当年应缴教育费附加和地方教育附加。

## 二、打造高水平实训基地

《方案》提出，加大政策引导力度，充分调动各方面深化职业教育改革创新的积极性，提高实训基地规划、管理水平，为社会公众、职业院校在校生取得职业技能等级证书和企业提升人力资源水平提供有力支撑。

举措一：各级政府、企业和职业院校建设一批资源共享，集实践教学、社会培训、企业真实生产和社会技术服务于一体的高水平职业教育实训基地。

举措二：面向先进制造业等技术技能人才紧缺领域，统筹多种资源，建设若干具有辐射引领作用的高水平专业化产教融合实训基地。

举措三：鼓励职业院校建设或校企共建一批校内实训基地，提升重点专业建设和校企合作育人水平。

举措四：积极吸引企业和社会力量参与，指导各地各校借鉴德国、日本、瑞士等国家经验，探索创新实训基地运营模式。

## 三、多措并举打造职教师资队伍

"双师型"教师队伍建设是职业教育教学和人才培养质量的主要保证，沿袭普通师范教育培养的人才无法适应职业教育需要，为打造"双师型"职业教育师资队伍，《方

案》提出以下举措。

一是从 2019 年起，相关专业教师原则上从具有 3 年以上企业工作经历并具有高职以上学历的人员中公开招聘，特殊高技能人才（含具有高级工以上职业资格人员）可适当放宽学历要求，2020 年起基本不再从应届毕业生中招聘。

二是加强职业技术师范院校建设，优化结构布局，引导一批高水平工科学校举办职业技术师范教育。

三是实施职业院校教师素质提高计划，建立 100 个"双师型"教师培养培训基地，职业院校、应用型本科高校教师每年至少 1 个月在企业或实训基地实习，落实教师 5 年一周期的全员轮训制度。

四是探索组建高水平、结构化教师教学创新团队，教师分工协作进行模块化教学。

五是定期组织选派职业院校专业骨干教师赴国外研修访学。

六是在职业院校实行高层次、高技能人才以直接考察的方式公开招聘。

七是建立健全职业院校自主聘任兼职教师的办法，推动企业工程技术人员、高技能人才和职业院校教师双向流动。完善企业经营管理和技术人员与学校领导、骨干教师相互兼职兼薪制度。

八是在待遇方面，给予灵活的激励政策。允许职业院校通过校企合作、技术服务、社会培训、自办企业等所得收入，可按一定比例作为绩效工资来源。

按照《中共中央 国务院关于全面深化新时代教师队伍建设改革的意见》的决策部署，教育部通过健全职业院校教师标准体系和管理制度、实施教师素质提高计划、校企共建"双师型"教师培养培训基地、选聘行业企业兼职教师等举措，推动职业院校"双师型"教师规模不断扩大，"双师"素质持续提升，"双师"结构逐步优化，为职业教育快速发展提供了有力的支撑和保障。

针对职业教育教师队伍存在的数量不足、来源单一、校企双向流动不畅、结构性矛盾突出、管理体制机制不灵活、专业化水平偏低的问题，尤其是同时具备理论教学和实践教学能力的"双师型"教师和教学团队短缺的问题，2019 年，教育部等四部门印发《深化新时代职业教育"双师型"教师队伍建设改革实施方案》，提出经过 5～10 年时间，构建政府统筹管理、行业企业和院校深度融合的教师队伍建设机制，健全中等和高等职业教育教师培养培训体系，打通校企人员双向流动渠道，"双师型"教师和教学团队数量充足，双师结构明显改善。建立具有鲜明特色的"双师型"教师资格准入、聘用考核制度，教师职业发展通道畅通，待遇和保障机制更加完善，职业教育教师吸引力明显增强，基本建成一支师德高尚、技艺精湛、专兼结合、充满活力的高素质"双师型"教师队伍。到 2022 年，职业院校"双师型"教师占专业课教师的比例超过一半，建设 100 家校企合作的"双师型"教师培养培训基地和 100 个国家级企业实践基地，选派一大批专业带头人和骨干教师出国研修访学，建成 360 个国家级职业教育教师教学创新团队，教师按照国家职业标准和教学标准开展教学、培训和评价的能力全面提升，教师分工协作进行模块化教学的模式全面实施，有力保障"1+X"证书制度试点工作，辐射带动各地各校"双师型"教师队伍建设，为全面提高复合型技术技能人才培养质量提供强有力的师资支撑。

# 第六节 职业教育办学质量评价

## 一、职业教育评价组织

1. 鼓励发展社会化职业教育培训的评价组织

职业教育包括职业学校教育和职业培训，职业院校和应用型本科高校按照国家教学标准和规定职责完成教学任务和职业技能人才培养。同时，也必须调动社会力量，补充校园不足，助力校园办学。政府通过放宽准入，严格末端监督执法，严格控制数量，扶优、扶大、扶强，建立健全社会化证书开发、评价制度，鼓励发展社会化职业教育培训评价组织，保证培训质量和学生能力水平。

2. 党中央国务院对推进职业教育评价改革作出布署

职业教育评价包括职业学校教育评价和职业培训评价。2020年，中共中央、国务院印发了《深化新时代教育评价改革总体方案》，对系统推进教育评价改革作出了部署，明确了各级党委政府的教育工作评价职责，健全职业学校评价机制，构建政府、学校、社会等多元参与的评价体系，建立健全教育督导部门统一负责的教育评估监测机制，发挥专业机构和社会组织作用。

各级党委和政府要加强组织领导，把深化教育评价改革列入重要议事日程，根据本方案要求，结合实际明确落实举措。中央和国家机关有关部门要结合职责，及时制定配套制度。各级各类学校要狠抓落实，切实破除"五唯"顽瘴痼疾。

3. 明确职业教育评价重点

职业教育重点评价职业学校（含技工院校，下同）德技并修、产教融合、校企合作、育训结合、学生获取职业资格或职业技能等级证书、毕业生就业质量、"双师型"教师（含技工院校"一体化"教师，下同）队伍建设等情况，扩大行业企业参与评价，引导培养高素质劳动者和技术技能人才。深化职普融通，探索具有中国特色的高层次学徒制，完善与职业教育发展相适应的学位授予标准和评价机制。加大职业培训、服务区域和行业的评价权重，将承担职业培训情况作为核定职业学校教师绩效工资总量的重要依据，推动健全终身职业技能培训制度。

4. 培育合格的评价组织

要按照在已成熟的品牌中遴选一批、在成长中的品牌中培育一批、在有需要但还没有建立项目的领域中规划一批的原则，以社会化机制公开招募并择优遴选培训评价组织，优先从制订过国家职业标准并完成标准教材编写，具有专家、师资团队、资金实力和5年以上优秀培训业绩的机构中选择。培训评价组织应对接职业标准，与国际先进标准接轨，按有关规定开发职业技能等级标准，负责实施职业技能考核、评价和证书发放。政府部门要加强监管，防止出现乱培训、滥发证现象。

行业协会要积极配合政府，为培训评价组织提供好服务环境支持，不得以任何方式收取费用或干预企业办学行为。

## 二、职业教育评价标准

**1. 建立职业教育质量评价体系**

以学习者的职业道德、技术技能水平和就业质量，以及产教融合、校企合作水平为核心，建立职业教育质量评价体系。

**2. 定期抽查技能等级证书有关工作**

定期对职业技能等级证书有关工作进行"双随机、一公开"的抽查和监督，从2019年起，以对培训评价组织行为和职业院校培训质量进行监测和评估。

**3. 职业教育接受社会监管**

实施职业教育质量年度报告制度，报告向社会公开。

**4. 多方共同参与职业教育质量评价**

完善政府、行业、企业、职业院校等共同参与的质量评价机制，积极支持第三方机构开展评估，将考核结果作为政策支持、绩效考核、表彰奖励的重要依据。

**5. 完善职业教育督导评估办法**

建立职业教育定期督导评估和专项督导评估制度，落实督导报告、公报、约谈、限期整改、奖惩等制度。

**6. 职业教育质量纳入国家指导**

国务院教育督导委员会定期听取职业教育督导评估情况汇报。

# 第七节　职业教育改革实施保障

## 一、深化政府"放管服"改革，鼓励投资主体多元化

我国《教育法》《职业教育法》《高等教育法》《民办教育促进法》等先后提出，"各级人民政府、有关行政部门和行业组织以及企业事业组织应当采取措施，发展并保障公民接受职业学校教育或者各种形式的职业培训"，"行业组织和企业、事业组织应当依法履行实施职业教育的义务"，"民办教育事业属于公益性事业，是社会主义教育事业的组成部分。国家对民办教育实行积极鼓励、大力支持、正确引导、依法管理的方针。各级人民政府应当将民办教育事业纳入国民经济和社会发展规划"，这都为行业企业、社会组织和社会个人兴办职业教育提供了法律依据。

近年来，国家先后出台《国务院关于加快发展现代职业教育的决定》《国务院关于鼓励社会力量兴办教育促进民办教育健康发展的若干意见》《国务院办公厅关于深化产教融合的若干意见》《关于国有企业办教育医疗机构深化改革的指导意见》等政策，明确"鼓励国有企业继续举办职业院校""继续发挥国有企业职业教育重要办学主体作用，对与企业主业发展密切相关、产教融合且确需保留的企业办职业院校，可由国有企业集团公司或国有资本投资运营公司进行资源优化整合，积极探索集中运营、专业化管理"，为行业企业举办职业院校提供了政策保障。

各级政府部门要深化"放管服"改革，加快推进职能转变，由注重"办"职业教

育向"管理与服务"过渡。除职业院校外，更多发挥企业和社会力量在职业教育中的作用。

一是政府转变职能，由注重"办"职业教育向"管理与服务"过渡，主要负责规划战略、制定政策、依法依规监管。

二是发挥企业重要办学主体作用，鼓励有条件的企业特别是大企业举办高质量职业教育，各级人民政府可按规定给予适当支持。《方案》明确提出，2020年初步建成300个示范性职业教育集团（联盟），带动中小企业参与。

三是支持和规范社会力量兴办职业教育培训，鼓励发展股份制、混合所有制等职业院校和各类职业培训机构。

## 二、完善技术技能人才政策保障

技术技能人才政策保障的总体要求是：支持技术技能人才凭技能提升待遇，鼓励企业职务职级晋升和工资分配向关键岗位、生产一线岗位和紧缺急需的高层次、高技能人才倾斜。

举措一：建立国家技术技能大师库，鼓励技术技能大师建立大师工作室，并按规定给予政策和资金支持，支持技术技能大师到职业院校担任兼职教师，参与国家重大工程项目联合攻关。

举措二：积极推动职业院校毕业生在落户、就业、参加机关事业单位招聘、职称评审、职级晋升等方面与普通高校毕业生享受同等待遇。逐步提高技术技能人才特别是技术工人收入水平和地位。

举措三：机关和企事业单位招用人员不得歧视职业院校毕业生。国务院人力资源社会保障行政部门会同有关部门，适时组织清理调整对技术技能人才的歧视政策，推动形成人人皆可成才、人人尽展其才的良好环境。

举措四：按照国家有关规定加大对职业院校参加有关技能大赛成绩突出毕业生的表彰奖励力度。

## 三、财政经费投入保障

《方案》指出要建立财政投入制度，制订并落实职业院校生均经费或公用经费标准，新增教育经费要向职业教育倾斜，高等职业教育生均财政拨款水平达到12 000元的基础上，逐步提高拨款水平。经费投入要支持校企合作，注重向中西部、贫困地区和民族领域倾斜；同时积极鼓励社会力量捐资、出资兴办职业教育，拓宽办学筹资渠道。这些新政策强调了国家加强教育经费向职业教育的倾斜，表明国家对职教领域重视程度的提升，有利于明确和优化社会资本进入职教的通道，也有利于拓展校企合作模式。同时，对经费投入也给出了指引，强调要增加职业教育的财政拨款。虽然预计大部分的经费还是来源于地方，但是整体的方向比较明确，对于地方政府和民营资本的合作有很明显的推动作用。

举措一：各级政府要建立与办学规模、培养成本、办学质量等相适应的财政投入制度，地方政府要按规定制定并落实职业院校生均经费标准或公用经费标准。

举措二：鼓励社会力量捐资、出资兴办职业教育，拓宽办学筹资渠道。

举措三：进一步完善中等职业学校生均拨款制度，各地中等职业学校生均财政拨款水平可适当高于当地普通高中。高职生均财政拨款达到 12 000 元基础上，逐步提高。

举措四：经费投入要进一步突出改革导向，支持校企合作，注重向中西部、贫困地区和民族地区倾斜。

举措五：进一步扩大职业院校助学金覆盖面，完善补助标准动态调整机制，落实对建档立卡等家庭经济困难学生的倾斜政策，健全职业教育奖学金制度。

## 四、职业教育指导咨询

《方案》提出，为把握正确的国家职业教育改革发展方向，创新我国职业教育改革发展模式，在政府指导下组建国家职业教育指导咨询委员会。

咨询委员会构成：成员包括政府人员、职业教育专家、行业企业专家、管理专家、职业教育研究人员、中华职业教育社等团体和社会各方面热心职业教育的人士。

咨询委员会的职能有：一是提出重大政策研究建议，参与起草、制订国家职业教育法律法规，开展重大改革调研，提供各种咨询意见，进一步提高政府决策科学化水平，规划并审议职业教育标准等；二是通过政府购买服务等方式，听取咨询机构提出的意见建议并鼓励社会和民间智库参与；三是政府可以委托国家职业教育指导咨询委员会作为第三方，对全国职业院校、普通高校、校企合作企业、培训评价组织的教育管理、教学质量、办学方式模式、师资培养、学生职业技能提升等情况，进行指导、考核、评估等。

## 五、完善国务院职业教育工作部际联席会议制度

为推动落实《中华人民共和国职业教育法》，为职业教育改革创新提供重要的制度保障，建立完善国务院职业教育工作部际联席会议，国务院分管教育工作的副总理担任召集人，必将对职业教育工作发挥重要的推动作用。

联席会议统筹协调全国职业教育工作，研究协调解决工作中重大问题，听取国家职业教育指导咨询委员会等方面的意见建议，部署实施职业教育改革创新重大事项，每年召开两次会议，各成员单位就有关工作情况向联席会议报告。国务院教育行政部门负责职业教育工作的统筹规划、综合协调、宏观管理，国务院教育行政部门、人力资源和社会保障行政部门和其他有关部门在职责范围内，分别负责有关的职业教育工作。各成员单位要加强沟通协调，做好相关政策配套衔接，在国家和区域战略规划、重大项目安排、经费投入、企业办学、人力资源开发等方面形成政策合力。

## 六、加强党对职业教育的全面领导

加强党对教育事业的全面领导，全面贯彻党的教育方针，落实中央教育工作领导小组各项要求，保证职业教育改革发展正确方向。以习近平新时代中国特色社会主义思想特别是习近平总书记关于职业教育的重要论述武装头脑、指导实践、推动工作。

举措一：要充分发挥党组织在职业院校的领导核心和政治核心作用，牢牢把握学校意识形态工作领导权，将党建工作与学校事业发展同部署、同落实、同考评。

举措二：指导职业院校上好思想政治理论课，实施好中等职业学校"文明风采"

活动，推进职业教育领域"三全育人"综合改革试点工作，使各类课程与思想政治理论课同向同行，努力实现职业技能和职业精神培养高度融合。

举措三：加强基层党组织建设，有效发挥基层党组织的战斗堡垒作用和共产党员的先锋模范作用，带动学校工会、共青团等群团组织和学生会组织建设，调动每一位员工的积极性和主动性。

（本章撰稿：彭彬秀）

## 复习思考题

1. 如何理解"职业教育与普通教育是两种不同教育类型，具有同等重要地位"？
2. 简述产教融合、双元育人在职业教育改革发展中的作用。
3. 简述《国家职业教育改革实施方案》颁布实施的重大现实意义。

# 第十二章

## 《四川省职业教育改革 实施方案》解读

【内容摘要】四川是职业教育大省。为加快推进四川省职业教育改革和高质量发展，2020年9月23日，四川省人民政府印发了《四川省职业教育改革实施方案》（川府发〔2020〕14号）。《四川省职业教育改革实施方案》（以下简称《四川方案》）的基本内容包括总体要求、重点任务、组织保障三大板块，重申了职业教育改革发展的指导思想，规划了未来十年的发展目标；提出了完善现代职业教育体系、推进职业教育高质量发展、提高技术技能人才培养质量、深化产教融合校企合作、建设高水平教师队伍、提升服务能力和开放水平6个方面、17项具体的改革实施任务，并分解指定了责任单位；提出了加强党对职业教育工作的全面领导、强化政府统筹主导职业教育的责任、营造职业教育发展环境三项组织保障举措。《四川方案》紧密结合四川实际，体现时代特征，是《职业教育法》及《国家职业教育改革实施方案》在四川的具体化，是促进新时代四川职业教育改革的方向指引和施工蓝图。本章的内容能够使四川职业教育工作者对四川省职业教育改革发展目标和任务有清晰的了解，能让其结合四川职业教育的实际和发展目标、规划提升双师素质，为提高四川职业教育人才培养质量、培育更多的"天府工匠"做出积极努力。

## 第一节　四川省职业教育改革发展的指导思想与总体目标

### 一、指导思想

坚持以习近平新时代中国特色社会主义思想为指导，全面贯彻落实党中央国务院和省委省政府决策部署，服务成渝地区双城经济圈建设，坚持正确办学方向，落实立德树人根本任务，推动职业教育改革发展。

基本思路是：按照"扩容、提质、贯通、融合"思路，以整体推进、提质培优、增值赋能为主线，从重点领域和关键环节入手，以大改革推动大发展，服务建设现代化经济体系和实现更高质量更充分就业需要。

## 二、总体目标

四川省职业教育改革发展的发展目标是：经过 5~10 年的时间，促进我省职业教育主要指标达到要求，总体水平进入全国前列，实现由职教大省向职教强省的跨越，为促进经济社会发展、推动治蜀兴川再上新台阶提供强有力的人才支撑和智力支持。这具体体现在以下四个方面：

（1）办学格局。基本完成由政府举办为主向政府统筹管理、社会多元办学的格局转变。

（2）办学目标。职业教育的类型特征、产业特征、技术属性更加鲜明；职业院校的优势特色、专业特点、服务能力更加凸显。

（3）办学体系。纵向贯通、横向融通的职业教育培养体系基本建成；校企协同、工学结合的育人机制改革取得明显成效。

（4）办学水平。技术技能人才培养质量全面提高；职业教育现代化水平大幅提升。

# 第二节　四川省职业教育改革发展的重点任务

## 一、完善现代职业教育体系

完善现代职业教育体系包括三个方面：健全职业教育办学体制机制、健全职业教育管理机制、健全职业教育人才培养体系。

（1）在办学体制机制上重点是推动"两个转变"，确保"三个同等"。推动职业教育由政府举办为主向政府统筹管理、社会多元办学的格局转变，推动各地各部门由注重"办"职业教育向"管理与服务"转变，加大职业教育统筹规划和投入力度，确保职业教育与普通教育同等地位、同等重视、同等支持。

《四川方案》明确高等职业教育由省人民政府统筹规划布局，按照"谁举办、谁负责"的原则，落实管理责任和投入责任，中等职业教育由市（州）人民政府主导和统筹，负责做好区域内学校布局和专业优化，确保职业教育地位。

发挥企业重要办学主体作用，鼓励有条件的企业特别是大企业举办或参与举办高质量职业教育。允许企业以土地、资本、知识、技术、管理等要素依法参与办学，支持和规范社会力量兴办职业教育培训，鼓励发展股份制、混合所有制等职业院校和各类职业培训机构，丰富职业教育办学形式。

建立公开透明规范的民办职业教育准入、审批制度，探索民办职业教育负面清单制度，建立健全退出机制，完善民办职业教育管理机制。

支持宜宾市建设国家产教融合型试点城市，成都市推进提质培优建设职业教育融合创新发展高地，打造四川职教品牌。

（2）在职业教育管理机制上深化"放管服"改革，向"管理与服务"过渡。各有关部门要深化"放管服"改革，加快推进职能转变，由注重"办"职业教育向"管理与服务"过渡。政府主要负责规划战略、制定政策、依法依规监管。赋予学校在专业设置、教师评聘、教师待遇、校企合作等方面更多的自主权。推行职业院校全员岗位聘用制和绩效考核分配制，因岗聘人、按岗定薪、依绩取酬。加强职业院校章程建设，建立完善依法治校、自主办学、民主管理的运行机制和现代职业院校制度，提升职业院校依法治理能力。从事学历教育的非营利性民办职业院校在招生、办学评估等方面与公办职业院校享受同等政策。

（3）在职业教育人才培养体系上构建纵向贯通人才培养体系。建立职业启蒙教育、中等职业教育、职业专科教育、职业本科教育和应用型本科教育、专业学位研究生教育纵向衔接的培养体系。加强义务教育阶段学生职业启蒙教育，将动手实践内容纳入中小学相关课程和学生综合素质评价。实施中高职教育衔接推进计划，拓宽五年制、"3+2""3+3""3+4"等多种衔接渠道；在学前教育、护理、养老服务、健康服务、现代服务业等领域，扩大对初中毕业生实行中高职贯通培养的招生规模。稳步提升普通高校招收职业院校毕业生的比例，到2022年，高等职业学校招收中等职业学校毕业生的计划比例达到50%左右，高等职业学校专科毕业生升入本科的比例达到20%左右。建立"职教高考"制度，完善"文化素质+职业技能"的考试招生办法。制定中国技能大赛、全国职业院校技能大赛、世界技能大赛获奖选手等免试入学政策。推进资历框架建设，探索实现学历证书和职业技能等级证书互通衔接。

完善现代职业教育体系的重点任务包括以下三点。一是健全中职招生机制。建立全省高中阶段统一招生平台，鼓励初中毕业生自愿跨区域选择中等职业学校和专业，促进普职相互融通。二是扩大升学上升通道。建立"职教高考"制度，完善"文化素质+职业技能"考试招生办法。提升普通高校招收职业院校毕业生的比例，到2022年，高等职业学校招收中等职业学校毕业生的计划比例达到50%左右，高等职业学校毕业生升入本科的比例达到20%左右。三是探索高层次人才培养。开展本科层次职业教育试点，推动具备条件的普通本科高校向应用型本科高校转变，深化专业学位研究生综合改革。

## 二、推进职业教育高质量发展

### （一）优化职业学校布局

根据省委"一干多支、五区协同""四向拓展、全域开放"战略，主动融入成渝地区双城经济圈建设，优化职业院校布局结构。目标是到2022年，中等职业学校全日制在校学生校均规模达到3 000人以上，优化中等职业教育生源结构，加强省级统筹，全省中等职业学校和普通高中在校生比例大体相当，打造职业教育发展示范区和产教融合高地。具体措施如下：

（1）整合1 200人以下的"小、散、弱"中职学校，采取合并、托管、集团办学、校园土地置换等措施，科学配置并做大做强职业教育资源。

（2）新建职业院校向产业和人口聚集区集中，鼓励将职业教育办到产业园区。

（3）重点支持每个市（州）根据全省产业发展战略、本地区产业布局和区域发展需要建设一所高水平高等职业学校，支持有条件的地区布局职业教育本科或应用型本科高校，部省共建推动成都公园示范城市职业教育融合创新发展，支持成都国际职教城、宜宾国家产教融合试点城市、达州"西南职业教育园区"建设等，形成职业教育聚集效益。

（4）建设现代职业教育园区（职教城）。

（5）大力支持民族地区、贫困地区职业教育发展，服务脱贫攻坚、乡村振兴战略，打造独具特色的民族地区现代职业教育。

### （二）提高中等职业教育发展水平

（1）使绝大多数城乡新增劳动力接受高中阶段教育。把发展中等职业教育作为普及高中阶段教育和建设中国特色职业教育体系的重要基础。

（2）推进技工学校与中等职业学校融合发展。打破学校类型界限、条块分割的藩篱，推进技工学校与中等职业学校融合发展，支持有条件的中等职业学校创建技师学院。

（3）完善招生机制，建立高中阶段统一招生平台，鼓励初中毕业生自愿跨区域选择中等职业学校和专业。

（4）支持市（州）根据区域产业发展需要，引导学校科学定位、错位发展，做强做优特色专业，避免低水平重复设置专业。

（5）促进普职融通，打破普通高中和中等职业学校学籍限制，在保持高中阶段教育职普比大体相当的地方，鼓励符合条件的中等职业学校与普通高中学生学籍互转、学分互认，促进普通高中和中等职业教育相互融通。

（6）实施中等职业教育质量提升工程，重点支持建设 50 所示范中等职业学校和 100 个示范（特色）专业。

（7）实施中等职业学校标准化建设工程，重点支持贫困地区和民族地区加强中等职业学校建设，推动全省中等职业学校基本办学条件达到国家标准。

（8）完善民族地区"9+3"免费教育计划，将其纳入中等职业教育常规管理，提高质量水平。

### （三）推进高等职业教育内涵发展

（1）推进我省国家"双高计划"项目，建设一批引领改革、支撑发展、中国特色、世界水平的高等职业学校和高水平专业群。

（2）支持"双高计划"建设学校在服务高端产业或产业高端的专业试点举办本科层次职业教育。

（3）实施省级"双高计划"，重点建设 15 所左右高水平高等职业学校和 50 个左右高水平专业群。

（4）实施高等职业教育质量提升工程，建设一批一流课程教材、一流产教融合实训基地、一流教师教学创新团队、一流专业教学资源库、一流虚拟仿真实训中心。2021 年 4 月四川省教育厅已公示第二批建设 35 个国家级教学创新团队。根据高等学校设置规定，将符合条件的技师学院纳入高等学校序列，对符合条件的高等职业学校可按程序增挂技师学院牌子。

（5）落实好定向培养直招士官政策，推动地方院校与军队院校有效对接，推动优质职业教育资源向军事人才培养开放。

### （四）完善高层次应用型人才培养体系

举措一：开展本科层次职业教育试点，探索在优质高等职业学校基础上规划建设本科职业大学，积极发展本科及以上层次职业教育。

举措二：开展应用型本科高校建设。推动具备条件的普通本科高校向应用型转变，鼓励有条件的普通高校开办应用技术类型专业或课程，重点建设15所左右应用型本科转型发展示范校、200个应用型示范专业。

举措三：深化专业学位研究生综合改革，重点支持一批硕士学位授予单位开展专业学位教育，在工程技术等领域探索发展以职业需求为导向、以实践能力培养为重点、以产学研用结合为途径的专业学位研究生培养模式。

举措四：完善退役军人教育培训政策。省政府制定相应政策，支持适合的退役军人进入职业院校和普通本科高校接受教育和培训，鼓励支持设立退役军人教育培训集团（联盟），推动退役、培训、就业有机衔接，为促进退役军人特别是退役士兵就业创业作出贡献。

## 三、提高技术技能人才培养质量

一是健全德技并修的育人机制。深入开展习近平新时代中国特色社会主义思想教育，落实立德树人根本任务，把社会主义核心价值观教育融入人才培养全过程各环节。推进职业教育领域"三全育人"综合改革试点工作，使各类课程与思想政治理论课同向同行。指导职业院校上好思想政治理论课，实施好中等职业学校"文明风采"活动。开展多种形式的职业技能竞赛活动，支持职业院校创建世界技能大赛选手培养基地和承办全国职业院校技能大赛。加强职业院校体育、美育和劳动教育，强化法治教育和心理健康教育。严肃校规校纪，坚决打击校园欺凌等违法犯罪行为，培育优良校风学风。

二是优化专业、课程和教材体系。建立紧密对接我省产业链、创新链的专业体系，大力发展"5+1"现代工业、"10+3"现代农业、"4+6"现代服务业领域相关专业，重点支持高端装备制造、大数据、物联网、云计算、人工智能、健康养老、学前托育、文化旅游、体育产业等领域紧缺专业建设。建立专业动态调整和预警机制，支持每所职业院校重点建设2至3个骨干专业群。推进职业院校共建共享职业教育资源，探索实施跨校选课、学分互认和学习积分。推进教师、教材、教法改革。适应"互联网+职业教育"发展需求，运用现代信息技术改进教学方式方法，推进虚拟工厂等网络学习空间建设和普遍应用。到2022年，认定300门职业教育精品在线开放课程、200种校企合作开发的"双元"特色教材和100个虚拟仿真实训项目。

三是开展"1+X"证书制度试点工作。深化复合型技术技能人才培养培训模式改革，鼓励职业院校学生在获得学历证书的同时，积极取得多类职业技能等级证书，提升就业创业能力。鼓励和支持相关企业申报"1+X"证书制度试点培训评价组织，开发和推广职业技能等级证书。鼓励企业出资源、出标准，学校出师资、出课程，学校和企业共同考核认证并颁发职业技能等级证书。定期对职业技能等级证书有关工作进行"双随机、一公开"抽查和监督，对培训评价组织行为和职业院校培训质量进行监测和评估。积极参与职业教育国家学分银行建设，搭建四川省终身教育学分银行数字化公共服务平台。有序开展学历证书和职业技能等级证书所体现的学习成果的认定、积累和转换。

## 四、深化产教融合、校企合作

一是实施产教融合行动计划。建立政府协调主导，行业企业参与、指导和评价，职业院校培养，研究机构支持和服务的新体系，建立就业、职业、产业、行业和企业协同联动的新机制，实现职业教育办学结构和效能优化。在电子信息、智能制造等领域培育和打造 15 个左右在全国具有知名度和影响力的示范性职业教育集团（联盟），建设 15 个左右高水平专业化产教融合实训基地。

二是推进国家和省产教融合建设试点。建设国家级产教融合示范区和示范性项目，实施省级"产教融合示范项目"。培育和认证一批产教融合型试点企业，对进入目录的企业给予"金融+财政+土地+信用"的组合式激励。产教融合型试点企业兴办职业教育的投资符合条件的，可按投资额一定比例抵免该企业当年应缴教育费附加和地方教育附加。支持大型国有企业开展职业技能鉴定和培训机构建设。

三是促进校企"双元"育人。健全工学结合的育人机制，全面推广政府引导、行业参与、社会支持、企业和职业院校"双元"育人的中国特色现代学徒制，积极开展"1+X"证书制度试点。推动企业深度参与协同育人，校企共同研究制定人才培养方案，及时将新技术、新工艺、新规范纳入教学标准和教学内容。全面推广现代学徒制，加大"订单式"、定制式、企业新型学徒制等人才培养力度，推动人才培养与产业需求紧密契合。搭建产教融合信息平台，政府授权的行业组织定期发布分领域人才需求预测报告，职业院校定期发布人才培养质量报告和毕业生就业质量报告，企业发布参与职业教育年度报告。鼓励教育机构或者经过认定的企业、行业组织提供符合专业人才培养需要并纳入人才培养方案的学分课程。

四是健全激励政策。完善职业院校绩效工资动态调整机制，推动建立有利于调动学校积极性、促进职业教育改革发展的职业院校绩效工资制度。职业院校通过校企合作、技术服务、社会培训、自办企业等所得收入主要用于学校教育教学发展，剩余部分可作为职业院校绩效工资经费来源，动态核定绩效工资水平和总量。允许职业院校教师、企业技术人员在完成本单位工作任务前提下，经所在单位同意后，兼职从事技术创新、科技开发、成果转让和决策咨询工作，并按规定取得合法报酬。对建在学校的生产性实训基地或校办工厂，在工商注册、经营税收等方面依法实行相应减免政策。鼓励各地对职业教育产教融合、校企合作成效显著的项目给予其他政策支持。

## 五、建设高水平教师队伍

一是深化职称制度改革。将师德师风、工匠精神、技术技能和教育教学实绩作为职称评聘的主要依据，探索建立以"代表性成果"和实际贡献为主要内容的评价方式，破除"唯文凭、唯论文、唯帽子、唯身份、唯奖项"的顽瘴痼疾，推行职业院校全员岗位聘用制和绩效考核分配制。教师依法取得的科技成果转化奖励收入不纳入绩效工资，不纳入单位工资总额基数。

二是加强职教师资队伍建设。实施职业院校教师素质提高计划，落实教师 5 年一周期的全员轮训制度，探索适应职业技能培训要求的教师分级培训模式，培育一批具备职业技能等级证书培训能力的教师，建设一批"双师型"教师培养培训基地。评选、认定一批职业教育"双师型"名师、技能大师、优秀校长、专业（学科）带头人、优秀班主任等，建设一批省级名师工作室、技能大师工作室、教师技艺技能传承创新平台。

三是把好技能关口。从 2020 年起，除"双师型"职业技术师范专业毕业生分外，职业院校、应用型本科高校相关专业教师原则上从具有 3 年以上企业工作经历并具有高职以上学历的人员中公开招聘。特殊高技能人才（含具有高级工以上职业资格人员）可适当放宽学历要求。在职业院校实行高层次、高技能人才可采取直接考核的方式公开招聘。建立健全职业院校兼职教师自主聘任机制，推动企业工程技术人员、高技能人才和职业院校教师双向流动。建立完善"双师型"教师认定标准，将体现技能水平和专业教学能力的双师素质纳入教师考核评价体系。到 2022 年，职业院校"双师型"教师占专业课教师总数超过一半。

四是改革职教师资培养模式。支持有条件的优质高等职业学校转设为职业技术师范学院或试办职业技术师范本科专业，支持高水平工科学校举办职业技术师范教育。探索通过"专升本"模式，以"三年职业教育+两年师范教育"形式培养一批职教老师；通过教育硕士专业学位教育，培养一批具有工科背景的教育硕士。

## 六、提升服务能力和开放水平

一是开展高质量职业培训。实施职业技能提升行动计划，落实职业院校实施学历教育与职业培训并举的法定职责，按照育训结合、长短结合、内外结合的要求，面向在校学生和全体社会成员开展职业培训。推行终身职业技能培训制度，推动职业培训机构标准化建设，规范职业培训机构执业行为。围绕现代农业、先进制造业、现代服务业、战略性新兴产业，推动职业院校在技术技能人才紧缺领域大力开展职业培训，建设一批省级职业技能培训示范基地。加强职业培训统筹，建立培训清单目录，定期公开发布培训信息。面向企业职工、退役军人、下岗失业人员、农民工和高素质农民等开展适合的职业教育和培训。创新"互联网+培训"模式，为学生和社会成员的个性化学习需求提供支持。

二是扩大职业教育对外开放。支持职业院校引进国（境）外优质职业教育资源，重点在产业发展紧缺急需专业开展合作办学。开展多种形式的职业教育资格资历互认，引进一批国际优质职业教育资源、优秀师资团队、国际通用职业证书，培养具有国际视野、通晓国际规则的技术技能人才。定期组织选派职业院校优秀校（院）长、专业骨干教师和教学管理人员赴国外研修访学，鼓励中外职业院校教师互派、学生互换。支持职业院校与国（境）外教育机构合作开发具有国际水准的专业教学标准和优质培训课程。鼓励职业院校招收留学生。支持应用型本科和职业院校开展境外办学，助力产业和企业"走出去"，参与"一带一路"建设。

# 第三节　四川省职业教育改革发展的组织保障措施

## 一、加强党对职业教育工作的全面领导

全面贯彻党的教育方针，落实中央、省委教育工作领导小组各项要求，保证职业教育改革发展正确方向。充分发挥党组织在职业院校的领导核心和政治核心作用，把党的领导贯穿办学治校全过程，将党建工作与学校事业发展同部署、同落实、同考评。按照讲政治、懂教育、知产业、善管理的标准，选优配强职业院校党组织书记和院（校）长。加强基层党组织建设，带动学校工会、共青团、妇联等群团组织和学生会组织建设。

## 二、强化政府统筹主导职业教育的责任

积极推动四川省职业教育领域地方立法工作，修订《四川省职业教育条例》。省职业教育工作联席会议定期研究职业教育改革重大事项，协调解决职业教育重大问题。组建四川省职业教育指导咨询委员会。县级以上政府要建立职业教育工作部门联席会议制度，统筹协调职业教育工作。各级人民政府要做好职业教育经费保障，建立与办学规模、培养成本、办学质量等相适应的财政投入制度，按规定落实职业院校生均经费标准或公用经费标准。完善成本分担机制，适时调整学费、住宿费收费标准。学校因校企合作办学确需向合作企业支付的成本费用，按相关规定纳入学校办学成本，从生均财政拨款或学费收入中支付，学校和企业均不再向接受校企联合办学培养的学生另行收取实习费、实训费、技能培训费、校企合作费等名目费用。建立健全职业教育质量评价和督导评估制度，省政府教育督导委员会把职业教育作为对市（州）人民政府履行教育职责评价的重要内容。完善政府、行业、企业、职业院校等共同参与的质量评价机制。

## 三、营造职业教育发展环境

积极推动职业院校毕业生在落户、就业、参加机关事业单位招聘、职称评审、职级晋升等方面与普通高校毕业生享受同等待遇。发挥职业院校优势，联合普通中小学开展职业启蒙、职业认知、职业体验教育，分学段、有针对性地开展劳动教育，依托职业院校实训基地建设一批中小学生职业体验中心或研学基地，推进职业院校资源面向基础教育阶段学校全面开放。加大对职业教育改革发展先进典型的宣传，引导广大家长和学生树立"学好一门技术、致富一个家庭"观念。共同营造政府高度重视职业教育、部门积极支持职业教育、企业踊跃参与职业教育、学生广泛接受职业教育的良好氛围。

（本章撰稿：彭彬秀）

# 复习思考题

1. 四川省职业教育改革改革发展的重点任务有哪些?
2. 简述四川省推进高等职业教育内涵式发展的主要举措。
3. 如何提高技术技能人才培养质量?

# 第十三章 《职业教育提质培优行动计划 （2020—2023 年）》 解读

【内容摘要】2020 年 9 月，教育部、国家发展改革委、工业和信息化部、财政部、人力资源和社会保障部、农业农村部、国务院国有资产监督管理委员会、国家税务总局、国务院扶贫办等九个国务院职业教育工作部际联席会议成员单位联合印发《职业教育提质培优行动计划（2020—2023 年）》（以下简称《行动计划》），这是深入贯彻党中央国务院关于职业教育的决策部署、全面落实落细《国家职业教育改革实施方案》（简称"职教 20 条"）顶层设计的重要文件，也是步入新发展阶段国家推进职业教育治理体系和治理能力现代化的制度创新。这标志着我国职业教育正在从"怎么看"转向"怎么干"的提质培优、增值赋能新时代，也意味着职业教育从"大有可为"的期待开始转向"大有作为"的实践阶段。本章内容将围绕《行动计划》出台的重要意义、重点任务、组织实施等方面展开解读。

## 第一节 《职业教育提质培优行动计划》 重要意义和总体目标解读

### 一、《行动计划》 出台背景及重要意义

#### （一）落实党中央国务院决策部署的重要抓手

党的十八大召开以来，党中央、国务院高度重视职业教育，把职业教育摆在前所未有的突出位置。习近平总书记对职业教育提出了一系列新论断、新要求，指出发展职业教育前途广阔、大有可为，并针对职业教育的重要地位、办学方向、办学格局、育人机制、价值追求、舆论导向等做出一系列重要论述，为职业教育改革发展指明了方向、提供了根本遵循。从现实意义看，职业教育是人力资源开发的重要组成部分，与经济社会联系最紧密，既是教育，也是经济，更是民生。在我国加快形成国内大循环为主体、国内国际双循环相互促进的新发展格局下，加快推进职业教育提质培优，构建与经济社会相适应的中国特色现代职业教育体系，对振兴实体经济，提高全要素

生产率，打造我国未来发展新优势意义重大。

### （二）落细落小"职教20条"的重要载体

2019年1月，国务院印发《国家职业教育改革实施方案》（以下简称"职教20条"），明确职业教育与普通教育是两种不同教育类型，具有同等重要地位。这是中国职业教育的制度创新，也是中国特色现代职业教育体系建设的逻辑起点。"职教20条"印发后，国家密集出台"双高计划"、产教融合型企业、职教集团、教师队伍建设等一系列重大举措，教育部会同山东、甘肃、江西、江苏等省份陆续启动职业教育创新发展高地建设，职业教育大改革大发展的格局基本形成。如何在"十三五"收官和"十四五"开局阶段，定好总目标、踢好"头三脚"、谋好新长效，成为职业教育战线面临的首要问题。在这个关键节点，国家启动实施《行动计划》，将其作为落实"职教20条"和谋划"十四五"发展的桥梁和载体，对各项改革任务进行再分解、再部署，聚焦重点、疏通堵点、破解难点，将"职教20条"部署的改革任务转化为举措和行动，推动中央、地方和学校同向同行，形成因地制宜、比学赶超的工作格局，整体推进职业教育提质培优。引导职业教育战线从"怎么看"转向"怎么干"，向改革的"最后一公里"要效益。

### （三）应对职业教育高质量发展现实挑战的重要举措

党的十九大报告指出，要努力实现更高质量、更有效率、更加公平、更可持续的发展。随着工业化、信息化、市场化、城镇化、国际化进程加速，职业教育高质量发展面临着生源多样化、教育信息化、办学国际化等诸多现实挑战。从国内看，新技术、新产业、新业态、新模式对技术技能人才提出了新要求，并且随着我国高等教育由大众化阶段进入到普及化阶段，特别是2019年高职百万扩招实施以来，职业学校生源类型进一步呈现出多样化态势，如何为不同层次、不同类型、不同诉求的学生提供个性化、定制化、多样化教育服务，成为现阶段职业教育高质量发展面临的内部挑战。从国际看，经济全球化和全球治理格局的转变正加速我国优质产能"走出去"，伴随产业变迁与转移进程，职业教育必须要培养具有国际视野、通晓国际规则的技术技能人才，为中国企业海外生产经营培养符合其用人标准的本土化人才。职业教育如何融入世界职教话语体系，梳理"中国经验"，制定职业教育国际化人才培养标准，形成"中国方案"，打造走向世界的中国职教品牌，是全球化发展对职业教育高质量发展带来的外部挑战。

## 二、《行动计划》的总体思路和核心内容诠释

人民群众对高质量教育的需要和教育不平衡不充分发展是新时代我国教育领域的主要矛盾，进入新发展阶段，这一矛盾将进一步突显。办好公平有质量、类型特色突出的职业教育，基点是坚持职业教育与普通教育不同类型、同等重要的战略定位，路径是夯实基础、补齐短板、深化改革、激发活力，目标是通过职业教育提质培优为经济社会增值赋能。《行动计划》围绕办好公平有质量、类型特色突出的职业教育，以提质培优、增值赋能为主线，坚持问题导向、需求导向、目标导向，着力补短板、激活力、提质量。通过加快体系建设、深化体制机制改革、加强内涵建设，系统解决职业教育吸引力不强、质量不高的问题；通过构建"国家宏观管理、省级统筹保障、学校

自主实施"管理机制，引导地方学校从"怎么看"转向"怎么干"，转职能、提效能，激发地方和学校改革活力。

### （一）提质：提高职业教育发展质量

所谓提质，至少要从教育结构、人才培养、治理水平三方面提升职业教育质量。结构质量的核心是完善体系建设，人才培养质量的核心是推进"三教"改革，治理质量的核心是构建多元参与的质量治理格局。

#### 1. 提高结构质量

结构包含了组成整体的层次、比例以及组合关系，具体到职业教育，其结构质量就是看体系纵向层次、横向比例以及与不同教育间的相互关系，能否支撑纵向贯通、横向融通。在纵向层次建设上，要巩固中等职业教育基础地位、高质量发展专科高职教育、稳步推进本科职业教育试点，推动形成层次分明、结构清晰、功能定位准确的职业学校体系。在横向比例上，应将职普比放在现代职业教育体系建设和经济社会发展的大局中来谋划，从政策要求向政策与市场"双轮驱动"过渡，通过办好公平有质量的职业教育，在质量上与普通教育大体相当；通过健全现代职业教育体系，使接受职业教育与接受普通教育的机会成本大体相当；通过优化政策环境，使职业教育培养的技术技能人才与普通教育培养的人才社会待遇大体相当。在相互关系上，要加强制度保障，一方面，使各层次职业教育的专业设置、培养目标、课程体系、培养过程贯通衔接，畅通技术技能人才成长通道；另一方面，推动职业教育、继续教育、社区教育、老年教育等相互融通、协同发展。

#### 2. 提高培养质量

职业教育吸引力不强的根本原因是培养质量不高，具体表现是学生成长收益不高、获得感不强。推动职业教育质量革命，教师是主力军，课堂是主阵地。首先，教师双师双能是先导。职业学校应以培养"双师型"教师、打造专兼结合的教学创新团队为重点，一方面要提高教师双师素质，在构建"双师型"教师培养培训体系上下功夫；另一方面要优化双师结构，推动固定岗流动岗相结合、校企互聘兼职的人事管理改革，开启校企人员流动"旋转门"。其次，教材建设是基础。职业学校应适应学生特点创新教材形态，同时强化教材内容的应用性与实践性，及时将产业行业发展新要求、新标准、新工艺、新方法等引入教材。再次，教法革新是途径。职业学校应坚持以学生为中心，适应生源多样化特点，一要深化学分制改革、实行弹性学制，制订个性化、多元化培养方案和学业生涯规划，为学生提供更多选择的教学制度；二要推动现代信息技术与教育教学深度融合，对接职业标准和企业真实岗位工作过程，探索模块化教学、项目化教学等组织方式，提高教学实效，着重提高学生综合运用所学知识、解决实际问题的能力，促进学生素质与能力的全面发展。

#### 3. 提高治理质量

提升治理能力是现代职业教育体系建设的重要内容，也是提质培优的行动保证。治理和管理最大的区别在于治理的主体是多元的。职业教育是跨界的教育，政府、行业、学校、社会都是职业教育的治理主体，提高治理质量，首先要理顺利益相关方的权责关系，构建政府监管、行业自律、学校自治、社会监督的质量治理格局。在政府层面，应强化宏观管理，完善职业学校办学质量考核机制，推进办学体制改革和育人机制改革，建立健全办学质量考核结果运用的长效机制。在行业层面，应建好用好行业职业教育教学指导委员会，提升行业举办和指导职业教育的能力。在学校层面，应完善以课程为核心的校内规章制度体系，健全职业学校内部治理结构，深入推进职业学校教学工作诊断与改进制度建设，切实发挥学校质量保证主体作用，将内涵、特色、高质量内化为一种行动自觉。在社会层面，应健全学生、教师、学校、家庭、社会多方参与的学业考核评价体系，发挥专家组织和第三方社会机构在质量评价中的作用，完善职业教育质量年报发布制度。

### （二）培优：培育职业教育特色品牌

所谓培优，就是要打造一批职业教育发展的样板和品牌，着力提高职业教育辨识度、认可度和吸引力。

1. 以高地为载体，打造职业教育区域品牌

发展职业教育的主责在地方，进一步落实地方主体责任，是办好新时代职业教育的关键。在国家财税体制改革，特别是拨款方式变化的背景下，《行动计划》提出实施职业教育创新发展高地建设行动，按照东部提质培优、中部提质扩容、西部扩容提质的思路，开展整省试点和城市试点。整省试点侧重区域现代职业教育体系建设和体制机制改革，打造中国特色职业教育发展的经验模式。城市试点侧重产教融合和校企合作，服务区域经济社会发展，打造职业教育服务高质量发展的样板。通过高地建设，调动和保护省、市、校三方面积极性、主动性和创造性，加快形成中央和地方改革同向同行、信号不减，各地因地制宜、比学赶超的工作格局。

2. 以学校为载体，打造职业教育学校品牌

学校是职业教育体系中的最基本单元，学校办学质量直接决定了职业教育质量。近年来，我国先后实施示范（骨干）校、优质校、"双高计划"等项目，建成了一批国内一流的高职学校和专业（群），总结出扶优扶强、示范引领的成功经验。《行动计划》延续以往做法，在学校和专业建设方面，全面改善中职学校办学条件，遴选一批优质中职学校和优质专业，增强中职教育吸引力，推动落实职普比大体相当，为学生接受高中阶段教育提供多样化选择；扎实推进国家"双高计划"，遴选一批省域高水平高职学校，建成一批高技能人才培养培训基地和技术技能创新平台，支撑国家重点产业、区域支柱产业发展，引领新时代职业教育实现高质量发展。

3. 以国际化办学为平台，打造中国职教国际品牌

扎根中国、融通中外是教育对外开放的根本遵循。在构建新发展格局背景下，需要扩大职业教育对外开放，通过引进来、走出去、再提升，加快培养国际产能合作急需人才。一方面，要以"鲁班工坊"建设为载体，推动职业教育参与"一带一路"建设和国际产能合作，探索"中文+职业技能"的国际化发展模式。另一方面，要探索师生互相交流、研修等合作项目，引进融合输出符合本土化和具有国际影响力的专业标准、课程标准、教学资源，共享中国职业教育模式，提升中国职业教育国际影响力。

### （三）增值：夯实人人出彩的发展基础

所谓增值，就是要增加技术技能人才的成长成才价值。一方面，要树立正确的人才观，处理好"为谁培养人、培养什么人、怎样培养人"的根本问题；另一方面，要树立面向人人的职业教育观，适应生源多元化和差异化，实现人人出彩，促进社会公平。

1. 以"三全育人"为抓手，落实立德树人根本任务

要针对职业学校学生的学习特点、行为习惯、思维模式等，建立区别于普通教育、体现职教特色的育人体系，构建全员全程全方位育人大格局。实现这一目标，既要做优资源，以优质丰富的教学资源作为强力支撑；也要做活形式，推动思政课改革创新，不断增强思政课的思想性、理论性和亲和力、针对性；还要做强队伍，精心培养和组织一支会做思想政治工作的政工队伍，并引导专业课教师加强课程思政建设，把思想政治工作做在日常、做进课堂、做到个人。与此同时，还要建立起行之有效的评价机制和激励机制，强化参与主体之间的沟通联系，形成学校、家庭、企业德育教育闭环，促使学生树立正确的世界观、人生观和价值观。

2. 以职教考试招生制度为纽带，畅通技术技能人才成长渠道

考试招生制度是技术技能人才培养"立交桥"的关键一环，也是职业教育改革的"牛鼻子"。推进改革首先要明确目标和方向，一方面通过考试招生制度引导中等职业教育改革的发展，稳住中职学校的办学定位和培养质量，也就稳住了现代职业教育体系的底盘；另一方面通过考试巩固高职教育基础，从入口解决职业教育类型不突出、吸引力不强、质量不高的问题。在考试内容上，要处理好考什么的问题，完善"文化素质+职业技能"的评价方式，发挥好考试招生制度对教与学的引导作用。在考试组织上，要处理好怎么考的问题，加强省级统筹，严格规范考试的标准、内容和程序，要实施好职业技能考试的环节，按照专业大类统一制定职业适应性测试标准、规定测试方式，提高职业教育考试招生的公平性和信誉度。

### （四）赋能：提升职业教育服务贡献率

所谓赋能，就是要通过职业教育的高质量发展，为经济社会高质量发展提供人力资源支撑和技术技能积累，发挥职业教育在构建服务全民终身学习教育体系中的独特功能和价值。

1. 以服务为重点，支撑经济高质量发展

服务决定地位，有为才能有位，只有真正把办学思路转到服务发展上来，实现职业教育供给与产业经济社会发展需求相适应，职业教育才能被认可。首先，要立足服务国家区域发展战略，持续深化职业教育供给侧结构性改革，优化职业学校和专业布局，推动职业教育发展与产业转型升级同频共振、有效衔接，不断提高职业教育供给水平。其次，要适应新一轮科技革命和产业变革趋势，以"在核心技术开发中发挥重要作用、在支柱产业发展中发挥支撑作用、在中小微企业成长中发挥引领作用"为愿景，打造一流的产教融合平台、人才培养与技术创新平台、技术技能平台，推动核心技术产品转化。再次，推进产教融合发展、校企协同育人，创新建设产教融合、校企合作的载体，全面推行中国特色现代学徒制，完善投入与利益协调制度，形成政府、行业企业和社会力量多方参与的多元办学格局。

2. 以育训并举为抓手，服务全民终身学习

职业教育是面向人人的终身教育，要树立大职业教育观，推动职业教育与其他类型教育协调发展，支持先学习再就业、先就业再学习、边就业边学习。首先，充分发挥职业学校育训并举职能，满足不同人群、不同层次的学习需求，广泛开展企业职工技能培训，积极开展高校毕业生、退役军人、高素质农民等人群的职业技能培训和就

业创业培训，大力开展失业人员再就业培训。其次，要完善继续教育的服务资源和服务机制，促使职业教育从学历教育逐步转向学历教育、社会培训和技术服务并举，主动向社区教育和老年教育拓展，积极建设"人人皆学、处处能学、时时可学"的学习型社会。

### 三、《行动计划》总体目标解读

政策生命力在于执行，执行水平主要看成效。《行动计划》提出，"中国特色现代职业教育体系更加完备、制度更加健全、标准更加完善、条件更加充足、评价更加科学"，这既是职业教育提质培优、增值赋能的总体目标，又是检验《行动计划》执行成效的效验表征。

#### （一）纵向贯通、横向融通的职教体系更加完备

构建现代职业教育体系是职业教育高质量发展的内在要求。我国现代职业教育体系长期处于"点题"到"破题"的进程中，结构不清晰、层次不完整的问题长期存在。随着"职教20条"的出台和实施，中国特色职业教育重要制度与模式呼之欲出。因此，能否构建起支撑纵向贯通、横向融通的职业教育体系框架，是《行动计划》执行成效的基本线。检验这一成效，至少应有两条标线，一是纵向形成相对完备的职业教育教学体系，职业教育和普通教育"双轨"运行，中等职业教育、专科职业教育、本科职业教育自下而上无缝衔接，技术技能人才学业提升、职业晋升、社会地位上升的通道畅通；二是横向打破普通教育、职业教育、继续教育等之间的壁垒，实现不同教育间的横向融通，学业证书与职业技能等级证书、职业资格证书等不同学习成果间能够相互认定、积累与转换。

#### （二）充满活力、相互支撑的法律制度更加健全

制度是社会系统的基本架构，具有促进经济效率和实现资源分配的作用。从这个角度看，更完善、更具活力的制度体系是检验《行动计划》成效的重要内容。在法律法规方面，国家形成以《职业教育法》为统领的职业教育法律法规体系和落实监督机制，各地结合实际制定或修订地方性法规，职业教育的法制化水平大幅提高。在制度层面，促进体系有效运行的支撑条件和制度保障基本完善，推动职业教育由政府举办为主向政府统筹管理、社会多元办学的格局转变，由追求规模扩张向提高质量转变，由参照普通教育办学模式向企业社会参与、专业特色鲜明的类型教育转变。

#### （三）程序规范、动态更新的标准化建设机制更加完善

标准化建设是统领职业教育发展的突破口，是职业教育现代化水平的显性表征，包括标准建设的统一化、系列化、通用化、组合化、模块化等。当前，我国职业教育的标准化建设工作仍有空白点，加快完善标准体系和落实机制仍是《行动计划》执行期的工作重点。在机制上，职业教育标准制定、实施、监督机制基本健全，国家、地方、行业层面的职业教育标准体系衔接有序，职业教育标准化水平整体提高。在建设上，标准制定程序规范，行业组织、领军企业积极参与，形成标准动态更新机制，标准质量不断提升。在标准执行上，各地结合实际出台高于国家层面标准的地方标准，职业学校执行标准的意识普遍增强，标准先行、质量为先成为职业教育治理共识。

### （四）投入多元、保障有力的办学条件更加充足

办学投入和办学条件是职业教育提质培优的物质基础。基础不牢、地动山摇，办学基本条件不达标，职业教育提质培优就无从谈起。一方面，要形成符合职业教育特点，政府投入为主、多元多方支持的职业教育经费筹措机制，实现新增教育经费向职业教育倾斜，实现职业教育生均拨款制度提标扩面，形成与办学规模、培养成本、办学质量相适应的财政投入制度；另一方面，要经过不断努力，实现中职学校办学条件基本达标、管理水平总体规范、培养质量整体提高，加快补齐高职扩招稀释的职业教育资源，持续推进高职教育高质量发展。

### （五）多元参与、导向明确的质量评价更加科学

评价是教育事业发展的指挥棒，也是职业教育深化改革的"最硬一仗"。受到自身发展阶段和外部环境影响制约，我国职业教育评价还存在着过度关注结果质量、强化模仿和趋同、依赖外部问责、依赖政府定量等不足。科学审视职业教育评价体系，一方面评价主体呈现多元化，政府、行业企业、学校、社会等多方参与的质量监管评价机制基本形成；另一方面评价内容呈现特色化，德技并修、产教融合、校企合作、育训结合、学生获取职业资格或职业技能等级证书、毕业生就业质量、"双师型"教师队伍建设等成为职业学校评价的重要内容。

《中华人民共和国国民经济和社会发展第十四个五规划和2035年远景目标纲要》（以下简称"十四五"规划）在第十三篇"提升国民素质 促进人的全面发展"部分提出，把提升国民素质放在突出重要位置，构建高质量的教育体系和全方位全周期的健康体系，优化人口结构，拓展人口质量红利，提升人力资本水平和人的全面发展能力。其中第四十三章第二节为"增强职业技术教育适应性"，从突出职业技术教育类型特色、完善国家标准、创新办学模式、实施教育质量提升计划、深化职普融通等提出了具体要求。这对《行动计划》的落实、落地再一次提供了政策保障。

## 第二节　《行动计划》的重点任务解读

《行动计划》规划设计了10项重点任务、27条举措（见图13-1）。一方面，加强顶层设计，对落实立德树人根本任务、推进职业教育协调发展、完善服务全民终身学习的制度体系、深化职业教育产教融合校企合作、健全职业教育考试招生制度等进行部署。另一方面，聚焦关键改革，实施职业教育治理能力提升行动、"三教"改革攻坚行动、信息化2.0建设行动、服务国际产能合作行动、创新发展高地建设行动等5项行动。文件附表细化了56个重点项目（见图13-2、图13-3），国务院职业教育工作部际联席会议各成员单位分头推进，各地自愿承接，建立绩效管理平台，建设期满国家根据建设成效进行认定。《行动计划》如何在职业教育提质培优、增值赋能上发力的重点任务具体如下文所述。

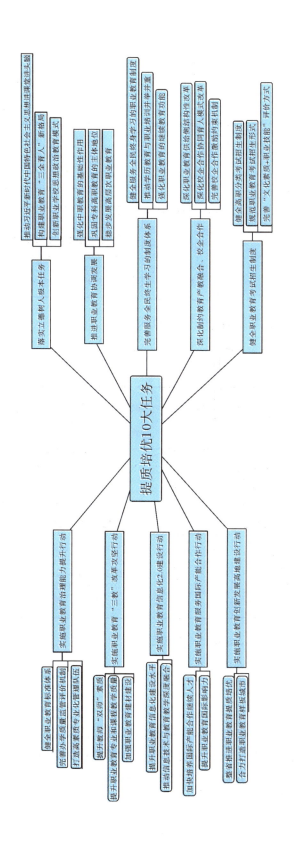

图13-1 职业教育提质培优重点任务表

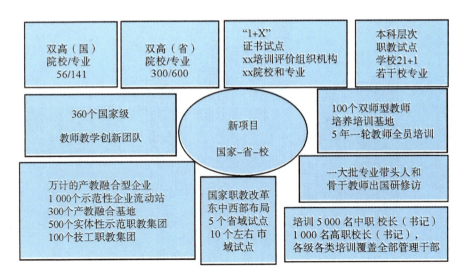

图 13-2　重点项目一

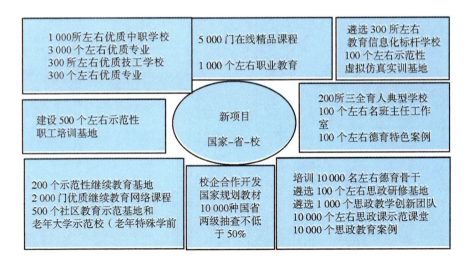

图 13-3　重点项目二

## 一、落实立德树人，创新思想政治教育模式

《行动计划》提出，要进一步创新思想政治教育模式，将社会主义核心价值观融入人才培养全过程。加强职业教育研究，构建中国特色职业教育的思想体系、话语体系和实践体系。按照师生比不低于 1∶350 的比例核定专职思政课教师岗位，培育 200 所左右"三全育人"典型学校，培育遴选 100 个左右名班主任工作室，遴选 100 个左右德育特色案例。

## 二、中职、高职、本科层次职业教育的办学定位和发展重点

《行动计划》提出进一步明确各层次职业教育办学定位和发展重点，系统设计、整体推进中国特色现代职业教育体系建设。支持集中连片特困地区每个地市原则上至少建好办好 1 所符合当地经济社会发展需要的中等职业学校，遴选 1 000 所左右优质中职学校和 3 000 个左右优质专业，遴选 300 所左右优质技工学校和 300 个左右优质专业，推进中国特色高水平高职学校和专业建设计划，遴选 300 所左右省域高水平高职学校和 600 个左右高水平专业群，推动具备条件的普通本科高校向应用型转变。

## 三、完善服务全民终身学习的制度体系的创新举措

《行动计划》提出充分发挥职业教育服务全民终身学习的重要作用，推进国家资历框架建设，建立各级各类教育培训学习成果认定、积累和转换机制，加快建设职业教育国家"学分银行"，健全学习成果的认定、积累和转换制度，制定学时学分记录规则，支持职业学校承担更多培训任务，实现优质职业学校年职业培训人次达到在校生规模的 2 倍以上，推进"1+X"证书制度试点。引导职业学校和龙头企业联合建设 500 个左右示范性职工培训基地，遴选 200 个左右示范性继续教育基地、2 000 门左右优质继续教育网络课程；遴选 500 个左右社区教育示范基地和老年大学示范校。

## 四、深化职业教育产教融合、校企合作的重点任务

"十四五"规划明确提出"创新办学模式，深化产教融合、校企合作，鼓励企业举办高质量职业技术教育，探索中国特色学徒制"。《行动计划》提出巩固职业教育产教融合、校企合作的办学模式。建立产业人才数据平台，研制职业教育产教对接谱系图，遴选建设一批产教融合型城市，培育数以万计的产教融合型企业，实施国家级职成教示范县助力乡村振兴人才培养计划，依托国有企业、大型民企建立 1 000 个左右示范性教师企业实践流动站，打造 500 个左右实体化运行的示范性职教集团（联盟），打造 100 个左右技工教育集团（联盟）。推动建设 300 个左右具有辐射引领作用的高水平专业化产教融合实训基地，建设 100 所乡村振兴人才培养优质校，建立健全省级产教融合型企业认证制度，落实"金融+财政+土地+信用"的组合式激励政策。

此外，《行动计划》落实《国家产教融合建设试点实施方案》有关政策，对纳入产教融合型企业建设培育范围的试点企业，兴办职业教育的、投资符合规定的可按投资额的 30%抵免当年应缴教育费附加和地方教育附加；充分发挥市场配置资源作用，鼓励地方开展混合所有制、股份制办学改革试点，推动各地建立健全省级产教融合型企业认证制度，落实"金融+财政+土地+信用"的组合式激励政策。

## 五、扩招背景下健全职业教育考试招生制度举措

《行动计划》提出深化职业教育考试招生改革，引导不同阶段教育协调发展、合理分流，为学生接受高等职业教育提供多种入学方式。建立健全省级统筹的职业教育考试招生制度，保持分类考试招生为高职学校招生主渠道，推进"文化素质+职业技能"的评价方式，完善多样化考试录取方式。

### 六、完善质量监管评价与高素质专业化管理队伍建设

《行动计划》提出到 2022 年，国家组织集中培训 5 000 名左右和 1 000 名左右中、高职校长（书记），各级各类培训覆盖全部职业学校管理干部。抓住高素质管理干部专业化建设，尤其是校长书记队伍建设这个"牛鼻子"，职业教育治理能力和治理水平提升就能责任到人、落到实处。

### 七、实施"三教"改革攻坚行动的指标要求

《行动计划》提出系统推进职业教育"三教"改革。根据职业教育特点核定公办职业学校教职工编制。实施新一周期"全国职业院校教师素质提高计划"；完善职业学校自主聘任兼职教师办法；改革完善职业学校绩效工资政策；专业教师中"双师型"教师占比超过 50%。校企共建"双师型"教师培养培训基地和教师企业实践基地，校企共建技工院校"一体化"教师培养培训基地和教师企业实践基地，探索有条件的优质高职学校转型为职业技术师范大学或开办职业技术师范本科专业。遴选一批国家"万人计划"教学名师，遴选 360 个国家级教师教学创新团队，遴选 10 000 种左右校企双元合作开发的职业教育规划教材；国家、省两级抽查教材的比例合计不低于 50%，遴选 1 000 个左右职业教育"课堂革命"典型案例。

### 八、深化职业教育信息化 2.0 建设的具体举措

从 20 世纪 90 年代开始，我国就采取了一系列政策措施，为教育信息化的发展奠定了坚实的基础。近年来，国家对于教育信息化的重视程度更是提到了前所未有的高度。2012 年发布的《教育信息化十年发展规划（2011—2020 年）》要求把教育信息化摆在支撑引领教育现代化的战略地位；2016 年通过的《教育信息化"十三五"规划》要求全面深入推进教育信息化工作；2018 年又提出《教育信息化 2.0 行动计划》，要求引领推动教育信息化转段升级。其中，《教育信息化 2.0 行动计划》是在中国特色社会主义进入新时代、赋予教育新的历史使命的背景下提出的，标志着我国的教育信息化正式从 1.0 时代迈向 2.0 时代。

《行动计划》提出推动信息技术与教育教学深度融合，主动适应科技革命和产业革命要求，遴选 300 所左右职业教育信息化标杆学校；遴选 100 个左右示范性虚拟仿真实训基地；面向公共基础课和量大面广的专业（技能）课，分级遴选 5 000 门左右职业教育在线精品课程。引导职业学校开展信息化全员培训，提升教师和管理人员的信息化能力，以及学生利用网络信息技术和优质在线资源进行自主学习的能力。

### 九、职业教育服务国际产能合作新趋势

支持职业学校到国（境）外办学，培育一批"鲁班工坊"，鼓励国家开放大学建设海外学习中心，推动中国与产能合作国远程教育培训合作，统筹利用现有资源，实施"职业院校教师教学创新团队境外培训计划"，选派一大批专业带头人和骨干教师出国研修访学，推进"中文+职业技能"项目。

## 十、"一地一案、分区推进"职业教育提质培优

### （一）整省推进职业教育提质培优

《行动计划》提出主动适应国家区域发展战略，要在东、中、西部地区布局 5 个左右国家职业教育改革省域试点。与中职学校和专业建设计划、中国特色高水平高职学校和专业建设计划以学校为载体的专项建设不同，以省域为整体的改革推进提质培优高质量发展的体量、力度、空间、影响和效益都更大，这也是职业教育战线在总结多年重大专项建设经验成果基础上的重大实践创新。因此，按照"一地一案、分区推进"原则，在学校设置、重大项目建设等方面加大政策供给，支持试点省份探索新时代区域职业教育改革发展新模式；要求引导地方落实主体责任，完善地方职业工作部门联席会议制度，推动各部门形成工作合力，优化职业教育办学体制机制，加强治理体系和治理能力现代化建设，探索职业学校毕业生高质量就业模式等。

### （二）合力打造职业教育样板城市

《行动计划》还提出通过国家、省、市三级推动，建设 10 个左右国家职业教育改革市域试点。具体举措是支持地方政府把握功能区定位、服务民生需求、服务绿色发展等领域重点突破、先行示范，率先建成与城市经济和民生相适应的现代职业教育体系，开创职业教育开放办学格局，形成一批基层首创改革经验。

### （三）在实施创新发展高地建设行动中推进共建共享

目前，教育部在山东、江西、甘肃共建省级职业教育创新发展高地建设中建立了部省协调推进机制，共建共享的改革成果初显。江西在高地建设文件中明确要求各市县政府和省级部门协同落实职业院校教师绩效工资改革制度，提出院校通过校企合作、技术服务、社会培训、自办企业等项目所得扣除必要成本外的净收入可提取 60%用于劳动报酬，教师根据相关规定取得的科技成果转让费计入当年本单位绩效工作总量，但不受总量控制、不作为调控基数等；山东也提出公办职业院校绩效工资水平最高可达到所在行政区域事业单位绩效工资基准线的 5 倍，学校对外开展技术开发、技术转让、技术咨询、技术服务取得的收入结余可提取 50%以上用于教师劳动报酬且不纳入单位绩效工资总量管理等。这都体现了教育部和地方政府在共建共治中努力使改革成果重新成为职业教育提质培优正向激励机制和扩大治理效能的重要理念。

# 第三节 《行动计划》的组织实施方案解读

## 一、完善职业教育财政支持机制，拓宽经费来源渠道

《行动计划》明确提出新增教育经费要向职业教育倾斜，逐步建立与办学规模、培养成本、办学质量相适应的财政投入制度，进一步完善职业学校生均拨款制度，合理确定生均财政拨款水平；支持地方将职业教育纳入地方政府专项债券资金支持范围；鼓励社会力量兴办职业教育，健全成本分担机制，落实举办者的投入责任，拓宽经费来源渠道。部省共建的三省发布的高地建设文件中都做出了新增财政性教育经费（投

入）或教育经费向职业教育倾斜的政策承诺，其中山东进一步提出要探索建立"基本保障+发展专项+绩效奖励"的财政拨款制度，逐步提高公办中、高职院校生均拨款；甘肃则明确提出将职业教育纳入政府专项债券资金支持范围，加强基础设施建设。

## 二、构建国家宏观管理、省级统筹保障、学校自主实施的管理机制

在国家层面，明确由国务院职业教育工作部际联席会议对《行动计划》实施工作的指导，教育部负责实施工作的统筹协调，国务院相关部门在职责分工范围内落实相应任务的协同机制。国家建立《行动计划》执行情况检查通报制度，国务院将《行动计划》执行情况列入国务院大督查范围，列为省级政府履行职业教育职责的重要内容，各地实施成效作为国家新一轮重大改革试点项目遴选的重要依据。

在省级政府层面，要求统筹有关部门，积极承接任务项目、制定工作方案、协调支持经费、加大政策供给，将《行动计划》与"十四五"事业发展同规划、同部署、同考核，确保改革发展任务落地。要求各地要将《行动计划》执行情况列入省政府督查范围，将目标责任完成情况作为督查对象绩效考核的重要内容。

## 三、压实顶层设计和科研引领的科学决策机制

"职教20条"提出要在政府指导下组建国家职业教育指导咨询委员会，以及通过政府购买服务等方式听取咨询机构提出的意见建议，并鼓励社会和民间智库参与。《行动计划》在此基础上进一步提出要"完善国家职业教育指导咨询委员会工作机制"和"加强职业教育研究，加快构建中国特色职业教育的思想体系、话语体系、政策体系和实践体系"，这将使国家职业教育指导咨询委员会和职业教育研究机构的作用得到更有效的发挥。

"提质培优、增值赋能"是新时期党和人民对职业教育的殷切期盼，是经济社会高质量发展对职业学校提出的硬核要求。落实好《行动计划》，离不开国家的顶层设计，更离不开省级政府的统筹推进和学校的主动作为。在推进机制上，构建"国家宏观管理、省级统筹保障、学校自主实施"工作机制，夯实工作责任、细化工作分工。在组织实施上，加强过程管理，及时通报执行情况，传递工作压力。在结果应用上，加强督查督导，将目标责任完成情况作为督查对象业绩考核的重要内容，将各地实施成效作为国家新一轮重大改革试点项目遴选的重要依据。随着《行动计划》的深入实施，中国特色现代职业教育体系将更加完善，职业教育类型特征更加凸显，发展基础进一步夯实，办学活力不断增强，发展质量持续提高，不断焕发出更加强大的生机与活力，为实现"两个一百年"奋斗目标和中华民族伟大复兴的中国梦提供坚实的技术技能人才支撑。

## 第四节　四川省落实《行动计划》的具体举措

四川省深入贯彻落实《国家职业教育改革实施方案》，创新职业教育体制机制，深化产教融合校企合作，优化布局结构，贯通培养体系，构筑具有四川特色、时代特征

的职业教育内涵发展之路，全面推动职业教育提质培优。

## 一、改革体制机制，不断增强发展活力

### （一）改革管理体制

出台《四川省职业教育改革实施方案》，在6大领域实施15个重大项目，100项改革、建设任务。深化"放管服"改革，采取22项措施完善编制及岗位管理，下放高职院校5 000万以下建设项目核准权限；取消行政审批事项21项，转移政府职能50项，撤销议事协调机构26个，精简评审项目24项，整合行政处罚18项。

### （二）夯实人才基础

制定《四川省深化中等职业学校教师职称制度改革工作实施方案》，实施中等职业学校教师分类评价。实施职业院校教师素质提升计划，建立省级职教师资培养培训基地40个。实施"四名工程"（名师、名校长、名班主任、名辅导员）和"卓越校长培养计划项目"，已评选职业教育"四名"人员75名，组建省级职业教育"卓越校长"鼎兴工作室3个。启动首批中职卓越校长培养项目，20名优秀校长参培。

### （三）推动转型发展

构建"三方合作、六个共同"培养模式，8所国家"双高计划"学校和2所职教师资培养试点学校分别联合7所本科高校、15家企事业单位开展深度合作，在17个专业联合开展本科层次职业教育人才培养改革试点。24所地方本科高校开展转型发展试点，44所地方普通本科高校建设省级应用型示范专业100个、应用型示范课程400门，校企合作应用型专业占转型高校专业总数70%以上，有实践经验的专兼职教师占专业课教师总数60%以上。

## 二、优化布局结构，不断提升服务能力

### （一）推动协同发展，打造职教创新发展高地

成立成渝地区双城经济圈职业教育协同发展联盟，打造职业教育协同发展研究院、人才培养中心、产学研合作中心、职业培训中心"一院三中心"，促进两地资源共享、城校互动。加大对8所国家"双高计划"学校支持力度，不低于1∶1配套建设资金；启动省级"双高计划"，立项15所左右省级高水平高职学校和50个左右高水平专业群。

### （二）契合区域发展，优化职业院校空间布局

加强省级统筹规划，形成纵向院校体系贯通、横向地域行业布局合理的院校布局。2018年以来新增17所高职院校，重点布局在川南、川东北、攀西等产业经济带和职业教育薄弱区。整合1 200人以下"小、散、弱"中职学校，全省中职学校从2018年的511所减少到457所，学校办学质量和效益逐步提升。

### （三）对接产业体系，调整职业院校专业结构

支持每所职业院校重点建设2-3个骨干专业群，提高服务产业发展能力。对接我省"5+1"现代工业布点专业924个，"10+3"现代农业布点专业112个，"4+6"现代服务业1 333个，近三年，新增产业发展和社会民生急需紧缺专业677个，淘汰陈旧落后专业250个。

## 三、推动校企联动，不断深化产教融合

### （一）首创校企"双激励"机制

教育、经信、财政、科技四部门联动发力，分批打造 50 个产教融合示范项目。省级教育专项资金支持职业院校建设，省级工业发展资金支持合作企业发展，省级科技计划项目资金支持校企联合科技创新和技术研发，打破部门壁垒，破解产教"两张皮"难题，走出多渠道、多来源、多方合力深化产教融合发展的新路子。

### （二）创新集团化办学模式

构建多主体、跨区域联合举办职业教育的集团化办学机制。全省职业院校牵头建立职教集团（产教联盟）99 个，参与的各类学校 554 所、政府部门 165 个、行业协会 107 个、企业 931 家、科研机构 43 个，覆盖各级各类学生 100 万人左右，集团内校企合作产生的直接经济效益 12.1 亿元。

### （三）创新融合共建模式

推动政、行、校、企"四方"共建，教育厅开出 22 项政策清单，与宜宾市共建学研产教城一体化试验区，形成厅市区校"四位一体"联动新机制，宜宾市成功入选国家首批、西南地区唯一的国家产教融合型试点城市。部省共建推进成都公园城市示范区职业教育融合创新发展，支持宜宾国家产教融合试点城市、成都国际职教城、达州"西南职教园"建设。

## 四、贯通培养体系，不断拓宽成长渠道

### （一）扩大高职单招，创新培养模式

实施单招院校由 2018 年的 59 所增加到 90 所，高职院校面向中职招生计划比例提高到 57%，13 所应用型本科高校首次开展单招考试。支持部分应用型本科高校举办五年制高职，71 所高校（含 8 所本科高校）与 238 所中职学校在 916 个专业点开展联合培养或独立培养，五年贯通培养计划从 2018 年的 3.27 万人增加到 2020 年 8.27 万人。

### （二）坚持育训并举，拓宽职业通道

学历教育与职业培训并重，近三年职业院校开展各类职业培训 400 余万人次，采取农学结合、弹性学制、送教下乡等形式培育新型职业农民 18 万人以上。建立教育—就业"旋转门"机制，探索学历证书和职业技能等级证书、职业资格证书所体现的学习成果认定、积累和转换，为技术技能人才职业发展、终身学习提供有力支撑。

### （三）深化工学结合，促进"双元"育人

建立校企联合招生、联合培养、一体化育人长效机制。159 所职业院校开展省级现代学徒制试点，23 所职业院校获批教育部试点，覆盖学生近 10 万人。积极推进"1+X"证书制度试点，构建"中职+高职+职教本科（应用型本科）"三级试点格局。全省 211 所学校、3 783 个专业点、32.28 万名学生参加 91 个证书试点，试点规模居全国第一。

教育部公布的《行动计划》任务（项目）承接情况显示：四川省将承接 42 个任务（项目），预计总投入经费超 24.19 亿元。（数据统计截止 2021 年 2 月末）

（本章撰稿：苏艳玲）

## 复习思考题

1. 简述提质培优、增值赋能的含义。

2. 《行动计划》有哪些重点任务?

3. 作为一名职业院校新入职教师,《行动计划》的出台对指导我们成长和开展好工作有怎样的指导意义?

# 第十四章 | 产教融合、校企合作政策解读

【内容摘要】习近平总书记在2014年对职业教育工作的重要指示中提出要"坚持产教融合、校企合作,坚持工学结合、知行合一",指明了职业教育改革发展的路径。产教融合、校企合作、工学结合、中国特色现代学徒制四者内涵不同、主体不同、层次有别、作用有异,分别从不同层面体现了现代职业教育的特征。四个层面的主体、要素、关系集中了职业教育理论与类型教育实践的焦点问题。

完善职业教育产教融合制度体系,需从工学结合的教学组织制度、校企合作的技术技能人才共育制度、"专业—产业双集群"的产教融合协调发展制度、多元合作的办学制度(如现代学徒制)等四个层面搭建职业教育产教融合制度框架。本章从概念内涵、内容模式、实施途径与组织保障等几个方面分别对产教融合、校企合作、工学结合及中国特色现代学徒制进行了深入解读,分析了各自的工作方向及实施路径,旨在促使职业教育产教融合、校企合作制度建设更具指向性。

## 第一节　产教融合政策解读

### 一、产教融合的概述

#### (一) 产教融合的涵义

"产"指"产业","教"指"教育","融合"就是配合、调和成为一体。

产教融合概念自提出以来,学术界对其涵义也给予了不同的阐述,但其核心要义是一致的。产教融合是指职业学校为满足一定时期国家经济转型及产业发展需要开设相关专业,把产业与专业教学密切结合,相互支持,相互促进,把学校办成集人才培养、科学研究、科技服务为一体的产业性经营实体,形成学校与企业浑然一体的办学模式。产教融合是产业与教育的深度合作,不仅主体众多、领域广泛,而且内涵丰富、意义重大。

#### (二) 我国产教融合政策的发展历程

产教融合源于"产教结合",这一概念最早见于1991年国务院颁布的《关于大力

发展职业技术教育的决定》，其中提到"提倡产教结合、工学结合"，目的是解决职业技术教育在"规格和质量等方面都还不能适应经济建设和社会发展的需要；2013 年党的十八届三中全会首次提出了产教融合的概念，提出"加快现代职业教育体系建设，深化产教融合、校企合作，培养高素质劳动者和技能型人才"，把深化产教融合与现代职业教育体系建设密切结合起来；2014 年《国务院关于加快发展现代职业教育的决定》提出"建立健全产教融合制度"，我国职业教育领域"产""教"关系从"结合"走向"融合"，从提倡走向制度化；2015 年，国务院印发《统筹推进世界一流大学和一流学科建设总体方案》，强调"深化产教融合，着力提高高校对产业转型升级的贡献率"，把产教融合提高到促进我国产业转型升级的高度，对深化产教融合提出了进一步的要求；2017 年国务院办公厅印发的《关于深化产教融合的若干意见》，则是第一次专门针对产教融合制定的国家级推进政策，赋予产教融合在供给侧结构性改革、实现精准就业、推进经济转型升级和培育经济发展新动能等多项职能。

### （三）产教融合的现实意义

一是有利于激发学生的创造力、创新力，并为学生工读结合、勤工俭学创造条件。职业学校兴办专业产业，并使之与教学相结合，使学生在生产实践和管理实践中，做到知行结合，从而加深对知识的理解，增强应用知识和解决实际问题的能力。产教融合同时还激发学生在实践中不断探索、不断创新，而这种创新意识、创新能力、创新人才的培养正是我们职业教育的办学方向。学校兴办专业产业，让学生参与生产或经营，取得一定的报酬，这客观上也为学生工读结合、勤工俭学创造了条件。

二是有利于提高教师的业务水平。学校创设实习基地，兴办专业产业，为广大教师，特别是专业课教师参加实践、提高实际工作的能力提供了条件和机会，而且在实际工作中，教师把理论知识与生产实践相结合，把教学与科研相结合，这有利于提高自身业务素质，提高教学的质量，对职业学校建立一支过硬的双师双能型师资队伍有着十分重要的意义。

三是有利于促进地方经济繁荣发展。职业学校设置的专业都与当地产业发展密切相关。学校教师依靠科技兴办产业，因而在当地具有一定的示范性。同时，职业学校培养了一大批懂技术、会管理的人才，他们走上社会，必然会成为该领域的行家里手，这有利于支撑当地经济结构的调整，促进地方经济的繁荣和发展。

四是有利于促进职业教育的健康发展。职业教育是以就业为导向的教育，培养的是生产、建设、管理和服务第一线需要的高技能人才。这类人才具有鲜明的职业性、技能性、实用性等岗位特征，因此应按岗位群对人才的知识、能力、素质的需求作为最高原则来设置专业，制订教学计划。"产教结合、校企一体"的培养思路正是这种需求的集中体现。同时，学校也应针对企业所需的产品与技术进行开发，以实现学校培养人才、研发产品和技术服务三大功能。为使企业需求与学校教学无缝衔接、与技术发展方向合拍，就必须依靠和吸收企业技术骨干、学者专家参与培养目标的研讨、教学计划的制订。

## 二、产教融合的重要任务

产教融合是在产业和教育渗透融合的格局与机制下，各类相关要素有序重组所形成的多主体、多层次、多维度生态系统，需要政府、学校、企业、社会组织等各方协同推进。2017 年《国务院办公厅关于深化产教融合的若干意见》明确了政府、企业、学校等各方的工作任务。

### （一）中央和政府侧工作任务

构建教育和产业统筹融合发展格局。一是同步规划产教融合与经济社会发展，将教育优先、人才先行融入各项政策。二是统筹职业教育与区域发展布局，引导职业教育资源逐步向产业和人口集聚区集中。三是促进高等教育融入国家创新体系和新型城镇化建设。四是推动学科专业建设与产业转型升级相适应，大力发展现代农业、数字创意等产业急需紧缺学科专业，积极支持家政、健康、养老等社会领域专业，加强智慧城市、网络安全、人工智能等事关国家战略、国家安全等学科专业建设。五是健全以需求为导向的人才培养结构调整机制，把市场供求比例、就业质量作为学校设置调整学科专业、确定培养规模的重要依据，引导学校对设置雷同、就业连续不达标专业，及时调减或停止招生。

### （二）企业侧工作任务

一是拓宽企业参与途经，鼓励企业以独资、合资、合作等方式依法参与举办职业教育、高等教育，支持企业参与公办职业学校办学，鼓励有条件的地区探索推进职业学校股份制、混合所有制改革。二是深化"引企入教"改革，促进企业需求融入人才培养环节，推行面向企业真实生产环境的任务式培养模式，职业学校新设专业原则上应有相关行业企业参与，鼓励企业依托或联合职业学校、高等学校设立产业学院和企业工作室、实验室等。三是开展生产性实习实训，健全学生到企业实习实训制度，吸引优势企业与学校共建共享生产性实训基地，鼓励企业直接接收学生实习实训，保障学生享有获得合理报酬等合法权益。四是以企业为主体推进协同创新和成果转化。五是强化企业职工在岗教育培训，确保教育培训经费 60% 以上用于一线职工，加强产能严重过剩行业转岗就业人员再就业培训。六是发挥骨干企业引领作用，骨干企业联合学校共同组建产教融合集团（联盟），支持有条件的国有企业继续办好做强职业学校。

### （三）学校侧工作任务

一是将工匠精神培育融入教育教学，将动手实践内容纳入中小学相关课程和学生综合素质评价，组织开展"大国工匠进校园"活动，鼓励有条件的普通中学开设职业类选修课程。二是推进产教协同育人，全面推行现代学徒制和企业新型学徒制，实践性教学课时不少于总课时的 50%。三是加强产教融合师资队伍建设，支持在职教师定期到企业实践锻炼。四是完善考试招生配套改革，完善"文化素质+职业技能"评价方式，适度提高高等学校招收职业教育毕业生比例，逐步提高高等学校招收有工作实践经历人员的比例。五是加快学校治理结构改革，建立健全学校理事会制度，鼓励引入行业企业、科研院所、社会组织等多方参与。六是创新教育培训服务供给，大力支持"互联网+教育培训"发展，允许和鼓励高校向行业企业和社会培训机构购买创新创业、前沿技术课程和教学服务。

### 三、产教融合的促进政策与措施

#### （一）完善政策支持体系

一是实施产教融合发展工程，支持校企共建共享技术技能实训设施，加强产教融合实训环境、平台和载体建设，强化实践教学环节建设，加强学科、人才、科研与产业互动，推动合作育人、协同创新和成果转化。二是落实财税用地等政策，完善教育拨款机制，科研人员依法取得的科技成果转化奖励收入不纳入绩效工资总数，落实社会力量举办教育有关财税政策，企业投资或与政府合作建设职业学校、高等学校的建设用地，按科教用地管理，符合《划拨用地目录》的，可通过划拨方式供地。三是强化金融支持，鼓励金融机构支持符合条件的产教融合项目建设，引导银行业金融机构开发适合产教融合项目特点的多元化融资品种，积极支持符合条件的企业在资本市场进行股权融资，发行标准化债权产品，加大产教融合实训基地项目投资，加快发展学生实习责任保险和人生意外伤害保险。四是开展产教融合建设试点。五是加强国际交流合作，开发符合国情、国际开放的校企合作培养人才和协同创新模式，探索构建应用技术教育创新国际合作网络。

#### （二）优化社会组织功能

一是强化行业协调指导，开展人才需求预测、校企合作对接、教育教学指导、职业技能鉴定等服务。二是规范发展市场服务组织，利用市场合作和产业分工，提供专业化服务，构建校企利益共同体。三是打造信息服务平台，汇聚区域和行业人才需求、校企合作、项目研发、技术服务等各类供求信息，向各类主体提供精准化产教融合信息发布、检索、推荐和相关增值服务。四是健全第三方评价，将其作为绩效考核、投入引导、试点开展、表彰激励的重要依据。

### 四、产教融合的组织与实施

（1）营造良好环境，形成产教融合社会共识。将产教融合确立为国家职业教育基本制度，加快收入分配、企业用人制度以及学校编制、教学科研管理等配套改革，制定行之有效的产教融合促进法，建立健全产教融合互补性制度。

（2）强化工作协调，打造产教融合生态。建立发展改革、教育、人力资源社会保障、财政、工业和信息化等部门密切配合，有关行业主管部门、国有资产监督管理部门积极参与的工作协调机制，构建一条完整的科研成果转化链，构建"产业、行业、专业"集成融合的生态系统，实施应用型大学重点支持计划，鼓励地方政府积极培育产教融合生态。

（3）学校主动作为，推进产教融合理论与实践研究。尝试构建多主体参与、多形式运行的产教融合模式，建立以产业需求为导向的共享组织体，建立"校中厂""厂中校"，构建学生、教师与企业生产、研发零距离对接的教学培养机制。对接区域经济社会转型升级发展需求，与政府共建智库。

# 第二节 校企合作政策解读

## 一、校企合作概述

### （一）校企合作的含义

"校"指"学校"，"企"指"企业"，"合作"就是两个核心主体的联合行动。

教育部等六部门2018年2月联合制定并发布《职业学校校企合作促进办法》，该文件明确指出校企合作是指中、高等职业学校和企业在实施职业教育过程中通过共同育人、合作研究、共建机构、共享资源等方式实施的合作活动。

### （二）我国校企合作政策的发展历程

1996年《职业教育法》颁布以前，关于校企合作政策提及很少而且分散，主要侧重于宏观指导，缺乏可操作性。以1996年《职业教育法》为契机，校企合作办学政策由宏观向微观逐渐转变，内容更具体化。1998年教育部出台了《面向21世纪教育振兴行动计划》，提出："加强产学研合作，鼓励高等学校与科研院所开展多种形式的联合、合作，优势互补，讲求实效。"2002年《国务院关于大力推进职业教育改革与发展的决定》指出，要"充分依靠企业举办职业教育"，"企业要和职业学校加强合作，实行多种形式联合办学，开展'订单'培训，并积极为职业学校提供兼职教师、实习场所和设备"。2003年，《关于实施职业院校制造业和现代服务业技能型紧缺人才培养培训工程的通知》要求"行业、企业专家与学校一起按照工作流程和岗位需要共同开发'核心课程与训练项目'，以满足用人单位对专业技能人才的需要"。2005年《国务院关于大力发展职业教育的决定》为校企合作做出了详细规定，比如第十条明确指出："中等职业学校在校学生最后一年要到企业等用人单位顶岗实习，高等职业院校学生实习实训时间不少于半年。建立企业接收职业院校学生实习的制度，为顶岗实习的学生支付合理报酬"。《国家中长期教育改革和发展规划纲要（2010—2020年）》就提出要制定促进校企合作办法法规，推进校企合作制度化。2014年，国务院颁发的《关于加快发展现代职业教育的决定》指出，研究制定促进校企合作办学有关法规和激励政策。2016年，中央深化改革领导小组要求尽快印发有关校企合作促进的政策文件。2018年，由教育部等六个部门联合制定并发布《职业学校校企合作促进办法》。由此可见，这一时期校企合作政策已经开始制定比较具体的办学方针，并对学校和企业双方的权利义务等都有若干规定。从这些规定我们可以看出校企合作政策正在不断完善和成熟。这对于办好新时代职业教育具有重要意义。

### （三）校企合作的现实意义

一是有利于经济社会的发展。21世纪以来，随着国家经济结构调整，我国正由制造大国向制造强国迈进，经济的快速发展需要大批技能人才。近几年出现的"高级技工荒"已成为制约经济发展的瓶颈。因此，加快技能人才队伍建设才能支撑经济发展大局。

二是有利于企业的发展。企业参与校企合作，通过与学校共同研究制定人才培养方案，及时将新技术、新工艺、新规范纳入教学标准和教学内容，达到提高技能人才培养质量的目的，满足企业对技能型人才的稳定需求。同时，还能利用职业院校的培训优势，定期对在职职工进行技能提升培训，保证职工的素质和技能水平能够跟得上企业发展和科技进步的步伐，进而不断提升企业的核心竞争力，逐步形成校企"双赢"新格局。

三是有利于职业院校的发展。职业院校通过校企合作这个平台，能够更直接地了解企业的需求，切实提高人才培养的针对性和适用性；通过"工学结合""中国特色学徒制"等校企"双元育人"合作方式，促进人才培养模式的深入改革；通过设立校内校外实训基地，"把车间建在学校，把课堂设到车间"，切实提高人才培养的实效性；通过学校教师与企业里的技术专家、高技能人才和能工巧匠的互派交流，能够加快"双师型"教师队伍建设步伐。

四是有利于技术技能人才的培养。"干中学"的具体实践，能够高效率提高专业能力，培养学生过硬的职业技能；通过在生产、服务第一线接受企业管理、教学和劳动，学生可以切身体验严格的生产纪律、一丝不苟的技术要求，感受劳动的艰辛、协作的价值和成功的快乐，培养良好的职业素养。

## 二、校企合作的促进、规范与保障

校企合作实行校企主导、政府推动、行业指导、学校企业双主体实施的合作机制。

### （一）校企合作的形式与内容

职业学校和企业可以结合实际在人才培养、技术创新、就业创业、社会服务、文化传承等方面，开展七种形式合作。

一是根据就业市场需求，合作设置专业、研发专业标准，开发课程体系、教学标准以及教材、教学辅助产品，开展专业建设；二是合作制定人才培养或职工培训方案，为学生实习实训、教师实践、学生就业创业、员工培训、企业技术和产品研发、成果转移转化等提供支撑；三是根据企业工作岗位需求，开展学徒制合作，联合招收学员，按照工学结合模式，实行校企双主体育人；四是以多种形式合作办学，合作创建并共同管理教学和科研机构，建设实习实训基地、技术工艺和产品开发中心及学生创新创业、员工培训、技能鉴定等机构；五是合作制定岗位规范、质量标准等。六是组织开展技能竞赛、产教融合型企业建设试点、优秀企业文化传承和社会服务等活动。七是法律法规未禁止的其他合作方式和内容。

职业学校和企业开展合作，应当通过平等协商签订合作协议。同时，鼓励有条件的企业举办或者参与举办职业学校，设置学生实习、学徒培养、教师实践岗位；鼓励规模以上企业在职业学校设置职工培训和继续教育机构。企业职工培训和继续教育的学习成果，可以依照有关规定办法与职业学校教育实现互认和衔接。

### （二）校企合作的规范与保障

1. 对地方政府的要求

一是地方人民政府有关部门在制定产业发展规划、产业激励政策、脱贫攻坚规划时，应当将促进企业参与校企合作、培养技术技能人才作为重要内容，加强指导、支持和服务。二是教育行政部门应当把校企合作作为衡量职业学校办学水平的基本指标，在院校设置、专业审批、招生计划、教学评价、教师配备、项目支持、学校评价、人员考核等方面提出相应要求；对校企合作设置适应就业市场需求的新专业，应当予以支持；应当鼓励和支持职业学校与企业合作开设专业，制定专业标准、培养方案等。三是鼓励各地通过政府和社会资本合作、购买服务等形式支持校企合作。四是鼓励各地采取竞争性方式选择社会资本，建设或者支持企业、学校建设公共性实习实训、创新创业基地、研发实践课程、教学资源等公共服务项目。五是按规定落实财税用地等政策，积极支持职业教育发展和企业参与办学。

2. 对企业及员工的支持

一是国家发展改革委、教育部会同人力资源和社会保障部、工业和信息化部、财政部等部门建立工作协调机制，鼓励省级人民政府开展产教融合型企业建设试点，对深度参与校企合作、行为规范、成效显著、具有较大影响力的企业，按照国家有关规定予以表彰和相应政策支持。二是各级工业和信息化行政部门应当把企业参与校企合作的情况，作为服务型制造示范企业及其他有关示范企业评选的重要指标。三是县级以上地方人民政府对校企合作成效显著的企业，可以按规定给予相应的优惠政策。四是企业因接收学生实习所实际发生的与取得收入有关的合理支出，以及企业发生的职工教育经费支出，依法在计算应纳税所得额时扣除。五是开展校企合作企业中的经营管理人员、专业技术人员、高技能人才，具备职业学校相应岗位任职条件，经过职业学校认定和聘任，可担任专兼职教师，并享受相关待遇。上述企业人员在校企合作中取得的教育教学成果，可视同相应的技术或科研成果，按规定予以奖励。

3. 对学校和教师的鼓励

一是鼓励东部地区的职业学校、企业与中西部地区的职业学校、企业开展跨区校企合作，带动贫困地区、民族地区和革命老区职业教育的发展。二是职业学校及教师、学生拥有知识产权的技术开发、产品设计等成果，可依法依规在企业作价入股。三是职业学校和企业对合作开发的专利及产品，根据双方协议，享有使用、处置和收益管理的自主权。四是职业学校应当将参与校企合作作为教师业绩考核的内容，具有相关企业或生产经营管理一线工作经历的专业教师在评聘和晋升职务（职称）、评优表彰等方面，同等条件下优先对待。五是县级以上地方人民政府应当鼓励职业学校通过场地、设备租赁等方式与企业共建生产型实训基地，并按规定给予相应的政策优惠。

4. 对学生安全的保障

一是职业学校与企业就学生参加跟岗实习、顶岗实习和学徒培养达成合作协议的，应当签订学校、企业、学生三方协议，并明确学校与企业在保障学生合法权益方面的责任。企业应当依法依规保障顶岗实习学生或者学徒的基本劳动权益，并按照有关规定及时足额支付报酬，任何单位和个人不得克扣。二是推动建立学生实习强制保险制度。

### 三、校企合作的组织与实施

一是加强统筹领导。在中央教育工作领导小组领导下，主动协调好教育、经济、劳动、就业等领域，制定行业企业办职业教育的配套政策，鼓励企业举办或参与举办职业教育，发挥企业在实施职业教育中的重要办学主体作用，形成部门协调、部省协同、行业企业参与的政策红利。

二是打出政策组合拳。根据国办印发的《关于深化产教融合的若干意见》，细化《校企合作促进办法》的部门分工职责，制定实施方案。在推动《校企合作促进办法》贯彻落实中，破解校企合作运行机制不顺畅、合作协议不规范、育人效果不明显等难题，激发行业企业参与职业教育的内生动力。同时，要联合相关部门推动落实《关于国有企业办教育医疗机构深化改革的指导意见》，支持企业特别是国有企业举办职业学校。

三是开展大样本试点。研究制订并启动实施"十百千"产教融合行动计划，通过共建职业教育试验区等形式，遴选 10 个左右省份、100 个左右城市、1 000 家左右示范职业学校（职教集团）和企业，深化产教融合、校企合作。继续推进中国特色现代学徒制人才培养，进一步提升技术技能人才培养质量。建设一批校企深度合作项目，助推企业发展。

四是持续予以推动。宣传职业教育领域产教融合、校企合作成果和典型案例，推动产教融合、校企合作成为各方自觉行动。持续开展产教融合、校企合作的相关研究，不断完善国家职业教育标准体系。

# 第三节　工学结合政策解读

## 一、工学结合概述

### （一）工学结合的含义

工学结合是培养技术型、技能型人才的一种教育教学模式。它是以培养学生的综合职业能力为目标，以校企合作为载体，把课堂学习和工作实践紧密结合起来的人才培养模式。其特点是学校和企业共同参与培养过程，教育计划由学校和企业共同商定、实施与管理；生产工作是教育计划的整体组成部分并占有合理的比例，也是成绩考核评定的重要部分；学生作为准职业人员参与相应的生产工作活动。

### （二）我国工学结合政策的发展历程

"工学结合"一词最早出现于 1991 年 10 月国务院发布的《关于大力发展职业技术教育的决定》，文件提出"提倡产教结合、工学结合"的要求。2002 年，《国务院关于大力推进职业教育改革与发展的决定》（以下简称《决定》），要求"职业学校要把教学活动与生产实践、社会服务、技术推广及技术开发紧密结合起来"，对工学结合的内容进行了具体化。为了落实这一《决定》，2004 年教育部等七部门联合发出《关于进一步加强职业教育工作的若干意见》，强调"推动产教结合，加强校企合作，积极开展'订单式'培养"，将工学结合人才培养模式具体化为订单式培养。2005 年 11 月，《国务院关于大力发展职业教育的决定》，明确提出"大力推行工学结合、校企合作的培养模式"，同时丰富了工学结合的内容，要求与企业紧密联系，加强学生的生产实习和社会实践，改革以学校和课堂为中心的传统人才培养模式，建立企业接收职业院校学生实习的制度，逐步建立和完善半工半读制度。为贯彻落实《国务院关于大力发展职业教育的决定》精神，大力推行工学结合、校企合作的培养模式，教育部于 2006 年专门发布了《教育部关于职业院校试行工学结合、半工半读的意见》，指明了工学结合的重要意义和具体途径，对各学校建立工学结合的保障机制提出了要求。同年，教育部发布了高职教育的纲领性文件《教育部关于全面提高高等职业教育教学质量的若干意见》（教高〔2006〕16 号），提出"大力推行工学结合，突出实践能力培养，改革人才培养模式"的要求，把工学结合提到"高等职业教育人才培养模式改革的重要切入点"的高度，希望通过工学结合带动专业调整与建设，引导课程设置、教学内容和教学方法改革。2008 年教育部开展的高职高专人才培养水平评估工作和教育部财政部实施的国家示范性高等职业院校建设计划，这两项重大政策对工学结合的探索和研究，起到了重要的推动作用。近几年，随着招生规模的不断扩大，各高职院校之间的竞争异常激烈，提高人才培养质量，成为各高职院校应对市场竞争的唯一选择和出路。在这时候，各校不约而同地选择了工学结合，不断促进工学结合研究与实践的繁荣。

### （三）工学结合的现实意义

一是有利于人才培养模式的新探索，工学结合人才培养模式是符合我国高职院校与企业自身特点的专业教学模式。二是突破学校传统的教学单向思维模式，与企业共建合作型的实训基地、就业基地，实现校企双赢，使创新性的人才培养模式具有很强的可操作性。三是注重做实基础、拓展知识，推动学生从应知到应会、从知识向实操转变构筑职业生涯的素质提升平台。四是促进了教学管理思想和模式的改变。

## 二、工学结合人才培养的具体模式

### （一）引企入校模式

职业学校与企业集团联合成立培训基地，企业提供各类设备和材料，学校出师资，指导学生学以致用，共同对在校学生和企业员工进行培训。在这样的学校，每年都可以向企业集团输出大量技术工人，他们很快成为企业骨干，真正打造出了"金蓝领"。学校与企业实现零距离接触，培养出适应性强、企业急需的一线技能型人才。

### （二）办校入企模式

把课堂建在企业，"车间即教室，工人即学生，师傅即教师"的培养模式，也被称为办校入企模式。在这种模式中，学校出学生，企业盖厂房，共建生产实习基地。基地可同时容纳成百上千名学生上岗，可以承揽企业部分或全部的加工业务。通过合作，学校提高了办学效益；对企业而言，相比从社会上招收的工人，学生素质高、接受能力强、管理难度小，也缩短了培训时间，大大提高了生产效率；对学生特别是家庭困难的学生而言，获得的工资不仅解决了学费、生活费，还能补贴家用。

### （三）厂校同设模式

在厂校同设模式中，可以在职业学校或职教中心创办各类与专业相关的校办企业车间，形成"五个合一"模式：一是车间、教室合一；二是学生、学徒合一；三教师、师傅合一；四是作品产品合一；五是育人、创收合一。这样不但能解决职业学校经费短缺问题，也许能创出自己的产业品牌，形成当地的产业名片。实践证明，这种模式是非常值得推广的。

## （四）订单式模式

订单式模式是指职业学校根据企业对人才技能的要求，校企双方共同制定人才培养方案，签订用人合同，并在师资、技术、办学条件等方面开展合作，共同完成人才培养和就业等一系列教育教学活动的办学模式，最大限度实现"招生即招工、入校即入工、毕业即就业"的无缝对接。它是建立在校企双方相互信任、紧密合作基础上，以就业为导向，提高人才培养的针对性和实用性以及企业参与积极性，实现学校、用人单位与学生三方共赢的一种工学结合教育教学形式。

## （五）顶岗实习模式

顶岗实习模式是指学生到企业具体生产岗位上在师傅指导下进行教学实习，并承担顶替部分工作的实践教学模式，学生可以一边学习理论知识，一边进行生产工作实践。顶岗实习模式可以促使学生从"应知"走向"应会"的转变。它与传统意义上的实习不同，参加顶岗实习的学生在工作期间有正式的工作岗位，要像正式员工一样承担一线的岗位职责，这是顶岗实习的重要特点。在顶岗实习过程中，学生不仅接受学校教师的指导，而且还要接受企业文化的熏陶和企业委派的具有实践技能和经验的技师指导，与此同时，企业与学校保持密切联系，反馈学生顶岗实习情况。学校则根据企业实际和要求改进教育教学工作。顶岗实习工学结合教育教学模式的优点在于通过工作实践锻炼，有助于学生的快速成长和增强实际独立工作能力；有助于培养学生的竞争意识和吃苦耐劳精神；学生通过顶岗实习可以将理论知识和生产实际相结合。

## （六）工学交替模式

工学交替模式就是指把学生整个学习过程划分为在校学习和在企业工作交替进行的两部分教育形式。它是在不突破现有学制的前提下，进行学习与工作实践的交替循环，不影响正常的教学计划和课堂学习，而且也能使学生的工作实践顺利进行。同时生产实习环节基本统一安排，分散进行，双向选择，灵活多样。工学交替模式主要是按照每个生产实践环节的要求，由学校组织或学生自主联系实践单位，只要能满足工学结合教育教学的要求即可。在学生生产实习期间，学校会组织专业教师进行巡查，与合作单位进行沟通，了解学生的生产实习情况。

## （七）"2+1"模式

"2+1"模式是近年来我国高职院校在深入进行教育教学改革中，创造出来的一种新的教育教学形式。具体来说，"2+1"模式是指在三年学制期内两年在学校学习，一年在企业实践。校内教学以理论课为主，辅之以实验、实训等实践性教育教学环节，学生在企业的一年以顶岗实习为主，同时学习部分专业课，结合生产实际选择毕业设计课题，并在校企指导教师的共同指导下完成毕业设计。其突出的特点是校企紧密结合，充分发挥学校和企业两个育人主体作用，提高学生综合素质、动手能力和解决实际问题的能力，增强学生适应社会和工作岗位的能力。"2+1"模式能有效发挥行业、企业优势，借助社会力量，促进工学结合教育的发展。

## （八）项目驱动模式

项目驱动模式是指学校与企业双方通过具体的项目进行合作，来调整相关专业的定位和培养目标，制定和完善理论教学体系和实践性教学体系，具体项目内容由学校与企业双方协商确定，它是以项目为双方合作的基础，通过项目合作过程来完成和实现培养培训工作的一种形式。这种教育教学模式的优点在于：①校企双方根据项目需要，互派人员到对方任教和培训，企业为学生提供实习场所及项目所需的物质条件，学校为企业培训员工，提高企业管理水平；②企业为学生就业提供方便，形成一种互惠互利的机制；③以项目为载体和纽带，把企业和学校紧密地联系在一起，校企共赢，风险降低；④具有较强的针对性和操作性，因为它是以项目为中心而开展工作的，一切工作都是为项目服务。项目驱动式教育教学模式的不足是寻找适合工学结合的项目有一定难度，因而这种教育模式适用范围受到限制。

### 三、工学结合人才培养模式的组织与实施

#### （一）成立专业建设委员会

专业建设委员会的委员由行业协会、合作企业、兄弟院校教育教学专家组成。专业建设委员会将每年至少修订、审定一次专业建设方案、新专业方向设置方案、人才培养方案、课程建设方案、教材建设方案、师资培养方案、职业技能鉴定计划、实训基地建设方案；每半年召开例会一次，由专业带头人向委员会汇报专业运行情况，听取专家意见；定期对项目的实施情况进行检查、监督和评估，及时纠正项目执行过程中的偏差。

#### （二）建立"工学结合"实践管理制度

编制学校、企业和学生及家长三方《"工学结合"实习协议书》，明确学校和企业在学生工学结合中的责任和权利，并告知家长。学生一方面是在校生，要完成自己的学习任务，拿到相应的学分，培养自己的能力；另一方面也是企业的学徒工，要遵守企业规章制度，融入企业文化，学习操作技能，完成工作任务，取得企业考核成绩。制定《"工学结合"实习管理办法》，合作企业按照实习员工管理制度管理学生，学校委派专职教师管理教育学生，实施校企"工学结合"实践双重管理。学生在"工学结合"实践期间，每天要填写日考核表；"工学结合"实践结束后，企业根据学生的日考核表给出综合评分，与学校带队指导老师评分一起构成学生实践的综合评价。其中，企业评分所占比例为70%，指导老师评分占30%。学生在实习结束时，根据各自的实践经历撰写一份"工学结合"实践报告。学校根据学生的实践情况颁发"工学结合"实践经历证书，企业应加盖公章。

#### （三）健全人事分配制度

学校应对教师参与校企合作的情况进行管理，完善促进校企合作的配套制度与措施，制定《工学交替绩效考核、评价与奖励制度》和《鼓励教职工参与校企合作实施意见》。对于主动开发校企合作项目、对学生进行跟踪指导的教师，学校认可其劳动，合理计算工作量，把岗位待遇、职称评聘、评优评先与校企合作业绩紧密联系起来。

#### （四）构建校企双赢的利益机制，明确合作的约束条款

工学结合是以校企合作为基础，高职院校要主动与政府、社会团体取得联系，争取广泛的支持，采取灵活的政策，让企业方认识到校企合作的重要性。企业在校企合作中承担着提供设施、场地、技术、师资等义务，是校企合作的关键。校企合作应兼顾双方的利益，通过校企互利双赢的纽带，将企业与学校紧密联系在一起，维系校企双方长期合作的关系。成立由校企决策者参与的校企合作委员会，成立由校企执行部门

参与的校企合作执行机构，同时制定合作章程，明确各方在校企合作机构中的权利与义务，校企合作运行中的作为与不作为，以及相应的考核、奖惩机制。校企双方合作协议的条款越明确，合作才越顺利。长期合作的单位，除签订"工学结合"校企合作协议外，每一个合作项目开展前，双方应就具体的合作内容、时间、权利义务等签订合同，共同遵守。合作过程中，双方的学员或教师、项目负责人都应该自觉遵守协议。

### （五）强化质量管理责任机制

通过实施"过程评价"和"结果评价"，完善"工学结合"反馈机制，逐步建立并完善对"工学结合"动态跟踪、定期评估和信息上报等制度，建立过程评价与结果评价相统一的评价机制，不断提升"工学结合"育人的质量和水平。

# 第四节　中国特色学徒制政策解读

## 一、中国特色学徒制概述

### （一）中国特色学徒制的含义

中国特色现代学徒制是以政府引导、企业为主、院校参与为原则，以企业为主、学校为辅；政府引导、政策支持；校企双师合作、工学交替培养；技能为主、知识为辅、德技并修；中级技工培养为主，高级技工培养为辅；学分管理、书证融通为特点的技能人才培养新模式。

### （二）中国特色学徒制政策的发展历程

中国特色学徒制从源远流长的中国古代学徒制和近代学徒制发展演绎而来。传统学徒制是师傅带徒弟，企业自己培养人才。随着社会化大生产的发展，打破了原有的模式，出现了职业学校制，一度放弃了师傅带徒弟的模式。但在发展过程中，出现了理论与实践脱节。后来在总结经验之后，把传统的学徒制跟学校制相结合，形成了学校与企业共同培养人才的现代学徒制。

2014 年 2 月 26 日，李克强总理主持召开国务院常务会议，确定了加快发展现代职业教育的任务措施，提出"开展校企联合招生、联合培养的现代学徒制试点"，标志现代学徒制已经成为国家人力资源开发的重要战略。2014 年 8 月，教育部印发《关于开展现代学徒制试点工作的意见》，制订了工作方案。2015 年 7 月 24 日，人力资源与社会保障部、财政部联合印发了《关于开展企业新型学徒制试点工作的通知》，对以企业为主导开展的学徒制进行了安排。党的十九届五中全会关于《中共中央关于制定国民经济和社会发展第十四个五年规划和二〇三五年远景目标的建议》提出，要"加大人力资本投入，增强职业技术教育适应性，深化职普融通、产教融合、校企合作，探索中国特色学徒制，大力培养技术技能人才"。这是中央文件中第一次出现"中国特色学徒制"的提法。

### （三）中国特色现代学徒制的重要意义

一是有利于促进行业、企业参与职业教育人才培养全过程，实现专业设置与产业需求对接，课程内容与职业标准对接，教学过程与生产过程对接，毕业证书与职业资格证书对接，职业教育与终身学习对接，提高人才培养质量和针对性。

二是建立中国特色学徒制是职业教育主动服务当前经济社会发展要求，推动职业教育体系和劳动就业体系互动发展，打通和拓宽技术技能人才培养和成长通道，推进现代职业教育体系建设的战略选择；是深化产教融合、校企合作，推进工学结合、知行合一的有效途径；是全面实施素质教育，把提高职业技能和培养职业精神高度融合，培养学生社会责任感、创新精神、实践能力的重要举措。

## 二、中国特色现代学徒制的"特色"

"中国特色现代学徒制"意味着与外国学徒制存在不同之处，这在主要体现以下三个方面：

### （一）政府直接出资

2015年8月，人力资源和社会保障部、财政部《关于开展企业新型学徒制试点工作的通知》（人社厅发〔2015〕127号）明确："人力资源和社会保障部门会同财政部门对开展学徒制培训的企业按规定给予职业培训补贴，补贴资金从就业专项资金列支"。该通知还将之与培训资金补贴、职业技能的奖评价挂钩："补贴数额一般可按企业支付给培训机构培训费用（以培训费发票为准）的60%确定，每人每年的补贴标准原则上应控制在4 000~6 000元的合理区间，补贴期限不超过2年。"经过试点并总结经验后，进一步提高政府直接出资的水平。2018年，人力资源和社会保障部、财政部又联合出台《关于全面推行企业新型学徒制的意见》（人社部发〔2018〕66号），进一步要求："学徒每人每年的补贴标准原则上不低于4 000元，并根据经济发展、培训成本、物价指数等情况逐步提高"。这说明我国学徒制政府政策供给力度与众不同。

### （二）培养层次拉高

中华人民共和国成立后，我国一直在国有企业开展学徒制工作。当时，我国技术工人技术技能等级分8个层级。学徒3年出师后转为一级技工。一级技工是最低的。2015年开始，我国试行企业新型学徒制，人力资源和社会保障部、财政部文件规定：学徒制"以与企业签订6个月以上劳动合同的技能岗位新招用人员和新转岗人员为培养对象"，这类对象的"培养目标以中、高级技术工人为主"。目前，我国实行技术工人五级制：初级技工、中级技工、高级技工、技师、高级讲师。其中的"高级技工"属于高技能人才。学徒毕业，经过考核，最高可获得高级技工职业技能等级。这说明我国学徒制培养层次与众不同。

### （三）育、训、用、评结合

从人力资源和社会保障部、教育部多年学徒制实践情况看，涉及的主体包括企业、学校、培训机构、职业技能评价机构、政府等，涉及的业务包括学制教育、职业培训、岗位使用、技能等级评价。这说明我国学徒制运行机制与众不同。

## 三、中国特色现代学徒制的组织与实施

中国特色现代学徒制的推行，应在前期教育部现代学徒制和人力资源和社会保障部企业新型学徒制实践的基础上，结合我国新发展阶段产业、企业实际需求，不断探索前行。

## （一）以企业为主、学校为辅

"以企业为主、学校为辅"是契合学徒制运行规律的职责分工。

## （二）政府引导、政策支持

推行中国特色现代学徒制是企业技能人才队伍建设的重要举措，而加强企业技能人才队伍建设是增强企业核心竞争力、推动产业转型升级的必然要求，是国家稳定就业、化解就业结构性矛盾的重要措施，也是深入实施人才强国战略和创新驱动发展战略的重要内容。因此，政府要在资金等方面加大政策供给，通过政府激励推动，提高企业开展学徒培养工作的积极性。

## （三）企校双师合作、工学交替培养

校企双方指派合格教师（师傅），形成两类导师，在工学交替的制度下，两类导师既分工又合作完成培养任务。这是学徒制培养的国际惯例。

## （四）技能为主、知识为辅、德技并修

学徒制培养肯定要紧贴企业工作岗位技能要求，以技能训练为主，但也要学知识，兼顾职业道德、工匠精神等要素的培育，为此，应该建立由通用素质类+专业基础类+技术技能类三类教材组成的中国特色学徒制教学资源体系。

## （五）中级技工培养为主，高级技工培养为辅

学徒制的主要对象是新员工、转岗员工，其中以新入职员工为主。从质量保证和学徒制生命力的角度看，中国特色现代学徒培育层次应以中级技工为主。在2~3年时间里，争取完成中级技工的学习任务、工作任务。

## （六）学分管理、书证融通

在学徒制领域推行"学分管理和书证融通"，其实质是创造一种新的技能人才培育形式。这种形式，也是一种更高层次、更有价值的内容。它使得我国职业教育、技工教育形成全日制教育与非全日制教育并举、院校为主的技能人才培养方式与企业为主的技能人才培养方式共进的局面。

（本章撰稿：陈玲）

# 复习思考题

1. 产教融合的具体任务有哪些？
2. 如何保障落实校企合作？
3. 工学结合的具体模式有哪些？
4. 中国特色学徒制的特点是什么？

# 第十五章

# 国家职业资格证书制度改革

【内容摘要】本章梳理了我国从实施职业资格证书制度，清理职业资格证书，到推行职业资格与职业技能等级两种制度的改革历程；阐述了对职业资格制度、职业技能等级认定制度、国家职业资格目录制度的认识；分析了职业资格制度与职业技能等级认定制度的异同之处；并对国家职业资格证书制度改革后，职业院校面临两类"双证书"的现状进行了分析，提出了具体的建议。

## 第一节　国家职业资格证书制度改革历程

从 1994 年建立职业资格证书制度以来，按照党中央、国务院"放管服"改革要求，为加快政府职能转变，充分发挥市场在资源配置中的决定性作用，激发市场主体活力，中华人民共和国人力资源和社会保障部①（简称人力资源社会保障部）陆续推出了一系列的职业资格改革举措。

### 一、实施职业资格证书制度（1994—2017 年）

以 1994 年劳动部、人事部联合颁发《职业资格证书规定》（劳部发〔1994〕98号）为标志，启动我国职业资格制度。该制度的评价对象分初级工、中级工、高级工、技师、高级技师五级。该制度的主要任务是：定标准、建站所、抓考核、评技能、发证书、扩范围。

实施职业资格证书制度主要有四点内容：

#### （一）建立管理体制

保障职业资格制度运行的核心是实行职业技能鉴定管理体制。职业技能鉴定实行政府指导下的社会化管理体制。

人力资源社会保障部综合管理全国职业技能鉴定工作，制定规划、政策和标准；

---

① 2008 年 3 月 31 日，在原中华人民共和国人事部与中华人民共和国劳动和社会保障部的基础上新组建的中华人民共和国人力资源和社会保障部正式挂牌。

审查批准有关行业的职业技能鉴定机构。各省、自治区、直辖市人力资源社会保障行政部门综合管理本地区职业技能鉴定工作，审查批准各类职业技能鉴定指导中心和站（所）。职业技能鉴定指导中心负责组织、协调、指导职业技能鉴定工作。职业技能鉴定站（所），具体实施职业技能鉴定。

### （二）制定并推行相关管理办法

根据管理体制和实际需要，先后制定以下规定和办法，如表15-1所示。

**表 15-1　制定的有关规定和办法**

| 序号 | 规定、办法 |
|---|---|
| 1 | 参加技能鉴定人员的申报条件和鉴定程序 |
| 2 | 专业技术知识、操作技能考核办法 |
| 3 | 考务、考评人员工作守则和考评小组成员组成原则及其管理办法 |
| 4 | 职业技能鉴定站（所）考场规则 |
| 5 | 《职业资格证书》的印鉴和核发办法 |

### （三）明确参加职业技能鉴定的对象

职业技能鉴定的对象及实施，如表15-2所示。

**表 15-2　职业技能鉴定的对象及实施**

| 序号 | 对象 | 实施 |
|---|---|---|
| 1 | 各类职业技术学校和培训机构毕（结）业生 | 根据需要，自愿申请参加技能人员《国家职业资格目录》内的职业（工种）的鉴定 |
| 2 | 企业、事业单位学徒期满的学徒工 | 必须进行职业技能鉴定 |
| 3 | 企业、事业单位的职工 | 根据需要，自愿申请参加技能人员《国家职业资格目录》内的职业（工种）的技能鉴定 |
| 4 | 社会各类人员 | 根据需要，自愿申请参加技能人员《国家职业资格目录》内的职业（工种）的技能鉴定 |

### （四）实行定期鉴定制度

省（自治区、直辖市）或行业职业技能鉴定（指导）中心负责制定鉴定工作计划，经省级人力资源社会保障行政部门批准后，向社会发布公告。职业技能鉴定公告可到省级人力资源社会保障行政部门官方网站上进行查询。鉴定公告包括鉴定的工种名称、类别、等级、专业技术知识和操作技能考核鉴定的时间、地点以及报名条件等基本内容。

## 二、清理职业资格证书（2007—2017年）

以2007年12月《国务院办公厅关于清理规范各类职业资格相关活动的通知》（国办发〔2007〕73号）的文件出台为标志，国家在全国范围内开展清理规范职业资格活动。至2017年，共取消职业资格434项，该数量占国家职业资格总数的70%以上，其中专业技术人员职业资格154项、技能人员职业资格280项。

### 三、推行职业资格与职业技能等级两种制度（2017 年以来）

取消 434 项职业资格后，国家新建职业资格目录制度，将确认保留的准入类和水平评价类共 140 项职业资格纳入目录制度管理。国家明确我国职业资格制度包括两类：准入类职业资格和水平评价类职业资格。2019 年 11 月，中华人民共和国国务院常务会议决定：2020 年年底前将国家职业资格数量再压减 1 半以上，将技能人员水平评价类职业资格全部调出国家职业资格目录。之后，准入类职业资格继续保留，非准入类职业资格即水平评价类职业资格全部改为职业技能等级，评价合格者发给职业技能等级证书，实行职业技能等级制度。2020 年 7 月，人力资源和社会保障部宣布 74 项技能人员职业资格于当年年底退出职业资格目录。2020 年 11 月，人力资源和社会保障部印发通知，明确支持各级各类企业自主开展技能人才评价工作，发放职业技能等级证书。2021 年，人力资源和社会保障部发文，明确以下重大事项：

（1）职业资格数量。

（2）水平评价类技能人员职业资格的处理。

（3）全国推行职业技能等级制度。人力资源和社会保障部依法制定发布国家职业标准，建立职业标准体系。该体系包括国家职业标准、行业企业评价规范和专项职业能力考核规范。

（4）明确技能评价主体。两类评价主体：一是企业等用人单位；二是社会培训评价组织。

（5）明确改革的目的和意义。（此处的第一点、第二点、第五点详细内容见本章第五节）

至此，我国职业资格制度改革进入"双制并存"时代：对于准入类职业资格，继续实行职业资格制度；对于水平评价类职业资格，实行职业技能等级制度。

## 第二节　职业资格证书制度

1994 年，劳动部、人事部颁发《职业资格证书规定》（劳部发〔1994〕98 号），标志着职业资格制度的建立，并在全国全面推行。

### 一、职业资格概念

职业资格是对从事某一职业所必备的学识、技术和能力的基本要求。

### 二、职业资格分类

职业资格分为两类：一类是专业技术人员职业资格；另一类是技能人员职业资格。职业资格按照性质分为两类，一类是准入类，另一类是水平评价类。

（1）准入类职业资格是对涉及公共安全、人身健康、人民生命财产安全等特殊职业，依据有关法律、行政法规或国务院决定设置，是依法从事特定岗位的必要条件。

（2）水平评价类职业资格是指社会通用性强，专业性强的职业建立的非行政许可类职业资格制度，劳动者可以自愿参加评价，是用人单位选人用人的重要参考。

### 三、职业资格评价

职业资格评价是根据国家职业标准，由政府部门对劳动者技能水平进行规范鉴定，合格者发给具有门槛性质，持证才能上岗的职业资格证书的规范性活动。

职业资格评价主要包括准入类评价和水平类评价。

### 四、职业资格证书

根据国家职业标准，经由政府部门对劳动者技能水平进行规范鉴定，职业资格考试合格的人员，由国家授予相应的职业资格证书。

职业资格证书是证书持有人专业水平能力的证明，可作为求职、就业的凭证和从事特定专业的法定注册凭证，在中华人民共和国境内有效。证书由人力资源社会保障部统一印制，各地人力资源社会保障部（职改）部门具体负责核发工作。

职业资格证书包括准入类证书和水平评价类证书。水平评价类证书分为五个等级，而准入类证书没有明确的等级划分。

在证书作用上，准入类证书是指按照相关要求，个人拿到证书，持证上岗，才能进入相关行业的工作岗位，企业也不得招募无证人员。水平评价类证书代表的是技术实力的高低，并没有强制性的工作要求。

### 五、职业资格制度改革对象

目前，职业资格制度改革主要涉及的是技能人员水平评价类职业资格，专业技术人员职业资格略有调整。

### 六、职业资格制度改革内容

（1）对技能人员准入类职业资格继续实行职业资格目录管理。

（2）对与公共安全、人身健康、生命财产安全等密切相关的职业（工种）依法调整为准入类职业资格。

（3）对除上述第2条外的其他技能人员水平评价类职业资格，分步有序地全部退出国家职业资格目录，不再由政府或其授权的单位认定发证。与此同时，推行职业技能等级制度，制定发布国家职业标准或评价规范，由相关社会组织或用人单位按标准依规范开展职业技能等级评价、颁发证书。

注：已发放的水平评价类技能人员职业资格证书继续有效。

### 七、实施意义

职业资格制度的实施意义是社会主义市场经济条件下科学评价人才的一项制度，也是国际上通行的一个评价制度。推行职业资格制度，是落实党中央、国务院提出的"科教兴国"战略方针的重要举措，也是我国人力资源开发的一项战略措施。这对于提高劳动者素质，促进劳动力市场的建设以及深化国有企业改革，促进经济发展都具有重要意义。

# 第三节　职业技能等级认定制度

2013 年以来，国务院将减少职业资格许可和认定事项作为推进"放管服"改革的重要内容。2017 年，经国务院同意，人力资源社会保障部向社会公布国家职业资格目录，实行清单式管理。2019 年，人力资源社会保障部印发了《关于改革完善技能人才评价制度的意见》（〔2019〕90 号），明确提出对社会通用性强、专业性强、技术技能要求高的职业（工种），可根据经济社会发展需要，实行职业技能等级认定，建立并推行职业技能等级制度。

## 一、职业技能等级认定的概念

本节所称的职业技能等级认定，是指经人力资源社会保障部门备案公布的用人单位和社会培训评价组织，按照国家职业技能标准或评价规范对劳动者的职业技能水平进行考核评价的活动，是技能人才评价的重要方式。

## 二、职业技能等级认定管理体制

人力资源社会保障部门负责职业技能等级认定工作的政策制定、组织协调、宏观管理。

人力资源社会保障部门职业技能鉴定中心负责职业技能等级认定的国家职业技能标准和评价规范开发、试题试卷命制、考务管理服务等的技术支持和指导，并负责职业技能等级认定工作质量监督。

有关行业部门、行业组织职业技能鉴定中心及有关单位配合做好本行业领域职业分类、职业技能标准或评价规范开发等技术性工作，为本行业领域用人单位和社会培训评价组织提供职业技能等级认定有关服务支持。

## 三、职业技能等级认定范围和认定依据

职业技能等级认定的职业（工种）为现行《中华人民共和国职业分类大典》中技能类职业（工种），以及后续经人力资源社会保障部发布或备案的技能类职业（工种）。

依据职业分类，人力资源社会保障部组织制定国家职业技能标准，用人单位和社会培训评价组织参照《国家职业技能标准编制技术规程》开发行业企业评价规范，经人力资源社会保障部备案后实施。

国家职业技能标准和行业企业评价规范是实施职业技能等级认定的依据。

职业技能等级一般分为初级工、中级工、高级工、技师和高级技师五个等级。企业可根据需要，在相应的职业技能等级内划分层次，或在高级技师之上设立特级技师、首席技师等。

## 四、职业技能等级认定机构

职业技能等级认定由用人单位和社会培训评价组织（统称为评价机构）按照有关规定组织开展职业技能等级认定。

## 五、职业技能等级认定的组织实施

（1）坚持人才"以用为本"的原则实施职业技能等级认定，认定结果要经得起市场检验、为社会广泛认可。

（2）用人单位对本单位职工（含劳务派遣人员）进行自主评价，符合条件的用人单位按规定对其他用人单位和社会人员提供职业技能等级评价服务；社会培训评价组织按照市场化、社会化、专业化原则面向社会开展职业技能等级认定。

（3）评价机构实施职业技能等级认定时，评价职业（工种）有国家职业技能标准的，依据国家职业技能标准开展评价活动；评价职业（工种）没有国家职业技能标准的，可依据经人力资源社会保障部备案的评价规范开展评价活动。

（4）评价机构结合实际确定评价内容和评价方式，综合运用理论知识考试、技能操作考核、工作业绩评审、过程考核、竞赛选拔等多种评价方式，对劳动者（含准备就业人员）的职业技能水平进行科学客观公正评价。

（5）评价机构应当制定职业技能等级认定考务管理、质量管理、证书管理和收费标准等管理办法，并向社会公示公开。评价机构应当建立考评人员和内部质量督导人员队伍，完善考核评价场地设施设备等，确保评价工作质量。

（6）对经考试考核评审合格人员，评价机构可认定其职业技能等级，颁发相应职业技能等级证书。

（7）评价机构应定期报送职业技能等级认定有关情况统计表。评价机构应将职业技能等级证书发放数据报送人力资源社会保障部门职业技能鉴定中心。评价机构应妥善保管评价工作全过程资料，纸质材料保管不少于3年，电子材料不少于5年，确保评价过程和结果可追溯、可倒查。

## 六、职业技能等级证书的管理

职业技能等级证书按照"三同两别"原则管理。"三同"是：院校外、院校内试点培训评价组织（含社会第三方机构）对接同一职业标准和教学标准；两部门目录内职业技能等级证书具有同等效力和待遇；在学习成果认定、积累和转换等方面具有同一效能。"两别"是：人力资源社会保障部、中华人民共和国教育部（简称教育部）分别负责管理监督考核院校外、院校内职业技能等级证书的实施（技工院校内由人力资源社会保障行政部门负责）；对经考试考核评审合格人员，评价机构可认定其职业技能等级，颁发相应职业技能等级证书。

职业技能等级证书实行全国统一编码规则和参考样式。评价机构按照统一的编码规则和参考样式要求，制作并颁发职业技能等级证书（或电子证书）。纸质证书与电子证书具有同等效力。

## 七、实施意义

实行职业技能等级制度对于加强职业技能培训、选拔、使用、表彰、激励都会起到积极作用，对提高劳动者素质，促进劳动者就业创业，激励引导技能人才成长成才具有重要作用。

# 第四节　职业资格制度与职业技能等级制度比较

职业资格制度和职业技能等级制度，两项制度既有共同之处，又有差异性。

## 一、相同点

1. 性质相同

两项制度均是对劳动者具有从事某一职业所具备的学识和职业能力做考评，都是社会主义市场经济条件下科学评价人才的一项制度。

2. 标准相同

两项制度均按照国家职业标准评价。

注：在职业技能等级认定中，评价职业（工种）没有国家职业技能标准的，可依据经人力资源社会保障部备案的评价规范开展评价活动。

3. 效力相同

国家职业资格制度和职业技能等级制度是目前我国最权威的人才评价制度。在两项制度下，经考试、考核颁发的职业资格证书和技能等级证书具有同等效力。取得这两种证书且证书信息都可在人力资源和社会保障部职业技能鉴定中心全国联网查询系统上查询。

证书信息查询网址：http://jidj..osta.org.cn/

机构信息查询网址：http://pjjg..osta.org.cn/

4. 福利待遇相同

职业技能等级证书持有人同国家职业资格证书持有人一样，享受同等的职业培训、就业创业、技能人才等政策待遇，纳入人才统计、表彰范围。

5. 技能等级相同

职业技能等级分为五个等级，五级相当于国家职业资格初级工、四级相当于国家职业资格中级工、三级相当于国家职业资格高级工、二级相当于国家职业资格技师、一级相当于国家职业资格高级技师。

## 二、不同点

职业资格评价制度和职业技能等级制度的不同之处有以下几个方面：

1. 评价主体

职业资格评价由政府部门对劳动者技能水平进行规范鉴定。

职业技能等级认定是由企业等用人单位和社会培训评价组织这两类主体按照有关规定开展的。

2. 评价范围不同

职业资格评价主要包括准入类评价和水平类评价，面向群体为专业技术人员和技能人员。

职业技能等级认定范围为水平评价类，面向群体为技能人员。

3. 评价内容不同

职业资格制度是根据国家职业分类和职业标准进行评价。

职业技能等级制度由国家职业技能标准、行业企业评价规范、专项职业能力考核规范等构成的多层次、相互衔接的职业标准体系，强调突出品德、能力和业绩评价，同时根据不同类型技能人才的工作特点，实行差别化技能评价。

4. 评价方式不同

职业资格制度由政府部门进行能力鉴定。

职业技能等级制度灵活运用多种评价方式和手段，按规定综合运用理论知识考试、技能操作考核、业绩评审、竞赛选拔、企校合作等多种鉴定考评方式。

# 第五节　国家职业资格目录制度

## 一、国家职业资格目录的概念

国家职业资格目录是经国务院同意发布的专业技术人员和技能人员职业资格目录。目录清单制度规定两个"一律"：没有进入目录清单的，一律不得开展职业资格许可和认定；清单内除准入类职业资格外，一律不得与就业创业挂钩。

2017年，经国务院同意，人力资源社会保障部公布《国家职业资格目录》，实行目录清单式管理，建立职业资格目录制度。实行国家职业资格目录制度是建立职业资格管理长效机制的一项重要举措。

## 二、国家职业资格目录的改革过程

1. 国家取消的职业资格

全国原有职业资格618项。2013年以来，国家在全国范围内开展清理规范职业资格活动。至2017年，国务院先后分七批次共取消了434项国务院部门设置的职业资格许可和认定事项，削减比例达到原总量的70%以上。2009年开始，国务院开展职业资格证书制度改革。至2016年年底，国务院相关部门共设的618项各类职业资格被取消了434项，余下184项。国务院设立国家职业资格目录清单管理制度。从184项中选151项职业资格进入目录清单。151项职业资格中，技能人员职业资格共93项。技能人员职业资格分准入类职业资格和水平评价类职业资格。

2. 国家职业资格目录调整

2017年1月，国务院将确认保留的140项准入类职业资格和水平评价类职业资格纳入目录制度管理。

2019年，人力资源和社会保障部再次发布《国家职业资格目录》。国家职业资格目录，共计139项职业资格。其中，专业技术人员职业资格58项，准入类职业资格35项，水平评价类职业资格23项。技能人员职业资格81项，准入类职业资格5项，水平评价类职业资格76项。

2020年，人力资源和社会保障部发布"关于对水平评价类技能人员职业资格退出目录有关安排进行公示的公告"，拟分批将水平评价类技能人员职业资格退出目录，其中，人力资源和社会保障部和有关部门组织实施的 14 项职业资格（涉及 29 个职业）拟于 9 月 30 日前第一批退出；其他部门（单位）组织实施的 66 项职业资格（涉及 156 个职业）拟于 12 月 31 日前第二批退出；与公共安全、人身健康等密切相关的职业（工种）拟依法调整为准入类职业资格。

2021 年 1 月，人力资源和社会保障部发布"关于对《国家职业资格目录（专业技术人员职业资格）》进行公示的公告"。调整后，拟列入专业技术人员职业资格的共计 58 项，其中，准入类职业资格 31 项，水平评价类职业资格 27 项。

2021 年，人力资源社会保障部发文，关于职业资格目录调整明确以下重大事项：

（1）职业资格数量。将与公共安全、人身健康等密切相关的消防设施操作员、焊工等 8 个职业资格（涉 18 个具体职业）依法调整为准入类职业资格，见表 15-3。

表 15-3　准入类职业资格及具体职业

| 序号 | 职业资格名称 | 具体职业 | |
|---|---|---|---|
| 1 | 消防设施操作员 | 消防设施操作员 | |
| 2 | 焊工 | 焊工 | |
| 3 | 家畜繁殖员 | 家畜繁殖员 | |
| 4 | 健身和娱乐场所服务人员 | （1）游泳救生员 | |
| | | （2）社会体育指导员 | 游泳指导员 |
| | | | 滑雪指导员 |
| | | | 潜水指导员 |
| | | | 攀岩指导员 |
| 5 | 轨道交通运输服务人员 | 轨道列车司机 | |
| 6 | 安全保护服务人员 | 保安员 | |
| | | 安检员 | |
| | | 智能楼宇管理员 | |
| | | 安全评价师 | |
| 7 | 航空运输服务人员 | 民航乘务员 | |
| | | 机场运行指挥员 | |
| 8 | 消防和应急救援人员 | 消防员 | |
| | | 应急救援员 | |
| | | 森林消防员 | |

（2）水平评价类技能人员职业资格的处理。准入类职业资格之外的其他水平评价类技能人员职业资格全部退出国家职业资格目录。

### 三、国家职业资格目录改革的意义

国家职业资格目录改革是由政府管理、鉴定到"放管服"的转变。水平评价类技能人员职业资格退出国家职业资格目录，不是取消职业资格管理，也不是取消职业标准，更不是取消技能人才的评价，而是改变了发证的主体和管理服务方式。技能人员的水平评价这项工作由政府评价认定改为实行社会化的职业技能等级认定，即"政府退出评价，放权于市场主体评价"。主要是实行"谁用人、谁评价，谁发证、谁负责"，真正发挥用人主体的作用和社会组织的作用。这种转变后的关键在于监督，政府放权后，要对相关评价、认定机构实行备案，加强事中事后的质量监管。这是推动政府职能转变，形成以市场为导向的技能人才培养使用机制的"一场革命"，有利于破除对技能人才成长和弘扬工匠精神的制约，对技能人才队伍建设、对技能人才的培养培训、选拔使用、表彰激励都会起到积极作用，也能为技能人才成长成才提供更加广阔的天地，促进产业升级和高质量发展。

# 第六节　两类"双证书"制度

在职业资格制度和职业技能等级制度下，职业院校（含技工院校）将长期实施两类"双证书"制度。促进书（毕业证书）证（职业资格证、技能等级证）的对接和融通。

## 一、两类"双证书"的概念

两类"双证书"的第一类是指与职业资格对应的专业的学生毕业时取得学业证书和职业资格证书的"双证书"；第二类是指与职业技能等级对应的专业的学生毕业时取得学业证书和职业技能等级证书的"双证书"（新"双证书"）。

## 二、两类"双证书"制度的特点

国家职业资格制度改革后，相当长的时期内，存在少量职业资格评价和大量职业技能等级水平评价的现象，因而，我国职业资格制度也会长期存在两类评价（认定）兼具、两种证书并行的特点。

## 三、执行新"双证书"制度的依据

职业学校（含技工院校）执行新"双证书"制度既有国家部委的政策依据，也有法律依据。除旧的《中华人民共和国职业教育法》之外，新近修订报全国人大常委会审议的《中华人民共和国职业教育法（修订草案）》也再次明确，职业教育要"实行学业证书、培训证书、职业资格证书和职业技能等级证书制度"。

## 四、对策探究

面对国家职业资格证书制度改革，职业院校（含技工院校）要进一步提高思想认识，加强组织领导，吃透文件精神，分析专业群，聚焦自身优势，要探索、制定、执行一个新"双证书"制度计划。

## 1. 明确要求，做好五个对接

职业院校要明确国务院《关于加快现代职业教育的决定》对职业资格证书的要求，努力做到专业设置与产业需求的对接；课程内容与职业标准的对接；教学过程与生产过程的对接；职业教育与终身学习的对接；毕业证书与职业资格证书、职业技能等级证书的对接，促进书证融通。职业院校（含技工院校）须处理好学历证书与职业资格证书、职业技能等级证书的融合发展、协调好共性与个性之间的关系。要让学历教育能更好地对接科技发展新趋势、对接生产服务一线关键岗位、对接就业市场需求，弥补学历教育在针对性、先进性、适应性和灵活性上的不足。

## 2. 实施高质量职业培训

一方面，试点院校要坚持"育训结合"，满足学生取证需求。对专业课程未涵盖的内容或需要强化的实训，进行补充、强化和拓展培训，满足学生取证的需求。另一方面，试点院校在面向本校学生开展培训的同时，积极为社会成员提供培训服务。社会成员自主选择证书类别、等级，在院校内、外进行培训。

## 3. 提高认识，积极做好申报工作

一是符合条件的职业院校可申请备案为职业资格实施机构的职业技能鉴定所（站），对内对外开展职业资格鉴定评价；

二是符合条件的技工院校含职业院校按程序申可向人力资源社会保障部门申请开展职业技能等级认定工作[1]。

## 4. 严格考核，确保评价质量

符合条件的职业院校（含技工院校）要面向本校学生和社会人员，做好职业资格鉴定评价和职业技能等级认定工作。在职业资格鉴定/职业技能等级认定过程中，借助现有国家职业资格鉴定和职业技能等级认定运行体系资源，严格按照工作流程、质量督导监管等体系开展鉴定/认定工作，确保鉴定/认定健康、有序开展。

注："鉴定""评价""认定"表述不一，但意思相似，其共同特点是都需要"考核"。

## 5. 严格推行两类"双证书"制度

与职业资格对应的专业学生经考试、考核合格者获得毕业证书+职业资格证书；与职业技能等级对应的专业学生经考试、考核合格者获得毕业证书+职业技能等级证书。

（本章撰稿：明芳宇）

## 复习思考题

1. 简述国家职业资格制度改革简况。

2. 简述实行"国家职业资格目录"管理的现实意义。

3. 面对国家职业资格制度改革，职业院校该怎么办？

---

[1] 中国就业培训技术指导中心. 关于印发《职业技能等级认定工作规程（试行）》的通知 [EB/OL]. (2020-04-15) [2018-06-01]. http://zjzj.com/web/show.php? id=44481.

# 第十六章 | "1+X" 证书制度与学分银行制度

【内容摘要】2019 年 4 月教育部会同国家发展改革委、财政部、市场监管总局制定了《关于在院校实施"学历证书+若干职业技能等级证书"制度试点方案》，启动"学历证书+若干职业技能等级证书"（简称"'1+X'证书"）制度试点工作。2020 年 4 月，根据国务院职业教育工作部际联席会议审议通过的职业教育国家学分银行建设工作方案，发布《职业教育国家学分银行建设工作规程（试行）》。启动"1+X"证书制度试点、推进国家学分银行建设是落实《国家职业教育改革实施方案》（以下简称《方案》）的重要举措，旨在通过加快推进职业教育国家学分银行建设，有序开展学历证书和职业技能等级证书所体现的学习成果认定、积累和转换，为技术技能人才持续成长拓宽通道。本章对 1+X 制度与学分银行制度进行了多角度分析，探讨二者之间的逻辑关系，进而提出"1+X"证书制度与职业教育国家学分银行的关联耦合路径，并与构建国家资历框架相衔接，促进学习型社会建设。

## 第一节 "1+X" 证书制度

### 一、"1+X" 证书制度的概念

"1+X"证书制度是学历证书+若干职业技能等级证书制度的简称。"1"为学历证书，"X"为若干职业技能等级证书。该制度旨在鼓励学生在获得学历证书的同时，积极取得多类职业技能等级证书。

### 二、"1+X" 证书制度实施的意义

"1+X"证书制度体现了职业教育作为一种类型教育的重要特征，是落实立德树人根本任务、完善职业教育和培训体系的一项重要制度设计，也是构建国家资历框架的重要基础性工程，意义重大，影响深远。

1. 提高人才培养质量的重要举措

更好地服务建设现代化经济体系和实现更高质量更充分就业需要，是新时代赋予职业教育的新使命。学校通过引导以社会化机制建设的职业技能等级证书，加快人才供给侧结构性改革，有利于增强人才培养与产业需求的吻合度，培养复合型技术技能人才，拓展就业创业本领。

2. 深化人才培养培训模式和评价模式改革的重要途径

通过实施"1+X"证书制度试点，调动社会力量参与职业教育的积极性，引领创新培养培训模式和评价模式，深化教师、教材、教法改革，并将引导院校育训结合、长短结合、内外结合，进一步落实学历教育与职业培训并举并重的法定职责，高质量开展社会培训。

3. 探索构建国家资历框架的基础性工程

职业技能等级证书是职业技能水平的凭证，也是对学习成果的认定。结合实施"1+X"证书制度试点，积极推进探索职业教育国家"学分银行"，制度设计与构建国家资历框架相衔接，畅通技术技能人才成长通道。

### 三、"1+X"证书制度实施的总体原则

一是坚持政府引导，社会参与。加强政府统筹规划、政策支持、监督指导，引导社会力量积极参与职业教育与培训。

二是坚持育训结合，质量为上。落实职业院校学历教育和培训并举并重的法定职责，坚持学历教育与职业培训相结合，促进书证融通。

三是坚持管好两端，规范中间。严把证书标准和人才质量两个关口，规范培养培训过程。

四是坚持试点先行，稳步推进。从试点做起，用改革的办法稳步推进，总结经验、完善机制、防控风险。

### 四、"1+X"证书制度的目标任务

自2019年开始，重点围绕服务国家需要、市场需求、学生就业能力提升，从10个左右领域做起，启动"1+X"证书制度试点工作。落实"放管服"改革要求，以社会化机制招募职业教育培训评价组织（简称培训评价组织），开发若干职业技能等级标准和证书。有关院校将"1+X"证书制度试点与专业建设、课程建设、教师队伍建设等紧密结合，推进"1"和"X"的有机衔接，提升职业教育质量和学生就业能力。通过试点，深化教师、教材、教法"三教"改革；促进校企合作；建好用好实训基地；探索建设职业教育国家"学分银行"，构建国家资历框架。

### 五、"1+X"证书制度试点内容

1. 培育培训评价组织

培训评价组织作为职业技能等级证书及标准的建设主体，对证书质量、声誉负总责，主要职责包括标准开发、教材和学习资源开发、考核站点建设、考核颁证等，并协助试点院校实施证书培训。

2. 开发职业技能等级证书

职业技能等级证书以社会需求、企业岗位（群）需求和职业技能等级标准为依据，对学习者职业技能进行综合评价，如实反映学习者职业技术能力，证书分为初级、中级、高级。

人力资源社会保障部建立完善、发掘、推荐国家职业标准，构建新时代国家职业标准制度体系。通过组织起草标准，借鉴国际先进标准，推荐国内优秀企业标准等措施充实国家职业标准体系，逐步扩大对市场职业类别总量的覆盖面。

国务院教育行政部门依照职业标准牵头组织开发教学等相关标准。

培训评价组织按照相关规范，联合行业、企业和院校等，依据国家职业标准，借鉴国际国内先进标准，体现新技术、新工艺、新规范、新要求等，开发有关职业技能等级标准。

3. 融入专业人才培养

院校是"1+X"证书制度试点的实施主体。中等职业学校、高等职业学校可结合初级、中级、高级职业技能等级开展培训评价工作。试点院校要根据职业技能等级标准和专业教学标准要求，将证书培训内容有机融入专业人才培养方案，优化课程设置和教学内容，统筹教学组织与实施，深化教学方式方法改革，提高人才培养的灵活性、适应性、针对性。深化校企合作，坚持工学结合，充分利用院校和企业场所、资源，与评价组织协同实施教学、培训。加强对有关领域校企合作项目与试点工作的统筹。

4. 实施高质量职业培训

试点院校要结合职业技能等级证书培训要求和相关专业建设，改善实训条件，盘活教学资源，提升培训能力，积极开展高质量培训。新入校园证书必须通过遴选渠道，已取消的职业资格证书不得再引入。教育行政部门、院校要建立健全进入院校内的各类证书的质量保障机制，杜绝乱培训、滥发证，保障学生权益。

5. 严格职业技能等级考核与证书发放

培训评价组织负责职业技能等级考核与证书发放。考核内容要反映典型岗位（群）所需的职业素养、专业知识和职业技能，体现社会、市场、企业和学生个人发展需求。考核方式要灵活多样，强化对完成典型工作任务能力的考核。考核站点一般应设在符合条件的试点院校。要严格考核纪律，加强过程管理，推进考核工作科学化、标准化、规范化。要建立健全考核安全、保密制度，强化保障条件，加强考点（考场）和保密标准化建设。学生和社会人员通过考核后，才能取得相应等级的职业技能等级证书。

6. 探索建立职业教育国家"学分银行"

国务院教育行政部门探索建立职业教育"学分银行"制度，研制相关规范，建设信息系统，对学历证书和职业技能等级证书所体现的学习成果进行登记和存储，计入个人学习账号，尝试学习成果的认定、积累与转换；促进学历证书与职业技能等级证书互通；积极探索构建符合国情的国家资历框架。

7. 建立健全监督、管理与服务机制

建设培训评价组织遴选专家库和招募遴选管理办法，本着公平、公正、公开的原则进行公示、公告。加强对有关工作指导，定期开展"双随机、一公开"的抽查和监督。在培训评价组织的行为时也接受学校、社会、学生、家长等的监督评价。

## 六、"1+X"证书制度试点的范围

"1+X"证书的试点领域和规模不断扩大。首批老年服务与管理、物流管理、信息与通信技术等人才紧缺领域涵盖了6个职业技能等级证书;第二批的工业机器人、电子商务、智能财税等技能领域有10个职业技能等级证书,共吸引了15家培训评价组织、1 800多所中职、高职院校和应用型本科学校,以及50余万学生参与证书制度试点;第三批63家培训评价组织的76个职业技能等级证书纳入试点,基本涵盖了现代农业、先进制造业、现代服务业、战略性新兴产业等20个技能人才紧缺领域;第四批产生了290家职业教育培训评价组织,有379个职业技能等级证书拟参与"1+X"证书制度试点工作。参与试点的培训评价组织、院校和学生规模都在进一步扩大。

## 七、职业院校"1+X"证书制度的实施

1. 完善组织管理与制度保障工作

(1)职业院校应成立以学校主要负责人为首,学校教务处、质量管理相关处室、二级学院主管领导组成的"1+X"证书实施工作团队,系统策划、组织、指导学校的"1+X"证书实施工作。

(2)制订学校整体"1+X"证书实施工作方案、计划和工作制度,把控关键过程,建立激励专业教师积极主动参与实际工作并取得预期业绩的长效机制。

(3)制定防范风险的应急预案。"1+X"证书制度是一项全新制度设计,在试点实施过程中,有很多新理念、新方法和新要求等需要深刻理解并付诸实施,在实施过程中可能会遇到很多理论困境、工作困难和条件障碍等,职业院校及师生应有充分的思想准备,提前进行风险和机遇分析,制定应急预案。

(4)与相关"X"证书培训评价机构与指导机构应建立深度联系,获得相关支持、指导,避免或少走弯路。

2. 创新人才培养模式

"1+X"证书制度是一种面向职业院校学生的新型人才评价体系,职业院校应根据"1+X"证书制度的实施要求,积极开展人才培养模式、培养方案的创新探索,系统梳理各学科专业人才培养的目标和定位,结合"1+X"证书制度重构人才培养模式,重新修订人才培养方案,明确各专业的职业技能等级证书组合系列,为教学体系的重塑指明方向,为学生的学习规划和职业发展规划提供科学指导,做到以证促改、以证促学。

(1)遴选X证书试点专业(群)。

学院在进行"1+X"证书试点策划时,既要考虑专业(群)现有教学标准、课程体系与X证书标准的匹配程度,以及教学设施、师资力量、实训条件等办学条件能否满足证书培训需要,也要考虑该证书满足区域经济发展所需的职业岗位能力的程度、社会认可度、含金量、就业能力提升需要及学生考取证书的主观意愿等。

(2)推行书证融通。

职业技能等级标准与各个层次职业教育的专业教学标准相互对接。不同等级的职业技能标准应与不同教育阶段学历职业教育的培养目标和专业核心课程的学习目标相

对应，保持培养目标和教学要求一致。

"X"证书的培训内容与专业人才培养方案的课程内容相互融合。根据职业技能等级标准和教育部专业教学标准要求，结合区域行业企业实际需求，X证书的职业技能培训要将其培训内容有机融入学历教育专业人才培养方案。

课程结构方面，在"公共基础课+专业课"的课程模块基础上，按照"X"职业技能等级考核要求开发并增添专业对接课程模块。专业课程能涵盖X证书职业技能培训内容的，就不再单独另设X证书培训；专业课程未涵盖的培训内容，则通过专业对接课程模块加以补充、强化和拓展。

"X"证书培训过程与学历教育专业教学过程统筹组织、同步实施。"X"证书培训和专业教学可以统筹安排教学内容、实践场所、组织形式、教学时间、安排师资，从而实现X证书培训与专业教学过程的一体化。

"X"证书的职业技能考核与学历教育专业课程考试统筹安排，同步考试与评价。可以通过培训、评价使学生获得职业技能等级证书，也可探索将相关专业课程考试与职业技能等级考核统筹安排，同步考试（评价）。相同或置换课程以职业技能等级考试为准，其考试成绩同时作为学历证书中的课程成绩，以减轻学生的学习负担。

3. 加强校内外实习实训基地建设

职业院校要与行业企业探索建立校企合作命运共同体，利用好产业资金资源，以共建共享的方式与企业联合建设校内外实习实训基地，拓宽实习实训基地建设的资金来源渠道，提高实习实训基地建设的效能和利用率。

4. 加强师资队伍培训

职业院校要加强专兼职结合的师资队伍建设，打造能够满足教学与培训需求的教学创新团队，促进教育培训质量全面提升。首先，职业院校要着力深化师资力量建设方面的校企合作，引入更多产业、行业专家入校指导专业教师实践能力培训提升工程建设，优化专业教师在职培训体系。其次，职业院校要积极拓展校企合作范围和规模，为院校专业教师进入行业企业挂职锻炼创造机会和条件。

## 第二节　学分银行制度

### 一、学分银行概述

1. 学分银行的内涵

学分银行是借鉴与模拟银行的功能和特点，以学分为计量单位，按照统一的标准，对学习者的各类学习成果进行认证与核算，实现各级各类学习成果的存储、积累与转换的学习激励制度和教育管理制度。

2. 学分银行的主要构成

（1）学分银行账户。学分银行账户简称"学银账户"，主要包括机构账户和个人学习账户。机构账户主要记录机构的基本信息、学习成果信息、学员信息、业务信息等。个人学习账户是学分银行为办理学习成果认定、积累和转换业务的用户开立的个人户头，主要记录用户的基本信息、学习成果信息、业务办理信息等。参加"1+X"证书制度试点的相关院校和培训评价组织，其机构信息可直接从职业技能等级证书信息管理服务平台中导入，信息平台自动为其建立机构账户。

（2）学习成果登记。学习成果登记是将学习成果关联学分银行账户的过程。无论是机构还是个人均可将各自拥有的学习成果进行登记，分别存入机构账户和个人学习账户。

（3）学习成果认定。学习成果认定是按照统一的学时学分规则，对职业教育培训评价组织及其开发的职业技能等级证书所体现的学习成果进行"学分银行"学分认定的过程。学习成果认定是实现学习成果积累和转换的基础。

（4）学习成果存储。学习成果存储是将被认定的机构和个人学习成果经"学分银行"审核后，进行标注和分类码放，同时，分别存入机构账户和个人学习账户的过程。

（5）学习成果积累。学习成果积累是个人学习成果（银行学分）多次存储的过程。

（6）学习成果转换。学习成果转换是指按照学分银行已发布的转换规则，学习者个人提出学习成果转换申请，培训评价组织和有关院校参照转换办法和转换规则为申请人办理学历专业学分替换或职业技能等级证书模块免考的过程。

3. 学分银行的基本功能和核心价值

（1）"学分银行"的基本功能。

"学分银行"的基本功能是对学习者的各类学习成果进行存储、认定、积累和转换，并提供学习咨询、学习成果查询和信用保证等公共服务。表16-1为学分银行能提供的支持。表16-2为学分银行能提的服务。

表16-1　学分银行能够提供的支持

| 支持灵活自由的学习方式 | 在学分银行制度支持下，突破学制的限制，满足终身学习，个性化学习、自由学习的需要，可以跨校学习、分段学习、工学交替，也可以在工作岗位和生活过程中学习。"生活即学习"成为学习的重要理念；职业实践成为学习的重要方式 |
|---|---|
| 支持学习者自由选择学习资源 | 突破时间和空间的限制，学习者可以根据自己的需要，在不同地域、不同高校选择优质学习资源进行学习，优化自己的学习资源配置 |
| 支持多种形式学习成果的认证 | 不仅正规的学习成果得到认证，自学、岗位实践等非正规、非正式、无形学习取得的学习成果，如发明、创造、设计、著作、论文、重要工作经历、证书等，经认定后，都可以存储和转换；先前学习成果也可以得到认可 |
| 支持学习者的迁徙和工作流动 | 有效解决社会流动性逐渐增强，某一学习背景下获得的学习成果整合到另外一个学习背景中的问题 |
| 支持多种学习成果的转换 | 实现不同类型教育机构、不同区域之间学习成果的转换，证书与学历教育课程之间的转换。当学分累积到一定程度，就可以申请转换为学历证书 |

表16-2　学分银行能够提供的服务

| 学习成果存储服务 | 为学习者建立和维护学习账户，记录和保存学习者在不同时间、不同教育机构取得的各级各类学习成果 |
|---|---|
| 学分认证服务 | 将学习者的学历、非学历，正规、非正规教育学习成果，经审核、评价，认定为学分银行学分，并累积在学习者的学习账户中 |

表16-2(续)

| 学分转换服务 | 将存储在学分银行中的学分转换到目标高校或证书颁发机构，换取学历证书或职业资格证书 |
| --- | --- |
| 学习信用服务 | 出具权威的学习证明或学分证明 |
| 学习咨询服务 | 提供学习的指导和建议 |

（2）"学分银行"的核心价值。

"学分银行"的核心价值主要体现在对于学习者、机构（组织）、国家（政府）三方面的意义。对于学习者，能满足多样化、个性化的学习需求，多途径认可，零存整取，走上立交桥。对于机构（组织），通过目录清单机制，促进优质资源共享，加强各继续教育机构之间的合作，推进人才培养模式改革；通过成果积累和码放机制，提升人力资源评价与开发水平。对于国家（政府），推动教育改革，通过建立统一标准的公共服务平台，搭建立交桥，构建全民终身学习的"立交桥"，释放政策红利，促进教育公平，推进终身教育体系构建和学习型社会建设。

4. 全国开展学分银行建设简况

国务院及相关部门在一系列政策文件中对学分银行建设提出要求：从 2010 年至 2015 年，建立学分银行制度，推进不同类型学习成果的互认和衔接。从 2016 年至 2017 年，建立个人学习账号和学分累计制度，制定国家资历框架，加快推进国家学分银行建设。从 2019 年至 2020 年，加快推进职业教育国家学分银行建设。从 2019 年开始，探索建立职业教育个人学习账号，实现学习成果可追溯、可查询、可转换。制定符合国情的国家资历框架。

在国家政策的推动下，全国学分银行有序开展。

（1）职业教育国家学分银行。

国家开放大学具体承担建设任务。2020 年 1 月 15 日正式运行。

（2）国家开放大学学分银行体系。

2012 年启动建设国家开放大学学分银行，目前，共建有 75 家学习成果认证中心（认证点），覆盖全国 30 个省市地区、24 个行业的三级（总中心—分中心—认证点）服务网络，44 所省级广播电视大学（开放大学）均参与了国家开放大学学习成果认证中心建设。

（3）省级区域学分银行。

2012 年以来，先后有 16 个省市成立省级学分银行，其实施单位全部依托省级广播电视大学（开放大学）。

（4）相关探索。

相关探索有区域合作、高校联盟、企业——粤港澳学分银行、长三角地区开放教育学分银行等。

## 二、职业教育学分银行制度建构

1. 制度模式

在制度架构设计上，学分银行制度建设有三种模式，即学分银行制的制度模式、联盟式的制度模式、基于资历框架的制度模式。借鉴国际经验，结合我国国情，中国的学分银行制度采用以学习成果框架为引领的制度模式和"框架+标准"的技术路径。这里的学习成果框架就是国际上通常所称的资历框架，也称资格框架。

基于资历框架的制度模式，其核心是资历框架。资历框架能够按照知识、技能和能力的要求，对各种资格（通常指毕业证书、学位证书、职业资格证书等）进行整合管理，并构建成一个连续的、可被认可的资格阶梯，为不同类型学习成果之间转换提供重要参照。这种模式又分为两种类型：第一种是单一框架，例如欧洲终身学习资格框架，主要用于欧洲一体化进程，通过对接各个国家/地区资格框架，促进人员跨国流动；第二种是"框架+标准"。世界上建立资格框架的国家/地区包括英国、南非、澳大利亚、中国香港地区等。这类模式需要基于资格框架做出多种形式学习成果转换的基准标准——单元库，其主要特点是：①通过对资格分级、分类、注册、发布等程序使各种资格更加透明，提高了资格之间的可比性；②能够规范教育培训市场，提升教育质量，引领教育改革，促进终身学习；③需要从国家层面设立专门的机构推进建设；④通过立法或法定机构发布的规范性文件保障制度的有效运行。

2. 制度架构——运行、内核、保障

图 16-1 为学分银行制度架构。

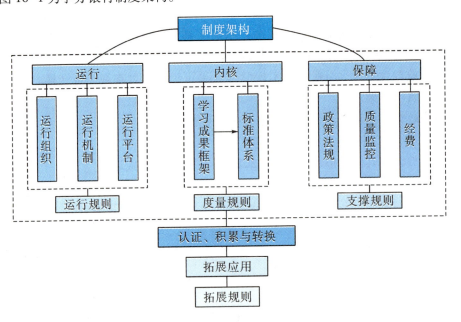

图 16-1　学分银行制度架构

如图 16-1 所示，通过制度架构的运行、内核、保障三大结构模块构建出学分银行制度架构，它的内核是学习成果框架以及基于学习成果框架的标准体系。

### 三、职业教育学分银行的建设

1. 定位

在总结、利用和完善已有研究与实践成果的基础上，搭建职业教育国家学分银行制度框架；聚焦职业教育领域，服务"1+X"证书制度试点，开展职业教育国家学分银行建设；顺应国际趋势，结合中国国情，同步探索构建国家资历框架，为建立具有中国特色的国家学分银行奠定基础。

2. 推进历程

（1）职业教育国家学分银行正式开通。

利用已有的学分银行制度架构设计，根据职业教育改革发展需要和"1+X"证书制度试点要求，完善制度设计，形成了工作方案、工作流程、工作规程等制度文件，保障学分银行建设的有序推进。2020年1月15日，国务院审议通过关于同意建立国务院职业教育工作部际联席会议制度（制度内容包括操作指南、学时学分记录规则），标志着职业教育国家学分银行正式开通。

（2）教育部发布通知。

2020年3月30日，教育部职成司印发《关于做好职业教育国家学分银行建设相关工作的通知》，文件明确了目标任务、实施流程以及实施要求。

（3）X证书服务平台与学分银行信息平台一体化建设。

2020年1月11日，教育部委托国家开放大学开发的职业技能等级证书信息管理服务平台（简称X证书服务平台）和职业教育国家学分银行信息平台（简称学分银行信息平台）上线试运行。

2019年初颁布的《国家职业教育改革实施方案》（"职教20条"）提出，加快推进职业教育国家学分银行建设，探索建立职业教育个人学习账号，实现学习成果可追溯、可查询、可转换。本次上线试运行的X证书服务平台集政策发布、过程监管、证书查询、监督评等功能于一体，参与"1+X"证书制度试点的学生获取的职业技能等级证书都将进入服务平台，与学分银行信息平台个人学习账户系统对接，记录学分，并提供网络公开查询等社会化服务。这两个平台的服务对象包括省级教育行政部门、职业教育培训评价组织、试点院校、学习者个人和用人单位等。

国家开放大学党委书记、校长荆德刚介绍，职业教育国家学分银行建设工作已基本就绪。运用人工智能、区块链、云计算、大数据等新技术建设的职业教育国家学分银行信息平台和职业技能等级证书信息管理服务平台，经过试运行，效果良好、运行平稳。学分银行已为我国31个省份教育行政部门和新疆生产建设兵团教育局、1 828所院校、14家培训评介组织建立了业务管理账号。

（4）职业教育国家学分银行建设工作规程。

2020年4月10日，职业教育国家学分银行信息平台发布《职业教育国家学分银行建设工作规程（试行）》公告。工作规程包括：总则、基本任务、职责分工、质量保障、附则（执行时间）。

3. 建设意义

学分银行，是打造终身教育的"立交桥"，是终身教育体系和学习型社会的重要实现机制，是我国新时期教育改革的重要举措。

（1）有利于技术技能型人才资源的开发和积累。

首先，建设学分银行为技术技能型人才的开发和积累奠定了制度基础。通过学分银行，技术技能型人才一方面可以更有针对性地接受职业培训或者进行自主学习，持续提升自己的专业能力，加快职业成长步伐；另一方面可以更方便地根据自身职业发展意愿和个人条件，进行跨领域学习，并让学习成果得到具有公信力的评价和认证。

其次，为技术技能型人才的开发和积累创设了制度路径。学分银行突破了传统学校教育体系对学习者学习时段、学习场所、学习方式、学习成果评价等方面的限制，依托于这种制度设计，技术技能型人才的专业成长得以从传统教育体系中解脱出来，个体可以根据自身条件，灵活采取弹性学习、碎片化学习、在线学习等多元途径和方式实现专业能力进阶，获得与传统学历教育同等的学习成果并得到国家人才评价制度的认可。这将大大提升技术技能型人才自主学习、深造进修的积极性，从而促进人才资源的开发和积累。

（2）有利于推动各级各类教育的沟通与衔接。

建设基于国家资历框架的职业教育学分银行制度，对开放性的教育或学习进行认定、管理和指导，能够从横向与纵向两个方面促进各级各类教育的沟通衔接。在横向上，建设职业教育学分银行有利于普职贯通。在纵向上，建设职业教育学分银行有利于畅通技术技能人才成长通道。

（3）有利于完善终身教育与终身学习体系。

学分银行突破了传统教育制度下学习过程所呈现出的阶段性、封闭性特点，把非正式学习、碎片化学习所获得的学习成果纳入国家资历框架之内，为公民个体进行不连续的、灵活多样的学习提供了有力的制度支撑，是真正体现以人为本的终身教育理念的一种制度创新。

## 四、学分银行实践的探索

当前，我国部分省市、高校或企业相继开展了学分银行的试点探索，并取得了一定的工作成效，但这些探索在整体上呈零散、局部、区域和自发的特征，以致学分银行制度建设面临着发展瓶颈。根据当前学分银行的发展现状，思考如何通过终身教育委员会统筹各地学分银行的建设工作，对我国建设学习型社会是非常重要的。

1. 推行职业院校学分制

职业院校需要积极探索实施学分制教育教学制度，为学生今后通过"学分银行"进行学分认定和进行终身学习奠定基础，同时也为国家建立"学分银行"，实行学习成果认定、学分积累和转换探索路径、积累经验。

（1）确定课程类型。

课程是学分制实施的载体。推行学分制，首先要明确课程分类。职业院校基于"公共基础课+专业课"的课程设置，科学设置专业课程，建议将传统的专业课程分为专业基础课、对接课程、实践课。职业教育专业课程增设对接课程，是落实国家"课程内容与职业标准对接"要求的需要，是实现技术技能人才培养目标、建构中国特色职业教育课程模式的需要。

（2）界定必修课和选修课范围。

在确定课程类型的基础上，需要进一步界定必修课和选修课范围。企业实践专家、课程开发专家、教师代表等通过专家访谈会集体研讨，将"X"证书中初级、中级、高级要求的知识、技能和能力要求与现有课程体系、课程内容、课程学习目标进行逐项对比分析，最后形成开发的对接课程。将对接课程总数的四分之三作为必修课，余下的四分之一的对接课程可以列为选修课。

公共基础课程除了国家统一规定的课程外，还有校本课程等，总体上可以分为国家法律规定、国家政策规定、学校根据各专业发展需要规定必须学习的课程三类。这三类列为公共基础课的必修课，其他课程均为选修课。

专业基础课程，凡与专业学习直接相关的课程列为必修课，其他课程定为选修课，具体由学校根据专业发展需要自定。

我们建议将实践课的范围只定在对接课程领域。实践课包括跟岗实习、顶岗实习、校企合作开展的课题项目活动。其中，跟岗实习和顶岗实习可定为必修课，校企合作课题项目活动可定为选修课。

（3）学制教育和职业培训学分安排。

在学制教育与职业培训两个领域都推行学分制，一要注意必修课和选修课两个课程类型的课型学分分配；二要注意培养层次学分分配，不同层次决定着不同的学习量；三要注意两个领域修学学分要求和学分计算方式不同的差异性。

（4）学分计算。

学分的计算是学分制中是关键的环节之一，以下两个方面需要重点关注。

第一，学分类型的确定。职业院校的学分，除了课程学分，还应有其他必要类型的学分，如必修学分与选修学分。必修学分方面，除必修课程学分外，增加资格证书或技能证书学分、技能节学分、军训学分等；选修学分方面，除选修课程学分外，可增加各类竞赛、科技发明、社团活动学分、其他特殊学分等。

第二，必修课程和选修课程的计算。校内课程学分的计算，校内课程学分计算应以课程学时数为主要依据，建议一门教学课程以 16~20 个课时为 1 学分；跟岗实习和顶岗实习学分计算，两种实习的工作量和责任不同，学分应有区别，且应按"优""良""及格""不及格"四级成绩评定，成绩为及格及以上的，方可取得实习学分；职业资格证书或职业技能等级证书学分的计算，学生取得本专业对应工种不同级别的职业资格证书或职业技能等级证书，可获得不同级别相应的学分。

（5）学分的奖励、互认与替代。

职业院校应大力鼓励和支持学生参加各类技术技能、文体等竞赛，根据不同的级别、档次、难度制订学分转换标准，并以学分奖励的形式予以认可。

学分互认是指不同学校或不同专业相似课程之间的学分在一定条件下可以互相认可，包括不同学校相同专业之间、本校不同专业相似课程之间的学分互认。同时将学制教育、职业培训、技能评价三者的相近课程或相关工种的学习和学分有机衔接起来，有利于职业院校多元化办学定位的形成。

学分替代是指学生在所修课程考试成绩不及格时，可用其他可替代学分替代该门课程的部分学分。例如，职业资格证书或职业技能等级证书学分可以替代相关课程学分，专业技能竞赛获奖成绩折算学分可以替代相关课程学分。参见表 16-3 和表 16-4。

表 16-3　西部某院校技能竞赛类别及学分奖励替代

| 竞赛名称 | 对应专业 | 置换课程 | 学分认定 |
|---|---|---|---|
| 市导游技能大赛级 | 旅游管理 | 导游业务 | 一等奖 1.5 学分，二等奖 1 学分，三等奖 0.5 学分 |
| 省导游技能大赛级 | | | 一等奖 3 学分，二等奖 2 学分，三等奖 1 分 |
| 全国旅游院校导游服务技能大赛 | | | 一等奖 4 学分，二等奖 3 学分，三等奖 2 分 |
| 市级客房整理/中餐摆技能大赛 | 旅游管理 | 客房管理/餐饮管理 | 一等奖 1.5 学分，二等奖 1 学分，三等奖 0.5 学分 |
| 省级客房整理/中餐摆放技能大赛 | | | 一等奖 3 学分，二等奖 2 学分，三等奖 1 分 |
| 全国旅游院校客房整理/中餐摆放技能大赛 | | | 一等奖 4 学分，二等奖 3 学分，三等奖 2 分 |

表 16-4　西部某院校国家职业资格考试学分替代

| 职业考试名称/资格证 | 置换课程 | 对应专业 | 转换规则 |
|---|---|---|---|
| 导游资格证 | 导游业务 | 旅游管理 | 认定课程学分，免修置换课程 |
| 人力资源管理师 | 人力资源管理 | 人力资源管理 | |
| 社会工作师 | 社会工作概论 | 社会工作 | |
| 心理咨询师 | 旅游心理学 | 旅游管理 | |

2. 建设学分银行标准体系

一是要统一现有的区域性学习成果认定标准。在充分征求地方教育部门、职业学校、行业企业意见并达成共识的基础上，保留地方学习成果认定标准中有价值的标准，去除不科学、应用价值不高的标准，补充缺失标准，调整优化具有矛盾性的标准，建立起相对统一的国家级学习成果认定标准体系。

二是要统一不同类型学习成果认定标准。统一不同类型的学习成果认定标准，难度主要存在于统一职业教育与普通教育学习成果认定标准、统一正式学习与非正式学习成果认定标准两个方面。就前者而言，尽管职业教育与普通教育的定位、内容有明显差异，但两者对学习者文化知识的要求是一致的。就后者而言，我国通过正式学习获得的学习成果，其认定标准已经比较成熟，相关标准也具有较高的科学性和公信力，非正式学习成果认定标准应以对标正式学习成果认定标准为建设导向。正式学习成果认定标准可根据非正式学习成果的特征，做出适当调整，增强适应性。

3. 扩大学分银行覆盖范围

我国传统意义上的学分，一般都是在校内完成学历教育而获得的，而实际上伴随着学习终身化的推进，继续教育的普及，越来越多的学习者已经从原有的正式学习转换为非正式学习，学历教育与非学历教育共生互补。国家学分银行就是要通过学历教育与非学历教育、正式学习成果与非正式学习成果的通道，既要累积在校学生的学分，也要将社会人员非规范化的学习成果进行累积、转换。

各级各部门要通过各种渠道宣传学分银行，提高大众对学分银行的认识度；国家要提供鼓励政策，提高学院、企业、行业对学分银行认可度，扩大成果认定范围，较全面的覆盖行业产业，满足学员诸多岗位资质及晋升的需求，这样更有助于学习型社会的推进和终身教育的普及。

## 五、"1+X"证书制度与职业教育国家学分银行的关联耦合

聚焦职业教育领域，服务"1+X"证书制度试点，根据《国家职业教育改革实施方案》和《职业教育国家学分银行建设工作规程（试行）》，开展职业教育国家学分银行建设，促进建设学习型社会。

### （一）"1+X"证书制度、学分银行的异同

"1+X"证书制度、学分银行是不同层面的制度，但两者之间有着异同之处，表现在三个方面。

（1）从概念内容看，"1+X"证书制度、学分银行均指向学习成果。"1+X"证书制度是以证书的方式反映学生的职业教育学历学习成果和职业技能学习成果，学分银行是对学习者学习成果的存储、积累和转换。概言之，两者均是对学习成果的"度量"。

（2）从外延范围看，资历框架涵盖全社会各类教育，学分银行面向全体社会成员，所有社会成员均可在学分银行开户，其货币就是代表学习成果的学分，覆盖全体社会成员的学习成果，范围最宽。"1+X"证书制度将学历证书与培训证书有机结合，共同反映学习者的能力水平，是众多学习成果中的两类成果，仅是职业教育领域开展的一项改革工作，其范畴较学分银行要小。

（3）从社会治理来看，"1+X"证书制度、学分银行是反映学习成果不同层面的制度设计，也是对社会成员学习成果分类、分级、认定、转换的具体手段，因此，二者都具有制度性和工具性。从制度性强弱排序看，分别为学分银行、"1+X"证书制度；而从工具性强弱排序看，分别为"1+X"证书制度、学分银行。

### （二）"1+X"证书制度与学分银行的关系

"1+X"证书制度与学分银行建设都是我国深化职业教育改革、构建现代职业教育体系的关键途径，是相互促进的关系。

"1"与"X"证书所要求的课程学习中有交叉的共同课程，需要学分银行进行课程互认、学分转换。学分银行为1+X证书制度实施提供学习成果积累、转换的管理信息平台和制度保障。

"1+X"证书制度通过学历证书与职业技能等级证书等值互换，为学分银行建设奠定了实践基础，对我国建设学分银行发挥重要的促进作用。

### （三）"学分银行"与"'1+X'证书"的关联耦合

1. 关联耦合的路径

我国高等职业教育涉及各个职业领域，职业院校应积极参与实施"1+X"证书制度试点，同步参与职业教育国家学分银行试点，建立有关工作机制。实施"1+X"证书制度，可以率先在职业教育领域建立起学分银行，发挥学分银行的作用。

（1）职业院校学生获得一定级别的X证书，在当前专业学习或按程序进入更高层

次学段后，均可按有关院校转换规则申请兑换学分，免修相应课程；取得 X 证书的社会成员在按规定程序进入有关院校接受相关专业学历教育时，可根据证书级别，按有关院校转换规则申请兑换学分，免修相应课程。在完成规定内容学习后依法依规取得学历证书。职业院校的学历政策对所有取得职业技能等级证书的人开放，包括技工院校学生。因此，这也是沟通中、高等职业院校与中、高等技工院校之间学历证书、职业技能等级证书贯通互认的桥梁。

（2）对接受职业院校学历教育取得毕业证书或 X 证书相关课程学分的学生，在参加有关 X 证书考核时，可按有关培训评价组织转换办法和转换规则申请免考相应的证书模块。

（3）学习者按程序申请对个人学习账户中符合条件的学习成果进行转换，有关院校、培训评价组织按规则办理，并在学分银行备案转换结果。

（4）鼓励探索针对相同或相近专业，将有关学生所持有在学分银行认定的 X 证书，作为学生参加中、高职衔接转段等考试环节的学业水平参考或部分技能考核模块成绩。

"学分银行"与"'1+X'证书"制度的关联耦合，有效保障了职业教育与技能培训的科学、简洁和高效。

2. 实施案例

以 A 高等职业院校软件技术专业为例，其毕业生的学分要求是 125 学分（按 16 学时折合为 1 学分），Web 前端职业技能等级证书（中级）要求不少于 15 学分。将软件技术专业人才培养目标、职业能力以及课程与 Web 前端职业技能等级证书（中级）的培养目标、职业能力及培训课程比较，该校该专业课程完全达到 Web 前端职业技能等级证书（初级）的要求，并有两门课程（144 学时折合为 9 个学分）与 Web 前端职业技能等级证书（中级）的要求一致，需增加两门课程 96 学时（6 个学分）就可达到 Web 前端职业技能等级证书（中级）要求。该校该专业学生甲在"学分银行"系统中注册开户，存储自己学分，毕业时，学生甲获得了高职软件技术专业学历要求的 125 学分，又获得 Web 前端职业技能等级证书（中级）两门课程培训的 6 个学分（通过了证书考试），一共 131 学分，则学生甲可取得高职软件技术专业的学历证书和 Web 前端职业技能等级证书（中级）。通过学分银行，有 9 个学分在两个证书的认定中重复计算，避免了重复学习，实现了学习成果的存贮、积累以及转换。

3. 实施分析

继续以 A 高等职业院校软件技术专业为例，其学历证书对应的是四级资历等级。Web 前端职业技能等级证书（中级）属于"培训及业绩"的"专项证书"或"培训证书"，根据最初设计，其对应的是高职层次，相当于四级资历等级。"1"与"X"可加或相加的意义取决于两个方面：一是两者的计量单位是否相同，采取学分为计量单位，两者的学习成果均可折算为通用学分，实现两种学习成果可加；二是两者蕴含的能力水平是否相当，否则相加没有意义，只有同一能力水平即同一级别的学分才可等值相加。

**（四）"学分银行"与"'1+X'证书"制度建设应注意问题**

1. 坚持"一盘棋"的建设思想

"一盘棋"就是整体观、系统观，以服务全民终身教育、学习体系构建为目标，就是从整体层面将两者有机统一。"1+X"证书制度是在职业教育领域的评价制度改革，重在实践应用。在"1+X"证书制度实施中标准的制定、证书的设计及考核评价，必须运用资历框架的思想，利用学分银行对学习成果进行管理。学分银行是实施管理，学分银行建设要以资历框架建设为基础和前提，"1+X"证书制度实施是学分银行的实践探索。

2. 以标准体系为核心开展内容建设

资历框架首先为学习成果分类、分级的确定提供了通用标准，即"母标准"。基于资历框架"母标准"之下，学分银行建设必须制定学习成果认定标准、学分计算标准、学习成果转换标准等一系列操作标准。资历框架还包括在"母标准"之下的"子标准"，即各级各类教育的人才培养、培训标准，以及各行各业的能力标准，具体而言有职业标准、职业能力标准、专业教学标准等。"1+X"证书制度首先指向职业标准，是资历框架中的"子标准"，在职业院校和行业企业之间架起人才无缝对接的通道，必须充分体现产业发展新趋势、新技术、新要求、新工艺、新规范等，必须贴近岗位的实际需求。而"母标准"是"1"和"X"的根本遵循和依据，学分银行要与"子标准"，即"1+X"证书制度保持紧密联系。否则，难以实现衔接、互认和转换。因此，推动"1+X"证书制度实施和学分银行的关键内容是标准体系建设。

### (五) 采取齐头并进建设路径

我国经济社会需要教育现代化支撑，我国正迈入学习型社会、终身学习的阶段，学分银行、"1+X"证书制度相辅相成，二者的实施都很迫切，难以分先后。基于全民终身学习体系，采取"齐头并进"的建设路径，形成有机联系的整体，并发挥各自作用。

（本章撰稿：明芳宇）

## 复习思考题

1. "1+X"证书制度实施的意义是什么？

2. 实施学分银行的意义是什么？

3. 你认为职业院校可以从哪些方面助推职业教育国家学分银行建设工作？

# 第十七章 | 高等职业院校师生技能竞赛制度

【内容摘要】技能竞赛是促进职业院校教育教学质量提升的有效途径，世界技能大赛（简称世赛）、国家技能大赛（简称国赛）标准是主导教育教学改进的指挥棒，竞赛成果也是检验教育教学水平的标尺。本章对技能竞赛、全国职业院校技能竞赛、中华人民共和国职业技能大赛、世界技能大赛进行了介绍和阐述。通过本章学习，强化高等职业院校师生对技能竞赛制度的认识，引导职业教育教师积极参加各级各类技能大赛，通过比赛"以赛促教、以赛促学、以赛促训、以赛促管、以赛促提高"，切实提高职业院校教师本人参赛和指导学生参赛的专业能力。

## 第一节 技能竞赛概述

### 一、技能竞赛的定义

技能竞赛是指依据国家职业技能标准，结合生产和经营工作实际开展的以突出操作技能和解决实际问题能力为重点的，有组织的公平、公正、公开的群众性竞赛活动。

为了使技能型人才的培养质量全面提升，有必要将工匠认真钻研的精神和敬业奉献的工作态度贯穿到技能型人才培养的始终。技能大赛是经过层层考核而选拔出的优秀人才同台竞技的平台，高标准使参赛选手养成精益求精的态度，不论是参赛的师生还是专家评委都在整个大赛过程中秉持着卓越的职业素养，由此可见技能大赛是培育"工匠精神"的有效途径。

### 二、技能竞赛的重要意义

#### （一）习近平总书记、李克强总理对技能人才工作的重要指示

习近平总书记、李克强总理始终高度重视技能人才工作，多次做出重要指示批示。2019年9月24日，中共中央总书记、国家主席、中央军委主席习近平对我国技能选手在第45届世界技能大赛上取得佳绩做出重要指示，向我国参赛选手和从事技能人才培

养工作的同志们致以热烈祝贺。

习近平强调，劳动者素质对一个国家和民族的发展至关重要。技术工人队伍是支撑中国制造、中国创造的重要基础，对推动经济高质量发展具有重要作用。要健全技能人才培养、使用、评价、激励制度，大力发展技工教育，大规模开展职业技能培训，加快培养大批高素质劳动者和技术技能人才。要在全社会弘扬精益求精的工匠精神，激励广大青年走技能成才、技能报国之路。

习近平指出，我国将举办2021年上海第46届世界技能大赛。要做好各项筹备和组织工作，加强同各国在技能领域的交流互鉴，展示我国职业技能培训成就和水平，努力办成一届富有新意、影响广泛的世界技能大赛。

中共中央政治局常委、国务院总理李克强做出批示指出，技能人才是国家的宝贵资源，是促进产业升级、推动高质量发展的重要支撑。要坚持以习近平新时代中国特色社会主义思想为指导，贯彻党中央、国务院决策部署，更加重视技能人才培养，实施好职业技能提升行动，紧扣需求发展现代职业教育、办好技工院校，完善技术工人职业发展机制和政策，使更多社会需要的技能人才、大国工匠不断涌现，依托大众创业、万众创新，促进新动能成长壮大和就业增加。同时，要加强技能领域国际合作，做好第46届世界技能大赛筹办工作，推动形成广大青年学习技能、报效国家的浓厚氛围。

中华人民共和国第一届职业技能大赛于2020年12月10日在广东省广州市开幕。中共中央总书记、国家主席、中央军委主席习近平发来贺信，向大赛的举办表示热烈的祝贺，向参赛选手和广大技能人才致以诚挚的问候。

习近平在贺信中指出，技术工人队伍是支撑中国制造、中国创造的重要力量。职业技能竞赛为广大技能人才提供了展示精湛技能、相互切磋技艺的平台，对壮大技术工人队伍、推动经济社会发展具有积极作用。希望广大参赛选手奋勇拼搏、争创佳绩，展现新时代技能人才的风采。

习近平强调，各级党委和政府要高度重视技能人才工作，大力弘扬劳模精神、劳动精神、工匠精神，激励更多劳动者特别是青年一代走技能成才、技能报国之路，培养更多高技能人才和大国工匠，为全面建设社会主义现代化国家提供有力的人才保障。

中共中央政治局常委、国务院总理李克强做出批示指出，提高职业技能是促进中国制造和服务迈向中高端的重要基础。要坚持以习近平新时代中国特色社会主义思想为指导，深入贯彻党中央、国务院决策部署，进一步完善技能人才培训培养体系，积极营造有利于技能人才脱颖而出的良好环境，深入开展大众创业、万众创新，引导推动更多青年热爱钻研技能、追求提高技能，打造高素质技能人才队伍，培养更多大国工匠，让更多有志者人生出彩，为促进就业创业创新、推动经济高质量发展提供强有力支撑。

习近平总书记的重要指示和李克强总理的批示，深刻阐明了技能人才队伍在国家发展中的战略地位和时代意义，为新时代技能人才工作指明了方向，提供了根本遵循，给参赛人员和技能劳动者以极大鼓舞，在各参赛代表团和全社会引起强烈反响。我们要坚守培育大国工匠的初心，进一步增强做好技能人才工作的责任感、紧迫感、使命感，努力培养一支德智体美劳全面发展的高技能人才队伍，为全面建设社会主义现代化国家提供有力人才保障。

当前，"中国制造"面临转型升级的压力和挑战，培养"大国工匠"成为一项艰巨的任务。参加世界技能大赛，对促进国内职业培训和技能竞赛工作的开展、营造尊重技能人才、争当技能人才的良好氛围、扩大中国在国际职业培训领域的影响、培养有绝招绝技的人才队伍具有重要意义。

### （二）职业技能大赛对职业院校的影响

1. 提高职业院校教育教学质量

职业技能大赛与教学的关系是以赛促教，以教提赛，大赛辅助各专业教学目标的实现。大赛促进教学，教学提高大赛成绩，教师教学水平通过大赛进行考验，也因大赛而得以提高。比赛对技术要求更高，各个学校一起参赛，一般每个赛项都有学校占据高位。

2. 促进职业院校师生教学相长

随着职业技能大赛的赛项、标准等的变化，教师也会通过指导培训，赛场交流等方式学习到新的职业教育理念，先进的专业技术，有效的教学方法等。2011 年大赛首次开设师生答辩环节，学生在完成作品后要回答专家就作品的制作、内涵等提出的相关问题，而指导教师不仅要以参赛作品为载体提出一个教学方案，还要回答专家就教学方案提出的问题。职业技能大赛对学生成长所产生的激励作用也是十分突出的，不仅激励学生产生不断追求自我提升这一积极参赛的动机，还会在学习小组中形成竞争氛围，促进小组成员之间相互交流与学习。

3. 提升职业院校美誉度

大赛被称为品牌是通过其为企业、社会培养了一批优秀的人才，体现在这批人才为企业提供了优质服务，为社会创造了价值，得到了公众的认可，从而提升了职业教育的美誉度。由此便形成了一个大赛促进教育教学，提升学校口碑，推动产教融合，而学校、企业、行业的发展反过来促进大赛更加完善这样一种良性循环。

### （三）职业技能大赛对学生的影响

1. 提升职业院校学生竞争力

技能大赛是教师和学生学习前沿的理论知识和技术、工艺的一个平台。参赛选手和指导老师通过这个平台，能够交流彼此掌握的知识点和技术技能，对于专业建设具有指导性的作用，帮助教师在教学上找到侧重点，促进专业建设。教师所带领的参赛学生在企业中非常受欢迎，他们上岗就能上手，职业技能环境适应能力非常强。

职业技能竞赛是最具针对性、有效性的人才培养培训方式。俗话说"台上一分钟，台下十年功"，大赛对接国际和国内最新、最先进的技能技术标准，选手们在赛场上只是十几个小时的比赛时间，但只有通过比赛前的艰苦学习、层层选拔、针对性训练才能站在本届大赛的赛场上并完成比赛任务，这些都是技能提升的过程。在比赛过程中，不仅考验参赛选手的技能理念、操作能力等技能素养，也考验选手的心理素质、文化知识、礼仪修养、个人形象等，可谓是全方位历练，选手参赛的过程就是不断提高综合素质的过程，对选手来说是难得的锻炼，对他们的未来发展具有很好的促进作用。

2. 获得荣誉奖励，坚定技能报国之志

大赛授予优秀选手"全国技术能手"等荣誉，各地各行业还将对获奖选手给予表彰奖励，这既是一份荣誉，更是对其走技能长才、技能报国之路的激励。虽然有部分选手没有获奖，但通过本次大赛找到了差距，学习了先进技术和方法，明确了奋斗目标，扩大了技能朋友圈，为在今后的工作中开展技能交流、提升技能水平打下了基础，也必将实现他们技能成才的理想。

3. 收入待遇有提高，获得感增强

大赛将对获奖选手给予职业资格或职业技能等级晋升等奖励，企业等用人单位将根据晋升的职业资格或职业技能等级兑现薪酬等相应待遇，各地也将结合实际给予相应的物质奖励。特别是大赛期间，120 余家知名企业积极参与大赛，向一些参赛的学生选手发出邀约。可以说，参赛选手不管是学生还是企事业单位职工，通过参加大赛可获得多种奖励，提高经济待遇，实现多劳者多得、技高者多得，增强职业荣誉感、获得感。

在 2020 年中华人民共和国第一届职业技能大赛中，来自建档立卡贫困家庭的 141 名选手，他们共获得了 1 枚金牌、5 枚银牌、5 枚铜牌和 46 个优胜奖。这些选手虽然来自贫困家庭，但他们通过自己不懈的努力、持续的学习和比别人多一分的付出，最终站在了我国最高的职业技能竞技舞台上，从他们身上我们看到了技能扶贫工作的成效，看到了他们励志脱贫的信心，看到了他们对未来生活的憧憬，他们更值得我们去关注，也必将激励更多青年人走"技能成才、技能报国"之路。

### 三、技能竞赛的类别

表 17-1 为技能竞赛的类别。

表 17-1  技能竞赛的类别

| 序号 | 竞赛名称 | 主办单位 | 类别 | 举办期 | 目前届别 | 举办地 | 主要参赛对象 |
|---|---|---|---|---|---|---|---|
| 1 | 世界技能大赛 | 世界技能组织 | 世界级 | 2 年/届 | 第 46 届/2022 年 | 上海 | 职业院校（含技工院校师生）及行业创业工人 |
| 2 | "一带一路"国际技能大赛 | 人力资源和社会保障部 | 国家级 | 不定期 | 第 1 届/2019 年 | 重庆 | 符合条件的职工、教师、学生 |
| 3 | 中华人民共和国职业技能大赛 | 人力资源和社会保障部 | 国家级 | 2 年/届 | 第 1 届/2020 年 | 广州 | 16 周岁以上、法定退休年龄以内的中国大陆公民 |
| 4 | 全国职业院校技能大赛 | 教育部 | 国家级 | 每年 | 第 13 届/2020 年 | 山东 | 职业院校（含技工院校师生） |
| 5 | 省市及行业技能大赛 | 行业协会省市教育/人力资源和社会保障部主管部门 | 省级 | 不定期 | 不定 | 不定 | 符合条件的职工、教师、学生 |

表17-1（续）

| 序号 | 竞赛名称 | 主办单位 | 类别 | 举办期 | 目前届别 | 举办地 | 主要参赛对象 |
|---|---|---|---|---|---|---|---|
| 6 | 四川省工匠杯职业技能大赛 | 省人力资源社会保障厅 | 省级 | 每年 | 第4届/2020年 | 绵阳 | 四川省境内从事相关职业（工种）的企业职工、院校学生和相关行业的从业人员 |

近年来，不同层次、不同类别的职业技能竞赛发展较为迅速，为规范职业技能竞赛活动，保证其健康、有序地发展，劳动和社会保障部出台了《关于加强职业技能竞赛管理工作的通知》（劳社部发〔2000〕6号），文件明确规定对职业技能竞赛实行分级管理，即国家级、省级和地市级三级。其中，国家级包括一类竞赛、二类竞赛。一类竞赛是指跨行业、跨地区的竞赛，可冠为"全国""中国"等名称；二类竞赛是单一行业的竞赛，它由国务院有关行业部门或行业组织牵头，可冠以"全国××行业××职业（工种）"等名称。除上述两类竞赛外，其他竞赛不得冠以"全国""中国"等名称。国家级竞赛应按照国家高级职业（技能）标准要求命题。

# 第二节　全国职业院校技能竞赛

## 一、全国职业院校技能竞赛的定义

全国职业院校技能竞赛是技能竞赛的一种，是依据国家职业技能标准和世界产业行业技术标准，根据国家经济建设发展对高技能人才的需要，结合生产和经营工作实际开展的以突出操作技能和解决实际问题能力为重点的、有组织的群众性竞赛活动。全国职业院校技能竞赛旨在促进职业院校技术技能型人才培养、教学改革，营造劳动光荣、技能宝贵的社会风尚，充分发挥大赛对职业教育的"树旗、导航、定标、催化"作用。

全国职业院校技能竞赛是由教育部发起并牵头，由联合国务院有关部门以及有关行业、人民团体、学术团体和地方共同举办的一项公益性、全国性职业院校学生综合技能竞赛活动，每年举办一届。举办全国职业院校技能竞赛能充分展示职业教育改革发展的丰硕成果，集中展现职业院校师生的风采，努力营造全社会关心、支持职业教育发展的良好氛围，促进职业院校与行业企业的产教结合，从而更好地为中国经济建设和社会发展服务。全国职业院校技能竞赛是专业覆盖面最广、参赛选手最多、社会影响最大、联合主办部门最全的国家级职业院校技能赛事。

## 二、全国职业院校技能竞赛办赛历程和体系

自从我国第一个国家职业教育改革试验区于2005年在天津成立，职业院校技能大赛就被纳入了职业教育改革范畴，2008年6月第一届全国职业院校技能大赛（含中职、

高职两类）在天津成功举办，开启了我国特色职业教育的创新发展之路。自 2008 年以来，全国职业院校技能竞赛规模及影响力日益扩大，"普通教育有高考，职业教育有技能大赛"，这一理念认知早已深入人心。经过多年发展，全国职业院校技能竞赛的大赛发展伴随大赛制建设不断完善，取得了丰硕的成果。

职业院校技能竞赛体系逐步完善。2008 年 6 月第一届全国职业院校技能大赛设置了 24 个赛项，涉及 10 个专业，由 11 所学校承办，共有 3 000 名选手参加了此次大赛。截至 2021 年年底，大赛项目由 10 个专业的 24 个项目扩展了 26 个大类专业的 102 个项目，参赛学生由 3 000 人扩展到了 15 640 人，大赛影响力和覆盖面都在逐步扩大。国家技能大赛的开展，带动各省和各职业院校的技能大赛，形成了"校校有比赛、省省有竞赛，国家有大赛"的职业院校技能竞赛序列。2018 年职业院校技能大赛在北京、天津等 23 个赛区和江苏农林职业技术学院等 76 所学校召开，随着职业技能大赛"一主多辅"竞赛格局的建立，"全国大赛为首，地方竞赛为主""人人都参与、专业大覆盖、层层有选拔"的竞赛体系已经在全国形成。

从大赛层级分析，技能大赛分国家级、省级、市级三个层级，分一类二类比赛，一般由教育主管部门牵头组织。从奖项设置看，大赛设一等奖、二等奖、三等奖三个奖项，学生或团体获一等奖的大赛指导教师颁发优秀指导教师奖。从赛事情况看，国家大赛一般在 6 月至 7 月份举行，省赛、市赛由省、市自定时间。大赛分中职组和高职组两类，以国赛为例，涉及 18 个专业大类，8 个分赛项，并且每年会做相应调整。从参赛限定条件看，国赛各省份个人项目每赛项人数限定 4 人以内，团体每赛项限定 2 队以内。参赛中职生不超过 21 周岁，获奖选手次年不得重复参加曾获奖赛项，指导教师须为本校专兼职教师。表 17-2 为全国职业院校技能竞赛基本情况。

表 17-2　全国职业院校技能竞赛基本情况

| 年份 | 主办单位/个 | 竞赛专业大类 | 比赛项目/项 | 参赛选手/人 | 获奖学生/人 |
|------|------|------|------|------|------|
| 2008 | 11 | 10 | 24 | 3 000 | 859 |
| 2009 | 10 | 12 | 35 | 3 220 | 1 286 |
| 2010 | 16 | 17 | 46 | 4 000 | 2 599 |
| 2011 | 16 | 16 | 55 | 5 000 | 3 069 |
| 2012 | 23 | 18 | 96 | 9 018 | 3 944 |
| 2013 | 31 | 14 | 100 | 9 840 | 6 159 |
| 2014 | 30 | 12 | 93 | 10 300 | 6 522 |
| 2015 | 31 | 15 | 98 | 10 943 | 7 126 |
| 2016 | 37 | 24 | 94 | 12 042 | 7 344 |
| 2017 | 37 | 26 | 85 | 13 865 | 8 326 |
| 2018 | 35 | 26 | 82 | 15 640 | 9 393 |
| 2019 | 35 | 26 | 87 | 17 450 | 10 445 |
| 2020 | 36 | 22 | 40 | 2 329 | 1 399 |
| 2021 | 101 | 13 | 101 | | |

### 三、竞赛制度框架的形成

职业院校技能大赛的组织与实施是一项复杂的系统工程，大赛制度的建设将从根本上对职业院校技能大赛的组织和实施予以规范。截止到 2021 年，大赛制度建设也经历了三个阶段。

#### （一）探索初创阶段（2008—2012 年）

从 2008 年到 2012 年，大赛制度从无到有开始了探索。第一届职业技能大赛结束后，大赛执委会组织讨论制定了《仲裁工作规则》，这是大赛历史上第一个大赛制度。总结 2008 年到 2012 年的办赛经验，大赛执委会制定发布了《2012 年全国职业院校技能大赛企业合作事宜及赛项经费管理使用规定》，以制度建设层面规范 2012 年全国职业院校技能大赛及各赛项的企业合作与财务管理工作；发布了《2012 年全国职业院校技能大赛安全管理规定》，从组织机构、赛项设计、比赛环境、生活条件、组队责任、应急处理、处罚措施等 7 个方面对比赛筹备和举行过程中的安全工作，特别是保障参赛选手、指导教师、工作人员及观众的人身安全提出了明确要求。这些初创性的制度初步形成了具有中国特色的职业院校技能大赛体系。

#### （二）基本形成阶段（2013—2015 年）

2013 年年初，教育部全面总结 5 年大赛经验，并将大赛的基本目标和主要任务予以明确，要求建立大赛组织机构，明确相关机构职责分工，建立健全行业企业参与制度和大赛的监管制度。大赛执委会根据教育部要求，结合前五年办赛经验和 2012 年制度建设，起草、修订和完善了《组织机构与职能分工》等 11 项制度文件，形成了《2013 年全国职业院校技能大赛规章制度汇编》，保证了大赛的顺利实施。

2014 年，大赛执委会专门成立制度研制小组，多渠道听取各方面对大赛的意见和建议，召开专题研讨会，加大了制度建设力度。围绕大赛的办赛宗旨和办赛目的，制度研制小组针对大赛存在的突出问题，结合各方意见建议，科学构建了组织机构与职能分工、赛项申报与遴选承办、赛前准备与赛项实施、大赛宣传与标识使用、赛后总结与资源转化五大板块制度内容，并创新增补了《赛项申报与遴选》等 7 项制度，包含了 18 项制度的《2014 年全国职业院校技能大赛制度汇编》正式发布，大赛制度基本形成。

2015 年，执委会加强对专家裁判的管理，对廉洁办赛提出具体要求，制度研制小组制定了《专家工作手册》《阳光廉洁办赛》等制度，发布了包含 21 项制度的《2015 年全国职业院校技能大赛制度汇编》。至此，大赛制度基本覆盖了赛事组织机构、赛事筹备、竞赛过程、赛后工作等环节，大赛制度体系基本完备，为大赛的规范运行提供了保障。

#### （三）完善落实阶段（2016—2021 年）

2015 年 12 月，教育部明确了技能大赛的定位，将技能大赛定位为教育教学的重要环节，认为技能大赛是推进教学方式改革和提高教学质量的重要举措。大赛制度研制小组以技能大赛服务产业发展、培育工匠精神、检验教学质量、推动教学改革、促进专业建设为根本目标，对已经形成的制度和工作手册，不断修改完善，强化大赛制度的科学、严谨、规范和有效执行。制度发布后，对制度的学习培训力度不断加大，对赛项执委会和承办院校严格执行大赛制度情况进行不间断监督，同时针对大赛存在的问题继续修改完善。

大赛自创办以来，其影响力不断扩大，各职业院校和各省级教育行政部门对大赛的重视程度不断强化，伴随全国职业院校技能大赛的举办，各省和各职业院校对技能大赛的举办更是广泛开发，逐渐完善形成了包括国家大赛、地方竞赛和学校竞赛在内的，逐级组织的全覆盖竞赛框架。2008 年至 2011 年，大赛集中在国家职业教育改革试验区天津举办。为扩大大赛社会影响，充分发挥不同地方政策优势，充分利用各地职教资源，2012 年大赛开始增设分赛区，形成了天津主赛区和各地分赛区"一主多辅"的格局。从大赛举办的层级来看，有校级比赛、省级比赛和国家级大赛三个层级。从国家级大赛的组织机构来看，又分为大赛、分赛区、赛项和赛项承办院校四级组织机构，实行"统筹协调，分级管理"。校赛和省赛为国家大赛提供入围选手，而各级竞赛机构则分工合作，保障大赛顺利高效进行。

# 第三节　中华人民共和国职业技能大赛

## 一、定义与背景

### （一）定义

为深入贯彻落实习近平总书记对技能人才工作的重要指示精神，充分发挥职业技能竞赛在促进技能人才培养、推动职业技能培训和弘扬工匠精神的重要作用，营造劳动光荣、技能宝贵、创造伟大的社会风气，更好服务就业创业和经济高质量发展，经国务院批准，从 2020 年起，我国每两年举办一届中华人民共和国职业技能大赛。

### （二）背景

一是技能成才、技能报国成为社会共识。习近平总书记指出，要激励更多劳动者特别是青年一代走技能成才、技能报国之路。第一届职业技能大赛 86 个竞赛项目，涵盖了生产制造、信息通讯、交通运输、社会服务等众多行业领域，项目设置契合经济发展、产业升级，和人民生活息息相关，技术技能含金量高，对提高技能人才职业技能水平发挥了积极作用。参赛选手平均年龄 21.8 岁，年龄最大的为 58 岁，年龄最小的为 16 岁，年轻选手占总选手数量的九成。通过比赛，大家在高水平平台上相互切磋技艺、共同提升技能，既为世界技能大赛选拔优秀选手，又为企业和社会培育技能英才，让全社会更直观地了解不同职业的特点和价值，感受技能之美，"三百六十行，行行出状元"的观念更加深入人心。大赛期间，很多知名企业到比赛现场观摩比赛，瞄准参赛的学生选手，提早引才揽才，体现了职业技能竞赛与就业紧密相关的生命力。大赛不仅转变了广大民众对技能的观念，更让"有技能、好就业"成为社会共识，技能成才、技能报国也将成为广大青年人向往的目标。

二是劳动精神、工匠精神深入人心。习近平总书记强调，要大力弘扬劳模精神、劳动精神、工匠精神。第一届职业技能大赛紧扣"新时代、新技能、新梦想"这一主题，围绕"技行天下能创未来"，在全社会掀起了热爱技能、投身技能、提升技能的新高潮。参赛选手在比赛中专注比赛、辛勤劳动、一丝不苟、精益求精，创造出一个个卓越的作品或展现优质的服务，用汗水和智慧诠释了劳动光荣、技能宝贵、创造伟大的精神。大赛同期，进行了技能展示交流活动。全国各地、各有关部门和行业、大赛合作伙伴和设备设施支持单位、技工院校全方位展示"十三五"时期技能人才工作取得的新经验、新成效，搭建了政府、企业、院校各方深入交流与合作的平台。通过举办大赛，劳动精神、工匠精神将得到进一步弘扬，尊重劳动、崇尚技能的社会氛围将越来越浓厚。

三是精湛技能技艺广泛传承。习近平总书记在贺信中希望广大参赛选手奋勇拼搏、争创佳绩，展现新时代技能人才的风采。第一届大赛坚持"赛、展、演"相结合的理念，特别是全国技能展示交流、中华绝技展演等活动使大赛的关注度明显提升，让广大群众感受到了技能的魅力。同时，第一届大赛有新闻媒体 170 余家、记者 500 余人参与宣传报道，大家积极宣传职业技能竞赛的改革举措和创新亮点，既宣传大赛盛况，又聚焦技能明星，讲好技能成才、技能报国故事。大家坚持弘扬正能量、唱响主旋律，为第一届大赛营造了良好的舆论氛围。各代表团纷纷表示，将深入贯彻落实习近平总书记的贺信精神，蓬勃开展职业技能竞赛，大规模开展职业技能培训，大力发展技工教育，用实际行动培育更多高技能人才和大国工匠，为新时代技能人才展示精湛技能、传承民族技艺搭建平台、提供条件。

四是技能竞赛活动创新发展。习近平总书记指出，职业技能竞赛为广大技能人才提供了展示精湛技能、相互切磋技艺的平台，对壮大技术工人队伍、推动经济社会发展具有积极作用。第一届大赛在总结国内职业技能竞赛有益经验的基础上，创新运用集中开放办赛理念和国际国内先进技术标准，填补了综合性国家职业技能竞赛的空白，形成了国内和国际技能赛事相互衔接、协同发展的竞赛工作新格局，为构建以世界技能大赛为引领、以中华人民共和国职业技能大赛为龙头、以全国行业职业技能竞赛和地方各级职业技能竞赛为主体、以企业岗位技能竞赛为基础的职业技能竞赛体系做出了积极探索，迈出了坚实的一步。我们将进一步推广第一届全国技能大赛的理念和标准，引领国内各级各类职业技能竞赛科学化、规范化、专业化发展。

## 二、中华人民共和国第一届全国职业技能大赛概况

2020 年 12 月 10 日至 12 月 13 日，中华人民共和国第一届全国职业技能大赛在广州举行。第一届全国职业技能赛有 86 个比赛项目，参赛选手来自全国 31 个省份，共有 36 个代表团，参赛选手 2 557 人。这是新中国成立以来，首次举办的赛事规格最高、竞赛项目最多、参赛规模最大、技能水平最高的综合性国家职业技能大赛。3 天的比赛，让技能在赛场展示，选手在磨炼中成长。大赛为培养技能人才起到了推动作用，也诠释了技能成才、技能报国的时代内涵。

## 三、中华人民共和国第一届职业技能大赛竞赛项目

中华人民共和国第一届职业技能大赛竞赛项目共 86 项，含世赛选拔项目 63 项、国赛精选项目 23 项。

（一）世赛选拔项目（共 63 项）

（1）运输与物流（7 项）：飞机维修、车身修理、汽车技术、汽车喷漆、重型车辆维修、货运代理、轨道车辆技术（新）。

（2）结构与建筑技术（13 项）：砌筑、家具制作、木工、混凝土建筑、电气装置、精细木工、园艺、油漆与装饰、抹灰与隔墙系统、管道与制暖、制冷与空调、瓷砖贴面、建筑信息建模（新）。

（3）制造与工程技术（21 项）：数控铣、数控车、建筑金属构造、电子技术、工业控制、工业机械、制造团队挑战赛、CAD 机械设计、机电一体化、移动机器人、塑料模具工程、原型制作、水处理技术、焊接、化学实验室技术、增材制造（新）、工业设计技术（新）、工业 4.0（新）、光电技术（新）、可再生能源（新）、机器人系统集成（新）。

（4）信息与通信技术（8 项）：信息网络布线、网络系统管理、商务软件解决方案、印刷媒体技术、网站设计与开发、云计算、网络安全、移动应用开发（新）。

（5）创意艺术与时尚（6 项）：时装技术、花艺、平面设计技术、珠宝加工、商品展示技术、3D 数字游戏艺术。

（6）社会及个人服务（8 项）：烘焙、美容、糖艺/西点制作、烹饪（西餐）、美发、健康和社会照护、餐厅服务、酒店接待。

（二）国赛精选项目（共 23 项）

数控车、数控铣、电工、装配钳工、焊接、电子技术、CAD 机械设计、汽车维修、新能源汽车智能化技术、木工、砌筑、室内装饰设计、网络系统管理、物联网技术、信息网络布线、珠宝加工、时装技术、健康照护、餐厅服务、西式烹调、烘焙、茶艺、社会体育指导（健身）。

（三）中华人民共和国第一届全国技能大赛世赛选拔项目竞赛内容描述

（四）中华人民共和国第一届全国技能大赛国赛精选项目竞赛内容描述

（五）人力资源社会保障部关于组织开展 2020 年全国行业职业技能竞赛的通知

# 第四节　世界技能大赛

## 一、世界技能大赛概述

世界技能大赛是最高层级的世界性职业技能赛事，被誉为"世界技能奥林匹克"，其竞技水平代表了各领域职业技能发展的世界先进水平。一个国家在世界技能大赛中的成绩，在一定程度上可以反映这个国家的技术技能发展水平。

世界技能组织成立于 1950 年，是非政府国际组织，现有 77 个国家和地区成员（截至 2017 年 10 月 13 日），其宗旨是通过各成员之间的合作，促进职业技能水平的提高，在世界范围推动职业技能事业发展。其主要活动为每年举办一次世界技能组织大会和每两年举办一次世界技能大赛。

世界技能大赛始于 1950 年，自诞生之日起就与社会生产有着密切的联系。世界技能大赛以技能的比拼、展示、传播为核心，以鼓励青年技术工人成长为己任，其竞赛标准、技术与内涵代表着世界各行各业的先进水平。我国从 2011 年起参与世界技能大赛，搭建起了职业技能交流的国际平台，对我国职业教育的发展具有重要意义。目前，中国代表团已在世界技能大赛中取得了优异的成绩，这离不开国家的大力支持，也离不开职业院校的辛勤努力。

## 二、我国选手参加世界技能大赛的历程

2010 年 10 月 7 日，我国申请并正式加入世界技能组织。我国加入世界技能组织后，于 2011 年、2013 年、2015 年分别参加了第 41 届、第 42 届、第 43 届世界技能大赛，累计取得 5 枚金牌、8 枚银牌、7 枚铜牌和 29 个优胜奖的优异成绩，在国际技能舞台上展示了我国青年人才的高超技能水平和良好精神风貌，为祖国和人民赢得了荣誉。我国选手参加世界技能大赛的历史，素有"技能奥林匹克"的美称，发展历史悠久。在第 41 届伦敦世赛上，第一次出现了中国代表团的身影。为了参加伦敦世赛，中国代表团高度重视、强化培训，参加了包括数控车床、焊接等 6 个项目的比赛，并且取得了优异的成绩。在比赛中，中国石油天然气第一建设公司员工裴先峰拿到了焊接项目的银牌，这标志着中国首次参赛就实现了奖牌零的突破，这对国人来说是一个巨大的鼓舞。随后，在第 43 届、第 44 届世界技能大赛，中国参赛选手又取得了优异的成绩。2019 年 8 月 22 日至 27 日，第 45 届世界技能大赛在俄罗斯喀山举行。我国代表团参加了 56 个比赛项目，取得 16 枚金牌、14 枚银牌、5 枚铜牌和 17 个优胜奖的优异成绩，再次荣登金牌榜、奖牌榜和团体总分第一，取得了我国参加世界技能大赛以来的最好成绩。2021 年，第 46 届世赛将在中国上海举办（因新型冠状肺炎疫情影响，世界技能组织决定推迟一年举办），这是国际社会对我国技能人才培养、技术实力增强的肯定，具有划时代的意义。

### 三、第 46 届上海世界技能大赛情况简介

2016 年 10 月 7 日，人力资源和社会保障部代表中国在世界技能组织 2016 年大会上，宣布申办 2021 年第 46 届世界技能大赛意向，并推出上海作为承办城市。

2017 年 3 月，确定"新青年、新技能、新梦想"为申办口号。

2017 年 10 月 13 日，世界技能组织 2017 年大会在阿联酋阿布扎比国家会展中心举行，在确定上海取得举办权前，我国国家主席习近平通过视频向大会致辞，代表中国政府和中国人民表达对上海市举办第 46 届世界技能大赛的坚定支持，承诺上海一定能为世界奉献一届富有新意、影响深远的世界技能大赛，并指出世界技能大赛在中国举办，将有利于推动中国同各国在技能领域的交流互鉴，带动中国民众尤其是近 2 亿青少年关注、热爱、投身技能活动，让中国人民有机会为世界技能运动发展做出贡献。中国政府高度赞赏世界技能组织的发展宗旨，愿意积极参与各项活动，继续为全球减贫和可持续发展做出更大贡献。中国政府将全面兑现每一项承诺，全方位践行世界技能组织"2025 战略"。

世界技能组织 2017 年大会上，人力资源社会保障部部长尹蔚民，上海市市长应勇，第 46 届世界技能大赛形象大使、第 43 届世界技能大赛印刷媒体技术项目银牌获得者张淑萍，上海出版印刷高等专科学校学生萧达飞分别在大会上做了陈述。现场还播放了上海市申办第 46 届世界技能大赛宣传片。

经世界技能组织全体成员大会一致决定，世界技能组织主席西蒙·巴特利宣布：中国上海正式获得第 46 届世界技能大赛举办权。

第 46 届世界技能大赛工作领导小组第一次全体会议于 2019 年 1 月 30 日在北京召开。中共中央政治局委员、国务院副总理、第 46 届世界技能大赛工作领导小组组长胡春华出席会议并讲话。他强调，要认真学习贯彻习近平总书记重要指示精神，按照党中央、国务院的决策部署，扎实做好各项筹办工作，为世界奉献一届富有新意、影响深远的世界技能大赛。

2020 年 7 月 29 日"上海第 46 届世界技能大赛事务执行局"正式成立，它是第 46 届世赛筹办和举办期间的临时性日常事务执行机构，负责落实组委会的决策部署，做好上海世赛的筹办和举办中的各项工作。第 46 届世赛赛项包括 63 个项目涵盖结构与建筑技术、制造与工程技术、创意时尚与艺术、信息与通信技术、个人和社会照护、交通与运输六大领域。其中 53 个项目为第 45 届世界技能大赛比赛项目，1 个项目（工业机械）为第 45 届世赛两个比赛项目合并而来，9 个项目（建筑信息建模、工业设计技术、工业 4.0、机器人系统集成、光电技术、可再生能源、增材制造、移动应用开发、轨道车辆技术）为第 46 届新增项目。

### 四、世赛选拔项目竞赛内容描述

见本章第三节中华人民共和国职业技能大赛的内容描述。

## 五、技能竞赛成果升华

### （一）世界技能大赛、国家技能大赛标准融入课程标准

#### 1. 将技术标准融入课程标准

认真研究学习世赛及国家（行业）大赛技术标准，基于竞赛标准，优化课程。教学中，严格按照世界技能大赛、国家技能大赛标准的要求，培养学生执着专注、精益求精的工匠精神和娴熟精湛的技能。

#### 2. 将大赛内容融入教学内容

为激发学习热情、增强竞争意识，主动将各级大赛内容列入专业课程教学内容，培养学生的综合职业能力；如第 45 届世界技能大赛赛项——以酒店接待赛项为例，主要完成酒店接待员在酒店的前台工作任务，需要持续协调地使用各种技能。如培养学生通用的旅游信息、良好的口头和书面英语、计算机知识、良好的礼仪、沟通和社交技巧、回答问询、数字和现金处理的能力以及预定程序的应用、接待、客户服务和退房的专业技能，就需要设置通用能力课程、方法能力课程、专业能力课程。在教学中，高等职业院校应逐步将世界技能大赛技术标准转化成课程标准，按此去组织实施教学。

#### 3. 将职业标准、职业资格证考试需求融入课程标准、课程内容

为促进就业、推动技能扶贫，学院以市场调研为基础，认真分析研判国家职业准入制度，实施任务导向和理实一体化教学。确定了各专业的专业技能方向和对应的岗位，为了能实现课程内容与岗位能力要求的无缝对接，必须以岗位职业标准为依据，以岗位能力为核心，分析岗位的工作任务和职业能力，分析归纳工作任务、选取典型工作任务转化为教学核心任务，构建了特色鲜明的就业针对性强的专业课程体系，使教学更好地服务于考证目标。

根据职业资格认证的考试科目优化课程设置，即考什么科目就设置什么课程，要求具备何种能力就培养什么技能和提升什么素质，把考证与人才培养融为一体，实施"双证融通"的培养模式。例如，导游服务专业的学生都要参加导游员资格证书考试，人才培养方案中根据考试科目，有针对性地设置了"导游业务""导游基础知识""旅游法规"等专业核心课程进行教学，取得了明显效果。导游资格证书的获得，说明学生掌握了导游岗位的基本技能，具备了导游人员的基本素质，能够胜任导游岗位的工作要求，入职竞聘时绝大多数能够顺利上岗就业。又如，酒店服务与管理专业开设"国家星评标准解读"课程，按星评标准规定模块和酒店管理师考证要求开设设备保养、服务标准等专业课程，极大地提高学生的专业素养和考证过关率。

### （二）以训促学，以赛促教，技能比赛常态化

学生在校期间，竞赛贯穿于人才培养的全过程，赛训形成常态，成为职业院校的教学管理长效机制。一方面通过竞赛激发学生的学习兴趣，让"比、学、赶、帮、超"的良好学习氛围在学院蔚然成风，使竞赛成为学生展示才能、提高胆识、增强信心、锻炼心理素质的平台；另一方面，通过竞赛切实提高学生的工匠技能，并推动教师技能提升。

根据职业院校实际情况，结合世界技能大赛、国家技能大赛、省级技能大赛的赛项设置和比赛标准，每学期面向全体学生、教师举行技能大赛，设置师生同台组、教

师组、学生组三大类别。通过比赛"以赛促教、以赛促学、以赛促管、以赛促提高"，检验教师的教和学生的学，展示师生风采、切实提高师生专业能力、为各级竞赛选拔优秀选手。选拔出来的优秀选手，参照比赛赛项，组建优秀选手技能训练营；根据比赛标准，严格训练，强化技能，以训代学冲刺更高级别的赛事。

### （三）以世界技能大赛场地建设要求为指导，促进校企深度融合

（1）校企深度合作、协同育人才能培养出优秀的技能人才。合作方式有7个。①校企双方共同培养双师型教师；学校教师培养企业技术干部的理论教学能力，指定教学内容，协助他们做课件；企业技术干部培养学校教师的实践教学能力，教师到企业学习、企业技术骨干到学校讲课；很好地解决了企业人员不懂教学，教师缺乏行业经验的大难题。②校企双方共同开发课程。③学校学生分组分别与工业园区相关企业岗位对接。④校企共同实施课堂教学。⑤校企共同布置作业，实现理论与实践的结合。⑥校企共同举办技能大赛。⑦校企共建技能大师工作室。

（2）校企合作、工学结合人才培养模式改革的重点是关注教学过程的开放性和职业性，校内实训和企业顶岗实习是两个关键环节。重视学生校内实训的针对性和效果，正在积极探索工学交替、任务驱动、项目导向等有利于增强学生技能的教学模式；加强学生顶岗实习的指导和管理，保证条件成熟的专业有一年以上时间到企业等用人单位开展实习，全面落实教学过程的生产化。

（3）重视校外实训基地建设，探索"引厂入校"办学模式，开展"订单式""冠名班"培养，探索产教一体的现代学徒制办学模式。实训室和一体化教室建设按照企业生产线流程设计建设，根据企业岗位要求对实训设备和实训场地进行及时更新完善。

（4）评价主体多元化。实施专业教学与考证相结合、课程教学与技能大赛相结合。校企双方共同评价顶岗实习和就业能力，扎实务实地进行技术技能型实用人才的培养。

（5）积极推进学历证书和职业资格证书"双证书"制度。对于理论课程的考试，试题要引入的高级工考证的理论题；实训结束后，组织学生参加职业资格证考试，获取国家职业资格证书。"双证融通"这种模式培养出的学生，整体专业能力达到了国家行业标准和要求，是技能型实用人才培养的有效途径。

## 六、第 45 届世界技能大赛参赛集训工作指导意见

为全力备战 2019 年 8 月在俄罗斯喀山举办的第 45 届世界技能大赛（以下简称"世赛"），做好参赛集训工作，特制定本意见。

第一部分 总体要求

一、集训工作目标任务

按照第 45 届世赛相关竞赛规则和技术文件要求，科学组织选手集训，有针对性地培养并提高选手参赛水平，选拔各项目 1 名（队）最优秀选手参加第 45 届世赛，争取取得优异成绩。培养锻炼世赛专业人才队伍，积累工作经验，完善集训方法，提高竞赛组织管理水平，促使集训各参与方掌握世赛要求，传播世赛先进理念、推动技能人才队伍建设工作发展。

二、集训工作组织领导

第 45 届世赛中国组委会（以下简称中国组委会，设在人力资源和社会保障部）负

责集训工作的统一领导。第 45 届世赛牵头中国集训基地（以下简称牵头集训基地）所在省（自治区、直辖市，以下简称地区）人力资源和社会保障厅（局）和国务院有关部门（行业组织、集团公司，以下简称行业）人事劳动保障工作机构（以下统称牵头集训主管部门），负责相应项目集训工作的综合管理和统筹协调，其他集训基地所在地区人力资源和社会保障厅（局）和行业人事劳动保障工作机构（以下统称其他集训主管部门）配合做好本地区、本行业集训组织管理工作。牵头集训基地承担集训主要组织实施工作，其他集训基地配合牵头集训基地承担相应集训工作任务。第 45 届世赛各项目中国技术指导专家组（以下简称专家组）负责制定集训工作方案并落实。

三、集训工作基本原则

（一）坚持公平公正

参与集训工作的单位和人员，应牢固树立国家利益高于一切的意识，公平公正开展选手集训工作。在训练中，应将可利用的人力、物力资源公平且充分用在每位选手身上；在阶段性考核中，应严格按照程序，执行考核纪律，确保考核工作公开、公平、公正。

（二）坚持世赛标准

以历届世赛相关竞赛规则和技术文件，特别是第 45 届世赛各项目技术描述、竞赛试题、评判标准和竞赛规则等（以下简称世赛技术要求）为依据，制定集训工作方案，高标准、严要求组织开展集训工作。

（三）坚持科学训练

根据世赛技术要求，合理安排集训时间、内容和形式，对选手严格技术技能训练的同时，加强意志品质、体能、心理素质、语言交流、自控能力等全方位训练，特别是遵守规则意识的培养，全面提高选手综合素质。根据参赛项目、选手自身特点和集训工作实际，采取定点训练和外出走训等灵活多样的形式训练。

（四）坚持协作配合

在中国组委会统一领导下，各集训主管部门、集训基地、专家组、选手、选手所在单位及其选派地区（行业）等，应发挥各自优势，分工协作，落实责任，相互配合，形成合力，确保集训工作协调、高效运转。

（五）坚持交流合作

集训项目、集训基地之间应加强交流合作，以先进经验带动集训工作整体水平提升。注意向其他地区、机构和人员宣传推广世赛先进理念，带动技能人才工作发展。通过请进来、走出去等多种方式有序开展对外交流，掌握世界技术技能发展动态，学习国际先进经验，相互借鉴、相互促进，推动世界技能运动发展。

四、集训工作安排

集训工作包括训练和阶段性考核。中国组委会将组织开展集中阶段性考核。2018 年 9 月启动集训工作；2018 年 12 月底前，完成选手的首次选拔考核；2019 年 3 月底前，完成参赛选手的最终选拔考核；2019 年 8 月中旬前完成全部集训工作，做好出国参赛各项准备。

## 第二部分 集训工作组织机构

**五、中国组委会**

负责集训工作的统一领导，对训练、选拔考核工作进行监督管理。下设秘书处、技术支持组和服务保障组等机构。其中，秘书处设在人力资源社会保障部职业能力建设司，负责集训工作的统筹管理和组织协调。技术支持组设在中国就业培训技术指导中心，负责集训工作的技术指导。

**六、集训主管部门**

牵头集训主管部门按照中国组委会统一要求，负责牵头项目集训工作的综合管理和统筹协调。其他集训主管部门按照职责分工，配合做好本地区（行业）相应项目集训工作的组织管理。各集训主管部门均应承担对本地区（行业）所辖集训基地集训工作的组织管理和监督检查，提供所需的人力、物力、财力等支持，解决集训工作中出现的问题，并为集训基地正常运转创造良好外部环境和条件。

牵头集训主管部门应安排专人作为联络员，承担与中国组委会和所辖各集训基地、专家组长以及与其他集训主管部门的沟通和联络工作。联络员应相对稳定，保持工作连续性。

**七、集训基地**

牵头集训基地在其集训主管部门领导下，承担集训主要工作任务，负责参与集训工作方案制定、集训专家组组建，沟通、协调其他集训基地落实集训工作安排；对集训工作进行日常管理。其他集训基地按集训工作方案安排，承担相应工作任务。

集训基地均应按职责为开展集训工作提供必需的保障和支持，包括训练设备、技术保障，以及集训各项安全、后勤保障并配备专人负责落实；及时向集训主管部门汇报集训工作情况；按照第45届世赛技术要求，加强集训基地建设。

**八、专家组负责集训相关技术工作**

（一）基本构成

专家组一般由1名专家组长、若干名技术指导专家、1名翻译和1个教练组构成（统称为专家组成员）。专家组原则上不超过9人，须根据实际工作安排，明确每位成员的职责分工。

（二）人员产生

专家组长由中国组委会依据《世界技能大赛参赛管理暂行办法》规定的条件遴选确定。

技术指导专家及教练由行业协会、集训主管部门、集训基地、专家组长推荐，经专家组长初审并提出初步人选，由牵头集训主管部门商其他集训主管部门后，报中国组委会审定。中国组委会可从各地区（行业）推荐人选中通过遴选，安排专家组成员。

翻译人选由专家组长、牵头集训基地共同推荐，经本人所在地区（行业）主管部门同意，由中国组委会遴选确定。

（三）工作职责

专家组按照中国组委会要求，在牵头集训主管部门的日常组织管理下，开展集训技术工作。

1. 专家组长

负责专家组成员提名；及时了解并掌握世赛技术要求，把握集训方向，及时将所获得的技术信息分享给专家组成员；研究世赛技术要求，提出集训工作基本思路；商集训基地组织编制集训工作方案、考核技术文件及试题；与集训基地沟通协调集训工作方案的技术保障问题；组织安排集训具体工作；及时与集训基地沟通集训情况、研究解决集训问题，向集训主管部门和中国组委会汇报工作进展情况，反映存在问题；总结集训工作情况。

2. 技术指导专家

按照专家组长要求，参与制定有关集训工作方案；根据集训工作方案和专家组长安排，按模块或工作流程等，负责集训技术指导工作，参与考核技术文件和相应试题的编制；向专家组长报告集训工作中出现的问题及建议。

3. 翻译

负责协助专家组长进行集训的日常对外交流工作，关注世赛论坛信息并及时传达和回复；搜集、整理、完善项目资料（包括专业术语、基本业务知识、竞赛试题、设施设备需求、竞赛规则和要求、技术标准、评分标准、安全卫生要求、新动向和变化）并及时提供给项目专家组；翻译与世赛相关的各种外文资料；做好项目对外交流时的翻译和联络工作；世界技能组织抽签改变翻译所负责的项目后，参赛注册翻译应及时与原翻译做好工作对接，学习掌握新负责项目相关要求，与新负责项目专家组、集训基地加强沟通和磨合；大赛前及大赛期间，做好赛题、场地清单等资料翻译工作，做好比赛期间的交流翻译，协助做好比赛期间交通和日程安排及赛前准备工作；总结工作经验并向中国组委会报告。

4. 教练组

设教练组长1名、教练若干名。教练组长按照集训工作方案要求具体组织选手训练；跟踪掌握选手技术技能、综合素质等各方面发展变化情况；及时向专家组长反映训练中的技术问题，对集训工作方案提出意见建议；总结训练工作情况；协助集训基地做好选手各项安全保障工作。教练应根据集训工作方案和教练组长安排指导选手训练；及时向教练组长反映训练中的技术和安全保障方面的问题并提出意见建议。

九、选手所在单位及主管部门

集训期间，选手所在单位经与专家组、牵头集训基地协商，可派遣人员参与选手日常生活保障相关工作。选手选派地区（行业）人力资源社会保障部门（人事劳动保障工作机构），作为选手主管部门，应明确1名负责竞赛工作人员作为领队，了解集训动态，按程序反映相关问题。

中国组委会组织牵头集训主管部门负责同志及各项目专家组长签署《第45届世界技能大赛参赛集训工作承诺书》（以下简称《集训工作承诺书》）。牵头集训主管部门可参照《集训工作承诺书》内容、形式，结合具体情况编制相应《集训工作承诺书》，分别组织集训基地、专家组成员、选手及其所在单位相关人员、领队等签署。

第三部分 训练工作

十、集训工作方案

训练工作分日常训练和强化训练两个阶段。日常训练指自集训工作启动，到确定最终参赛选手阶段性考核之前的训练；强化训练指确定最终参赛选手阶段性考核之后，到出国参赛之前的训练。集训工作方案包括集训框架方案、日常训练方案、强化训练方案和相应的阶段性考核工作方案。集训框架方案应重点明确训练目标、各方职责、时间和内容安排、训练方法安排、相应阶段性考核基本安排、技术支持等内容。

集训基地和专家组长名单公布后，专家组长应及时了解集训基地实际情况，本着优势互补原则，制定集训框架方案，明确各方所承担任务，经与各集训基地沟通，在集训启动会召开后 30 日内，由牵头集训主管部门商其他集训主管部门后，报中国组委会秘书处审定。

首次阶段性考核前的日常训练方案应在集训启动后 30 日内，由牵头集训主管部门商其他集训主管部门后，报中国组委会技术支持组备案。其他阶段日常训练方案、强化训练方案和阶段性考核方案，根据各阶段训练考核安排，均应提前至少 30 日经牵头集训主管部门商其他集训主管部门后，报中国组委会技术支持组备案。经中国组委会同意，由牵头集训主管部门于 5 个工作日内，印发该项目相关工作方案至各有关单位。集训工作方案将作为评估牵头集训基地和专家组长工作、检查集训工作落实情况以及处理集训期间争议的依据。

十一、训练工作内容

应结合集训项目、选手的特点合理安排，充分体现科学训练的基本原则。

各项目应按照世赛技术要求和本项目训练工作方案要求，结合实际安排训练内容。其中，日常训练和强化训练阶段的训练重点应包括以下几方面：

（一）技术技能训练

按照世赛本项目技术文件等要求，结合本项目技术技能基本要求，对选手进行全面的技能训练和相应的专业理论知识辅导，促使其达到各阶段技能训练目标。

强化训练阶段，应充分吸收世界技能组织公布的最新技术要求内容，对选手进行针对性训练。专家组应会同集训基地创造条件，使选手尽早熟悉比赛设施设备性能。

（二）综合素质训练

（1）加强思想教育。各项目应将爱国主义、集体主义教育和奋斗精神融入集训工作方案，采取切实措施，提高选手思想素质和道德水平。

（2）强化规则意识。各项目应进行竞赛规则、规范培训，将竞赛规则、操作规范、安全健康等融入训练和阶段性考核，使其成为选手工作习惯和必须遵守的要求。

（3）加强心理训练。各项目应加强选手心理培训，提供心理咨询、测评和疏导。

（4）加强应变能力训练。各项目在训练过程中，应结合世赛技术要求，对选手进行各类突发事件应变能力训练，包括设备、设施、环境改变，工具、材料及试题等临时变化，以及其他方面突发情况应变能力的训练。同时，注意加强选手抗压能力及技能水平稳定性的训练。

（5）加强选手自我管理能力训练。专家组应注意发挥选手的主观能动性，倾听并吸收选手意见，共同确定训练目标，研究解决训练中的问题。鼓励选手主动思考，按照集训工作方案，参与制定部分具体训练计划，合理规划时间，检查、管理训练工具和设备，提升选手自我管理能力。

（6）加强体能训练。专家组根据项目特点和选手自身情况，科学合理制定体能训练计划，提高选手体能，满足参赛要求。

（7）开展交流能力和英语训练。在训练过程中，专家组要注意对选手进行必要的英语和外事礼仪训练，使选手掌握对外交流的基本常识和方法。

（8）加强适应性训练与团队磨合。在强化训练阶段，要充分了解比赛地气候特点、生活饮食和风俗习惯，以及时差和公共安全等情况，并在赛前组织适应性训练。专家组长、翻译和选手要加强团队磨合训练，强化团队意识，增进了解，提高团队参赛协同配合能力。

十二、训练工作形式

可根据项目实际和训练工作需要，采取集中与分散训练相结合的形式进行。为增强选手适应环境变化的能力，可采取异地走训等灵活多样的形式。训练所采取的形式应遵循各阶段训练工作方案的安排进行，在集训基地的集中训练应为主要形式。

十三、训练工作要求

训练期间，专家组、集训基地及集训主管部门要达到以下要求：

（一）专家组

（1）结合自身实际确定训练总体目标，明确体现在集训工作方案中，并分析实现目标的优势和问题。已参加过世赛的项目，力争参赛成绩保持稳定或有所提高；新参赛项目，力争取得优胜奖或更好成绩。

（2）将总体目标细化、分解到训练各环节中，形成具体的、可操作的目标，并使选手清晰了解各阶段的目标要求。

（3）合理安排训练节奏、训练内容和训练形式。

（4）在专家组长带领下，尽快使选手和专家组融合成工作团队，帮助选手适应训练生活、训练节奏，产生团队归属感。

（5）掌握了解每位选手的技能水平及综合素质特点，据此制定相应的训练目标和方法。参赛选手选拔结束后 15 日内和强化训练后期（2019 年 6 月下旬至 7 月中旬），各项目专家组须通过牵头集训主管部门向中国组委会技术支持组报送选手技术分析材料，为中国组委会开展技术分析提供相关依据。

（6）教练组长根据本项目实际，安排教练在每天训练结束后，及时填写选手集训日志，并让选手在日志中填写每天训练的基本情况和存在问题，使其认识不足并改进提高。训练过程中，也可根据项目特点安排相应测验，并将成绩记录在当天的集训日志中，但不计入阶段性选拔考核成绩。

（7）教练在日常训练中，应按照本项目世赛技术要求，以及各阶段日常训练工作方案，针对每位选手特点，进行补充性、提高性训练。应注意培养选手良好的职业规范和遵守规则意识，及时纠正选手违反竞赛规则、操作规范和安全健康要求的行为。应听取选手提出的意见建议，并及时向教练组长反映。来自其他集训基地的教练，应将训练有益经验和做法应用到本单位的技能人才培养工作中，发挥引领作用。

（8）为保证实现训练目标，专家组长应保证不少于集训工作 1/4 的时间在现场指导选手训练，并根据训练各阶段工作需要，各有侧重，合理安排。其他专家组成员应根据专家组长安排，到集训现场工作。

（二）集训主管部门及集训基地

（1）集训主管部门应安排专人掌握了解所辖各集训基地的训练工作动态，特别是存在问题，做到心中有数并及时帮助解决实际困难、提供支持保障。

（2）牵头集训主管部门应掌握了解各集训基地间配合情况及全面的训练工作动态；主动与其他集训主管部门沟通、协商解决训练期间出现的问题；通过联络员及时向中国组委会反映训练工作动态及重大问题，向其他集训主管部门和牵头集训基地传达中国组委会相关工作要求。其他集训主管部门应及时与牵头集训主管部门沟通训练工作信息。

（3）集训基地应根据集训工作方案安排，做好训练各阶段相应的人力、物力、财力、场地等方面保障。

（4）牵头集训基地应主动与专家组、其他集训基地沟通，掌握了解训练中存在的问题并及时解决；及时帮助专家组落实相关走训、阶段性考核等工作安排；落实训练技术及后勤保障；认真听取其他集训基地的意见建议，与专家组协商后进行必要调整；及时向牵头集训主管部门反映训练中存在的重大问题及意见建议。

第四部分 阶段性考核

十四、考核阶段划分

各项目安排两次阶段性考核。第一次阶段性考核按成绩排序，原则上保留不超过一半选手，特殊项目经中国组委会批准，可不少于 3 人（团队项目不少于 2 队）。第二次阶段性考核确定最终 1 名（1 队）参赛选手。第二次阶段性考核成绩排名第 2 的，作为备选选手。备选选手应与参赛选手共同进行强化训练阶段的训练。有条件的单位，可安排备选选手观摩第 45 届世赛。

十五、第一次阶段性考核组织工作

由各项目牵头集训主管部门会同其他集训主管部门成立阶段性考核领导小组（以下简称考核领导小组），负责组织实施和监督管理阶段性考核工作。考核领导小组设以下工作机构：

（一）办公室

设在牵头集训基地，承担阶段性考核的组织实施、日常管理、沟通协调等工作。

（二）裁判组

专家组长担任裁判长，裁判员由技术指导专家和选手单位选派人员（来自同一单位的裁判员应为 1 人）组成。裁判组由专家组长负责组建，按照公平公正原则，负责阶段性考核裁判工作。如确需第三方裁判（含专家组技术指导专家）参与执裁的，须由裁判长事先提出具体人选和裁判员工作分工方案，报考核领导小组批准后实施。考务工作可由裁判组承担或在确保公平公正的前提下，由保障组承担。

（三）保障组

承担阶段性考核任务的集训基地应安排相关工作人员组成保障组，为考核工作提供技术保障和后勤服务。

（四）监督仲裁组

由牵头集训主管部门会同阶段性考核承办地区（行业）集训主管部门组成监督仲裁组，对考核全过程实施监督，对相关争议提出仲裁处理意见，报考核领导小组审定后实施。在第一次阶段性考核过程中，中国组委会将派员巡视、监督和指导。

十六、第一次阶段性考核工作方案

第一次阶段性考核工作方案（以下简称第一次考核方案）主要包含以下内容：

（1）考核领导小组组成及责任分工。

（2）裁判组构成（含是否有第三方裁判）与分工。

（3）考核轮次（可一次完成，也可安排多次）、时间及地点安排。

（4）考核命题方式（含各轮次技术文件公布时间、试题确定方式等）。

（5）成绩构成（各模块、轮次分数权重及成绩汇总方式，出现成绩并列时的处理方式）。

（6）考核规则、考核纪律和违规处理等要求。考核规则应参照世赛竞赛规则相关规定，按照《第45届世界技能大赛全国选拔赛竞赛技术规则》及本指导意见基本要求制定。

（7）技术点评安排。

裁判长应将第一次考核方案征求全体裁判员意见，报考核领导小组审定，在不晚于本次阶段性考核前30日公布，并由考核领导小组报中国组委会技术支持组备案。方案一经公布，原则上不得修改。确需修改的，应再次征得各参与方同意且经考核领导小组批准，并报中国组委会备案。

十七、第一次阶段性考核实施

（一）技术文件

即本阶段考核的具体实施方案（含安全健康的具体要求，本阶段考核具体的裁判人员名单，设施、设备安排及清单、试题和评判标准及评分流程、加试办法等内容）。专家组长应按照第一次考核方案和世赛各项目已公布的最新技术文件（考核时尚未公布技术文件的项目，可按照往届世赛技术文件，并结合第45届世赛最新技术思路、样题）要求组织编制。本阶段考核技术文件最迟不晚于考核前15日公布。考核前可对试题内容进行不超过30%的修改，并参照本项目世赛最终试题确定的时间和程序，由专家组长主持会议，经裁判组全体讨论确定最终考题。确实不能提前公开的试题，应不晚于考核前15日向选手公布考核基本思路，并由考核领导小组组织专家按照全国选拔赛本项目试题保密措施要求，结合国内相应的保密管理制度要求和本阶段考核具体情况，制定切实可行的保密工作程序，确保阶段性考核的公平公正。

（二）考核内容及成绩构成

阶段性考核内容以技能考核为主，并体现世赛竞赛规则及安全健康相关内容要求。选手各模块（部分）分数之和构成本次考核成绩，如本阶段考核为一次完成，本次考核成绩即为本阶段考核最终成绩；如本阶段考核为多轮次进行，则由专家组长确定各轮次考试成绩权重，相加后作为本阶段考核最终成绩。考核成绩如出现并列，应通过加试或按模块权重优先级等方式确定选手排名顺序，加试处理方式应在第一次考核方案中确定并公布。选手日常训练成绩不得计入阶段性考核成绩之中。本阶段考核成绩不带入第二次阶段性考核。鼓励各项目在第一次阶段性考核期间使用全国选拔赛信息管理系统开展评分工作。

（三）集训主管部门及集训基地要求

阶段性考核期间，各集训主管部门和集训基地均应服从考核领导小组领导，按照第一次考核方案要求做好相应组织保障工作，公平公正组织实施考核工作。应遵守考核纪律，遇到问题按照本《指导意见》规定的程序和要求反映、解决。不得干预专家组、裁判组的正常工作。

（四）裁判工作要求

阶段性考核的裁判及成绩评定工作，应在专家组长带领下，本着公平公正原则，由裁判组实施。

（1）为保证比赛公平公正，专家组长作为阶段性考核裁判长，应严格把握相关评判标准。

（2）选手选派地区（行业）的裁判，应按照第一次考核方案和阶段性考核技术文件要求，在评判中按照职责分工开展工作。裁判长负责组织裁判工作，但不得参与评分。如裁判组内出现技术性争议，裁判长有裁决权。

（3）考核纪律。裁判组成员、选手及其他相关人员在阶段性考核时如出现违规行为，按照本《指导意见》第五部分有关违规规定及本项目阶段性考核竞赛规则处理。

（五）监督仲裁

监督仲裁组要对考核的全过程实施监督，接受相关申诉并进行仲裁。各项目阶段性考核地应采取相应措施（如安装摄像头，实施 24 小时无盲区监控录像等。录像资料至少须保存半年，以备查），对阶段性考核实施全程监控。

（六）成绩公布

各项目阶段性考核成绩经裁判组审核且无异议的，裁判组全体成员（或专家组长）在《第 45 届世界技能大赛选手集训阶段性考核成绩表》（以下简称《成绩表》）签字后，由专家组长当场宣布考核成绩。

（七）技术点评

本次选拔考核结束后，专家组长应组织本阶段参加考核的全体选手和有关人员开展技术点评和成绩分析。全面分析本次考核工作技术准备、组织实施情况和存在问题，听取意见建议，完善下阶段训练工作。技术点评的基本要点如下：

（1）考核内容和目的。本次考核模块（任务）的构成，各模块之间比重以及各模块安排的主要目的。

（2）成绩分析。总体成绩状况与分析，每位选手技能水平状况与分析，特别是目前技能水平与前期选手技术水平的比较分析。

（3）存在问题。考核过程中反映出的训练安排、选手自身存在的问题，以及目前集训过程中存在的主客观问题等。

（4）下一步安排。结合考核存在的问题，明确下一阶段训练重点、难点以及相关问题的改进措施。

本次阶段性考核结束后，技术点评报告由专家组长签字，与《成绩表》一并报中国组委会技术支持组。

十八、第二次阶段性考核

第二次阶段性考核为确定最终参赛选手的阶段性考核。中国组委会将组织有条件的项目开展相对集中的阶段性考核。确需增加考核轮次的项目应按要求提前做好相应安排。

（一）增加考核轮次安排

增加轮次成绩的总权重不超过本次阶段性考核成绩的30%。所增加的轮次、各轮次具体成绩权重，以及其他相关安排，比照第一次阶段考核的要求组织实施并提前公布。增加轮次应在2019年2月底前完成。

（二）集中阶段性考核

2019年3月，中国组委会将组织开展集中阶段性考核，具体方案另行公布。期间，将继续使用全国选拔赛信息管理系统开展考核相关工作。

第五部分 争议及违规处理

十九、集训期间监督检查及问题反映

中国组委会秘书处、技术支持组随时接受各方对集训工作情况反映，并将派员巡视和检查各项目集训工作，了解和处理集训工作中出现的问题。参与集训的各方人员都有责任和义务发挥监督作用。对发现的问题可通过选手的领队按照本《指导意见》规定的程序逐级反映。

二十、违规处理

（一）违规处理范围

选手、专家组长、专家组成员及裁判员、集训基地人员、选手所在地区（行业）领队、集训主管部门人员等，出现违反本《指导意见》和各项目技术文件中规定的相关竞赛纪律或其他有碍竞赛公平公正的行为，依据本《指导意见》第二十条第二、三款相关规定处理并记录。

（二）违规处理办法

（1）选手在集训期间出现违规行为，专家组长依据相关规定进行处理或组织全体专家组成员（阶段性考核期间组织全体裁判员）研究处理，并将处理结果报牵头集训主管部门（阶段性考核期间报考核领导小组）。如有必要，由牵头集训主管部门（考核领导小组）报中国组委会。

（2）专家组成员（裁判员）在集训期间出现违规行为，由牵头集训主管部门（阶段性考核期间由考核领导小组）商其他集训主管部门、专家组长（裁判长）研究提出处理意见，报中国组委会审定后实施。

（3）集训主管部门和集训基地人员、专家组长（裁判长）集训期间出现违规行为，由牵头集训主管部门（阶段性考核期间由考核领导小组）先行调查客观事实并形成书面材料，由中国组委会会同牵头集训主管部门（考核领导小组）处理。牵头集训主管部门及牵头集训基地（考核领导小组）人员出现违规行为，由中国组委会直接处理，处理结果纳入相应工作评估中。

（4）选手领队在集训期间出现违规行为，视情况由牵头集训主管部门（阶段性考核期间由考核领导小组）或中国组委会研究处理。

对上述违规行为，视情节情况给予约谈、警告等处理，对于情节严重的给予取消资格处理。受到违规处理较多的地区（行业），中国组委会将对其今后参与世赛相关工作进行限制；对受到取消资格处理的集训基地和专家组长将进行调整。

（三）违规处理登记

对违规行为的处理结果，由实施人在《第45届世界技能大赛参赛集训违规行为处理登记表》（以下简称《登记表》）中记录并交牵头集训主管部门存档备查。专家组长及中国组委会直接处理的《登记表》由中国组委会存档。

二十一、问题或争议处理

集训期间，任何与集训工作有关的问题或争议，各方应通过正当渠道并按程序反映和申诉，不得擅自传播、扩散未经核查证实的言论、信息。具体程序如下：

（一）项目内解决

选手及所在单位人员发现集训过程中存在问题，应向专家组长反映。专家组长依据相关规定进行处理或组织全体在场专家组成员（阶段性考核期间裁判员）研究解决。处理意见如需全体参与讨论者表决的，须获半数以上通过。最终处理意见应及时告知意见反映人，并填写《第45届世界技能大赛参赛集训问题或争议处理记录表》（以下简称《争议处理记录表》）。

（二）牵头集训主管部门（阶段性考核期间考核领导小组）解决

对处理结果有异议的，问题反映人为选手或其所在单位人员的，可由其领队向牵头集训主管部门（考核领导小组的监督仲裁组）书面反映并举证；问题反映人为其他专家组成员或裁判员的，可由其本人向牵头集训主管部门（考核领导小组的监督仲裁组）书面反映并举证。牵头集训主管部门（考核领导小组的监督仲裁组）向专家组长等各方了解具体情况，及时组织各方对问题或争议的性质进行确认并处理。其中，属技术性问题或争议的，仍交由项目内解决。属非技术性问题或争议的，由牵头集训主管部门（考核领导小组的监督仲裁组）组织核查，及时处理或仲裁，书面告知相关问题反映人，并填写《争议处理记录表》报中国组委会备案。如争议涉及集训主管部门、集训基地或考核领导小组相关人员，依照本《指导意见》第二十条第二款第三点的规定处理。

（三）中国组委会解决

对牵头集训主管部门（阶段性考核期间为考核领导小组）仲裁结果仍有异议的，由当事选手的领队向中国组委会提出书面申诉，由中国组委会做最终裁决。阶段性考核期间，书面申诉应在选手成绩最终确认前提出。

### 第六部分 其他工作

二十二、专家组长工作评估

中国组委会将适时组织专家组成员、裁判员、集训选手、集训基地负责人及集训主管部门对专家组长开展集训工作情况评估，填写《第45届世界技能大赛中国技术指导专家组长工作评估表》，作为下一届专家组长遴选的重要参考依据。

二十三、对外交流

集训工作可与对外交流活动相结合。中国组委会可对各项目集训基地对外交流联络提供帮助，使专家、翻译和选手更好的学习借鉴国际经验，熟悉和掌握世赛相关技术要求，促进技能水平的提高。各项目可充分利用外国专家局外请专家项目，邀请世界技能组织各项目首席专家、副首席专家来华指导，也可发挥各自优势组织开展对外交流活动。凡自行与世界技能组织的其他成员专家开展出访来访交流的项目，应事前由牵头集训主管部门向中国组委会保障服务组（国际交流服务中心）书面申请，注明交流具体时间、内容、地点、相关各方参加人员等安排，经批准后实施。

二十四、经费与保障

各集训主管部门应与同级财政部门加强沟通和协调，加大对集训工作的支持力度和资金投入。各集训基地应积极争取主管部门支持，吸引社会各界赞助，多渠道筹措集训经费。参照《世界技能大赛参赛管理暂行办法》，按照财务管理的规定，合理制定资金支出计划范围，建立资金收支台账，加强资金使用和管理。

集训启动后，选手报到和集训结束返程的费用由选手派出单位承担。集训期间产生的选手、专家、教练往返经费、劳务补贴、食宿、耗材费用由承担相应集训工作任务的集训基地承担。

选手所在单位应为选手购买集训期间人身意外伤害保险。

二十五、资料收集整理

（一）技术资料

专家组要在专家组长带领下，在集训过程中搜集和整理国内外相关技术资料。翻译要在集训初期尽快承担起资料翻译任务。第45届世赛结束3周内，各项目专家组长应将第45届世赛技术工作文件中文版、集训期间所制定的全套集训工作文件（含各阶段训练安排及考核技术工作文件等），一并报中国组委会技术支持组。各项目牵头集训基地应将工作总结同期上报组委会秘书处。技术资料上报情况，将作为对专家组长考核评估的重要内容之一。

（二）宣传资料

牵头集训基地应明确专人负责搜集整理文字、图片、视频等宣传资料，并及时报送到宣传工作指定邮箱（worldskillschina@163.vip.com），为开展世赛宣传工作积累素材。搜集整理宣传资料应注意保密，不触及各项目技术机密。宣传资料主要包括：

（1）人物资料。主要包括专家、教练、翻译、选手等人员的基本情况；反映选手日常技能训练、体能训练、理论知识及外语学习、心理辅导等场景；专家、教练指导选手训练场景；翻译及保障人员工作场景；各级领导视察、慰问、督导的场景。

（2）基地资料。主要包括集训基地的基本介绍，项目的基本介绍（包括但不限于项目定义和各模块考核内容）；反映基地外观、训练场地、设备配置、标志标牌等集训基地环境的场景。

（3）事件资料。主要包括反映阶段性考核、启动仪式、动员会议等重要活动的文字介绍及场景；境外专家指导、技术交流活动、友谊及交流竞赛、观摩学习等交流合作的文字介绍及场景。

（4）报道资料。主要包括集训过程中各类媒体的报道资料原文、刊载日期及媒体名称等。

文字资料要求简明扼要、表述精准。图片资料应为2MB以上高清原图，特点鲜明，文件命名格式为"图片内容—拍摄者—拍摄时间"。视频资料应经过必要的后期剪辑处理，尽可能反映集训备赛的方方面面，拍摄近景和特写时应使用三脚架，视频资料的文件格式统一为MPEG4，H.264编码，分辨率为1 920×1 080，文件命名格式同图片。

宣传资料上报情况，将作为对集训基地考核评估的重要内容之一。

二十六、宣传工作

各有关单位要广泛动员和充分利用广播、电视、报刊、互联网等媒体，围绕第45届世赛参赛集训工作开展新闻宣传。要结合实际，采取群众喜闻乐见、易于接受的方式，通过技能交流、技能展示、新闻发布、专题采访、公益广告、宣传海报、访谈、官方微博微信等丰富多彩的形式开展宣传活动。

（本章撰稿：刘巧丽）

## 复习思考题

1. 什么是技能竞赛？技能竞赛对职业教育提质培优有何重要意义？

2. 简述全国职业院校技能竞赛体系。

3. 简述中华人民共和国职业技能大赛的背景及人力资源社会保障部对一二类职业技能大赛优秀选手的晋级奖励政策。

4. 中国为什么要参加世界技能大赛？怎样才能促进竞赛成果升华？

# 参考文献

一、著作类

[1] 张文显. 法理学 [M]. 北京：高等教育出版社，2018.

[2] 李龙汪，习根. 法理学 [M]. 武汉：武汉大学出版社，2010.

[3] 刘毓航，朱平. 教育法规 [M]. 南京：南京大学出版社，2018.

[4] 杨挺. 高等教育法规 [M]. 重庆：西南师范大学出版社，2020.

[5] 李福华. 大学治理与大学管理 [M]. 北京：人民出版社，2012.

[6] 谢振民. 中华民国立法史 [M]. 北京：中国政法大学出版社，2000.

[7] 周宁宁. 高等职业教育立法研究 [M]. 湘潭：湘潭大学出版社，2008.

[8] 黄才华，刘冬梅. 依法治教概论 [M]. 北京：教育科学出版社，2002.

[9] 郑良信. 教育法学通论 [M]. 南宁：广西教育出版社，2000.

[10] 亚里士多德. 政治学 [M]. 吴寿彭，译. 北京：商务印书馆，1997.

[11] 劳凯声. 高等教育法规概论 [M]. 北京：北京师范大学出版社，2000.

[12] 孟广平. 中国职业技术教育概论 [M]. 北京：北京师范大学出版社，1994.

[13] 黄景容. 高等职业教育概论 [M]. 成都：西南财经大学出版社，2021.

[14] 孙葆森. 教育法学基础 [M]. 长春：吉林教育出版社，2000.

[15] 马克思，恩格斯. 马克思恩格斯全集：第 37 卷 [M]. 中共中央马克思恩格斯列宁斯大林著作编译局，译. 北京：人民出版社，1972.

[16] 郭大成. 高校领导体制的研究与探索 [M]. 北京：北京理工大学出版社，2014.

[17] 崔明石，赵丹红，宋雨泽. 高等教育法规概论 [M]. 北京：高等教育出版社，2019.

[18] 杨炜长. 民办高校法人治理制度研究 [M]. 长沙：国防科技大学出版社，2006.

[19] 梁明伟，刘志刚. 法律规范行为：教育法制基础 [M]. 保定：河北大学出版社，2012.

[20] 张俊洪. 回顾与检讨：新中国次教育改革论纲 [M]. 长沙：湖南教育出版

社，1999.

[21] 崔明石，赵丹红，宋雨泽. 高等教育法规概论 [M]. 北京：高等教育出版社，2019.

[22] 徐绪卿. 我国民办高校治理及机制创新研究 [M]. 北京：中国社会科学出版社，2017.

[23] 何国伟. 我国非营利性民办高校公共财政资助问题研究 [M]. 重庆：西南师范大学出版社，2016.

二、期刊类

[1] 怀志. 教育名词解释 [J]. 职业教育研究，1987（1）：56.

[2] 董仁忠. 演变、内涵界定及类型：职业教育概念再探讨 [J]. 职业技术教育，2008，29（1）：5-8.

[3] 周海英. 对高职院校内部管理机制改革的若干思考 [J]. 教育理论与实践，2016，36（36）：18-20.

[4] 阮李全，蒋后强. 高校办学自主权：由来、要素、涵义、走向 [J]. 国家教育行政学院学报，2014（8）：26-31.

[5] 周光礼. 中国大学办学自主权（1952—2012）：政策变迁的制度解释 [J]. 中国地质大学学报（社会科学版），2012，12（3）：78-86，139-140.

[6] 孙霄兵. 我国高等学校办学自主权的发展及其运行 [J]. 中国高教研究，2014（9）：9-15.

[7] 周建松. "双高"建设背景下高职院校治理能力提升研究 [J]. 教育与职业，2020（14）：13-18.

[8] 孙善学. 完善职教高考制度的思考与建议 [J]. 中国高教研究，2020（3）：92-97.

[9] 邱懿，薛澜. 我国高等职业教育考试招生制度现状、问题与展望 [J]. 中国考试，2021（5）：33-39，55.

[10] 王国艳. 高职院校学生"四自管理"的途径与方法 [J]. 文化产业，2018，2（2）：144-145.

[11] 罗先锋. 我国非营利性民办高校发展研究 [D]. 厦门：厦门大学，2018.

[12] 沈新建. 新中国 70 年我国民办高等教育发展演进路径 [N]. 中国社会科学报，2020-01-02（4）.

[13] 王磊，李慧颖，黄小灵. 新中国成立 70 年民办高等教育的发展历程、历史经验与保障机制 [J]. 浙江树人大学学报（人文社会科学），2019，19（3）：30-35.

[14] 谭玲. 高职院校学生安全管理现状及对策 [J]. 文存阅刊，2021（16）：137.

[15] 孙霄兵. 民办学校的依法治理 [J]. 中国高教研究，2015（11）：7-12.

[16] 顾海良. 完善内部治理结构建设现代大学制度 [J]. 中国高等教育，2010（23）：18-20.

[17] 蔡宏伟. "法律责任"概念之澄清 [J]. 法制与社会发展，2020（6）：85-104.

[18] 刘红娟，向燕. 从学校开除学生说起 [J]. 中国律师，2003（8）：62.

[19] 翟博. 新时代教育工作的根本方针 [N]. 中国教育报. 2019-09-16.

［20］佚名. 为党育人为国育才，努力办好人民满意的教育——习近平总书记在教育文化卫生体育领域专家代表座谈会上重要讲话在全国教育战线引发热烈反响［N］. 人民日报，2020-09-24.

［21］人民网记者. 确保实现义务教育有保障（"十三五"，我们这样走过）［N］. 人民日报，2020-11-22（1）.

［22］李文兵. "教育方针"的修订意蕴［J］. 上海教育科研，2017（8）：24-27.

［23］苑野，董新凯. 加快法治化：高等教育治理能力提升的切实路径［J］. 江苏高教，2021（1）：47-51.

［24］李文兵. 《高等教育法》的修订意蕴［J］. 湖州师范学院学报，2017，39（12）：5-9.

［25］陈聪，黎俊玲. 新时代高等教育内涵式发展的逻辑与路径［J］. 武汉理工大学学报（社会科学版），2018，31（4）：176-181.

［26］白毅. 我国高质量高等教育公平实现模式研究［J］. 中国成人教育，2018（2）：32-34.

［27］段斌斌. 《高等教育法》实施二十周年：成就、问题与改进［J］. 高等教育研，2020，41（2）：26-35.

［28］邓小平. 关于科学和教育工作的几点意见［J］. 安徽教育，1983（8）：2-6.

［29］习近平. 做党和人民满意的好老师——同北京师范大学师生代表座谈时的讲话［N］. 中国高等教育，2014（18）：4-7.

［30］阙少波. 对产教融合、校企合作、工学结合的认识与实践［J］. 中国培训，2019（2）：17-19.

［31］张禹. 新时代产教融合的意义、障碍和解决途径［J］. 中国经贸导刊（理论版）. 2018（8）：65-66.

［32］徐涵. 工学结合概念内涵及其历史发展［J］. 职业技术教育，2008，29（7）：5-8.

［33］丁金珠. 浅析高职"工学结合"保障机制的建设［J］. 机械职业教育，2012（1）：16-17，25.

［34］国务院. 国家职业教育改革实施方案［N］. 人民日报. 2019-02-14.

［35］黄景容. 职业院校学分制探讨［J］. 江苏高职教育，2020，20（1）：12-18.

［36］彭小慧. 国家职业教育改革背景下"1+X"证书制度实施的意义、难点与方略［J］. 教育与职业，2020（3）：5-12.

［37］彭小慧. 国家资历框架下职业教育学分银行建设的意义、难点与对策［J］. 教育与职业（上），2020（19）：20-27.

［38］陈璐. 职业院校推进"1+X"证书制度试点工作的策略［J］. 职业与教育，2021（2）：13-18.

［39］王亚盛，赵林. "1+X"证书制度与书证融通实施方法探索［J］. 中国职业技术教育，2020（6）：13-17，64.

［40］杜怡萍. 资历框架、学分银行、"1+X"证书制度的关系解析及施策思考［J］. 职业技术教育，2020，41（25）：12-16.

［41］王升.《国家职业教育改革实施方案》的意义、特点与落实措施［J］.石家庄职业技术学院学报，2019，31（3）：4-10.

### 三、电子文件类

［1］数字教育网，《中华人民共和国教师法》解读，2020.5.21，mhtml:file://:\C:\Users\F\AppData\Local\Temp\7zO875FCC7\.

［2］江都区人民政府网政策法规.《中华人民共和国教师法》解读［EB/OL］.（2017-12-26）［2021-05-30］.http://www.jiangdu.gov.cn/zgjd/bmzcfg/201712/7777dc31f2dd4f4ebc3eabe7e0bb93d.shtml.

［3］教育部.《深化新时代职业教育"双师型"教师队伍建设改革实施方案》答记者问［EB/OL］.（2009-05-06）［2021-05-30］.http://m.moe.gov.cn/jyb_xwfb/s271/201910/t20191017_404115.html

［4］佚名.江苏省关于开展职业学校学生学籍管理办法修订工作的通知—百度文库［EB/OL］.（2009-05-06）［2021-05-30］.https://wenku.baidu.com/view/0682dba0b0717fd5360cdc7b.html

［5］教育部.国家学生资助政策问答（2016）［EB/OL］.（2016-08-11）［2021-05-30］.http://www.moe.gov.cn/jyb_zwfw/zwfw_fwxx/zhfu_zz/201608/t20160811_274671_12.html

［6］教育部.中国学生资助70年［EB/OL］.（2019-09-24）［2021-05-30］.http://www.moe.gov.cn/jyb_xwfb/s5147/201909/t20190924_400640.html.

［7］武秋梅.高职院校学生安全管理现状及对策［J］.开封文化艺术职业学院学报，2020，40（1）：165-166.

［8］教育部.校园贷风险防范工作总体情况［EB/OL］.（2021-03-24）［2021-05-13］.http://www.moe.gov.cn/jyb_xwfb/xw_fbh/moe_2606/2021/tqh_20210324/sfcl/202103/t20210324_522335.html

［9］教育部.《职业学校学生实习管理规定》释义.［EB/OL］.（2018-01-12）［2021-05-30］.http://www.moe.gov.cn/jyb_xwfb/s271/201801/t20180112_324419.html

［10］共青团郑州工业应用技术学院委员会.学生组织［EB/OL］.（2019-12-06）［2021-05-30］.https://tw.zzgyxy.edu.cn/twjj/ryzc.htm.

［11］共青团郑州工业应用技术学院委员会.团委简介［EB/OL］.https://tw.zzgyxy.edu.cn/twjj.htm.

［12］宁夏师范学院.班级机构设置及工作职责［EB/OL］.（2019-05-15）［2021-05-30］.https://ywxy.nxnu.edu.cn/info/1130/2121.htm.

［13］国务院.国务院关于印发国家职业教育改革实施方案的通知［EB/OL］.人民政府网（2019-01-24）.［2021-05-30］.http://www.gov.cn/zhengce/content/2019-02/13/content_5365341.htm

［14］佚名.人口总量平稳增长人口素质显著提升：新中国成立70周年经济社会发展成就系列报告之二十［EB/OL］.（2019-08-23）［2021-05-30］.https://baijiahao.baidu.com/s?id=1642638780741869102&wfr=spider&for=pc.

［15］中华人民共和国中央人民政府.关于贵州省毕节市大方县拖欠教师工资补贴

挤占挪用教育经费等问题的督查情况通报［EB/OL］.（2021-03-02）［2021-05-30］. http://www.gov.cn/hudong/ducha/2020-09/04/content_5540680.htm,2021-03-02.

［16］国务院.中共中央国务院关于深化教育教学改革全面提高义务教育质量的意见［EB/OL］.（2019-6-23）［2021-05-30］. http://www.gov.cn/xinwen/2019-07/11/content_5408394.htm

［17］国家发展改革委.关于价格主管部门进一步加强教育收费管理有关问题的通知［EB/OL］.（2007-03-09）［2021-05-30］. http://news.cctv.com/education/2007 0320/10000 6.shtml.

［18］习近平.在北京大学师生座谈会上的讲话［N/OL］.新华网，2018-05-03 ［2021-05-30］. http://www.xinhuanet.com/2018-05/03/c_1122774230.htm.

［19］刘延东.深入学习贯彻党的十九大精神 全面开创教育改革发展新局面［N/OL］.求是网，2018-03-15 ［2021-05-30］. http://www.qstheory.cn/dukan/qs/2018-03/15/c_1122534655.htm.

［20］王晨.全国人民代表大会常务委员会执法检查组关于检查《中华人民共和国高等教育法》实施情况的报告［EB/OL］.（2019-10-21）［2021-05-30］. http://www.npc.gov.cn/npc/c30834/201910/5e021a6d9c5f4577a0a090c9757ed640.shtml.

［21］习近平.青年要自觉践行社会主义核心价值观：在北京大学师生座谈会上的讲话［N/OL］.新华网，2014-05-05 ［2021-05-30］. http://www.xinhuanet.com//politics/2014-05/05/c_1110528066.htm.

［22］省教育厅政策法规与综合改革处.《中华人民共和国高等教育法》修改解读［N/OL］.教育导报，2017-04-15 ［2021-05-30］. http://jydb.scedumedia.com/DocumentElectronic/doc-2279.html.

［23］中华人民共和国教育部高等教育司网站.高等学校本科教学质量与教学改革工程［EB/OL］.（2012-02-21）［2021-05-30］. http://www.moe.gov.cn/s78/A08/A08 _ztzl/s6288/,2012-02-21.

［24］教育部.介绍各地开学复课及校园疫情防控、高校考试招生及毕业生就业等工作进展情况［EB/OL］.（2012-05-12）［2021-05-30］. http://www.gov.cn/xinwen/2020-05/12/content_5511081.htm,2020-05-12.

［25］国务院.推行社会化职业技能等级认定［EB/OL］.（2020-01-03）［2021-03-31］. http://www.gov.cn/zhengce/2020-01/03/content_5466157.htm.

［26］国务院.把水平评价类技能人员职业资格分步取消［EB/OL］.（2020-01-02）［2021-3-30］. http://www.gov.cn/xinwen/2020-01/02/content_5465963.htm.

［27］国务院.形成以市场为导向的技能人才培养使用机制的"一场革命"［EB/OL］.（2020-01-02）［2021-03-31］. http://www.gov.cn/xinwen/2020-01/02/content_ 5465976.htm.

［28］景容观点.要建立"新双证书"制度［EB/OL］.（2021-4-13）［2021-3-30］. https://mp.weixin.qq.com/s?__biz=MzIxMTc2ODQyNQ==&mid=2247484741&idx.

［29］教育部.开展"1+X"证书制度试点：加快培养复合型技术技能人才［EB/OL］.（2019-04-16）［2021-05-30］. http://www.moe.gov.cn/jyb_xwfb/s271/201904/

t201904 16_378207. html.

[30] 教育部. 职业教育国家学分银行 [EB/OL]. （2021-03-3） [2021-05-30].
https://www.ncb.edu.cn/columnPage-2? columnId=1155082789670895618&orgCode=1110.

[31] 教育部规划中心. 学分银行与终身学习体系建设 [EB/OL]. （2020-11-19）
[2021-03-13]. https://www.csdp.edu.cn/article/6717. html.

[32] 景容观点. 也谈职业教育国家"学分银行"建设 [EB/OL]. （2019-03-26）
[2021-03-13] https://www.sohu.com/a/304229332_200190

[33] 教育部. 职业教育国家学分银行运行，欢迎"开户" [EB/OL]. （2020-01-15）
[2021-03-31]. http://www.moe.gov.cn/jyb_xwfb/s5147/202001/t20200115_415582. html.

[34] 李慧杰. 行政赔偿与行政补偿的区别 [EB/OL]. （2021-02-27） [2021-05-
30]. http://bjgy.chinacourt.gov.cn/article/detail/2009/10/id/871376. shtml,2021-2-27.

[35] 王扬南. 建立国家资历框架加快推进现代职业教育体系建设 [EB/OL].
（2019-05-08） [2020-03-17]. http://www.moe.gov.cn/jyb_xwfb/xw_zt/moe_357/jyzt_
2019n/2019_zt11/zjjd/201905/t20190508_381178. html.

[36] 高志研. "双高计划"引领新时代职业教育高质量发展 [EB/OL]. （2019-04
-09） [2020-03-18]. https://www.sohu.com/a/306801663_688473.

[37] 刘景忠：避免片面"考证热"须未雨绸缪 [EB/OL]. （2019-04-25） [2020
-03-19]. http://www.moe.gov.cn/jyb_xwfb/xw_zt/moe_357/jyzt_2019n/2019_zt11/zjjd/
201905/t20190508_381177. html.

[38] 崔岩. 创新高水平专业群建设路径 [EB/OL]. （2019-05-28） [2020-03-
20]. http://www. moe. gov. cn/jyb_xwfb/xw_zt/moe_357/jyzt_2019n/2019_zt11/zjjd/
201905/t20190529_383635. html.

[39] 李林曙. 加快建设职业教育国家"学分银行"畅通技术技能人才成长渠道
[EB/OL]. （2019-05-08） [2020-03-19]. http://www.moe.gov.cn/jyb_xwfb/xw_zt/moe
_357/jyzt_2019n/2019_zt11/zjjd/201905/t20190508_381180. html.

[40] 徐国庆. 实现现代职教体系建设蓝图 [EB/OL]. （2019-05-14） [2020-03-
18]. http://www.gov.cn/zhengce/2019-05/14/content_5391293. htm.

[41] 戴勇. 突出重点，落实"1+X"证书制度 [EB/OL]. （2019-05-14） [2020
-03-20]. http://www.moe.gov.cn/jyb_xwfb/xw_zt/moe_357/jyzt_2019n/2019_zt11/zjjd/
201906/t20190605_384591. html.

[42] 李志宏. 围绕技能素养，改革职教人才评价模式 [EB/OL]. （2019-05-14）
[2020-03-22]. http://www.moe.gov.cn/jyb_xwfb/xw_zt/moe_357/jyzt_2019n/2019_zt4/
tjx/mtjj/201905/t20190514_381892. html.

[43] 中共中央、国务院. 深化新时代教育评价改革总体方案 [EB/OL]. （2020-10
-13） [2020-03-20]. http://www.moe.gov.cn/jyb_xxgk/moe_1777/moe_1778/202010/
t20201013_494381. html.